U0154480

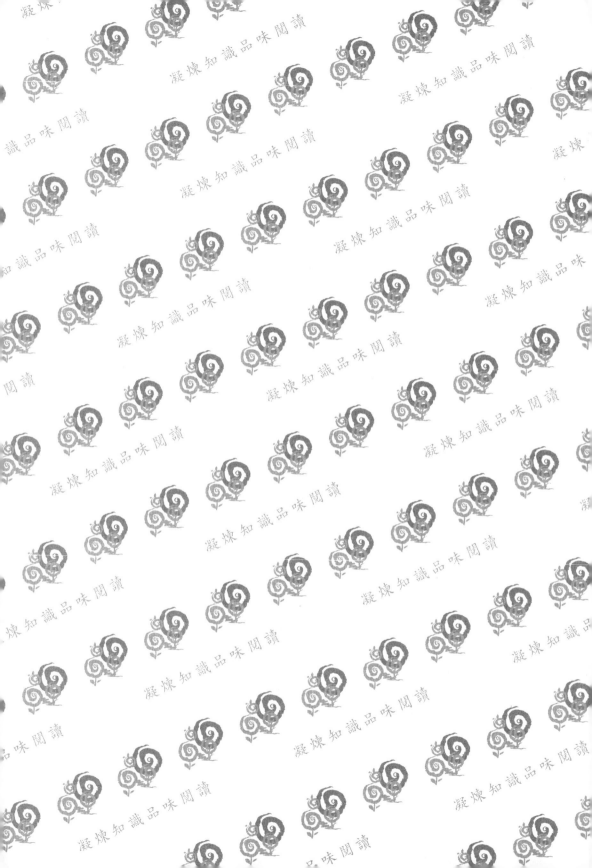

中國大陸
研究概論

第五版

過子庸————著

五南圖書出版公司 印行

推薦序

　　中國大陸現在是世界第二大經濟體，在國際政治也擁有同等的影響力，而世人更關注的是擁有能力與影響力之後的意圖，希望理解崛起後的中國大陸對國際結構與秩序產生的影響，中國大陸研究已成為全球的顯學。就我國而言，由於歷史文化與地緣政治的因素，中國大陸的發展與我國的命運息息相關，國人應該對中國大陸有更多的關注與更深入的瞭解。

　　中國大陸的政治體制與運作方式，社會結構與發展，與西方國家截然不同，需要全面性的理解與探討。本書內容廣泛豐富，包括中國共產黨的發展史、意識形態、共黨組織、政治、經濟、軍事、社會、外交、對台政策等各領域的發展情形，最後以探討中共及習近平的政權是否穩固作為結束。本書書名為《中國大陸研究概論》，即是以概述的方式及較為宏觀的角度探討中國大陸的各項情形。雖然僅名為概論，但是讀者在讀畢此書之後，基本上就能掌握中國大陸整體情況，有利於解釋，甚至預測中國大陸的現象與發展。

　　作者參酌國內有關中國大陸研究的重要專書與論述，汲取該等著作的精華並加以濃縮，以深入淺出的方式撰寫，易於閱讀。本書還包括中國大陸與兩岸關係的最新情勢發展，是一本瞭解中國的入門書，也是研究中國大陸的一塊「敲門磚」，可作為初次接觸中國大陸事務的學生參考，以及提供正在辛苦準備相關考試的學子一本基本讀物，非常值得推薦。

邱坤玄

政治大學東亞所名譽教授

自　序

　　爲何國人必須瞭解及學習有關中國大陸（以下簡稱中國）的事務？對於此問題，本人認爲有以下幾項理由：第一，兩岸同文同種。兩岸雖然從1949年分離迄今，但是雙方人民具有相同的歷史淵源、文化、信仰及語言，此關係難以完全被切斷；第二，兩岸同爲鄰居。兩岸僅隔台灣海峽相望，互爲鄰居。自從1987年底，台灣開放國人赴陸探親之後，兩岸各項交流頻繁；第三，中國對我國仍有敵意。近年來兩岸情勢趨於緊張，中國經常對我國採取挑釁的軍事威嚇手段，對我國的生存安全造成嚴重威脅；第四，中國是世界上最大的工廠及市場。擁有龐大的商機，吸引我國及外國衆多企業及商人前往投資；第五，中國是世界大國。在其國力日漸提升後，其國際影響力逐漸擴大，甚至足以影響國際秩序。

　　基於以上幾項理由，所以我們必須要瞭解中國。本書即在提供我們一個瞭解中國的管道，讓讀者能夠以最簡捷的方式，在最短的時間內，對他有一個宏觀性及概括性的瞭解，並可在腦中形成一幅有關中國的大圖像。正如政治大學東亞研究所邱坤玄名譽教授所言，本書不但可提供有意研究中國的學生參考，並可協助正在辛苦準備相關考試的學子，讓他們能夠達到「事半功倍」的效果。而且，由於中國經濟的快速發展，已經成爲世界第二大經濟體，故現在全世界的國家也都正在積極的瞭解它，希望能夠與其交往，「瞭解中國」已經成爲一個世界的熱潮了。

　　然而，由於語言及文化的隔閡，大部分的外國人難以深入的瞭解中國，故旅居美國的中國作家、政論家陳破空曾出版《全世界都不瞭解中國人》一書。對於占有地利、文化、語言及血緣之便的我國，應該比外國人

更瞭解中國。但是，國人除了從每日的報章雜誌及新聞報導等管道，瞭解其日常事務外，更需要對中共的發展史、意識形態、共黨組織、政治、經濟、軍事、社會、外交、對台政策等各領域，有進一步的瞭解。我們甚至還要關注中共政權是否穩固的問題，因爲他是我們的鄰居，其政權的穩固與否，必將影響我國的生存安全，這是台灣人民無法逃避的宿命。因此，不僅學子，所有國人都應該瞭解中國，而本書是提供國人瞭解他的重要管道之一。

過子庸

政治大學外交學系博士

如何閱讀本書

　　這是一本專門研究中國大陸的書籍，所以一般人不會無事的時候拿起本書閱讀，因為它不像小說那樣吸引人。對於不是從事中國大陸研究的人士，此書對他們而言，讀起來必然枯燥無味。故本書的讀者必定是一群正在選修中國大陸課程的學生，或是準備參加考試的考生。因為讀者的身分不同，希望從本書得到的效果也會不同，但是卻都希望能夠達到他們想要的結果。例如學生希望從書中瞭解有關中國大陸的情形，而考生則希望本書能夠幫助在考試時獲得理想的成績。

　　一般而言，很少有作者會告訴讀者，如何閱讀自己的著作。因為作者都希望讀者能夠完完整整、從頭到尾地，將他辛辛苦苦所撰寫的著作看完。但是不論是學生或是考生，所選修或是考試的科目都很多，時間非常有限。尤其是考生不像在校學生有較多的時間，必須在有限的時間內，以最快速及最有效的方法閱讀本書，以達到所想要獲致的效果。筆者根據自己及他人的讀書與考試經驗，簡單地整理以下幾點意見，希望能幫助讀者達到「事半功倍」的效果，並避免「事倍功半」的徒勞。

　　考生可分為報考學校碩士或是博士班的學生，以及報考國家考試的考生。基本上，該等考試都是採取申論題的方式，題目共有四題。雖然並非所有考試都是採取此模式，但是目前一般考試大多是此種形態。若考生是要考碩、博班者，則比較辛苦，因為要多讀一點。因為碩、博士班畢竟是要訓練有研究能力者，所考的題目會較為廣泛及深入，讀者可能必須先將本書從頭讀到尾，概略地瞭解整個中國大陸的情況後，再針對重點部分加強。例如鄧小平以後，到今日習近平時期的重要作為及政策，並且要瞭解

有關中共、中國大陸、兩岸關係及其他重要議題的理論及論述。

　　而對於報考國考者而言，由於有關中國大陸或是兩岸的科目，只是眾多科目之一，考生必須準備大約六種科目，在有限時間的情況下，不太可能熟讀整本書。加以國考的題目比較重視中國大陸的時事，以及兩岸關係的情勢發展，較少考有關理論的題目，所以讀者必須側重書中有關時事的討論，尤其是習近平時期的重要作為及政策。筆者過去在參加國家考試時，某個專業科目竟然連一條理論的題目也沒有，而是完全考時事。這可能是因為出題老師認為，參加國考者主要是進入政府單位服務，必須關注時事的發展。

　　但是考生若能運用書中的理論加以闡述，或許會有加分的效果。而且本書蒐集最新的中國大陸、兩岸關係及相關時事發展資料，讓讀者能夠掌握最新動態，以因應時事考題。最後必須強調，本書雖然能讓讀者瞭解中國大陸的基本概況，但是沒有任何一本書可以百分之百涵蓋所有事務。所以讀者若有餘力，仍必須參考其他相關著作，作為補充，以免有所疏漏。筆者希望讀者在閱讀本書時，不要有任何的壓力，就將它當作是一本比較嚴肅的小說或是歷史書來閱讀，以輕鬆的心情來學習有關中國大陸及兩岸的事務，或許效果會比較好。以上僅是筆者的一些淺薄經驗及意見，僅供讀者參考，不一定能夠一體適用。最後，希望本書能夠幫助到讀者，並預祝每位讀者能夠心想事成。

目 錄
CONTENTS

第一章 中國共產黨發展史

　　要瞭解現今中國的各項情形，必須先瞭解中共的發展情形，因為中共迄今仍深深地影響及控制中國意識形態、政治、經濟、軍事、外交、社會等各領域的發展。瞭解中共的歷史，才容易瞭解現今中國事務及兩岸關係的來龍去脈，也才能夠判斷未來的發展，正如中國諺語所云「鑑往知來」的道理，故本書第一章先討論中共的發展史。根據我國研究中國的學者張五岳教授所主編《中國大陸研究》乙書，將中共發展史概分為「革命史」（1921-1949年）及「建政史」（1949年迄今）兩個時期，這兩個時期下又細分為幾個次時期。[1]

　　另根據中共中央黨史研究室主任曲青山表示，中共的歷史可以劃分為三個時期：第一個時期為「新民主主義革命時期」（從1921年中共誕生至1949年中華人民共和國成立，共二十八年），第二個時期為「社會主義革命與建設時期」（從1949年中華人民共和國成立至1978年12月的「十一屆三中全會」召開，共二十九年），第三個時期為「改革開放與社會主義現代化建設新時期」（從1978年12月的「十一屆三中全會」召開迄今）。這三個時期可概括為：革命、建設、改革。[2]

　　然而，由於情勢的變遷，筆者認為張五岳教授將中國發展史分為「革命史」及「建政史」兩個時期的劃分法，可再加以細分，以反映現今中國的發展情形；而曲青山的劃分法則有為中共辯護的意味，較不符合史

1　蔡國裕，〈中共發展史〉，張五岳主編，《中國大陸研究》，第1版（新北：新文京出版社，2003年），頁49。
2　〈中國共產黨與實現中華民族偉大復興的中國夢〉，《鉅亨網》，2016年7月1日，http://news.cnyes.com/news/id/2094245（檢索日期：2017年2月11日）。

實。本書則參考兩者的分類法，並配合情勢的變遷，分爲「革命時期」（1921-1949年）、「開國及動亂時期」（1949-1976年）、「改革開放時期」（1978-2012年）及「建設中國夢時期」（2013年迄今）等四個時期。

第一節　中共革命時期（1921-1949年）

此時期從1921年中共建黨開始，並於1949年建政結束。在這二十八年的歷史中，中共的主要活動爲與國民黨進行鬥爭，以奪取政權。依據當時中共政治重心的所在地，又可分爲三個時期：上海時期（1921-1927年）、瑞金時期（1927-1936年）、延安時期（1937-1949年）。[3]

一、上海時期（1921-1927年）

此時期爲中共的建黨時期。中共於1921年7月23日至8月2日在上海的法國租界，舉行黨的第一次全國代表大會（簡稱「一大」），宣告中共的成立，「共產國際」（The Communist International）[4]派馬林（Malin）及

---

[3] 蔡國裕，〈中共發展史〉，頁49。

[4] 「共產國際」通稱爲「第三國際」（Third International），是一個各國共產黨的國際聯合組織，1919年3月2日在列寧領導下成立，總部設於俄國首都莫斯科。1943年5月15日，第二次世界大戰時，蘇聯爲了拉攏西方國家，聯合對抗納粹德國的侵略，於6月10日解散「共產國際」。另外，「第一國際」（First International）又稱爲「國際工人協會」（International Workingmen's Association），是馬克思於1864年在倫敦所建立，由歐美各國工人所組成的國際組織。1866年在日內瓦召開第一次大會，當時宣言主旨爲：「以工人階級專政爲原則，以消滅私產爲目的」，後來因內部分裂而消滅。「第二國際」（Second International）又稱爲「社會主義國際」（Socialist International），是由世界各國工人政黨組成的國際聯合組織。1889年7月14日，在巴黎召開成立大會，通過《勞工法案》及《五一節案》，除決定以罷工作爲工人鬥爭的武器外，並宣布每年的5月1日爲「國際勞動節」，3月8日爲「國際婦女節」，並創始八小時的工作制。1916年，第一次世界大戰爆發，該組織的各國社會主義派遺背原來的「非戰」決議，紛紛投入祖國家的戰爭，而使此組織瓦解。一戰結束後，「第二國際」中的左派組建「共產國際」，中間派組建「社會黨國際工人聯合會」，右派組成立「社會主義國際」。〈第三國際〉，《維基百科》，https://ppt.cc/fPa4Qx（檢索日期：2017年1月17日）。

尼科爾斯基（Nikolsky）前來指導。[5]此次雖然號稱爲中共的全國黨代表大會，但是由於剛成立，當時全國的黨員僅有57人而已，而參加此次大會的代表也僅13人。在此次大會中，被稱爲中國共產主義的創始者，北京大學文科學長（即現在的文學系主任）陳獨秀教授[6]獲選爲中共中央局書記（相當於現今的總書記），成爲中共的最高領導人，而毛澤東是以湖南代表的身分出席該會議。由於此次會議屬於秘密性質，爲避免遭到國民黨的逮捕，故未對外發表任何消息與宣言，故外界知道此信息者甚少。[7]

　　俄共於1917年11月成功奪權後，因遭到國內外的抵制與反抗，陷入內外受敵的困境。俄共積極爭取他國的支持，於是孫中山所領導中國南方的國民政府成爲其爭取對象。而且中共剛成立，力量尚小，因此俄共交付中共的主要任務，是推動與國民黨建立「聯合陣線」。1922年陳炯明叛變對孫中山是相當沉重的打擊，此時適有俄共主動向他示好，孫中山爲了扭轉局勢，於1923年1月26日與蘇俄特命全權大使越飛（Joffe）共同發表《孫文越飛宣言》（簡稱《孫越宣言》）。允諾中共黨員以個人的身分加入國民黨，此爲國民黨首次的「聯俄容共」，或「國共合作」。[8]

　　中共黨員加入國民黨後積極發展勢力，打著國民黨的招牌，發展共產黨的勢力，並煽動國民黨員加入共產黨。當時國民黨正進行北伐，無暇顧及共黨的發展。迄1927年，中共黨員急速增至近6萬人之衆，不但將國民黨分化爲爲左右派，並滲透至國民政府高層。由於俄共不願見到中國統一，因此指導中共阻擾國民革命軍北伐。爲了排除中共的勢力，由蔣介石

---

[5] 馬林（Maring）爲荷蘭共產黨員斯內夫利特（Henk Sneevliet）的化名，尼科爾斯基爲俄國共產黨員。Amanda Wu, "Why Did 2 Foreigners Attend 1st CPC Congress in 1921?," *Women's Foreign Language Publications of China*, July 1, 2016, http://www.womenofchina.cn/servlet/Node ?node=16070042&language=1&pos=1 (accessed January 17, 2017).

[6] 陳獨秀因嫖妓事件，於1919年3月26日遭北大開除。〈陳獨秀一夜風流最終導致中共創立〉，《萬維讀者網》，2016年12月4日，http://news.creaders.net/history/2016/12/04/big5/1755702.html（檢索日期：2017年1月17日）。

[7] 劉明鋼，〈沒有引起應有重視的中共「一大」〉。

[8] 〈聯俄容共政策〉，《中華百科全書》，http://ap6.pccu.edu.tw/Encyclopedia_media/main-philosophy.asp?id=3177（檢索日期：2017年1月17日）。

領導的國民黨右派於當年4月12日發動「清黨」，大肆追捕及槍決中共黨員。從此，中共的「聯合陣線」及國民黨首次的「聯俄容共」宣告結束。此事件也造成國民黨內部的左右兩派分裂，史稱「寧漢分裂」。[9]

二、瑞金時期（1927-1936年）

此時期為中共的武裝暴動及蘇維埃（Soviet）[10]時期。國民黨發動「清黨」後，讓中共勢力受到重挫。中共中央於1927年8月7日在武漢召開緊急會議，史稱「八七會議」。由於陳獨秀反對採取「農村包圍城市」的戰略，以及批判擁護蘇聯的路線，並不支持以滲透方式奪取政權，主張應該以民主方式建立黨對黨的競爭，[11]故他在此會議中被「第三國際」斥責犯了「右傾機會主義」的錯誤。[12]

由於陳獨秀不肯走蘇聯的武裝革命路線，以及多次不願聽從共產國際的指令，中共中央政治局最後於1929年11月15日決定撤銷其領導職位並開除黨籍。[13]後來由瞿秋白接任中央總書記，並決議進行土地改革及武裝暴動。中共開始組建武裝力量「工農革命軍」，並於9月起在南昌、兩湖

9　1925年，孫中山過世後，國民黨左右兩派分裂。由於蔣介石一向反對「聯俄容共」政策，因此為蘇聯及中共所不容。在國民革命軍北伐時，國民政府遷至武漢，被以汪精衛為首的親共派所控制。1927年4月12日，蔣介石下令「清黨」，清除國民黨內的中共黨員，並於南京另立國民政府，與武漢親共的國民政府成對峙之局，稱之為「寧漢分裂」；不久，武漢方面得知蘇聯與中共有意奪取政權，乃採取分共立場，8月宣布與南京合作，稱之為「寧漢合作」。〈民國38年以前國共兩黨的合作與衝突〉，《國家發展委員會檔案管理局》，2015年5月20日，http://art.archives.gov.tw/Theme.aspx?MenuID=1（檢索日期：2017年1月17日）。

10　指「工農兵代表會議」。

11　張作錦，〈陳獨秀，創建中國共產黨，卻被黨開除〉，《聯合報》，2024年1月18日，https://reading.udn.com/read/story/7048/7715796。

12　唐寶林，〈近年中國陳獨秀研究簡況〉，《二十一世紀雙月刊》，2005年2月號，總第87期，頁50。

13　張湘憶、謝磊，〈陳獨秀1929年被開除出黨：不肯聽從共產國際指令〉，《中國共產黨新聞網》，2014年5月30日，http://dangshi.people.com.cn/BIG5/n/2014/0530/c85037-25087753.html。

（湖北及湖南）、[14]海陸豐（廣東省汕尾市的別稱）及廣州市等地發動大規模暴動。中共同時建立許多革命根據地，其中以毛澤東及朱德所建立以瑞金爲中心的江西蘇區較爲重要。[15]

　　由於毛澤東當時提出誘敵深入的游擊戰略，被以王明爲首的留俄派反對。他們認爲紅軍應該採取正規方式，與國民黨的軍隊正面作戰，並奪取大城市。故毛澤東被剝奪在紅軍的領導地位，改任於1931年11月17日（俄國革命紀念日）成立的「中華蘇維埃共和國」臨時中央政府主席，由於該職務屬並無軍權，故其在黨內的地位大受影響，不斷受到批判，並失去在黨內的發言權。[16]從1930年底，國軍對蘇區展開圍剿，前四次均告失敗。1933年10月的第五次圍剿，經過一年激戰，於1934年10月擊潰共軍，迫使中共放棄盤據多年的蘇區，進行號稱2萬5,000里的「長征」之途，蘇維埃政權因而瓦解，中共幾乎被消滅。[17]

　　共軍於1935年1月逃竄至國民軍勢力較弱的貴州省，並攻下遵義，此戰役是紅軍自「長征」以來的第一場勝仗。毛澤東爲了排除反對勢力，建議於1月15日至17日召開政治局擴大會議（史稱「遵義會議」），當時參加的人員除了政治局委員及候補委員外，也讓軍委及各軍團主要領導幹部參加。[18]此會議最重要的決議爲留俄的張聞天成爲總書記，以取代軍事指揮錯誤的博古，[19]另增補毛澤東爲中央政治局常委，並設立「前敵司令部」，朱德爲司令員，毛澤東爲政治委員，讓毛澤東重新取得對紅軍的指

---

14 其中湖南暴動由毛澤東領導。
15 蔡國裕，〈中共發展史〉，頁51。
16 朱育和主編，《民族復興與中國共產黨》（北京：清華大學出版社，2004年），頁108-110。
17 蔡國裕，〈中共發展史〉，頁52。
18 黨史博採，〈毛澤東眼中的遵義會議〉，《每日頭條》，2016年10月11日，https://kknews.cc/zh-tw/history/kqmyab.html（檢索日期：2017年1月18日）。
19 博古的真名爲秦邦憲，也曾留學俄國。

揮權。[20]

　　此次會議改變中共的權力結構，形成以張聞天、周恩來、毛澤東爲主的新領導集體，取代原來的博古、李德[21]與周恩來三人領導團。當時毛澤東雖然仍非中共的最高領導人總書記，但是因爲手握兵權，而成爲黨內最具實權的人。後來於當年10月，張聞天、毛澤東、周恩來等率領約4,000人的紅軍到達陝北，與稍早抵達的其他殘餘紅軍會合，結束「長征」，當時中共的兵力僅約萬餘人。在陝北期間，由於毛澤東握有軍權，故其權力日漸擴大，張聞天的權力則逐漸被架空。

　　此時蔣介石正在調集大軍，準備對共軍進行最後的致命一擊。在中共處於最危急的時刻，卻於1936年12月12日，西北剿匪副總司令張學良與陝西省主席、國民黨十七路軍總指揮楊虎城，受到中共煽動而發動「西安事變」，劫持赴前線視察的國民政府軍事委員會委員長與西北剿匪總司令蔣介石，進行「停止剿共、一同抗日」的兵諫。該事變後來於12月25日獲得和平解決，國軍停止剿共的軍事行動，讓中共得以生存，此事變影響了整個中國的未來命運。隔年（1937年）1月1日，中共中央遷入延安，開始了「延安時期」。[22]

三、延安時期（1937-1949年）

　　延安位於陝西省北部地區，其所管轄的地區大多爲貧瘠的黃土高原。中共中央遷入延安時，當地人口僅約200多萬人，但此時期卻是中共非常重要的時期，毛澤東成爲最高領導人。1937年7月7日爆發「盧溝橋事變」，中國進入全面抗戰。對日抗戰提供中共絕處逢生的大好機會，7月

---

[20] 〈1935年3月4日　毛澤東擔任紅軍前敵司令部政治委員〉，《中國共產黨新聞網》，http://cpc.people.com.cn/BIG5/64162/64165/77585/77589/5421555.html（檢索日期：2017年1月18日）。

[21] 德國裔，共產國際派駐中國協助中共的軍事代表。

[22] 蔡國裕，〈中共發展史〉，頁53。

22日，中共發表《共赴國難宣言》，聲稱：（一）願意為實現三民主義奮鬥；（二）取消推翻國民黨的暴動政策；（三）取消蘇維埃政府；（四）改編「紅軍」為「國民革命軍」，受國民政府軍事委員會管轄。[23]

　　國民政府鑑於將與日本展開全面戰爭，故不得不接受中共參與抗日戰爭的要求。然而中共的《共赴國難宣言》其實只是一個幌子，其目的是為了推翻國民黨，以奪取政權。中共表面上願意接受蔣介石的指揮，但毛澤東於1937年8月22日至25日在陝西省洛川縣召開的政治局擴大會議（史稱「洛川會議」）中提出「七二一方針」，即「七分發展、二分應付、一分抗日」。該方針就是：「默默擴張，不打硬仗。有朝一日壯大後，一舉力壓敵手」。他指示：「八路軍應該避開和日軍的正面衝突，避實就虛，繞道日軍後方去打游擊，主要任務就是擴充八路軍的實力，並在敵人後方建立中共領導的抗日根據地」。[24]

　　國民政府並非不清楚中共的陰謀，只是若再與中共發生衝突，會影響整個對日作戰的戰力。同時俄國也給予國民政府軍事協助，所以國民政府希望國共雙方能夠合作抗日，因此給予中共許多優待，包括允許建立「陝甘寧邊區政府」與「晉察冀邊區政府」，以及延攬毛澤東、周恩來等七位中共重要成員為國民參政員，並任命周恩來擔任軍委會政治部副主任。然而中共卻積極擴充勢力，並與國軍發生多起衝突。[25]

　　直到1945年8月15日，日本宣布投降時，共軍已發展到127萬人之眾，羽翼漸豐。抗戰勝利後，中共與國民黨之間的矛盾開始浮現。中共積極展開奪權活動，以武力奪取原日本軍隊的占領區。毛澤東對外宣稱，蔣介石要對他發動內戰，他命令軍隊放手打。而蔣介石也指示東北保安司令長官

---

[23] 後來國民政府將「中國工農紅軍」改編為「國民革命軍第八路軍」（簡稱「八路軍」），華中、華南的殘餘紅軍則編為「國民革命軍新編第四軍」（簡稱「新四軍」）。

[24] 漂流木，〈【時事想想】川普會讓中國默默壯大自己嗎？〉，《想想》，2016年12月7日，http://www.thinkingtaiwan.com/content/5895（檢索日期：2017年1月18日）。

[25] 《共赴國難宣言》，https://market.cloud.edu.tw/content/senior/history/ks_rs/home/pag7-5-1.htm（檢索日期：2017年1月18日）。

杜聿明，在共軍根基尚未穩固之前，一舉予以殲滅。[26]由於國民政府從美國獲得大量的軍事援助，故整體而言，國軍仍然占有優勢。

在美國駐華大使赫爾利（Hurley）的居中協調下，蔣介石電邀毛澤東赴國民政府陪都重慶，商討國內和平問題。雙方於10月10日簽署《政府與中共代表會談紀要》，即《雙十協定》。雙方同意避免內戰、和平建國，共同推動政治民主化、軍隊國家化及組建多黨制聯合政府。但是因為中共制定「邊談邊打，以打促談」的方針，因此重慶談判結束後，雙方並未遵守停戰約定，持續進行區域性戰役，最後導致國共爆發全面內戰。

後來，美國總統杜魯門（Truman）於1945年12月改派前陸軍參謀長馬歇爾（Marshall）上將為特使，取代赫爾利大使，赴中國調停國共內戰。美國之所以調停國共內戰，並非出於愛護中國之心，而是有其戰略考量。因為美國一方面欲維護其在華利益，並將其勢力延伸至中國東北，另一方面則欲拉攏中共，以免讓其成為蘇聯的傀儡。但是，美國的介入犯了蘇聯的大忌，因此蘇聯加緊扶助中共，使馬歇爾的調停並沒有獲得成效。[27]

蔣介石為了清剿盤據在東北地區的共軍，投入最精銳的部隊，並且在1946年春季幾乎取得全面勝利，林彪所率領的共軍一路北逃。但當國軍即將攻入哈爾濱時，在馬歇爾的壓力下，國軍停止進攻，因為他正在調處國共關係，試圖讓兩者達成和平。蔣介石從此失去了打敗中共的良機，共軍則在蘇聯的援助之下逆轉局勢。[28]從1948年9月至1949年1月間，遼瀋、平津、徐蚌等三大會戰，國軍精銳盡失，大陸政局丕變。[29]最後共軍於1949年10月1日攻陷首都南京，毛澤東宣告成立中華人民共和國並定都北京，由其擔任國家主席。而國民政府則播遷來台，兩岸正式分離。

---

[26] 蔣永敬，《蔣介石、毛澤東的談打與決戰》，緒言i。

[27] 同前註，緒言iii。

[28] 〈蔣介石敗給中共並非因軍事而是此人攬局〉，《多維新聞》，2016年5月30日，http://history.dwnews.com/news/2016-05-30/59742598.html（檢索日期：2017年1月24日）。

[29] 〈民國38年以前國共兩黨的合作與衝突〉，《國家發展委員會檔案管理局》。

第二節　中華人民共和國開國及動亂時期（1949-1976年）

　　對於此時期，本文之所以不使用張五岳教授的「建政史」及中共中央黨史研究室主任曲青山的「社會主義革命與建設時期」，而使用「開國及動亂時期」，乃是因爲此時期，毛澤東忙著清剿國民黨的殘餘，以及對其他敵人發動清算，接著對黨內的政敵進行鬥爭。雖然毛澤東也積極進行經濟建設，但是因爲使用錯誤的方法以及急於求成，反而使得中國經濟嚴重倒退，建設無成，國家陷於混亂，故無法以帶有正面意涵的「建政」或「建設」名詞稱呼此時期的中國情況，而使用較爲負面的「開國及動亂時期」稱之。

一、政治清算運動

　　中共雖然打敗國民黨，成功奪取政權，但是許多地區仍有國民黨的殘餘在做反抗，根據中共官方表示，當時的反革命分子約有300餘萬。[30]毛澤東爲了鞏固新政權，在開國之初發動一連串政治清算作爲。他首先發動「鎮壓反革命運動」（簡稱「鎮反運動」），以肅清反對勢力，鎮壓對象以國民黨殘餘、特工、土匪爲主。中共於1950年3月發布《關於嚴厲鎮壓反革命分子活動的指示》，直到1952年2月，總共鎮壓「反革命分子」157萬多人，其中87萬餘人被判處死刑。[31]

　　同時，他以經濟建設爲名，推動激進的「土地改革運動」（簡稱「土改」），對富農及地主進行清算鬥爭。中共於1950年頒布《中華人民共和國土地改革法》第1條規定：「廢除地主階級封建剝削的土地所有制，實行農民的土地所有制，藉以解放農村生產力，發展農業生產，爲新中國的

---

[30] 〈鎮壓反革命運動〉，《中國共產黨新聞》，http://cpc.people.com.cn/BIG5/64162/64167/4518833.html（檢索日期：2017年1月23日）。

[31] 紀彭，〈鎮反毛澤東嫌殺人少定指標千分之一終超過〉，《中國文化傳媒網》，2012年8月17日，http://www.ccdy.cn/lishi/gouchen/201208/t20120817_359931.htm（檢索日期：2017年1月23日）。

工業化開闢道路」。雖然當時許多黨內及民主人士主張以法令將土地分配給農民，不要發動群眾鬥爭的激烈方法進行土改。但是毛澤東為了清除阻礙改革的地主與富農，主張應該組織農民對地主階級進行鬥爭，以奪回土地。後來，很多地主及富農不是被鬥死，就是自殺。[32]

接著，中共指責一些不法資本家不滿足於所得的利潤，而利用向國家幹部行賄等非法手段，獲取高額利潤。[33]因此，毛澤東從1951年12月及1952年1月先後發動「三反」、「五反」運動，殺害工商界富裕人士。「三反」運動是指對國家機關、部隊與國營單位開展「反貪污、反浪費、反官僚主義」的鬥爭，「五反」運動是指對資本主義工商業者開展的「反行賄、反偷稅漏稅、反盜騙國家財產、反偷工減料、反盜竊國家經濟情報」運動。

此兩項運動歷時約一年，於1952年10月結束。當時中共剛建國，百廢待興，應該以經濟建設為主，毛澤東為何要展開此運動呢？根據逃往美國，被譽為「中國防愛滋第一人」的維權人士高耀潔醫生表示：「那時朝鮮戰爭打得很激烈，發動三反、五反運動可以撈到一大筆錢財，暫解經濟花費之急，又可清除異己，這是一舉兩得的好事。」[34]毛澤東在連續推動「鎮反」、「土改」、「三反」、「五反」等運動後，基本上已經肅清了反對勢力，逐漸鞏固政權。

二、冒進的經濟政策

中國歷經對日抗戰與國共內戰等多年戰亂，國家殘破、經濟蕭條、百廢待興。毛澤東在清除反對勢力後，開始進行經濟建設，希望將中國建

---

[32] 何治民，〈中國大陸失地農民問題研究〉，國立政治大學東亞研究所碩士論文，2008年，頁50。

[33] 〈什麼是「三反」、「五反」運動？〉，《中國共產黨新聞網》，http://cpc.people.com.cn/BIG5/64156/64157/4418414.html（檢索日期：2017年1月23日）。

[34] 高耀潔，〈三反、五反運動中，自殺出現高峰〉，《中國文化傳媒網》，2012年8月17日，http://tw.aboluowang.com/2015/0523/560354.html（檢索日期：2017年1月23日）。

設成共產主義的天堂。中共師法蘇聯老大哥的做法，規劃其首個「五年計畫」[35]（簡稱「一五計畫」，1953-1957年）。該計畫將重點置於基礎建設上，尤其是工業部門的投資占總投資約58%。[36]爲了執行「一五計畫」，毛澤東於1953年提出黨在「過渡時期的總路線」，作爲指導全國從「新民主主義」[37]走向「社會主義」過渡的基本綱領與政策，該總路線被寫入1954年的首部憲法中。

該總路線的基本內容爲：「從中華人民共和國成立，到社會主義改造基本完成，這是一個過渡時期。黨在這個過渡時期的總路線和總任務，是要在一個相當長的時期內，逐步實現國家的社會主義工業化，並逐步實現國家對農業、對手工業和對資本主義工商業的社會主義改造。這條總路線是照耀我們各項工作的燈塔，各項工作離開它，就要犯右傾或左傾的錯誤。」[38]根據該總路線，中共於1954年發動「三大改造」運動，即將私有的農業、手工業與資本主義工商業，改造成社會主義的集體所有制或公私合營的形式。

但是從1955年第四季開始，中國的經濟建設出現層層提高指標的冒進現象，導致經濟呈現混亂。針對此情況，劉少奇、周恩來、陳雲等人提出一系列導正措施，糾正急躁冒進的傾向。但是毛澤東批判反對他的人，並提出社會主義建設要「多一點、快一點、好一點」的主張，以提早完成「一五計畫」，及盡速完成社會主義工業化。《人民日報》並於1956年元

---

[35] 後改稱爲「五年規劃」。

[36] 〈第一個五年計畫〉，《維基百科》，2017年1月7日，https://ppt.cc/fQFOyx（檢索日期：2017年1月23日）。

[37] 「新民主主義」是中共在抗日戰爭時期提出的建國理論，曾得到各界人士的擁戴與黨員的認同，因爲對他們來説，社會主義、共產主義是很遙遠的目標，將「新民主主義」設定爲建國目標較爲可行。中共在1949年取得政權之際就明確提出要有一個「新民主主義階段」，時間是十五至三十年。但毛澤東卻於1953年改口稱，「新民主主義」階段只是一個「過渡時期」。隨後，中共就推動「三大改造」。高王凌，〈中國共產黨爲什麼放棄新民主主義？〉，《二十一世紀雙月刊》，總第133期，2012年10月，頁32。

[38] 〈過渡時期總路線〉，《中國網》，2002年9月28日，https://zh.wikipedia.org/wiki/%E7%AC%AChttp://big51.china.com.cn/chinese/zhuanti/211748.htm（檢索日期：2017年2月8日）。

且發表題爲〈爲全面提早完成和超額完成五年計畫而奮鬥〉的社論，呼應毛澤東的主張。在毛澤東及《人民日報》號召提早完成社會主義工業化，並鼓舞建設國家輝煌經濟前景之下，使已經膨脹的民氣更進一步膨脹。[39]

　　中共於1956年11月召開的「八屆二中全會」上，劉少奇、周恩來、陳雲等人出面主張要「反冒進」。然而，於1957年10月召開的「八屆三中全會」時，毛澤東開始對「反冒進」進行公開批評，認爲反冒進是「右傾」，是「促退」。由於毛澤東擁有巨大的權威，早就成了「眞理的化身」，無人敢反對其意見，於是根據毛澤東的提議，通過了《1956年到1957年全國農業發展綱要》（修正草案）。此草案的各項指標傾向「冒進」，卻無人敢反對。「反反冒進」促使黨內急躁冒進的左傾思想急遽膨脹，毛澤東多次強烈批判「反冒進」主張，徹底掃清了障礙，全黨的思想高度一致，並爲日後危害甚烈的「大躍進」運動埋下禍根。[40]

　　1957年11月，毛澤東率領代表團赴莫斯科參加「十月革命」勝利四十週年慶典，並出席各國共產黨在莫斯科召開的大會。會議上，赫魯雪夫（Khrushchev）提出蘇聯要在十五年內趕上美國，此話使毛澤東備受鼓舞。他於11月18日，在各國共產黨代表會議上宣布：中國也要在十五年左右，在鋼鐵與主要工業產品的產量趕上英國。[41]毛澤東返國後表示要「鼓足幹勁、力爭上游、多快好省地建設社會主義」，希望能夠於短時間內「超英趕美」。除了依據過去所提出的「社會主義總路線」外，並在工業方面發動「大躍進」，在農業方面實行「人民公社」兩項運動。後來，「總路線」、「大躍進」及「人民公社」合稱爲「三面紅旗」。

　　「大躍進」以煉鋼爲核心，因爲鋼鐵爲工業的主要原料，鋼鐵的產量

[39] 〈1956年經濟建設上的反冒進〉，《中國共產黨新聞》，http://cpc.people.com.cn/BIG5/64156/64157/4512229.html（檢索日期：2017年2月8日）。

[40] 馬雙有，〈毛澤東四批「反冒進」〉，《壹讀》，2016年4月27日，https://read01.com/aP4dA7.html（檢索日期：2017年2月15日）。

[41] 〈毛澤東提出「超英趕美」的內情：一個即興發言〉，《新浪網》，http://books.sina.com/bg/funny/focus/20070926/00455373.html（檢索日期：2017年2月8日）。

是當時衡量一個國家經濟實力的最主要標準，[42]結果全國人民投入大煉鋼運動；「人民公社」是將許多的「高級農業合作社」加以合併，所有人民被強迫參加，企圖獲得規模經濟。[43]然而，由於「大躍進」及「人民公社」兩項運動違背經濟發展的規律，而且「浮誇風」盛行，全國從上至下都進行吹牛比賽，欺上瞞下。因此，「三面紅旗」的鬧劇最後徹底失敗，並造成後來的大饑荒悲劇。

　　1958年，由於「人民公社」人力被轉移去煉鋼，荒廢農耕，加以公社實行集體所有制，大家養成吃「大鍋飯」的心態，不願意積極工作，當時流傳著「大鍋飯、養懶漢」的順口溜，嚴重影響農業收成，並沒有達到原本欲獲得的規模經濟成果，「大躍進」反成「大倒退」。[44]1959至1961年中國出現全國性的大饑荒（毛澤東將此災禍歸咎於「三年自然災害」），糧食嚴重不足，物資奇缺，餓殍遍野，估計死亡人數達到3,000萬至4,000萬，而且還出現人吃人的慘況。最後「三面紅旗」以慘敗收場，迫使毛澤東將「國家主席」職位交給劉少奇，退居二線。

三、劉少奇與鄧小平的改革及毛澤東的反撲

　　在劉少奇與鄧小平的主政下，對經濟進行大幅調整。為了解決嚴重的饑荒問題，劉少奇於1962年提出「三自一包」政策，即「自留地、自由市場、自負盈虧、包產到戶」，以刺激農民積極生產。鄧小平於當年7月7日發表的〈怎樣恢復農業生產〉文章，引用中共元老劉伯承比喻打仗的四川俚語：「黃貓、[45]黑貓，只要能捉住老鼠就是好貓」。並說中共之所

[42] 同前註。

[43] 由於共產黨推崇公社制度，認為此為實行共產主義的重要內容。於1958年決定公社制度成為中國農村的基本經濟制度，其特色為「組織軍事化、生活集體化、勞動戰鬥化」。由於公社實行「政社合一」制度，它不但是經濟單位，而且還是政治單位。因為公社負責農業生產外，也對工商學兵等各領域實施統一管理。

[44] 〈共和國迴響：二五計畫──大躍進，大倒退〉，《壹讀》，2016年2月26日，https://read01.com/x23Qa5.html（檢索日期：2017年2月8日）。

[45] 後來的流傳中，「黃貓」被說成了「白貓」。

以能夠打敗國民黨，就是不講老規矩，不按老路子打，一切看情況，打贏算數。要恢復農業生產，也要看情況，就是在生產關係上不能完全採取一種固定不變的形式，看用哪種形式能夠提高群眾積極性，就採用哪種形式。[46]

「三自一包」政策實施後，促進農工業的發展，並大幅改善人民的生活，甚得民心。但是卻引起毛澤東的疑慮，爲了奪回旁落的大權，他聲稱有一批資產階級代表人物混進黨、政、軍與文化領域內，只有發動一場「文化大革命」，公開、全面、自下而上發動群眾，才能摧毀黨內的「資產階級司令部」，將「走資派」篡奪的權力重新奪回來，[47]因此於1966年發動「文化大革命」。

「文革」期間，毛澤東利用無數年輕人所組成的「紅衛兵」[48]，以「破四舊、立四新」[49]爲名，以「革命無罪，造反有理」、[50]「打倒走資派」、「打倒牛鬼蛇神」等口號，到處打、砸、搶、抄、抓等暴力行爲，劉少奇、鄧小平、朱德、陳雲、習仲勳（習近平的父親）等黨國大老都遭到殘酷的批鬥，劉少奇甚至於1969年被鬥死。而鄧小平所提的「貓論」

---

[46] 〈貓論〉，《維基百科》，2012年11月29日，https://zh.wikipedia.org/zh-tw/%E7%8C%AB%E8%AE%BA（檢索日期：2016年12月21日）。

[47] 蔡國裕，〈中共發展史〉，頁59。

[48] 1966年5月16日，毛澤東發表「五一六通知」，號召全國民眾批鬥混進黨、政、軍的資產階級代表人物，試圖重掌政權，揭開「文革」的序幕。紅衛兵雖名爲「兵」，其實並非眞正的軍隊，主要是由青年學生所組成。他們左臂佩戴紅色臂章，手握「紅寶書」（即「毛語錄」），盲目誓死保衛無產階級及支持毛澤東。當時成千上萬的紅衛兵在全國進行全方面的階級鬥爭，超過100萬民眾受牢獄之苦、自殺或被殺，知識青年自願或被迫下鄉，造成中國難以估計的損失。嬋晴，〈文革50週年 紅衛兵認錯！一段中國不願面對的歷史〉，《風傳媒》，2016年5月16日，http://www.storm.mg/article/119211（檢索日期：2017年1月11日）。

[49] 指思想、文化、風俗、習慣。

[50] 毛澤東在延安時，爲慶祝史達林60歲生日發表講話稱：「馬克思主義的道理千條萬緒，歸根結蒂，就是一句話：『造反有理』。」1966年6月5日「文革」期間，《人民日報》再度宣揚「造反有理」。後來清華附中的紅衛兵就將此句話寫進大字報，並送給毛澤東，得到毛澤東的肯定及讚揚。從此以後，「造反有理」成爲文化大革命最主要的口號。〈「造反有理！」毛澤東、紅衛兵與文化大革命的野火〉，《故事》，2015年5月14日，https://ppt.cc/fDLiTx（檢索日期：2017年1月11日）。

成了「四人幫」鬥倒鄧小平的「10大罪狀」之一。江青等人認爲，「貓論」意味著「不管社會主義還是資本主義，只要能發展生產力就是好主義」，是資產階級的意識形態。[51]此外，大批知識分子也受到迫害，教育停頓，歷史文物遭破壞，經濟瀕臨崩潰，「文革」危害中國遠超過「三面紅旗」，因此被稱爲「十年浩劫」。[52]

　　直到1976年9月9日毛澤東死後，在「文革」期間興風作浪，被稱爲「四人幫」的江青、張春橋、王洪文、姚文元等四人，被總理華國鋒聯合軍方元老逮捕，「文革」才終於結束，但是該運動對文化資產、倫理價值、教育所造成的傷害已難以彌補。1981年的「十一屆六中全會」，中共做出《關於建國以來黨的若干歷史問題的決議》（中共的第二份歷史決議），認定「文革」是一場「由領導者錯誤發動，被反革命集團利用，給黨、國家和各族人民帶來嚴重災難的內亂」。

　　毛澤東雖然建立中華人民共和國，之後的統治卻帶給中國巨大的破壞與災難。但是中共爲了保護毛澤東這個神主牌，以維護其統治正當性，而評價毛澤東的功過爲「三七開」，即他「開國有功，建國有過，文革有罪」，辯稱「他對中國革命的功績遠遠大於他的過失」。雖然大部分的中國知識分子批評毛澤東，但是卻有不少人仍歌頌他，尤其是身處社會低階層的工人與農民。[53]由於「文革」涉及毛澤東的問題，迄今仍是中國官方避而不談的敏感話題。2016年5月16日「文革」五十週年的翌日，中共黨媒《人民日報》發表一篇題爲〈以史爲鑒是爲了更好前進〉的文章，罕見高調痛批「文革」爲「完全錯誤」，文中指出，「不會也決不允許文革這樣的錯誤重演」。[54]由此可見，「文革」爲中國人民揮之不去的陰影。

---

51 〈貓論〉，《維基百科》。
52 蔡國裕，〈中共發展史〉，頁59-60。
53 曠新年，〈毛澤東：一份沉重的遺產——爲韓國《進步評論》作〉，《天涯之聲》，2000年10月8日，https://ppt.cc/fPVoFx（檢索日期：2016年12月21日）。
54 張松風，〈傳習近平下令黨媒罕見高調批文革「完全錯誤」〉，《新唐人》，2016年5月16日，http://www.ntdtv.com/xtr/b5/2016/05/17/a1267054.html（檢索日期：2017年2月8日）。

第三節　中國改革開放時期（1978-2012年）

　　此時期與上一個時期「中華人民共和國開國及動亂時期」，有兩年的時間落差，乃是因為從1976至1978年之間，鄧小平與毛澤東的繼任者華國鋒總理展開鬥爭，後來鄧小平勝出，並展開改變整個中國命運的「改革開放時期」。此時期對於中國非常重要及關鍵，因為是中國經濟發展最為快速的時期。

一、鄧小平時期

　　毛澤東於1976年9月9日去世後，黨內展開激烈的權力鬥爭，直到10月6日，總理華國鋒、國防部部長葉劍英、李先念等元老聯手逮捕掌握大權的中央政治局成員「四人幫」；次日，華國鋒憑著毛澤東死前所稱「你辦事，我放心」的遺言，成為中共最高領導人，集黨政軍大權於一身。然而，華國鋒的資歷及威望都比不上鄧小平，他為了鞏固權位，搬出毛澤東這塊神主牌，於1977年2月在《人民日報》提出「兩個凡是」的主張：「凡是毛主席作出的決策，我們都堅決維護；凡是毛主席的指示，我們都始終不渝地遵循。」他並堅持毛澤東生前提出的「在無產階級專政下繼續革命」的理論，汪東興、陳錫聯、紀登奎、吳德、陳永貴五人與華國鋒在黨內形成「凡是派」。華國鋒延續毛澤東時期的政策，在政治上搞個人崇拜，在經濟上採冒進路線，設置一些不切實際的高指標與口號。

　　被毛澤東罷黜的鄧小平則聯合陳雲、胡耀邦等人批判華國鋒的「兩個凡是」為「極左路線錯誤」，並於5月24日發表〈「兩個凡是」不符合馬克思主義〉的文章。同年7月，中共「十屆三中全會」通過決議，恢復鄧小平原來擔任的中央副主席、中央軍委副主席、國務院副總理及人民解放軍總參謀長等職務。此次為鄧小平第三次復出，當時已經高齡73歲。鄧小平回到最高決策層後，開始與華國鋒展開權力鬥爭。

　　他支持南京大學哲學系教師胡福明於1978年5月10日所發表的「實踐是檢驗眞理的唯一標準」論述，此暗示不能從辭句表面解釋毛澤東思想，也不應該盲目地維護及遵循毛澤東過去所做的決策，而且根據過去的實踐經驗顯示，毛澤東的許多決策並不正確。由於人民久經動亂，厭倦鬥爭並渴望安定，因而多數人不再相信毛澤東的「階級鬥爭」理論。而且華國鋒的根基也不穩，因而逐漸被邊緣化，結束短短兩年的執政時間，鄧小平等老革命幹部開始重新掌權。他於1978年12月18日召開的「十一屆三中全會」，決議不再走毛澤東革命的路線，改將「解放思想、事實求是」作爲黨的指導方針，並將工作重點轉移到社會主義現代化建設上。

　　由於毛澤東執政時，長期以「階級鬥爭爲綱」的政策，以政治主導經濟，並推動一系列的錯誤經濟政策，導致生產力發展緩慢及國困民窮。爲了扭轉該情勢，鄧小平掌權後，改採「改革開放」的政策，即「對內改革、對外開放」的經濟決策。其中「對內改革」是要解放及發展生產力，「對外開放」是讓中國向世界開放，並引進外國資金。該政策將工作重點轉移到現代化建設上，其目標爲提高效率，追求高速經濟成長。在策略方面採取：激發生產誘因，依循比較利益的原則進行經濟活動。

　　雖然中國在實施「改革開放」後，經濟迅速發展，但是也發生許多社會問題。鑑於1980年7月，波蘭物價暴漲，引起戰後波蘭規模最大、持續最久的罷工浪潮，波蘭共產主義政黨「統一工人黨」的領導地位也受到動搖。當時中國負責經濟的中央委員會副主席陳雲認爲，中國也會像波蘭一樣發生這樣的事情。故他於12月16日，在中央工作會議上發表〈經濟形勢與經驗教訓〉的講話時表示，雖然需要改革，但是步子要穩，因爲問題複雜，不能操之過急，並再次強調其「摸著石頭過河」的論述，但其意見未受到重視，社會問題更趨惡化。[55]後來中國於1989年爆發震驚中外的

---

55 〈「摸著石頭過河」改革方法的來龍去脈〉，《人民網》，2014年4月9日，http://dangshi.people.com.cn/BIG5/n/2014/0409/c85037-24858259.html（檢索日期：2017年2月12日）。

「六四天安門事件」。[56]

　　此事件剛開始是因為大學生為紀念於1989年4月15日過世的改革派總書記胡耀邦，自發性地赴天安門廣場舉辦悼念活動。後來演變成要求當局對抗通膨、處理失業問題、解決官員貪腐、政府問責、新聞與結社自由等，並持續長達兩個月之久。學生活動趨向激進的絕食行動，促使400多個城市陸續集結抗議，表達支持。為壓制示威活動，以鄧小平及李鵬為首的中共高層決定以武力鎮壓，後來動用軍隊對學生進行屠殺，死亡人數估計從數百人至數千人。此事震驚全世界，故被歐美國家稱之為「天安門廣場屠殺」（Tiananmen Square Massacre）。[57]

　　「六四天安門事件」幾乎讓「改革開放」政策夭折，因為在美國的發起下，西方國家紛紛對中共進行經濟制裁，外資相繼撤離，保守勢力抬頭。鄧小平意識到其政策若被推翻，其地位將遭到保守派的挑戰。為了對抗保守勢力，他於1992年1月18日至2月21日間，以88歲高齡赴南方的深圳、珠海、廣州、上海等地進行巡視及發表講話，重申改革開放的決心。[58]他提出「三個有利於」原則，即改革開放的標準為「是否有利於發展社會主義社會的生產力」、「是否有利於增強社會主義國家的綜合國力」及「是否有利於提高人民的生活水平」。只要符合這三個標準，便可大膽推動改革，此再度突顯鄧小平的務實心態。[59]

　　鄧小平的「南巡講話」（或稱為「南方講話」）扭轉了經濟倒退的趨勢，讓中國的政治氛圍丕變，開啟了改革開放的熱潮，促進國內外投資驟增，一掃「六四天安門事件」的陰霾。「改革開放」迄今已證實是一項非

---

[56] 「天安門事件」又稱為「六四事件」、「八九民運」、「八九學運」，中國官方則稱為「1989年春夏之交的政治風波」。

[57] 〈六四事件〉，《維基百科》，2016年12月22日，https://ppt.cc/fNse1x（檢索日期：2016年12月31日）。

[58] 又稱「九二南巡」。

[59] 馬祥祐，〈江澤民與胡錦濤的經濟改革〉，趙建民主編，《中國研究與兩岸關係》，第4版（新北：晶典文化出版社，2016年），頁63。

常正確及成功的政策，該決策使中國經濟快速發展，大幅提高人民生活水準，並成爲世界上不可忽視的經濟大國。因此，鄧小平後來被譽爲「中國改革總設計師」。

二、江澤民及胡錦濤時期

此節將江澤民及胡錦濤兩人一併討論，乃是因爲在經濟建設的路線上，兩人均依循鄧小平的「改革開放」政策。而且由於「改革開放」讓中國經濟逐漸繁榮，人民越趨富裕，因此該政策已經成爲中國各界的共識，未再遇到鄧小平時期左派的強力阻擾。故江澤民及胡錦濤主政時期，「改革開放」政策的推動較爲順利，該政策也沒有太大的轉變，只是在細節上做些許微調，以適應市場的變化。因此可稱爲「鄧規江胡隨」，並讓中國的經濟得以繁榮。

（一）江澤民時期

「六四天安門事件」讓同情示威學生的總理趙紫陽遭到鄧小平罷黜，當時擔任上海市長與書記的江澤民要求上海《世界經濟導報》刪除一篇紀念胡耀邦的文章，由於總編輯不願意配合，他下令關閉並整頓整該報社，而引發許多抗議。然而，他因爲處置民主運動的強力手段受到鄧小平賞識，被緊急徵召入京，並於「十三屆四中全會」被破格提拔爲中共中央總書記，一躍成爲新領導人。[60]江澤民成爲中國領導人後，仍然遵循「改革開放」的路線。

江澤民除了持續推動「改革開放」政策外，另一件重大決策是於2000年2月24日在廣東考察期間，在與中共幹部舉行座談會時提出「三個代表」的論述，其內涵爲「中國共產黨要始終代表中國先進社會生產力的發

---

60 常樂，〈中共的派系——江湖習氣〉，《牆外樓》，2015年3月10日，https://commondatastorage.googleapis.com/letscorp_archive/archives/86117（檢索日期：2016年12月31日）。

展要求；要始終代表中國先進文化的前進方向；要始終代表中國最廣大人民的根本利益。」中共並於2002年11月「十六大」將「三個代表」寫入黨章，與馬克思列寧主義、毛澤東思想、鄧小平理論一起並列，確立為「黨必須長期堅持的指導思想」。

文化大學中國大陸研究所所長高輝教授稱，「三個代表」寫入黨章，代表中共從原為「中國工人階級」的政黨，演變成「全中國人民和中華民族」的政黨，也就是從「階級性政黨」演變成「全民性政黨」。因為自從「文革」結束後，中共就揚棄了「階級鬥爭」，而以「經濟建設為中心」。中共體認到，可以馬上得天下，但不能馬上治天下，奪取政權靠「革命力量」，維持政權則要靠「執政能力」，執政必須發展先進生產力與先進文化，更要結合不同階層的廣大人民。簡言之，先進生產力是指企業家（或資產階級），先進文化是指知識分子（也就是以前所批判的臭老九），最廣大人民是指工農階級。故「三個代表」的目的在於擴大中共的群眾基礎，以鞏固政權。[61]

（二）胡錦濤時期

江澤民全力發展經濟，雖然將中國變為「世界工廠」，但是因為過於強調經濟發展，及採取局部先富的發展策略，而忽略其他相應發展，因而產生社會不公平的現象，這些問題在鄧小平與江澤民時期並未獲得適當的重視，並逐漸趨於嚴重。由於胡錦濤是由鄧小平欽點的隔代接班人，因此遵循著「改革開放」的路線。但是，胡錦濤瞭解當時中國所存在的諸多問題，他在出任總書記不久後，於2002年12月5日在被中共視為革命聖地的河北省石家莊市平山縣西柏坡鎮[62]考察時發表講話指出：各級領導幹部要堅持深入基層、深入群眾，傾聽群眾呼聲，關心群眾疾苦，時刻把人民群

---

[61] 高輝，〈中共三個代表的影響〉，http://www.youth.com.tw/db/epaper/es001002/eb0268.htm（檢索日期：2017年2月11日）。

[62] 1948年5月，中共中央、解放軍總部移駐此地，於1949年3月23日再遷入北平（北京之舊稱）。

眾的安危冷暖掛在心上，做到「權為民所用，情為民所繫，利為民所謀」的「以民為本」執政理念。[63]

要如何「以民為本」？胡錦濤於2003年8月28日在江西考察時提出「科學發展觀」的理論。他於2005年11月2日訪問越南並在國會演講時闡述稱：「要順利推進改革開放，實現中國經濟社會持續快速協調健康發展，關鍵是要牢固樹立和全面落實以人為本、全面協調可持續的科學發展觀，……要統籌城鄉發展，統籌區域發展，統籌經濟社會發展，統籌人與自然和諧發展，統籌國內發展和對外開放，走科技含量高、經濟效益好、資源消耗低、環境污染少、人力資源優勢得到充分發揮的新型工業化道路。」[64]

「科學發展觀」即是不但要強調發展的重要性，還必須兼顧「統籌、協調」的區域及社會均衡發展。強調不能將所有資源只用在沿海地區，也要照顧農村與內陸地區，此觀念與只重成長的發展觀不同。簡言之，胡錦濤要改變過去鄧小平及江澤民時期，以促進經濟發展為主的概念，讓社會上的其他價值取得平衡，[65]並希望建設一個和諧的社會。後來該理論於2007年的「十七大」被寫入黨章，成為中共的重要指導思想之一。

《鳳凰週刊》曾於2012年8月4日評論稱，江澤民提出「三個代表」作為中共第一次轉型的理論導向，胡錦濤的「以人為本」則為第二次轉型指出一個方向。「以人為本」原為歐洲社會主義思想運動的核心內涵，目的在修正資本主義市場制度所帶來的諸多弊端。但長期以來，社會主義在中國的實踐表現卻與「以人為本」思想對立。中國雖然經濟發展快速，但是

63 陳俊宏，〈胡錦濤同志提出：權為民所用、情為民所繫、利為民所謀〉，《人民網》，2012年10月28日，http://theory.people.com.cn/BIG5/n/2012/1028/c350808-19413195.html（檢索日期：2017年2月15日）。

64 〈胡錦濤在越南國會的演講（全文）〉，《中國政府網》，2005年11月1日，http://www.fmprc.gov.cn/123/gdxw/t219537.htm（檢索日期：2024年4月28日）。

65 趙建民，〈科學發展觀與胡錦濤路線〉，《展望與探索》，第5卷第12期，2017年2月10日，頁44。

也積累很多矛盾。現在「以人爲本」成了指導中國社會發展的基調，這是中共政治理論的一大進步。在具體政策方面，領導階層也開始將更多注意力放在追求社會公平上。[66]也就是中共當局試圖強調「社會的公平性」，以舒緩人民對於各種不公平現象的不滿情緒，以避免再度爆發類似「六四天安門」的事件。

第四節　建設「中國夢」時期（2013年迄今）

2012年11月8日至14日中共召開「十八大」，習近平升任爲總書記，成爲中共第五代領導人。會後他帶領著中央政治局常委參觀國家博物館舉辦的「復興之路」展覽時，提出以「實現中華民族偉大復興」爲目標的「中國夢」，[67]這是他首次對「中國夢」的內涵下定義。他並提出「兩個一百年」的奮鬥目標：在中共成立一百年時（2021年），全面建成小康社會；在中華人民共和國成立一百年時（2049年），建成「富強、民主、文明、和諧的社會主義現代化國家」。由此可知，「中國夢」是遠程目標，是一個願景，而「兩個一百年」則是近程目標。

此後，習近平在許多場合提到「中國夢」，例如2013年6月8日，他在訪問美國時向歐巴馬總統表示，「中國夢」與追求民主自由的美國夢相同。[68]根據中國南通大學政治學院蔡娟教授表示，中國已走過了從「翻一番實現溫飽」到「翻一番達到小康」的道路，實現了「溫飽夢」、「總體小康夢」，現在正在努力實現於21世紀中葉「達到中等發達國家水準」、

---

[66] 〈權爲民所用、情爲民所繫、利爲民所謀〉，《鳳凰週刊》，2012年8月4日，http://www.51fenghuang.com/news/fengmiangushi/1258.html（檢索日期：2017年2月15日）。

[67] 洪向華主編，《民族復興中國夢》（北京：紅旗出版社，2013年3月），頁1。

[68] 〈中國夢〉，《維基百科》，2016年9月24日，https://zh.wikipedia.org/wiki/%E4%B8%AD%E5%9C%8B%E5%A4%A2（檢索日期：2016年12月16日）。

「建成社會主義現代化國家」的「全面小康夢」與「現代化夢」。[69]

不同於毛澤東、鄧小平、江澤民與胡錦濤等中國領導人，均以傳統意識形態路線爲施政主軸，習近平卻提出訴諸情感的「中國夢」。既稱之爲「夢」，就有無限的想像空間，很難加以具體化，而且「中國夢」的內涵也一直在變動，因此引起外界對「中國夢」的質疑。[70]爲了對其「中國夢」做具體的解釋，習近平於2014年11月在福建調研時提出「四個全面」戰略布局，即「全面建成小康社會、全面深化改革、全面依法治國、全面從嚴治黨。」

中國時政評論員劉銳紹表示，「四個全面」與過去中共領導人的理論相比無太大新意，因爲「深化改革」、「依法治國」早已成爲空話，習近平是在延續每代領導人都要提出一套政治理論，以確立領袖地位的慣例。「全面從嚴治黨」，雖將周永康、徐才厚、薄熙來等大老虎繩之以法，但目的是整肅政敵；而「全面依法治國」，是在確保共產黨繼續執政的法，而非保障人民權利的法。但是中國國家行政學院教授許耀桐認爲，習近平的理論很有新意，關鍵在於「全面」兩個字。「一方面是一種延續性，是對以往方向、路線的一脈相承，表明新一屆黨中央領導集體沒有另起爐灶、否定過去；另一方面，『全面』就是要覆蓋面更廣，不可能留有死角、達不到的地方，而且加強了力度、深度、廣度。」[71]

中共在經過鄧小平、江澤民及胡錦濤三代領導人的努下，基本上已經完成了「改革開放」的任務。在習近平時期，提出比「改革開放」更具企圖心的「中國夢」。現在中國不僅堅持穩中求進，協調推進「四個全面」

[69] 蔡娟，〈「兩個一百年」奮鬥目標鑄就「中國夢」〉，《中國社會科學報》，第455期，2013年5月27日，http://www.csstoday.net/xueshuzixun/guoneixinwen/78540.html（檢索日期：2017年2月12日）。

[70] 杜鈴玉，〈習近平「中國夢」之探討〉，《展望與探索》，第13卷第3期，2015年3月，頁42。

[71] 白墨，〈「四個全面」：習近平爲「中國夢」解夢〉，《BBC中文網》，2015年2月25日，http://www.bbc.com/zhongwen/trad/china/2015/02/150225_xijinping_4_con（檢索日期：2017年2月12日）。

戰略布局，而且還提出一系列重大戰略：從「一帶一路」倡議到設立「亞
洲基礎設施投資銀行」（簡稱「亞投行」，Asian Infrastructure Investment
Bank, AIIB），到打造「亞太自由貿易區」（Free Trade Area of the Asia
Pacific, FTAAP）等重大戰略，都是爲了實現「兩個一百年」的目標。促
成美國與中國建交的關鍵人物，美國前國務卿季辛吉（Kissinger）於2015
年3月訪問中國時就表示，中國正在進入新的時期。[72]

　　但是，中國內部問題仍然嚴重，美國學者庫恩（Kuhn）就指出，中
國內部問題包括：貧富不均、城鄉差距、環境污染、官員腐敗、醫療保
險、住房、農民工、工資與傳統價值觀崩壞等。他並且警告，當前中國面
臨的內部問題，極可能導致中國面臨經濟改革以來，最大的風險與阻力。
我國學者林文程教授表示，習近平提出的「中國夢」是爲實現中華民族
的偉大復興，雖然有來自外在的挑戰，但是眞正的挑戰是在於內部。余英
時教授更表示，眞正瞭解中國內部現實情況的人，不會對「中國夢」感到
非常興奮。[73]由此可知，習近平是否能克服這些問題，順利實現其「中國
夢」，仍有待觀察。

　　2021年7月1日爲中共建黨一百年，根據我國學者林政榮表示，從習近
平在黨慶活動中所發表的演說可窺探出以下幾點政治意圖，試圖向人民宣
揚講好中共故事，以「中國特色社會主義制度、中華民族偉大復興」爲主
軸，除了論述中共過去歷史背景與堅持黨的領導之外，主要是宣傳「全面
建成小康社會」、「全面脫貧」及「抗疫成功」等政績，作爲「第一個百
年：建黨百年」的賀禮。藉由「舊酒裝新瓶」方式，重新論述包裝所謂新
時代的黨史，以符合人民的期待，並強化黨的意識形態。另外，習近平指
責「外來勢力」的欺負與壓迫，以激發民族主義與愛國主義的認同感。這

---

[72] 葉曉楠，〈習近平治國理政關鍵字：兩個一百年 引領前行的時代號召〉，《中國共產黨新
　　聞網》，第455期，2016年1月18日，http://cpc.people.com.cn/n1/2016/0118/c64387-28061711.
　　html（檢索日期：2017年2月12日）。
[73] 杜鈴玉，〈習近平「中國夢」之探討〉，頁49。

可能是中共至今能維持百年的轉變訊號，並能夠繼續未來的兩個百年——
「2027年建軍百年」與「2049年建政百年」目標前進。[74]

---

[74] 林政榮，〈習近平百年黨慶發表重要演說背後政治訊息之意涵〉，《上報》，2021年7月
11日，https://www.upmedia.mg/news_info.php?SerialNo=118207（檢索日期：2021年7月28
日）。

第二章 共產黨及中共的意識形態

　　由於共產黨非常強調意識形態，它也深深地影響中共的發展，故在第一章討論了中共發展史之後，接著要討論其意識形態。而要瞭解中共的意識形態，則必須先認識共產黨的意識形態。

第一節　共產黨的意識形態

一、馬克思的共產主義理論

　　前考試院院長關中表示，若將意識形態（Ideology）視為是一種無價值偏見的概念時，它可視為是想像、期望、價值及假設的總合。[1]但是，任何意識形態幾乎都帶有某種主觀的意識，因此意識形態簡言之就是「理念」、「信仰」或「主義」。尤其在政治領域，有各式各樣的意識形態，如自由主義（Liberalism）、無政府主義（Anarchism）、社會主義（Socialism）、法西斯主義（Fascism）等，均屬於「政治意識形態」（Political Ideology）。許多政黨都有其特有的政治意識形態，作為政治行動與競選宣言的依據，並以此作為動員群眾的動力，或統治國家的基礎。所以，意識形態是「所有政治運動、利益集團、黨派各自的願景之總和」。[2]

---

[1] 關中，《意識形態和美國外交政策》（台北：台灣商務印書館，2005年）。

[2] 林奎燮，〈文化霸權與有中國特色的中共意識形態〉，《政治大學東亞研究所》，2009年9月14日，https://nccur.lib.nccu.edu.tw/handle/140.119/31451（檢索日期：2017年2月10日）。

　　國內學者郭仁孚教授表示，19世紀時，猶太裔德國思想家馬克思（Marx）與恩格斯（Engels）對於意識形態提出不同的解釋。他們於1845年在合著的《德意志意識形態》（*The German Ideology*）一書中首先解釋稱：「一個國家的內部因為職業的分工，而產生工人、商人、農人等不同產業的勞工，然後發展成城市與鄉村的區分，不同產業的勞工之間，在利益上會相互衝突，進而產生矛盾關係。」「社會便是在矛盾的關係中發展：在古代的社會，矛盾存在於自由人及奴隸之間；在中世紀的社會，矛盾存在於貴族與農奴之間；在現代的社會，矛盾存在於資產階級與無產階級之間」（圖2-1）。[3]

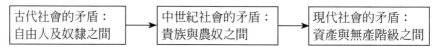

圖2-1　馬克思與恩格斯的歷史矛盾演化論
資料來源：作者自繪。

　　他們進一步表示，意識形態的功能就是在隱藏社會上少數統治階級與多數被統治階級之間的矛盾關係，使這兩個階級的結構合理化。發動革命的新興階級，最初代表非統治階級的共同利益；但是一旦革命成功變成統治階級後，很快便發展出自己的利益，而與其他階級出現利益上的矛盾。意識形態能以理想化的方式隱藏這種矛盾，使統治階級繼續表現為代表全社會的利益。例如：推翻封建社會的資產階級，便是用自由與平等的民主意識形態，來隱藏資產階級與無產階級之間的矛盾。[4]

　　意識形態把階級結構及整個社會結構予以合理化，因此，它是替統治階級利益服務的一種政治與社會理論，[5]是統治階級創造出來的一種「虛

---

[3]　郭仁孚，〈從馬克思到列寧的意識形態概念〉，《東吳政治學報》，第12期，2001年，頁145。
[4]　同前註，頁143。
[5]　同前註，頁146。

假意識」（false consciousness），[6]以欺騙被統治階級，並使權力關係具有合法性的產物，目的是爲了讓大家扭曲對於現實的認知，以保障其自身的利益。資本主義是資產階級提出的一種錯誤社會思想，是該階級用來隱藏社會不正義的工具；因此只要社會分工的經濟現象存在，資本主義的意識形態便注定是錯誤（圖2-2）。[7]

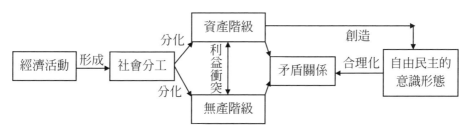

圖2-2　馬克思與恩格斯的意識形態概念圖
資料來源：作者自繪。

　　郭仁孚教授進一步表示，馬克思辯稱其所提倡的共產主義（Communism）並非是意識形態，因爲該主義所要推翻的是剝削無產階級的資本主義，及資本主義的社會分工現象。在未來的共產主義社會中，經濟分工將不復存在，故社會沒有壓迫與被壓迫，或剝削與被剝削的階級關係。隨著社會分工而產生的私有財產制及交換關係也將不存在，如此便沒有資產階級與無產階級了。社會上既然沒有不正義的現象，就不需要意識形態加以隱藏與曲解。在共產主義社會中，社會思想與社會眞相既然一致，就是正確的思想，作爲正確思想的共產主義也就不是意識形態。意識形態是資本主義社會的獨特現象，當人類社會發展至共產主義社會時，此現象便將終止。[8]

　　馬克思與恩格斯並於1848年2月21日在英國倫敦共同發表《共產黨宣

---

[6] 薛翠，〈意識形態（Ideology）〉，《文化研究》，2006年，http://www.ln.edu.hk/mcsln/1st_issue/PDF/ideology(03).pdf（檢索日期：2017年2月15日），頁1。

[7] 郭仁孚，〈從馬克思到列寧的意識形態概念〉，頁149-150。

[8] 同前註，頁150。

言》（*The Communist Manifesto*），作為共產主義者同盟的黨綱。該宣言
鼓勵無產者聯合起來發動革命，推翻資本主義並建立一個無階級的社會。
宣言稱「工人階級無祖國」，並呼籲「全世界無產者聯合起來！」馬克思
認為從1871年3月28日到5月28日的兩個月中，短暫統治巴黎的「巴黎公
社」，[9]是世界上無產階級武裝暴力奪取政權的首次嘗試，也是其共產主
義理論的實踐。

二、列寧對共產主義的修正與實踐

　　由於馬克思倡導共產主義，故後人又稱共產主義為馬克思主義
（Marxism）。然而共產主義僅是學術上的論述，雖然馬克思認為「巴黎
公社」是其理論的實踐，但是該公社最後失敗，而且時間非常短暫，無法
證實共產主義的真偽。而將共產主義加以實踐者，為俄國革命領袖列寧
（Lenin），故後人以「馬克思列寧主義」（Marxism-Leninism）[10]稱之。
雖然列寧一向以馬克思的正統繼承人自居，但是他為了進行革命運動，不
得不對馬克思主義進行大幅修正，以解決該主義在適用上的問題。郭仁孚
教授分析有關列寧對馬克思主義的修正如下：

　　首先，列寧對馬克思的意識形態概念，進行大幅度的修正。因為根據
馬克思的主張，只有資本主義才是意識形態，共產主義是科學而非意識形
態，意識形態只有負面的意義。這種說法過於主觀，難以被多數人接受。
因此列寧修正為，意識形態具有負面及正面的雙重意義。兩者間之所以
有如此大的差別，根本原因是馬克思意圖否定資本主義，而列寧除了要否

---

[9]　1870年的普法戰爭中法國慘敗，巴黎市民起義，推翻法蘭西第二帝國，成立法蘭西第三共
　　和國，但是新成立的共和國卻與普魯士王國簽訂條件苛刻的《凡爾賽條約》，1871年，巴
　　黎工人發動起義，並建立「巴黎公社」。由於公社的衛隊殺死兩名法國將軍，加上公社拒
　　絕接受法國當局的管理，終於導致被稱為「血腥一週」的鎮壓。〈巴黎公社簡介 巴黎公社
　　的評價〉，《壹讀》，2016年3月29日，https://read01.com/dnaoMQ.html（檢索日期：2017年
　　2月18日）。
[10]　簡稱「馬列主義」。

定資本主義外，還要肯定共產主義。馬克思的目的在揭露資本主義的負面因素，而列寧則有雙重的目標，一方面要批判資本主義，以免讓它麻醉工人；另一方面針對工人宣傳共產主義，以利動員群眾。[11]

其次，列寧對於馬克思的社會演化論，進行大幅度的修正。雖然他同意馬克思與恩格斯所稱，階級鬥爭是人類歷史發展的直接動力；但是他不同意馬克思所稱意識形態是一種歷史演化的現象。[12]因為列寧是一位革命家，一生最大的願望是在有生之年，領導無產階級革命成功，故沒有耐心等待資本主義國家自己慢慢地趨於滅亡，更沒有耐心等待共產主義國家自動地降臨。他計畫以人為的方式加速歷史的發展：即先由少數以革命為職業的菁英分子，組成中央集權的革命先鋒政黨，號召及動員無產階級群眾，領導他們向資本主義國家的政府奪取政權，並以武力建立共產主義的國家與政府。[13]因此，列寧建立「共產黨」以領導革命運動。

圖2-3　列寧實現馬克思與恩格斯的理念
資料來源：作者自繪。

郭仁孚教授表示，列寧認為可藉由職業革命黨徒向工人進行宣傳、教育及政治工作，而產生無產階級的意識形態。此思維大幅度修正馬克思對於意識形態的基本論點——意識形態是由經濟分工所產生。列寧擺脫意識形態受經濟因素的控制後，便很容易將共產主義也看成是一種意識形態，因為意識形態的意義不限於扭曲錯誤的社會思想，更擴大到包括正確的社會思想在內。於是意識形態除了馬克思認為具負面否定性的意義之外，從列寧以後又增加了正面的意義：即它不僅是歪曲階級利益的社會思想，也

---

[11] 郭仁孚，〈從馬克思到列寧的意識形態概念〉，頁159。
[12] 同前註，頁146。
[13] 同前註，頁156。

可正確表示階級利益的社會思想。意識形態變成一個中性的名詞：它可以
是錯誤的思想，也可以是正確的思想；列寧就稱資本主義是錯誤的意識形
態，而社會主義是正確的意識形態。[14]

郭仁孚教授總結稱，列寧對於馬克思的意識形態論述最大的修正，在
於擴大意識形態的意義，即不管來源、功能及眞實與否，一切社會思想都
包括在意識形態的範圍內。不像馬克思一樣狹隘，認爲意識形態僅在隱藏
社會的矛盾，以服務統治階級的利益而已。另外，列寧賦予意識形態實際
應用的社會功能：即意識形態是一種能用於集中、指導及動員群衆的思想
體系。讓意識形態不再僅具有分析及批判政治與社會思想的學術功用。[15]

檢視以上所述，不管是馬克思主義或列寧對該主義的修正，其實兩者
都是在詭辯，所提的理論也都並非眞理。但是由於當時的歐洲經過工業革
命後，資本主義導致社會貧富差距加大，造成「富者越富，貧者越貧」的
現象，工人生活困苦；而且自從1825年英國首次爆發經濟危機以來，資本
主義經濟從未擺脫經濟危機的衝擊。資本主義經常發生生產過剩的現象，
並導致經濟危機、企業大批倒閉、大量失業，社會陷入混亂，致使低層人
民的不滿情緒升高。此情勢提供共產主義滋生的溫床，並吸引衆多無產階
級成爲其信徒。[16]

三、俄國的革命

1917年3月（根據儒略曆[17]爲2月，故又稱爲「二月革命」），俄國人

---

[14] 同前註，頁162-163。
[15] 同前註，頁163。
[16] 〈經濟危機〉，《MBAlib》，2017年1月10日，http://wiki.mbalib.com/zh-tw/%E7%BB%8F%
E6%B5%8E%E5%8D%B1%E6%9C%BA（檢索日期：2017年2月20日）。
[17] 儒略曆（Julian calendar）爲羅馬共和國的凱撒（Caesar）大帝於公元前46年所採用的曆
法，若年的數目爲4的倍數時，則該年爲366天；若非4的倍數時，則爲365天，年平均長
度爲365.25日。然而，由於該曆法累積誤差隨著時間越來越大，教皇格里高利十三世於
1582年加以改善，成爲格里曆（Gregorian calendar），即沿用迄今的公曆，年平均長度
爲365.2425日。〈儒略曆〉，《國家教育研究院》，2003年10月，http://terms.naer.edu.tw/
detail/1300898/（檢索日期：2017年2月20日）。

民不堪羅曼諾夫王朝（Romanov Dynasty）的壓迫而爆發革命，沙皇尼古拉二世（Emperor Nicholas II）被迫遜位，羅曼諾夫王朝被推翻，並成立由各黨派聯盟所組成臨時政府。但是同年11月（儒略曆為10月，故又稱為「十月革命」）又發生第二次人民革命，「社會民主工黨」[18]的一個多數派「布爾什維克」（Bolshevik）（俄文為「多數」或是「大的」的意思）領袖列寧率領左翼革命軍，向臨時政府發動武力奪權，臨時政府遭到推翻，「布爾什維克」政府成立，並在俄國實施共產主義。

由於列寧在推動共產主義時，受到其他政黨的強烈反對，因此他實施極權專制的恐怖統治，從1917至1922年間處死無數的人民。受害者不僅有反對派的成員，還包括平民及沙皇尼古拉二世全家。為實施共產主義，列寧於1918年起開始強行徵收農民除維持生存之外的所有糧食（即餘糧收集制），國有化所有私人企業，國家壟斷所有外貿活動，禁止商品交易並實行計畫配給制，對工人施以嚴格管理。但是最後卻導致經濟崩潰，並發生大饑荒，人民大量死亡的慘劇。列寧荒謬地設置一個烏托邦式的共產主義天堂，然後用槍桿子逼著人民陷入苦難的深淵，[19]是一個矛盾的現象。

依照馬克思的共產主義理論，無產階級革命必將發生於資本主義發達的西方資本主義國家，例如英國、法國、德國等，但是最後卻發生於工業落後的俄國。此歷史發展顯然與馬克思主義的論述不同，顯示該主義有缺陷。為了替馬克思主義辯解，列寧於1917年出版《帝國主義是資本主義的最高階段》（*Imperialism, The Highest Stage Capitalism*）一書，對馬克思主義進行重大的修正，讓該主義符合歷史的發展。

他解釋稱，資本主義國家一方面在落後地區尋求原物料，另一方面運用殖民地的廉價勞工設立工廠，並向當地輸出產品，以促進本身的發展。資本主義國家運用從落後地區取得的巨大利潤，提高本國勞工的工資與改

---

[18] 俄國的馬克思主義工人政黨，及蘇聯共產黨的前身。

[19] 侯工，〈列寧的騙局：扭曲馬克思〉，《開放網》，2011年8月6日，http://www.open.com.hk/content.php?id=358#.WKrm2sUVE4F（檢索日期：2017年2月20日）。

善生活條件，因此避免工人革命的發生。帝國主義對落後地區的剝削，延續了資本主義的生命。另外，以「馬列主義」者自居的史達林更進一步解釋稱，革命不一定發生在工業發達的國家，而將發生在帝國主義鏈條上的薄弱環節，此即所謂的「薄弱環節理論」，而俄國即是此薄弱環節，因而爆發了革命。[20]

第二節　中共的意識形態

第一次世界大戰末期，[21]俄國共產黨（簡稱俄共）趁機於1917年發動「十月革命」，並創立世界上第一個共產主義國家。俄國是當時歐洲最落後的國家，國情與中國類似，其革命成功，給當時受到帝國主義壓迫的中國帶來衝擊。[22]以倡導新文化運動的《新青年》雜誌主要撰稿人之一李大釗於1918年開始發表文章宣傳馬克思主義，其文章影響該雜誌的主編北京大學文學系主任陳獨秀教授，以及包括毛澤東、周恩來等許多青年知識分子。他們開始在各地成立研究與宣傳馬克思主義的團體，並於1921年秘密成立中國共產黨（簡稱中共）。

共產主義是由俄國傳入中國，俄共不但指導中共建黨，並且協助中共奪權，因此中共視俄國為老大哥，中共的意識形態也師承俄國。列寧就曾表示：「沒有革命理論，就沒有革命運動」。我國研究中國的學者趙春山教授表示，在共產黨的革命階段，意識形態被用於作為塑造革命的願景，及鼓舞革命熱情的工具；然而在革命成功之後，其功能卻成為權力鬥爭的

---

20 趙春山，〈中共意識形態——馬列主義與毛澤東思想〉，張五岳主編，《中國大陸研究》，第1版，頁77。

21 是一場於1914年7月28日至1918年11月11日主要發生在歐洲的戰爭，然而戰火延燒至全球，當時世界上大多數國家都捲入這場戰爭，故稱為「第一次世界大戰」，以區別1939年爆發的第二次世界大戰。

22 〈中國共產黨與實現中華民族偉大復興的中國夢〉，《鉅亨網》，2016年7月1日，http://news.cnyes.com/news/id/2094245（檢索日期：2017年2月11日）。

藉口，以及作爲統治階級權力合法性的來源。[23]綜觀俄共及中共的發展，均驗證趙教授所言。

　　中共常說：「思想是行動的先導，理論是實踐的指南」，故共產黨在進行任何重大的革命或改革前，都會先提出具有意識形態的理論作爲準備。[24]俄共及中共之所以重視意識形態，以中國的觀點而言，就是要「名正言順」，取得話語權，讓其奪權及實施專制統治都能夠「師出有名」。所以意識形態是共黨所運用的思想工具，與其武力工具「槍桿子」相互配合。[25]其實不僅共黨將意識形態視爲是影響及動員群眾的思想工具，許多政權也是如此，都會創造或選擇有利於自己的意識形態。例如，西方國家崇尚的自由主義，納粹德國提倡的納粹主義，[26]以及義大利獨裁者墨索里尼鼓吹的法西斯主義等。

　　美國學者修曼（Schurmann）教授於1966出版的《共產主義中國的意識形態與組織》（*Ideology and Organization in Communist China*）一書中，將意識形態分成「純粹的意識形態」（pure ideology）與「實踐的意識形態」（practical ideology）。前者是指馬克思主義、列寧主義，後者是指在中國實施的意識形態。兩者最主要的差別在於，「純粹的意識形態」具有普遍性，能夠適用於各歷史時期及各個國家；而「實踐的意識形態」則具有特殊性，僅能適用於某段歷史及某個國家。[27]

　　中共的意識形態原本師承於俄國，但是爲了適應當時中國的情勢，毛澤東不但修正俄共的「純粹的意識形態」，而且之後的每代領導人都會對前任領導人的意識形態進行修正，並建立一套自己的理論體系，作爲行

---

[23] 趙春山，〈中共意識形態──馬列主義與毛澤東思想〉，頁72。

[24] 一路風塵，〈揭秘「國家監察委員會」〉，《焦點信息網》，2016年11月5日，http://tw.112seo.com/article-2648429.html（檢索日期：2017年5月14日）。

[25] 方紹偉，〈「新民主主義」是不是大旗？〉，《愛思想》，2012年11月20日，http://www.aisixiang.com/data/59275.html（檢索日期：2017年2月21日）。

[26] 爲德語「國家民族社會主義」（Nationalsozialismus）的縮寫。

[27] 關向光，〈從「三個代表論」看中共意識形態的變遷〉，頁2-3。

動指南及治國方針，以留下自己的政治遺產。例如毛澤東的「毛澤東思想」、鄧小平的「鄧小平理論」、江澤民的「三個代表」、胡錦濤的「科學發展觀」，以及習近平的「習近平新時代中國特色社會主義思想」。對於中共意識形態的變遷，我國學者關向光提出具有創意的「中國漆器論」加以解釋。該理論稱：中共的意識形態就像漆器一樣，最內層的架構不變，然後塗上一層層的漆料，每層都必須以內層爲底漆，並愼選漆料，保證漆器的品質。以中共的術語稱之，即爲意識形態的「發展」與「豐富」。[28]

一、毛澤東思想

中共的第一個意識形態爲毛澤東思想，依照中共的說法，毛澤東思想的形成，基本上可分爲兩個階段：

（一）毛澤東思想的確立

由於俄國與中國的國情大不相同，無法完全移植俄共的經驗。爲了讓馬列主義能夠在中國順利推行，毛澤東進行馬列主義中國化的工作，並建立自己的一套思想體系。其內容包括政治、軍事、經濟等領域，是一個龐大的思想體系。該思想中比較突出的內容有「槍桿子裡出政權」、「農村包圍城市」、「游擊戰16字方針」[29]、「群眾路線」、「團結一切可以團結的人」、「文藝爲無產階級革命服務」、「三個世界的劃分」、「繼續革命理論」等。[30]另外，在經濟領域方面，毛澤東的思維與蘇共一致，即是要消滅私有制。

1945年4月23日，中共在延安召開「七大」時，當時劉少奇所提出的《關於修改黨章的報告》中，提案將「毛澤東思想」確定爲全黨的指導思

---

[28] 同前註，頁6-8。

[29] 指共軍早期在面對敵人時所創的戰術，內容爲「敵進我退，敵駐我擾，敵疲我打，敵退我追」。

[30] 〈毛澤東思想〉，《MBAlib》，2016年9月19日，http://wiki.mbalib.com/zh-tw/%E6%AF%9B%E6%B3%BD%E4%B8%9C%E6%80%9D%E6%83%B3（檢索日期：2017年2月22日）。

想，這是中共首度提出「毛澤東思想」乙詞。新黨章的總綱規定：「毛澤東思想，就是馬克思列寧主義的理論與中國革命的實踐之統一的思想，就是中國的共產主義、中國的馬克思主義。」新黨章除了確定「毛澤東思想」成為中共全黨的指導思想外，同時也確定毛澤東在黨內的絕對領導地位。[31]

（二）毛澤東思想的修正

毛澤東於1976年9月9日去世後，中共為了掩飾毛澤東生前所犯下的諸多錯誤，於1981年的「十一屆六中全會」通過《關於建國以來黨的若干歷史問題的決議》，對「毛澤東思想」再度進行解釋。該決議首先歌頌毛澤東的貢獻，然後批判他所犯下的重大錯誤，尤其是發動「文革」。決議稱，歷史證明毛澤東發動「文革」的主要論點，既不符合馬列主義，也不符合中國的社會，這些論點對當時中國階級形勢及黨與國家政治狀況的估計，是完全錯誤。[32]也就是中共採取二分法重新界定「毛澤東思想」，將毛澤東晚年所犯的錯誤排除在「毛澤東思想」之外，並稱「毛澤東思想」並非僅是毛澤東的個人思想，而是中共第一代領導人的集體智慧結晶。

為了排除毛澤東所犯下的錯誤，並替「毛澤東思想」辯護，上述的決議強調必須建全黨內的「民主集中制」[33]，實行「集體領導」，禁止任何形式的個人崇拜，以及糾正「無產階級專政下繼續革命」的錯誤政策。而

---

[31] 〈中國共產黨第七次全國代表大會（1945年4月23日至6月11日）〉，《中國共產黨新聞》，http://dangshi.people.com.cn/GB/151935/176588/176593/10555480.html（檢索日期：2017年2月22日）。

[32] 〈關於建國以來黨的若干歷史問題的決議〉，《中國共產黨新聞》，http://cpc.people.com.cn/BIG5/64162/71380/71387/71588/4854598.html（檢索日期：2017年2月23日）。

[33] 西方民主國家實行民主制度，共產黨也強調實行民主制度，只是採取與西方不同的制度，他們將此制度稱為「民主集中制」（Democratic Centralism），作為黨的運作原則，此為列寧提出的黨內決策原則。共產國際於1919年建立時，《共產國際章程》第5條就規定：「共產國際及其支部都是按民主集中制建立起來的」。「民主集中制」雖然強調民主制度中的重要原則：少數服從多數；但是共產黨更強調：個人服從組織、下級服從上級、全黨服從中央，而且要絕對的服從。由此可見，在此制度中，「集中」的原則更勝於「民主」。毛澤東將此制度解釋為：「民主基礎上的集中和集中指導下的民主相結合。」

社會主義要消滅一切剝削制度與剝削階級，必須要大力發展社會生產力，完善與發展社會主義的生產關係與上層建築，並在這個基礎上逐步消滅一切階級差別，以及由於社會生產力不足而造成的社會差別與不平等，直到共產主義的實現。[34]

二、鄧小平理論

　　馬克思認為人類社會的發展規則，由原始共產社會到奴隸社會、封建社會、資本主義社會、社會主義社會，最後進化到共產主義社會（圖2-4）。共產黨雖然欲實現共產主義天堂的夢想，但是列寧及毛澤東的共產主義實驗卻都告失敗。一向採取務實態度的鄧小平瞭解要實現共產主義，是一項不可能的任務。他雖然不敢公開反駁共產主義，但是掌權後也不再強調該主義，而是施行較為務實可行的社會主義，特別是要建設「有中國特色的社會主義」，並稱中國還處於社會主義的初級階段，而且這是一個至少百年的階段，可見鄧小平根本就不相信共產主義。

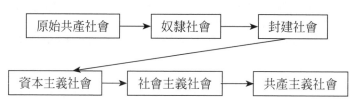

圖2-4　馬克思的人類社會發展概念圖
資料來源：作者自繪。

　　其實鄧小平已拋棄了「馬列主義」及「毛澤東思想」的桎梏，為當時的中國開闢一條新的道路，也奠下今日中國經濟繁榮的基礎。他於任內所提出有關經濟建設的講話、報告與會議決議，被統稱為「鄧小平理論」，並成為中共「改革開放」的理論基礎，中共的真正用意在於劃清毛、鄧路

---

[34]　〈關於建國以來黨的若干歷史問題的決議〉，《中國共產黨新聞》。

線。[35]他因為對中國建設的經濟貢獻，而被譽為「中國改革總設計師」。何謂鄧小平理論及其內容為何？江澤民於1992年中共「十四大」報告中，將「鄧小平理論」的主要內容概括如表2-1。[36]

表2-1　「鄧小平理論」主要內容

項目	內容	目標	方法
1	關於社會主義的發展道路	建設有中國特色的社會主義。	走自己的路，不照搬外國模式。以實踐作為檢驗真理的唯一標準，解放思想，實事求是。
2	關於社會主義的發展階段	以社會主義初級階段為出發點從事建設。	制定一切方針政策都必須以此基本國情為依據，不能脫離實際，超越該階段。
3	關於社會主義的根本任務	消滅剝削，消除兩極分化，最終達到共同富裕。	以經濟建設為中心，解放及發展生產力。
4	關於社會主義的發展動力	建立與完善社會主義市場經濟體制。	推進經濟體制改革，堅持公有制為主體、多種所有制經濟共同發展。
5	關於社會主義建設的外部條件	堅持獨立自主的和平外交政策，為現代化建設爭取有利的國際環境。	強調實行對外開放，吸收與利用資本主義國家的先進文明，以發展社會主義。
6	關於社會主義建設的政治保證	為防止敵人利用「改革開放」之機，宣揚資產階級自由化的主張。	堅持「四項基本原則」：社會主義道路、人民民主專政、共產黨領導、馬列主義及毛澤東思想。
7	關於社會主義建設的發展戰略	讓一部分地區、一部分人先富起來，然後帶動其他地區與人們達到共富。	提出「三步走」戰略，以實現社會主義現代化的目標。[37]
8	關於社會主義的領導力量與依靠力量	鞏固中共一黨專政統治。	強調中共是社會主義事業的領導核心，黨必須適應「改革開放」與現代化建設的需要，不斷改善與加強對各方面工作的領導，改善與加強自身建設。

[35] 關向光，〈從「三個代表論」看中共意識形態的變遷〉，《政治大學東亞研究所》，2003年11月17日，https://nccur.lib.nccu.edu.tw/bitstream/140.119/22016/1/three_representations.pdf，頁5（檢索日期：2017年2月23日）。

[36] 〈鄧小平理論的基本內涵〉，《壹讀》，2016年6月24日，https://read01.com/jD8BBJ.html（檢索日期：2017年2月23日）。

表2-1　「鄧小平理論」主要內容（續）

項目	內容	目標	方法
9	關於統一問題	在「一中」原則下，堅持社會主義制度，香港、澳門、台灣保持資本主義制度。	一國兩制。

資料來源：〈鄧小平理論的基本內涵〉，《壹讀》。

　　上述的九個理論都相互關聯，不可分割，構成建設「有中國特色社會主義」的理論體系。其中第一個理論「建設有中國特色的社會主義」，是「鄧小平理論」體系的思想基礎，第二個理論「以社會主義初級階段為出發點從事建設」，是該理論的國情依據。第三至第八個理論，回答「什麼是社會主義、怎樣建設社會主義」的問題，闡述中共在社會主義初級階段的基本路線，是鄧小平理論的主題。第九個理論，用「一國兩制」的方式企圖解決統一問題。[38]中共於1997年舉行「十五大」時，將「鄧小平理論」確立為其指導思想，並寫進黨章，成為繼任者遵循的路線。

三、江澤民的「三個代表」

　　中共第三代領導人江澤民於2000年2月在廣東省高州及廣州考察的講話中，就建黨問題首度正式提出「三個代表」的論述，稱中共之所以長期得到人民擁護，是因為「中國共產黨要始終代表中國先進社會生產力的發展要求，要始終代表中國先進文化的前進方向，要始終代表中國最廣大人民的根本利益。」該論述主要在為開放資本家入黨預做準備。

　　接著他於2001年7月1日，在慶祝中共成立八十週年的紀念大會上，再

---

[37] 此戰略指：第一步從1981到1990年國民生產總值翻一番，解決人民的溫飽問題；第二步從1991年到20世紀末，國民生產總值再翻一番，人民生活達到小康水準；第三步到21世紀中葉，人均國民生產總值達到中等發達國家水準，人民生活比較富裕，基本實現現代化。

[38] 〈鄧小平理論的基本內涵〉，《壹讀》。

度提及該論述，並將私營企業主、民營企業創業人員、外資企業的管理技術人員、個體戶及自由職業人員等社會階層，與工、農、知識分子、幹部與解放軍同列爲「有中國特色社會主義」的建設者，並將該等社會階層吸收到共產黨。[39]2002年11月的中共「十六大」將「三個代表」寫入黨章，與馬列主義、毛澤東思想及鄧小平理論一起並列，確立爲「黨必須長期堅持的指導思想」。

　　一個新思想的提出，一定有其背景及目的。江澤民主政時期，中國正如火如荼的進行「改革開放」。他提出「三個代表」的目的，是希望讓中共能夠適應改革開放後中國情勢的變化，讓中共與時俱進，以免被人民所拋棄。此與江澤民於1989年「六四天安門事件」後，在「全國組織部長會議」中提出「三個不可低估論」中，特別強調「資產階級自由化氾濫對黨的建設的破壞不可低估」的立場迥然不同。[40]江澤民後來主張吸收私人企業人士入黨，曾遭遇黨內左派勢力的強烈反彈，但在黨內多數菁英的支持下，最後「三個代表」成爲中共的新意識形態指導綱領。[41]

　　中共以往爲了保持黨員的純淨性，僅以農、工等無產階級爲黨員。江澤民之所以改變過去禁止資本家入黨的政策，是因爲情勢有所變化，不得不在政策上進行調整，其主要原因包括：（一）以工農爲主的統治權力基礎日益弱化，亟思擴大社會基礎，鞏固執政地位，從「革命黨」走向「全民黨」，確保長遠發展；（二）新興私營企業主在社會主義市場經濟中占有舉足輕重地位，可視爲勞動人民中的先進者，其入黨有助帶動經濟健全發展，及增強領導現代化事業的能力；（三）私營企業主的潛在政治影響力不可小覷，將之拉攏可防止形成體制外的對立力量；（四）中共本身日

[39] 宋海慶，《論三個代表的形成過程》（廣西：廣西人民出版社，2003年3月），頁15。
[40] 王官德、劉承宗、李化成等，《中國共產黨史》（台北：五南圖書出版社，2003年），頁552。
[41] 〈萬言書挑戰將理論體系〉，《亞洲週刊》，2008年8月14日，頁30-32。

益質變，私營企業主中有20%為黨員，開放入黨只是承認現況。[42]

　　中共為了拉攏新崛起的富有私營企業家，防止他們成為反對勢力，而允許他們入黨，以擴大其統治基礎。在中共開放資本家入黨後，對解釋中共政權的代表性與正當性，增加說服力。[43]當時西方媒體曾樂觀認為，中共的務實態度最終可能走向民主化。[44]然而，中共後來卻毫不留情地鬥爭王雪冰、朱小華、仰融、周正毅等富豪，顯示中共內部對於資本家仍深具戒心，也不會讓他們大幅地介入政治領域事務。由此可知，「三個代表」的目的僅在擴大中共的統治基礎，而非要真正的從事政治改革。[45]

　　近幾年的發展亦證實此說法，例如曾因為批評中共，被譽為中國企業家良心的大午集團創辦人孫大午後來遭到關押，其家人亦被捕；有「任大砲」之稱的紅二代北京房地產大亨任志強則因稱習近平為「小丑」，被控貪腐判刑十八年；馬雲、馬化騰等大企業家也因為寒蟬效應而噤聲。這些現象均顯示，中共對於資本家仍深具戒心，也不會讓他們大幅地介入政治領域事務。

　　《經濟學人》雜誌於2021年10月2日刊載的社論〈中國現狀充滿危機〉（China's New Reality Is Rife With Danger）中指出，習近平為掌握絕對權力，造成企業家們的焦慮。他正在興起一場掃蕩資本主義的行動，從2020年起，先對阿里巴巴出手，喊停螞蟻集團的公開募股（IPO），造成2兆美元財富流失；此外，滴滴赴美上市也因得罪當局遭到鎮壓。同時，習近平最新推出共同富裕倡議，希望藉此解決不平等問題，企業被迫響應捐錢或交出大數據，以求平安，各項武斷的監管政策，遏制民間創業活

---

[42] 葉非比，〈研判報告〉，《行政院中國委員會》，http://www.mac.gov.tw/public/Attachment/963003567.pdf（檢索日期：2017年3月1日），頁13。

[43] 劉嘉恆，〈中共對資產階級定位之研究〉，政治大學中山人文社會科學研究所碩士論文，2004年，頁106。

[44] 葉非比，〈研判報告〉，頁12。

[45] 關向光，〈從「三個代表論」看中共意識形態的變遷〉，頁9-10。

力，對中國經濟發展構成威脅。[46]

四、胡錦濤的「科學發展觀」

中共第四代領導人胡錦濤於2003年8月底在江西考察時提到：「要牢記樹立協調發展、全面發展、可持續發展的科學發展觀，積極探討符合實際的發展新路子，進一步完善社會主義市場經濟體制。」這是他首次提到「科學發展觀」乙詞。接著中共中央於同年10月的「十六屆三中全會」通過了《關於完善社會主義市場經濟體制若干問題的決定》，提出必須堅持以人為本，樹立全面、協調、可持續的發展觀，促進經濟社會與人的全面發展。此會議等於為胡錦濤的意識形態「科學發展觀」，正式定調為其統治期間的治國綱領。直到2007年10月，「科學發展觀」正式被寫入黨章，以強調其對中國未來發展的戰略指導意義。

政治大學國際關係研究中心研究員宋國誠教授表示，「科學發展觀」可視為中國社會轉型的規劃藍圖，因為最初的改革策略是採取「高耗低效」的戰略，但是該戰略已出現動能衰竭的危機，逐漸產生邊際遞減的負面效應。而且中國在加入「世界貿易組織」之後，面臨全球化競爭的壓力，中國公民對政治參與及組織自治的要求，社會各界對分配正義與改善貧富差異的要求，國內外生態保護運動對中國生態惡化與資源耗損的關切，農民與工人的相對剝奪與社會失望感等，這些嚴峻的社會情況，都對中共的執政能力形成挑戰，使中共當局興起執政的危機感。[47]

宋教授稱，「科學發展觀」是一種「社會轉型」（social transformation）的戰略。自中共於1949年建政以來，中國的社會發生三次轉型：第一次（1949-1978年）是沿襲蘇聯經驗、採取重工業化超趕戰

---

[46] "China's New Reality Is Rife With Danger," *The Economist*, October 2, 2021, https://www.economist.com/leaders/2021/10/02/chinas-new-reality-is-rife-with-danger.

[47] 宋國誠，〈科學發展觀──中國第三次社會轉型〉，《中國大陸研究》，第51卷第2期，2008年9月，頁100。

略、實行人民公社與國有化的計畫經濟體制；第二次（1978-2006年）是
依據鄧小平「以經濟建設爲中心」的觀點，實行以公有制爲主、私有制爲
輔的社會主義市場經濟體制；第三次（2006-2012年）是以「胡溫體制」
爲主導，實行「統籌協調、以人爲本」的科學發展體制。[48]其目標是爲了
跨越單純追求高速增長的經濟，朝向人與社會、人與自然、人與人之間和
諧、綜合的發展，最終目標在全面建設惠及10幾億人口的更高水準的小康
社會。[49]

　　宋教授進一步表示，改革開放以來，由於熱盼「強國之夢」，多數人
民急於擺脫貧困落後，中國領導人強調「發展是硬道理」，奉行「以經濟
建設爲中心」，各界關注經濟的增長與財富的積累，並採取非均衡的發展
戰略。而且，發展被簡單地等同於「經濟增長」，建設被等同於「物質建
設」，改革指標被簡化爲GDP成長，並且認爲「高速度」就是社會主義
的基本特徵，「高增長」就是改革的基本規律，「高積累」就是社會主義
制度優越性的表現。這種「唯經濟主義」的發展模式，固然創造「中國崛
起」的奇蹟，但在奇蹟的背後卻存在巨大危機。[50]而「科學發展觀」的提
出，顯示中共已經發覺過去因爲「改革開放」所帶來的許多問題，並願意
面對這些問題。

五、習近平的「習近平新時代中國特色社會主義思想」

　　中共第五代領導人習近平於2012年11月8日舉行的「十八大」掌權
後，依循著江澤民、胡錦濤等前輩的做法，提出「四個全面」的主張，即
「全面建成小康社會、全面深化改革、全面依法治國、全面從嚴治黨」。
張五岳教授表示，「四個全面」成爲中共當局統領全局工作的主要綱領與
遵循路線，以實踐習近平所提的「中國夢」願景。而且，「四個全面」對

---

[48] 同前註，頁102。
[49] 同前註，頁99。
[50] 同前註，頁127。

習近平在意識形態的掌控，權力的部署，乃至政策的落實都將產生極爲重要的影響。「四個全面」的提出，不僅是希望能將中國建設成全面小康社會，也是作爲政治、經濟、社會等建設發展的擘劃與建設綱領。[51]

　　另外，根據褚漢生將軍的分析，「四個全面」的戰略意涵如次：

（一）具承先啓後的意義：因爲每一個「全面」，在鄧小平、江澤民與胡錦濤時期就已有相同或相似的論述。

（二）藉「鄧規習隨」展現政治立場：由於「四個全面」的思維來自於鄧小平，採取「鄧規習隨」的態度，一方面繼承鄧小平的歷史地位，另一方面在立場上不會出錯。

（三）治國的方略更加清晰：習近平上台後先以「中國夢」爲開頭，接著從作風建設與重拳反腐進行突破，並且以「全面建成小康社會」作爲發展目標，然後以「全面深化改革，全面依法治國」作爲施政的兩翼，以「全面從嚴治黨」作爲根本架構，將發展「國家治理體系與治理能力現代化」，作爲治理國政的著力點，以實現復興偉大中華民族的「中國夢」。[52]

　　中共「十八屆六中全會」於2016年10月27日閉幕時，會議公報以「核心」形容習近平的領導，意味著「習核心」的時代來臨。爲了更加突顯此核心的重要性，鞏固其權力及地位，習近平提出自我的意識形態。「習近平新時代中國特色社會主義思想」（簡稱「習近平思想」），其內容包含他過去五年來治國理政的理念、思想、戰略，大致包括了中國夢、四個全面、四個自信（堅定中國特色社會主義道路自信、理論自信、制度自信、文化自信）、四個偉大（要進行偉大鬥爭、建設偉大工程、推進偉大事

---

51 張五岳，〈習近平「四個全面」論述對中共政局發展影響〉，《亞太和平研究基金會》，http://www.faps.org.tw/Pages/Movie/MovieDetail.aspx?id=18（檢索日期：2017年3月1日）。
52 褚漢生，〈從中共深化國防和軍隊改革探討習近平的「四個全面」總方略〉，《海軍學術雙月刊》，第50卷第4期，2016年8月1日，頁28-31。

業、實現偉大夢想）等。[53]

　　中共2017年10月24日召開「十九大」時，通過黨章修正案，將「習近平思想」正式寫入黨章，與毛澤東思想、鄧小平理論、三個代表與科學發展觀，同列中共指導思想。習近平是繼毛澤東之後，還在世時就把自己名字寫進黨章的領導人；即使是鄧小平，其名字也是在死後才被寫入黨章。而且，習近平是中共歷史上第三名領導人將自己的名字寫入黨章，江澤民及胡錦濤雖將自己的理論寫入黨章，但不以其姓名命名，此意味著習近平將與毛澤東及鄧小平並肩。[54]此外，於2018年3月11日召開的第十三屆全國人大會議中過通修憲案，還將「習近平思想」寫入憲法。

　　爲推廣「習近平思想」，中國在18個重要的高校、省政府、部委內部成立「習近平思想研究中心」。此外，中國教育部2021年7月宣布，全國各地中小學生將使用《習近平新時代中國特色社會主義思想學生讀本》，要讓學生「形成對擁護黨的領導和社會主義制度、堅持和發展中國特色社會主義的認同、自信和自覺」。此表明中國正在尋求將「習近平思想」，進一步發展爲類似於「毛澤東思想」的全面理論體系。[55]

六、中共意識形態的發展情形

　　中共從1949年建政迄今，在意識形態上已經歷了「毛澤東思想」、「鄧小平理論」、「三個代表」、「科學發展觀」、「習近平新時代中國特色社會主義思想」等五個階段。雖然中共當局每次提及意識形態時，都會重提「馬列主義」，但其實中國各界幾乎都已經不再相信該主義，就連最早採用該意識形態的俄國都將其拋棄了。中共之所以仍然緊抱著「馬列

[53] 新頭殼，〈《小檔案》習近平思想是什麼？重要性在哪？〉，《陳謙函》，2017年10月24日，https://newtalk.tw/news/view/2017-10-24/101524（檢索日期：2018年3月3日）。

[54] 同前註。

[55] 〈中國新增擴建「習近平思想」研究中心 從表象看實質〉，《BBC中文網》，2021年7月25日，https://www.bbc.com/zhongwen/trad/chinese-news-57888439（檢索日期：2021年7月28日）。

主義」這塊神主牌，就是深怕造成其意識形態的斷裂，而影響其統治的正當性，故不得不堅持該意識形態。

而且，此現象也可能與中國人重視傳承的觀念有關。因此自鄧小平之後，中共領導人急切將其所提的理論寫入黨章中。因為這不僅是權力的象徵，更是歷史地位的證明。根據褚漢生將軍表示，對於中共領導人而言，路線與意識形態的建構不僅涉及黨內權力運作的合法性基礎，同時也是擁有歷史地位的象徵。透過高度政治社會化與符號化的過程，意識形態成為黨內推動政治運動與鬥爭的權力來源。[56]

自中共政權建立迄今，中共的各項發展大致可分為兩個大階段，前一個階段是毛澤東的時代，後一個階段是1978年之後鄧小平的時代。同樣地，中共的意識形態也可分為毛澤東與鄧小平兩大階段，因為「毛澤東思想」與「鄧小平理論」是屬於完全不同的治國理念。鄧小平以後的領導人都提出自己的意識形態，作為其治國綱領，基本上都延續「鄧小平理論」的治國理念，而非「毛澤東思想」。然而中共當局之所以一再提及「毛澤東思想」，也同樣是深怕造成其意識形態的斷裂，因為否定毛澤東就等於否定中共，影響其統治的正當性，故不得不緊抱著這塊神主牌不放。

根據韓國慶熙大學中國學系主任林奎燮教授表示，中共自1978年「改革開放」以後，面對多變的社會，在意識形態方面也積極因應，力求上層建築與經濟基礎互相適應，其建構方針是力求中共領導與全民利益相互融合，將意識形態調整為更具經濟、開放、彈性等特性，並以擴大協商的方式增加包容性，收編各方話語，滿足各方需求，呵護經濟基礎，擴大正當性。在中共意識形態的發展上，朝向建構信任、建立溝通方面發展，以求化解因不均衡發展而導致的社會不滿；以及經由建立官民互信，以強化全民在變動、多元社會中，提升對中共領導的認同。[57]

---

[56] 褚漢生，〈從中共深化國防和軍隊改革探討習近平的「四個全面」總方略〉，頁31-32。
[57] 林奎燮，〈文化霸權與有中國特色的中共意識形態〉。

　　林教授並稱，為了提升人民對於中共領導的認同，其對意識形態的建構不能再以「馬列主義」當作政權合法性的工具，而必須回歸到以中國主體作為建構基礎，而且必須與時俱進，例如「鄧小平理論」、「三個代表」、「科學發展觀」、「習近平新時代中國特色社會主義思想」的提出。「中國主體」取代「馬列主義」成為意識形態的核心理念，上述的意識形態，不只是標誌中國完成自身意識形態的建構，其更大的意義為在全球化時代下，中共也建構具有「中國特色社會主義」的意識形態，不僅解決「改革開放」後中國官方意識形態所面臨的衰退危機，維護中共政權的意識形態根基，並可以抵禦西方價值的入侵及挑戰。[58]

　　對於中國意識形態的發展，前政治大學東亞所所長施哲雄教授曾表示：「改革開放」前中共特別強調意識形態，視「馬列主義」為聖經，幾乎言必稱馬列，但是經過三十年檢驗的結果，證明該主義無法解決中國的問題，因此在改革開放後，中國社會流傳「四笑」的順口溜，即「聽到馬克思主義就冷笑，聽到列寧主義就譏笑，聽到社會主義就失笑，聽到共產主義就哈哈大笑」。中共當局至今雖在「四個堅持」中仍強調「堅持馬列主義」，實際上該主義已經式微，代之而起的是中國傳統文化與西方思維，表2-2為中共各代領導人的意識形態及任務、內涵統整表。[59]

表2-2　中共各代領導人的意識形態及任務

時期	領導人	意識形態	主要任務	主要內涵
第一代	毛澤東	毛澤東思想	解決建國的問題	以農村包圍城市，最後奪取政權，建立中華人民共和國。
第二代	鄧小平	鄧小平理論	解決建設的問題	解放思想、實事求是、改革開放、建設有中國特色的社會主義、社會主義初級階段論等。

---

[58] 同前註。

[59] 施哲雄，〈中國大陸的社會結構和社會變遷〉，張五岳主編，《中國大陸研究》，第1版，頁274。

表2-2　中共各代領導人的意識形態及任務（續）

時期	領導人	意識形態	主要任務	主要內涵
第三代	江澤民	三個代表	解決建黨的問題	中國共產黨要做到：始終代表中國先進生產力的發展要求；始終代表中國先進文化的前進方向；始終代表中國最廣大人民的根本利益。
第四代	胡錦濤	科學發展觀	解決治國的問題	「以民爲本，執政爲民」，及「情爲民所繫，權爲民所用，利爲民所謀」的執政治國方針。
第五代	習近平	習近平新時代中國特色社會主義思想	解決強國的問題	「四個全面」（全面建成小康社會、全面深化改革、全面依法治國、全面從嚴治）；「五位一體」（全面推進經濟建設、政治建設、文化建設、社會建設、生態文明建設）、中國夢。

資料來源：〈政治——中國政制架構的組成及其運作〉，《香港新一代文化協會》，http://chinaedu.newgen.org.hk/projects/1/11（檢索日期：2017年5月21日），及作者補充。

第三章 中共的組織

　　中華人民共和國的政權是「以黨領政、以黨領軍」的一黨專政體制，黨高於一切，中共為中國政權的核心，在中國具有絕對的權威及地位，不容許其他政黨挑戰。第二章探討中共的意識形態之後，接下來本章要討論中共的組織。由於中共的組織眾多，無法逐一討論，故僅針對幾個具有決策權的重要機構進行探討。

第一節　中共的重要機構

一、黨全國代表大會

　　中共的黨員會議包括中國共產黨全國代表大會（簡稱「中共黨代會」），省、自治區、直轄市代表大會，縣、市代表大會，黨基層代表大會等。其中以「中共黨代會」最為重要，因為根據中共的黨章規定，黨的最高領導機關是其全國代表大會。該大會以其召開的次數稱之，例如於1921年所召開的首次全國代表大會就稱為「一大」。「中共黨代會」成員的任期為五年，但是期間僅召開一次會議，而且會期只有七天而已。該大會的職權包括：

（一）聽取與審查總書記的政治報告。
（二）聽取與審查中央紀律檢查委員會的報告。
（三）討論並決定黨的重大問題。
（四）修改黨的章程及黨綱。

（五）選舉中央委員會委員及候補委員、中央紀律檢查委員會委員。

　　雖然該大會被列為中共的最高權力機關，享有最高審查權、決策權、監督權及選舉權。然而，該大會在實際運作上，僅有聽取報告，而無審查權，一切權力均集中於「中央政治局」手中，僅是個「有名無實」的單位，幫中共背書的「橡皮圖章」。但是可從該大會選出的每屆中央委員會，包括總書記與政治局常委等最高領導層，觀察中共的權力結構變化及可能的接班人選（表3-1）。

表3-1　中共歷次全國代表大會

屆期	領導人	會議地點	時間	參加人數及黨員數
一大	陳獨秀 中央局書記	上海	1921年 7月23-31日	參加人數：13人 黨員數：53人
二大	陳獨秀 中央執行委員會委員長	上海	1922年 7月16-23日	參加人數：12人 黨員數：195人
三大	陳獨秀 中央執行委員會委員長	廣州	1923年 6月12-20日	參加人數：30人 黨員數：420人
四大	陳獨秀 中央執行委員會委員長	上海	1925年 1月11-22日	參加人數：80人 黨員數：994人
五大	陳獨秀 中央委員會總書記	武漢	1927年 4月27日-5月9日	參加人數：80人 黨員數：57,967人
六大	向忠發 中央委員會總書記	莫斯科	1928年 6月18日-7月11日	參加人數：142人 黨員數：6.93萬人
七大	毛澤東 中央委員會主席	延安	1945年 4月23日-6月11日	參加人數：755人 黨員數：121萬人
八大	毛澤東 中央委員會主席	北京	1956年 9月15-27日	參加人數：1,021人 黨員數：1,073萬人
九大	毛澤東 中央委員會主席	北京	1969年 4月1-24日	參加人數：1,512人 黨員數：2,200萬人
十大	毛澤東 中央委員會主席	北京	1973年 8月24-28日	參加人數：1,249人 黨員數：2,800萬人

表3-1　中共歷次全國代表大會（續）

屆期	領導人	會議地點	時間	參加人數及黨員數
十一大	華國鋒 中央委員會主席	北京	1977年 8月12-18日	參加人數：1,510人 黨員數：3,500萬人
十二大	胡耀邦 中央委員會總書記	北京	1982年 9月1-11日	參加人數：1,545人 黨員數：3,900萬人
十三大	趙紫陽 中央委員會總書記	北京	1987年 10月25日-11月1日	參加人數：1,936人 黨員數：4,600萬人
十四大	江澤民 中央委員會總書記	北京	1992年 10月12-18日	參加人數：1,989人 黨員數：5,100萬人
十五大	江澤民 中央委員會總書記	北京	1997年 9月12-18日	參加人數：2,048人 黨員數：5,800萬人
十六大	胡錦濤 中央委員會總書記	北京	2002年 11月8-14日	參加人數：2,114人 黨員數：6,600萬人
十七大	胡錦濤 中央委員會總書記	北京	2007年 10月15-21日	參加人數：2,237人 黨員數：7,336.3萬人
十八大	習近平 中央委員會總書記	北京	2012年 11月8-14日	參加人數：2,268人 黨員數：8,260萬人
十九大	習近平 中央委員會總書記	北京	2017年 10月18-24日	參加人數：2,280人 黨員數：8,944萬人
二十大	習近平 中央委員會總書記	北京	2022年 10月16-22日	參加人數：2,340人 黨員數：9,671.2萬人

資料來源：〈中國共產黨歷次全國代表大會數據庫〉，《人民網》，http://cpc.people.com.cn/BIG5/64162/64168/448520/index.html（檢索日期：2022年10月17日）。

二、中共中央委員會

　　簡稱「中共中央」，是由「中共黨代會」選舉產生的機構，委員會每屆任期五年。該機構於1927年「五大」時所設立，取代「中共中央執行委員會」。委員主要成員包括：黨與國家領導人；中共中央直屬機構首長；國務院正部級首長；解放軍主要領導；各省、自治區、直轄市黨委書記及

省長（自治區主席、市長）；各人民團體主要負責人等。另外尚有候補委員上百名，他們可參與中央委員會，但只有發言權而無表決權。當中央委員出缺時，候補委員依得票數高低遞補。[1]

　　1978年的「改革開放」之後，通常每屆中央委員會要召開七次全體會議，也就是「一中全會」[2]到「七中全會」。雖然中共的黨章規定，黨的最高領導機關是「中共黨代會」，但是其實「中共中央」所召開的會議才是最為重要。該委員會的首要職能是召集「中共黨代會」，以及決定重要的人事案，包括選舉中央政治局委員及常務委員、總書記，以及決定黨的中央軍事委員會成員（表3-2）。中央委員會的成員有嚴格的年齡標準，新任及連任者的年齡設限採取「三上四下」，即年齡63歲時還可以新任或連任，而64歲就不能新任或連任。

表3-2　各次中央委員會全體會議主要內容

次數	會議召開時間	會議主要內容
一中全會	一般在黨代會閉幕第二天即召開	討論黨的人事，選舉中央領導層，如選舉政治局常委，通過中央書記處成員，決定中央軍事委員會組成人員等。
二中全會	一般在黨代會第二年的「人大」及「政協」兩會前召開	討論政府的人事，在「人大」及「政協」兩會換屆前召開，主要討論新一屆政府機構的人事問題，然後將名單推薦給兩會。
三中全會	一般在年份尾數逢3、逢8的下半年召開	一般討論經濟問題，如「十一屆三中全會」將「以階級鬥爭為綱」轉移到社會主義現代化建設，「十二屆三中全會」標誌著改革由農村走向城市，「十四屆三中全會」提出建立社會主義市場經濟體制，「十七屆三中全會」討論深化農村改革問題，通過《中共中央關於推進農村改革發展若干重大問題的決定》。

---

[1] 〈中國共產黨中央委員會〉，《維基百科》，2017年2月8日，https://ppt.cc/feT8mx（檢索日期：2017年3月16日）。

[2] 全稱為「中國共產黨第一屆中央委員會第一次全體會議」。

表3-2　各次中央委員會全體會議主要內容（續）

次數	會議召開時間	會議主要內容
四中全會	一般在年份尾數逢4、逢9的下半年召開	一般討論中央軍委會人事問題，如「十六屆四中全會」，胡錦濤任中共中央軍事委員會主席。
五中全會	一般在年份尾數逢5、逢10的下半年召開	自「十六大」開始，五中全會首次開始制定五年規劃，此後歷屆的五中全會成為規劃經濟發展的專會。
六中全會	一般在年份尾數逢6、逢1的下半年召開	一般討論意識形態的問題，如「十四屆六中全會」提出「加強社會主義精神文明建設」，「十五屆六中全會」通過《中共中央關於加強和改進黨的作風建設的決定》，「十六屆六中全會」要求「構建社會主義和諧社會」，「十七屆六中全會」推進深化文化體制改革，「十八屆六中全會」通過《關於新形勢下黨內政治生活的若干準則》，「十九屆六中全會」通過第三個歷史決議——《中共中央關於黨的百年奮鬥重大成就和歷史經驗的決議》。
七中全會	一般在下次黨代會開幕前一週左右召開	為下屆「全國黨代會」作最後準備，完成承前啓後作用。

資料來源：〈一中到七中全會什麼時候開以及分別討論什麼〉，《中華網》，http://news. china.com/focus/szqh/11166929/20141015/18861743.html（檢索日期：2017年3月14日），及作者補充。

三、中共中央政治局

　　此機構是中共中央最重要的領導機構，該局的委員由中央委員會全體會議選舉產生，每屆任期五年。中央政治局成員分為常務委員與委員兩類，其中常委是正國級，委員是副國級。常委會可決定黨、政、軍、外交、內政所有事務。基本上，常委會所做的決議，政治局都會通過。[3]即中央政治局的常委會才是中共真正的決策核心，現有常委共七位。中共黨員若能進入常委會成為常委，才有可能成為中共的最高領導人——總書

3　江迅，〈中共中央政治局〉，《亞洲週刊》，第30卷第19期，2016年5月15日，https://www. yzzk.com/cfm/special_list3.cfm?id=1462420169444（檢索日期：2017年3月16日）。

記。由政治局常委的人事安排，可預測中共未來領導高層的變動情形。

　　自鄧小平開始，政治局委員與常委形成「七上八下」的政治體制，即年齡67歲時可以連任或新任，而68歲時則必須出局。此年齡限制的制度雖然沒有明文規定，但卻成為中共內部的共識，並已實施多年。例如習近平的心腹中紀委書記王岐山因為於「十九大」召開時已年高69歲，故退出政治局，改任國家副主席職務。但是「七上八下」的規則於「二十大」召開時，被習近平打破。例如已69歲的習近平打破慣例第三次出任總書記，年屆72歲的第十九屆中央政治局委員、中央軍事委員會副主席張又俠，以及69歲的國務委員兼外交部部長王毅，也都續任中央委員。

四、中共中央軍事委員會

　　簡稱「中共中央軍委」，是中共領導下的最高軍事領導機構，主要職能是領導全國武裝力量，成員包括中央軍事委員會主席、副主席、委員，人選由中共中央委員會決定。1982年修訂的《中華人民共和國憲法》（簡稱《八二憲法》），中華人民共和國設立中央軍事委員會。雖然該憲法並未提及中共「中央軍委」與中華人民共和國「中央軍委」的關係，但其實是「一套人馬、兩塊招牌」，也就是國家的中央軍委主席由中共總書記擔任，藉由此制度實踐「以黨領軍」的原則。[4]

　　「中共中央軍委」之下原設有總參謀部、總政治部、總後勤部、總裝備部等領導機關，簡稱「四總部」。2015年12月至2016年1月間，習近平實施改革強軍戰略，撤銷該等總部，改為七個部（廳）、三個委員會、五個直屬機構，共15個部門，即軍委辦公廳、軍委聯合參謀部、軍委政治工作部、軍委後勤保障部、軍委裝備發展部、軍委訓練管理部、軍委國防動員部、軍委紀委、軍委政法委、軍委科技委、軍委戰略規劃辦公室、軍委

---

[4]　〈中國共產黨中央軍事委員會〉，《維基百科》，2017年3月11日，https://ppt.cc/fKhUvx（檢索日期：2017年3月17日）。

改革和編制辦公室、軍委國際軍事合作辦公室、軍委審計署、軍委機關事務管理總局。[5]

五、中共中央紀律委員會

簡稱「中紀委」，直屬中共中央，是中共的最高紀律檢查機關，實行書記負責制。根據中共「十五大」黨章第43條規定，中紀委經由「全國黨代會」選舉產生，中紀委全體會議選舉常委會、書記、副書記，任期與同級黨委會相同。另第44條規定，紀檢委的主要任務為：「維護黨的章程和其他黨內法規，協助黨的委員會加強黨風建設，檢查黨的路線、方針、政策和決議的執行情況。」[6]由此可知，中紀委是中共黨內的監察機構，具有維護黨紀、執行黨風廉政建設與反腐敗等職能。

根據《中國共產黨紀律檢查機關控告申訴工作條例》第3條規定，紀檢委受理檢舉、控告、申訴的範圍包括：對黨員、黨組織違反黨章與其他黨內法規，違反黨的路線、方針、政策與決議，利用職權謀取私利與其他敗壞黨風行為的檢舉、控告。[7]黨紀案件檢查的對象主要包括：各級黨組織及各級黨委、紀委、人大、政府、政協、法院、檢察院、工會、共青團、婦聯、武裝部隊等機關團體與各類企事業單位中的黨員、黨組織。[8]

國務院監察部與中紀委於1993年合署辦公，進行一元化整合，接著於2007年9月成立「國家預防腐敗局」，由監察部部長兼任局長。形成中紀委、監察部、國家預防腐敗局合署辦公的「一套人馬、三塊招牌」的現

5　〈軍委下設一廳六部三委三辦一署一總局，十五部門職能多公布〉，《澎湃新聞》，2016年1月11日，http://www.thepaper.cn/newsDetail_forward_1419285（檢索日期：2017年3月17日）。

6　中共中央紀律檢查委員會辦公廳編，《中國共產黨黨風廉政建設文獻選編第1卷》（北京：中國方正出版社，2001年6月），頁732-733。

7　中央紀委監察部研究室編，〈中國共產黨紀律檢查機關控告申訴工作條例〉，《中國共產黨黨風廉政建設文獻選編第8卷》（北京：中國方正出版社，2001年6月），頁4。

8　魏明鐸主編，中國共產黨紀律檢查工作全書（石家莊：河北人民出版社，1992年10月），頁122。

象，由中紀委統領。[9]中紀委通常被視爲中共內部的反腐機構，但是在習近平的支持及前中紀委書記王岐山的強力執行下，該機關也開始擔負政治監察部門的角色。他們開始對外交部、財政部等重要政府部門及國有企業進行審查。習近平藉由該機關調查黨與政府內部對他的忠誠度，並鞏固自己的地位。[10]

　　中紀委有一項重要的利器——巡察，主要在監督黨內基層的政治，發揮號稱政治「顯微鏡」與「探照燈」的作用，故被稱爲打通黨內監督「最後一公里」的利器。爲強化黨內監督、推動全面從嚴治黨，習近平曾表示「要不斷與時俱進，推動巡視向縱深發展，探索市縣巡察，完善巡視工作網路格局。」自「十八大」以來，中紀委在全國發動巡察任務，拔掉多位重要官員，導致各地風聲鶴唳。

　　巡察的特點爲：（一）起步穩，也就是巡察的層級要達到基層。《中國共產黨黨內監督條例》第19條規定，省、自治區、直轄市黨委應推動黨的市（地、州、盟）與縣（市、區、旗）委員會建立巡察制度，使從嚴治黨向基層延伸；（二）定位準，巡察的重點爲政治，而非業務。巡察要強化黨的領導、加強基層黨組織建設、聚焦全面從嚴治黨；（三）抓手牢，巡察監督是黨委履行主體責任、推動全面從嚴治黨向基層延伸的有力抓手；（四）方法活，根據巡察全覆蓋的制度要求，在工作方式上，採取常規巡察、交叉巡察、專項巡察等方式，著力發現深層問題（見圖3-1、圖3-2）。[11]

9　喻照麟，〈中國大陸反貪腐工作之研究——以中共中央紀律檢查委員會角色與運作爲例〉，淡江大學中國大陸研究所碩士在職專班學位論文，2016年。

10　儲百亮，〈中紀委權力升級：除了反腐，還有「政治體檢」〉，《紐約時報中文網》，2016年10月24日，http://cn.nytimes.com/china/20161024/china-discipline-commission-political-loyalty/zh-hant/（檢索日期：2017年3月17日）。

11　趙國利、劉芳源，〈打通黨內監督「最後一公里」市縣 巡察體現「穩准活牢」〉，《中華人民共和國中央紀委監察部》，2017年6月18日，http://www.ccdi.gov.cn/xwtt/201706/t20170615_101125.html（檢索日期：2017年7月20日）。

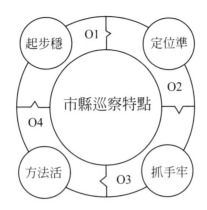

圖3-1　市縣巡察特點

資料來源：趙國利、劉芳源，〈打通黨內監督「最後一公里」市縣巡察體現「穩准活牢」〉。

O1 常規巡察	例如，四川成都在6輪巡察中共發現問題1,233個，移交上報重要問題線索236件，根據問題線索立案106件，處分234人；山東青島去年市級巡察向被巡察單位反饋重點整改問題312件，縣級巡察反饋重點整改問題846件……
O2 交叉巡察	例如，江西新餘開展交叉巡察工作以來，已發現問題406個，提出意見建議384條，移交問題線索109件；浙江桐廬去年共完成對38個村異地交叉巡察，發現問題196個，查處村幹部侵害群眾利益問題21起……
O3 專項巡察	例如，福建廈門今年把市屬國有企業列入巡察對象，四輪巡察後共發現國企問題線索129條，移交23件66人；河北秦皇島專項巡察發現黨員幹部問題線索131件，涉及140人，現已查實辦結60件，處理68人……

圖3-2　市縣巡察方式

資料來源：趙國利、劉芳源，〈打通黨內監督「最後一公里」市縣巡察體現「穩准活牢」〉。

六、中共中央政法委員會

　　中共為了貫徹黨的領導原則，將中國的政治體系區分為若干領域，稱之為「戰線」，指派黨的負責人加以管理，以求全面掌控。其中執法、司法等法制工作劃歸為「政法戰線」，由中共中央政法委員會（簡稱中央

政法委）統一領導。由於政法部門是中共「一黨專政」的利器，故被稱爲「刀把子」，功能與軍隊的「槍桿子」並列，其重要性不言可喻。中央政法委的功能在秉承黨中央的決策，並透過省、地、縣級政法委，對各級政府的司法及執法機構進行領導、協調與考核，以落實、貫徹黨意。[12]

　　在民主國家中，政治歸政治，司法歸司法，司法具有超然的獨立性，不受政治的干擾，才能公正的行使司法權。然而，在一切講求政治的共產國家中，司法仍然受到政治的控制，故有政法委員會的設立。由於中國的政法委橫跨政治、法律兩大領域，故其成員廣泛，包括最高人民法院、最高人民檢察院、公安部、國安部、司法部及軍方主管政法人員等六個部門。[13]政法委實行「書記負責制」，其職能爲指導、協調人民法院、人民檢察院、公安、國安等機關，主要任務包括維護社會治安、維穩、反邪教等。由於地方公安廳長、局長多由政法委書記兼任，他們可指導同級的法院、檢察院，故政法委書記是各級政府中具有實權者。

　　隨著政法委所擁有的權力不斷擴權，特別是掌握了「綜合治理」的權力，而成爲政府以上的政府，法院以上的法院。由於政法委能將各級政府的司法、執法機關置於股掌之中，時常侵害該等機關依法獨立行使職權，使司法、執法的公正性大受打擊。政法委名爲對政府各級司法機構進行指導、協調，實爲干涉司法的獨立性，故受到許多批評。中國由於在政法領域採取黨政不分的體制，因而拖住「改革開放」的後腿，造成「改革開放」的「跛足現象」。因此，有中國學者認爲，政治體改革的首要目標，應該是對政法委員會進行改革。[14]

　　根據中研院政治所副研究員蔡文軒表示，在胡錦濤時期，政法委權力被分配在九位政治局常委手中，時任政法委書記周永康無需向胡錦濤匯報

---

[12] 邵健，〈中共中央政法委員會評介〉，《展望與探索》，第1卷第3期，2003年3月，頁83。

[13] 同前註，頁84。

[14] 周永坤，〈中國政法委的歷史與演變〉，《FT中文網》，2014年10月23日，http://www.npf. org.tw/1/6932（檢索日期：2017年2月11日）。

工作，致使政法委權力過大，形成「上威脅中央權威，下以權代法」的情形，政法委如同一個獨立王國，產生很多積弊。習近平於2012年上任後改革政法體系，2014年7月底，周永康遭中紀委調查及開除黨籍，被視爲習近平揭開改革政法的序幕。2019年1月，習近平在中央政法工作委員會議中表示，政法機關應「敢於刀刃向內，堅決清除害群之馬」，隨後發布《政法工作條例》，大幅限制政法委的權力，不僅解決政法委權力獨大、政令不通、貪腐等弊病，同時亦防止總書記的權力遭政法委架空。[15]

七、中共中央統一戰線工作部

簡稱「統戰部」，在中央與地方層級都設有「統戰部」，在中央爲「中國共產黨中央委員會統一戰線工作部」，簡稱「中共中央統戰部」。統戰部門的工作包括統一戰線理論與重大方針政策調查研究，執行中共中央關於統一戰線方針、政策，負責開展以統一爲重點的海外統戰工作，聯繫港、澳、台及海外工商社團人士，協調關係及提出相關政策建議。[16]1939年10月，毛澤東在〈《共產黨人》發刊詞〉中總結中共十八年革命鬥爭的歷史經驗時指出：「統一戰線、武裝鬥爭、黨的建設，是中國共產黨在中國革命中戰勝敵人的三大法寶。」毛澤東將統一戰線排在這三大法寶的首位，可見他對此法寶的重視。

中央政治局於2015年5月18日通過《中國共產黨統一戰線工作條例》，爲中共首部有關統戰工作的黨內法規。其中第八章「港澳台海外統一戰線工作」的第30條指出對台灣統戰的主要任務在於：「貫徹執行中央對台工作大政方針，堅持一個中國原則，反對『台獨』分裂活動，廣泛團結台灣同胞，鞏固深化兩岸關係和平發展的政治、經濟、文化、社會基

---

[15] 蔡文軒、宋嘉瑄，〈中共政法系統改革整頓之評析〉，《中華民國行政院大陸委員會大陸與兩岸情勢簡報》，2020年8月，頁6-7。
[16] 施曉光，〈統戰部中國在中央與地方層級都設〉，《自由時報》，2016年8月13日，http://news.ltn.com.tw/news/focus/paper/1021017（檢索日期：2016年12月20日）。

礎，在實現中華民族偉大復興進程中完成祖國統一大業。」[17]

　　另外，中共中央於2020年12月5日公布新修訂的《中國共產黨統一戰線條例》，其中第35條規定：「貫徹執行黨中央對台工作大政方針，堅持『一個中國』原則，廣泛團結海內外台灣同胞，發展壯大台灣愛國統一力量，反對台獨分裂活動，不斷推進祖國和平統一進程，同心實現中華民族偉大復興。」時任我國陸委會副主委兼發言人邱垂正於2021年1月7日在例行記者會表示，中共統戰遍及世界各地，滲透台灣社會，政府對此已有戒心。習近平的涉台智囊、「全國台灣研究會」會長汪毅夫於12月15日發表文章稱，國民黨「頑固派」與民進黨「反動派」同質化是危險的，都是阻礙統一的主要敵對力量，中國應傾心傾力支持「台灣愛國統一力量」。[18]

　　根據《星島日報》2023年1月19日報導，雖然「統一戰線」是中共歷史上取得成功的「三大法寶」之一，但與組織、宣傳、政法等部門相比，統戰部長期地位偏低，甚至只由非政治局委員的全國政協副主席兼任部長乙職。不過，中國國務院僑務辦公室、國家宗教局於2018年併入統戰部，國家民族事務委員會由統戰部直接領導，中央新疆小組、中央西藏小組辦公室都設在統戰部內，「大統戰」格局形成。另外，在中共「二十大」後，由中央政治局委員、書記處書記石泰峰擔任統戰部部長與全國政協第一副主席。這是中共首此安排中央政治局委員擔任統戰部部長職位，突顯統戰工作地位進一步獲得提升。[19]

八、中共中央對台工作領導小組

　　這是中共對台灣工作最重要的組織，該小組成於1954年7月成立，當

---

[17] 劉振興，〈正視中共《統一戰線條例（試行）》公布的問題〉，《展望與探索》，第13卷第11期，2015年11月，頁37。

[18] 〈汪毅夫：台灣問題與研究台灣問題的立場〉，《中國評論通訊社》，2021年12月15日，http://220.194.47.118/doc/1062/4/8/5/106248590.html（檢索日期：2021年12月20日）。

[19] 〈港媒：中共統戰部長石泰峰擁有歷來最大權力〉，《中央社》，2023年1月19日，https://www.cna.com.tw/news/acn/202301190041.aspx。

時主要以軍事爲主，輔之以情報、統戰等部門，小組成員大都出身軍事、情報與統戰系統，如李克農、羅瑞卿、廖承志、徐冰等。「文革」後對台機構銷聲匿跡，1978年始恢復運作。該小組是中共中央直屬機構之一，由主管對台工作的中央政治局常委、兼管涉台工作的中央政治局委員與涉台工作相關機構部長組成，負責對台工作領域的重大問題做出決策。爲突顯該組織的重要性，自1989年以來，由中共總書記擔任小組組長，全國政協主席擔任副組長，中共中央外事辦主任擔任秘書長，其他成員包括國安、統戰、軍方、商務、海協會等高層領導人，此人事安排主要在顯示對台灣問題的重視。[20]

該小組的執行機構爲「中央對台工作領導小組辦公室」（簡稱「中台辦」），它與「國務院台灣事務辦公室」（簡稱「國台辦」）合署辦公，形成「一套人馬、兩塊招牌」的現象。由中央政治局常委直接領導，日常工作則交由「中台辦」或「國台辦」負責。[21]該小組每年召開一次「中共中央對台工作會議」，包括黨、政、軍及各地涉台部門負責人都參加，會議的內容集中過去一年對台工作的檢討，與未來一年對台政策的基調與方向。[22]

在中共於2022年10月召開二十大後，由王滬寧擔任對台工作領導小組的副組長，他並於2023年3月10日召開的全國政協會議當選爲政協主席；王毅除接任中共中央外事辦主任，並擔任對台工作領導小組秘書長。故現在中共的對台工作，習近平、王滬寧與王毅是最關鍵的三人。根據政治大學東亞研究所教授王信賢表示，王滬寧未來將會在「民主協商」、具體化「新時代黨解決台灣問題總體方略」，以及協助習近平開展對台「新論

---

[20] 譚傳毅，〈資料：解構中共中央對台工作領導小組〉，《大公網》，2013年2月20日，http://news.takungpao.com/mainland/focus/2013-02/1447160.html（檢索日期：2017年2月11日）。
[21] 同前註。
[22] 吳捨之，〈中共中央對台工作會議重彈舊調 把日期改成2017重新上架〉，《信傳媒》，2017年1月24日，https://www.cmmedia.com.tw/home/articles/2480（檢索日期：2017年4月19日）。

述」有所著力。王毅過去擔任國台辦主任，對台灣事務瞭解頗深，在外交部部長任內也正逢美中戰略競爭，對國際情勢亦有所掌握，其重點將會放在如何配合外在形勢對台統戰，以及防止台灣問題進一步「國際化」。[23]

九、中共中央國家安全委員會

簡稱「國安委」，是中央委員會的下屬機構，於2014年1月24日正式成立，中共中央稱其目的為「完善國家安全體制和國家安全戰略，確保國家安全」。「國安委」作為中共中央關於國家安全工作的決策與議事協調機構，向中央政治局、常務委員會負責，統籌協調涉及國家安全的重大事項與工作。「國安委」由總書記習近平擔任主席，國務院總理及人大委員長擔任副主席。[24]

「國安委」成立後，中國媒體對於其人員組成及運作模式鮮有報導，故該機構一直給予外界神秘的色彩。2016年12月9日，習近平主持政治局會議，審議通過《關於加強國家安全工作的意見》。習近平在會中強調統籌國內及國際兩個大局，有效整合各方面力量，構建國家安全體系。由於中國的國安系統是在江澤民時代形成，除包括國家安全部外，還包括各種對外的情報機構及對內的政法系統等安全機構，過去由曾慶紅、周永康長期掌控國安系統。因此媒體評論稱，「國安委」的成立顯示習近平欲整頓及重建國安系統，將國安系統的領導權力收歸己有。[25]

直到2017年2月17日，才由央視《新聞聯播》首次播出「國安委」的開會情形，當時共有20名中央高層與會。會中習近平提出「總體國家安全觀」的概念，包括要構建11種安全：政治安全、國土安全、軍事安全、經

---

[23] 王信賢，〈中共對台人事安排與政策芻議〉，《遠景基金會》，2023年2月24日，https://www.pf.org.tw/tw/pfch/12-9946.html。

[24] 〈中央國家安全委員會〉，《維基百科》，2017年3月21日，https://ppt.cc/fSeu6x（檢索日期：2017年4月30日）。

[25] 〈謝天奇：習與曾慶紅對決 國安委成員首次出鏡〉，《大紀元》，2017年2月18日，http://www.epochtimes.com/b5/17/2/17/n8822617.htm（檢索日期：2017年4月30日）。

濟安全、文化安全、社會安全、科技安全、信息安全、生態安全、資源安全、核安全。[26]由此可見，「國安委」所負責的任務非常廣泛。

接著於隔（2018）年4月17日，習近平主持召開十九屆中央國家安全委員會第一次會議。他表示，「國安委」成立四年來，堅持黨的全面領導，按照總體國家安全觀的要求，初步構建了國家安全體系主體框架，形成了國家安全理論體系，完善了國家安全戰略體系，建立了國家安全工作協調機制，解決了許多長期想解決而沒有解決的難題，辦成了許多過去想辦而沒有辦成的大事，國家安全工作得到全面加強，牢牢掌握了維護國家安全的全局性主動。

習近平強調，要堅持黨對國家安全工作的絕對領導，實施更為有力的統領和協調。「國安委」要發揮統籌國家安全事務的作用，貫徹國家安全方針政策，完善國家安全工作機制，著力在提高把握全局、謀劃發展的戰略能力上下功夫，不斷增強駕馭風險、迎接挑戰的本領。要加強國家安全系統黨的建設，堅持以政治建設為統領，教育引導國家安全部門和各級幹部增強「四個意識」、堅定「四個自信」，堅決維護黨中央權威和集中統一領導，建設一支忠誠可靠的國家安全隊伍。另外，該會議審議通過《黨委（黨組）國家安全責任制規定》，明確各級黨委（黨組）維護國家安全的主體責任，要求各級黨委（黨組）加強對履行國家安全職責的督促檢查，確保落實黨中央關於國家安全工作的決策部署。[27]

根據國防大學戰略研究所教師鄧文豐表示，「國安委」由總書記擔任主席，國務院總理與人大委員長擔任副主席，辦公室主任由中央辦公廳主任兼任，常務委員至少包括國務院常務副總理、中央政策研究室主任、

---

[26] 楊青之，〈成立三年 中央國安委成員首度亮相《新聞聯播》〉，《香港01》，2017年2月17日，https://ppt.cc/fAfjEx（檢索日期：2017年4月30日）。

[27] 丁楊，〈習近平主持召開十九屆中央國家安全委員會第一次會議〉，《新華社》，2018年4月17日，http://www.mod.gov.cn/big5/shouye/2018-04/17/content_4809688.htm（檢索日期：2021年8月18日）。

政法委書記、外事辦主任、國務院秘書長、宣傳部部長、國安部部長、公安部部長、人民銀行行長、國臺辦主任，以及軍委會各成員，與北京、天津、上海、重慶市委書記等。由此可窺見「國安委」具備層級高、編制大、權力強的特徵，在中共「以黨領政」專制體制下，透過黨內高階常態性事務編組形式，統轄從政治、外事到金融經濟，從社會管控到軍事活動，所有涉及國安領域的重要工作，絕非其他部委所能比擬，「國安委」等同於中共的「太上朝廷」。「國安委」可能成為習近平一人的特務機關，其權力恐可比擬明代時的東廠。若如此，對中國社會以及中共黨本身的影響，將極為深遠。[28]

國安委自2014年成立以來，歷來都是兩位副主席，一是國務院總理，一是人大委員長。而習近平於2023年5月30日召開其第三個國家主席任期的第一次國安委會議時，除了國務院總理李強與人大委員長趙樂際為副主席之外，卻新增中央政治局常委兼中央辦公廳主任的蔡奇為第三名國安委副主席，令各界甚感詫異。根據東京早稻田大學亞太研究所教授青山瑠妙分析稱，蔡奇被指派為國安委副主席的原因，是因為已經67歲了，無法成為接班人，習近平較為放心。習近平並將藉由蔡奇擔任中間人，以在黨內貫徹其意志。[29]由此可見，習近平對其一手創建的國安委的重視。

十、中共中央網路安全和資訊化委員會

簡稱「網安委」，中共於2018年3月將「中央網路安全和資訊化領導小組」改為「中央網路安全和資訊化委員會」，其辦事機構是「中央網路安全與資訊化委員會辦公室」，作為中共統籌各個領域的網路安全和資訊化的重大問題，並專司網路空間管理和網路安全審查工作，此顯示中國對

---

28 鄒文豐，〈中共機構整改 專制極權疊床架屋〉，《青年日報》，2023年3月26日，https://www.ydn.com.tw/news/newsInsidePage?chapterID=1574318&type=forum。
29 高靜，〈分析：習近平大權獨攬 重用蔡奇另有目的〉，《大紀元》，2023年6月9日，https://www.epochtimes.com/b5/23/6/9/n14013125.htm。

網路安全的重視。

　　中央警察大學公共安全系教授宋筱元表示，中共一向將軍隊系統的「槍桿子」、政法與情治系統的「刀把子」與媒體系統的「筆桿子」，視爲維護政權的三大支柱。在媒體方面，中共透過「黨管媒體」原則，除要求媒體除作爲黨的喉舌外，還必須具有「黨性」。然而近年來中國網際網路快速發展，尤其網路的匿名性、即時性與去中心化等特性，對「黨管媒體」的鐵律與對輿論的控制造成極大挑戰。中共甚至認爲，境外敵對勢力企圖藉由操縱網路輿論，破壞其意識形態的法統、政治的控制與社會的穩定，甚至進而達成「和平演變」的目標。故必須以國家力量對網路言論進行管理與控制，並設立高層機構進行管理。[30]

　　中共網路安全審查起源於2014年5月16日，中國「中央國家機關政府採購中心」[31]發出一份重要通知：「要求國家機關進行資訊類協定供貨強制節能產品採購時，所有電腦類產品不允許安裝Windows 8作業系統」。[32]接著於5月22日，「中國國家網際網路資訊辦公室」發布公告：「爲維護國家網路安全、保障中國用戶合法利益，中國將推出網路安全審查制度。」網路安全審查制度內容大致如表3-3。

---

[30] 宋筱元，〈從中共網路治理看大陸網民維權運動〉，《展望與探索》，第16卷第5期，2018年5月，頁33。

[31] 中央國家機關政府採購中心（簡稱：中央政府採購中心），是根據《國務院辦公廳關於印發中央國家機關全面推行政府採購制度實施方案的通知》（國辦發[2002]53號）和中編辦《關於國務院機關事務管理局成立中央國家機關政府採購中心的批復》（中央編辦複字[2002]163號）的規定，於2003年1月10日正式成立，是中央國家機關政府集中採購的執行機構，及經註冊的獨立事業法人。

[32] 周凱，〈關於進行信息類協定供貨強制節能產品補充招標的通知〉，《中央政府採購網》，2014年5月16日，http://www.zycg.gov.cn/article/show/242846（檢索日期：2018年1月11日）。

表3-3　網路安全審查制度的內容

審查範圍	關係國家安全和公共利益的系統使用的重要技術產品和服務。
審查重點	產品的安全性和可控性。
審查目的	防止產品提供者非法控制、干擾、中斷用戶系統，非法蒐集、儲存、處理和利用用戶有關資訊。
如何管理	對不匹配安全要求的產品和服務，將不得在中國大陸境內使用。

資料來源：陳銘聰，〈中國大陸網路安全審查制度研究〉，《前瞻科技管理》，第2期，2018年，頁62。

　　中共提出「網路空間主權說」，認為網路空間已成為國家繼「陸、海、空、太空」四個疆域之後的「第五疆域」，[33]與其他疆域一樣，網路空間也需要體現國家主權，保護網路空間也就是保護國家主權。2016年12月27日，「國家互聯網資訊辦公室」發布《國家網路空間安全戰略》指出：「網路空間已經成為與陸地、海洋、天空、太空同等重要的人類活動新領域，國家主權拓展延伸到網路空間，網路空間主權成為國家主權的重要組成部分。尊重網路空間主權，維護網路安全，謀求共治，實現共贏，正在成為國際社會共識。」2017年6月1日，備受爭議的《網路安全法》正式施行，這是中共第一部全面規範網路空間的基礎性法律，也是網路安全法律體系的重要組成部分，賦予國家對網路空間管制的合法地位。[34]

　　自中共十八屆四中全會以來，中共加快網路空間法制化進程，國家安全法、網路安全法、國家網路空間安全戰略及網路產品和服務安全審查辦法（試行）相繼公布施行或發布，是落實國家安全的重要舉措和法律體系。當前，中國核心技術和關鍵設備依然處於追趕狀態，部分高端產品和核心部件仍然依賴國外，尤其是2018年4月所發生的「中興事件」以

---

[33] 劉彥華，〈2017中國大陸平安小康指數：82.3，第五疆域急需安全屏障〉，《小康》，第19期，2017年，頁48-53。

[34] 陳銘聰，〈中國大陸網路安全法對資訊安全問題研究〉，《展望與探索》，第9期，2018年，頁106-125。

及2020年美國對華為的制裁，[35]突顯中共在「核心技術」的自主性仍然不足。[36]

十一、其他新設及改革機構

習近平為了擴大其權力，以加強對黨的控制力度及大力推動改革，除了設立上述的「國安委」外，還設立「中央全面深化改革委員會」（簡稱「中央深改委」），[37]作為中共與政府各領域全面深化改革的最頂層協調機構；「中央軍委深化國防和軍隊改革領導小組」（簡稱「中央軍委深改組」），作為中共中央軍委關於深化國防與軍隊改革的最高領導機構。他並將原有的「中央財經領導小組」升格為「中央財經委員會」（簡稱「中央財經委」），以及將「中央外事工作領導小組」升格為「中央外事委員會」（簡稱「中央外事委」），這些機構均由習近平兼任主席或小組長。

根據香港《明報》於2018年4月2日的評論文章表示，由小組變成委員會，某種程度上意味著「升格」。一般來說，領導小組的下屬辦事機構並非獨立，如「財經小組與深改小組」的辦公室設在「發改委」內，「對台小組」的辦公室設在「國台辦」內。如今，「外事委」、「網安委」現在已有獨立辦公室，「深改委」、「財經委」的辦公室也從「發改委」分離出來。習近平上台後，面對江派的多方掣肘，因此與王岐山共同強力反腐，並拿下江派大員周永康、郭伯雄、令計劃、徐才厚、薄熙來等。而此次機構改革的背後，被認為是習當局要解決「政令不出中南海」和「九常委各管一攤」等問題。[38]

---

35 〈中興事件震撼中國 習近平宣示：核心技術是國之重器，加速推動突破〉，《風傳媒》，2018年4月22日，http://www.storm.mg/article/427926（檢索日期：2018年8月24日）。
36 陳銘聰，〈中國大陸網路安全審查制度研究〉，《前瞻科技管理》，第8卷第2期，2018年11月，頁77。
37 原稱為「中央全面深化改革領導小組」。
38 許夢兒，〈習近平的頭銜又發生了變化〉，《大紀元》，2018年4月2日，http://www.epochtimes.com/b5/18/4/2/n10270001.htm（瀏覽日期：2018年4月22日）。

　　文化大學政治系曹俊漢教授表示，中國第十三屆「人大」第一次會議，李克強雖續任總理，但已趨於弱勢，因為治國的機制皆由上述「小組」或「委員會」所取代，許多原屬於國務院的事務，被歸於小組及委員會管轄；不少原屬於總理的權限，也在該等新機構的運作下被稀釋了。長久以來，中共與政府內部出現嚴重貪腐現象，有「亡黨亡國」的危機。而且，政府機關各自為政，將官僚體制的因循苟且，發揮得淋漓盡致。習近平設立或改革許多新的黨內機構，是希望在原有的體制外另起爐灶，跳過官僚政治無效率的陋習，集中權力，以發揮統一治理的效率。[39]

　　由圖3-3的中共組織結構可知，中共的全國基層黨員已超過9,000萬人。在各級的地方政府都有人數不等的黨代表大會，在全國有2,000多人的「中共黨代會」，然後由該大會選出約200人的中央委員會，再由中央

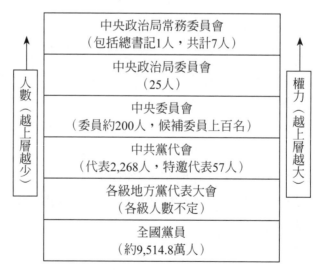

圖3-3　中共的重要機構權力結構圖
資料來源：作者自繪。

[39] 曹俊漢，〈習近平小組治大國〉，《中國時報》，2018年3月21日，http://www.chinatimes.
com/newspapers/20180321000748-260109（瀏覽日期：2018年3月22日）。

委員會選出常務委員、委員及總書記共25人，組成政治局。越上層人數越少，但是權力越大。雖然中共的中央政治局是採取集體領導的制度，但是若遇到強勢的總書記，則又回到「一人說了算」的獨裁決策模式，如現在的習近平。

第二節　中共與政府及軍隊的關係

一、中共與政府的關係

由於中共堅持「以黨領政」的原則，故中共是中國政治的領導核心，而非政府。中國政治之所以會形成「以黨領政」的體制，有其理論基礎及實際的需求。在理論基礎方面，根據「馬列主義」，國家是統治階級用來壓迫被統治階級的工具。為了讓此階級壓迫工具消失，就必須採取「無產階級專政」。但毛澤東為了適應當時革命的需要，擴大革命的基礎，將「無產階級專政」改為「人民民主專政」。

對於「人民民主專政」的意涵，毛澤東於1949年6月30日中共成立二十八週年發表的〈論人民民主專政〉乙文中，將國民區分為「人民」及「反動派」兩類。「人民」包括工人、農民、城市小資產與民族資產等階級。這些階級在中共的領導之下團結起來，組成自己的國家、政府，向他們認為是帝國主義的走狗、地主階級、官僚資產階級，以及代表這些階級的國民黨及其幫凶們實行專政、獨裁，並進行壓迫。對於人民內部，則實行民主制度。這是中共黨國體制的理論基礎，也就是其所稱的「人民」所組成的政府，必須服從共產黨的領導，如此才符合社會主義民主的先決條件；反之，就是破壞民主與危害秩序，就是統治階級專政的對象。[40]

---

[40] 林保華，〈共產專政下的中國國家認同〉，《台灣國際研究季刊》，第2卷第3期，2006年秋季號，頁166。

在實際需求方面，「以黨領政」乃是因應抗日戰爭的需求。中共的黨、政、軍於抗戰時期，在各方面工作出現不協調的狀況，於是中共中央於1942年提出黨的一元化領導原則。其特點為：在黨、政、軍組織間，以黨的中央局與地方黨委為最高領導機關，他們做出的決定與指示，軍隊的軍政委員會及政府、民眾團體內的黨員均須無條件執行。由於黨的一元化領導，協助中共成功奪取政權。[41]因此，毛澤東總結其革命之所以能夠成功，乃是依靠其「三大法寶」之一的「黨的建設」。[42]

中共在建政之後，因為面對恢復經濟與應對複雜的國內外局勢的需要，自然仍以此法寶領導與管理國家社會政治事務。而且此體制一直延續迄今，對中國的政治體制產生深遠的影響。[43]我國學者陳如音助理教授表示，中國為了因應「改革開放」後的局勢變化，從列寧式的極權國家（Totalitarian State），轉變為威權國家（Authoritarian State）的形態。中國在各方面均有重大的變化，但在變革的浪潮中，唯一不變的卻是「共產黨的絕對領導」。[44]

然而，中共如何「以黨領政」？根據中國人民大學比較政治制度研究所所長楊光斌表示：「中共對國家的領導地位，具體表現為它對國家各個方面的政治領導、組織領導與思想領導。在領導的實現形式上，黨的組織存在於廣泛的政治生活中，不論是構成政治權力中樞的中央政治機關，還是基層的鄉村管理機構、街道辦事處和企事業單位及群眾團體，都有黨的組織。」因此，探討「黨政關係」是分析中國政治的出發點。[45]而中共乃是利用「黨委制」與「黨組制」的權力結構，以及「黨管幹部」的原則領導及控制政府。因此，在所有國家的部門中，都有中共的影子存在。

---

[41] 楊光斌，《黨和國家的領導體制（上）》（台北：五南圖書出版社，2014年），頁28-29。

[42] 另外的兩個法寶為「統一戰線」、「武裝鬥爭」。

[43] 楊光斌，《黨和國家的領導體制（上）》，頁28-29。

[44] 陳如音，〈中共黨國體制論黨對政治運作的領導〉，《展望與探索》，第1卷第4期，2003年4月，頁23-39。

[45] 楊光斌，《黨和國家的領導體制（上）》，頁27-28。

「黨委制」是中共爲了管理政府機構內黨員與控制政府事務的一種制度。1949年10月30日，政治局通過《關於在中央人民政府內組織中國共產黨黨委會的決定》，規定從中央到地方，所有的政府機關均須成立黨的委員會，例如省、自治區、直轄市、市、地區、盟與自治州設立黨委員會（簡稱省委、區委、市委、地委、盟委、州委等），採書記制。[46]政府部門要接受黨委的領導，故政府的第一把手爲黨委書記，而非省長或市長的行政首長。黨委書記的責任在做決策，而行政首長則在執行決策。黨委又有可分爲：（一）部門黨委，是中共在國家部門中設立的領導機構，如公安部黨委、中國人民銀行黨委；（二）地方黨委，是中共的地方一級組織，例如在省、自治區、直轄市、市、地區、盟與自治州設立黨委員會（簡稱省委、區委、市委、地委、盟委、州委等）；（三）機關黨委，是中共的基層組織，如財政部機關黨委。[47]

「黨組制」也是中共爲了加強對政府的領導，而在政府各級單位內部所設立的監督機構，例如財政部黨組。1949年11月9日，中共中央發布《關於在中央人民政府內建立中國共產黨黨組的決定》，規定在政府中的共產黨員必須成立黨的組織，設書記一人。[48]而且，中共於「十八大」修改黨章，其中第九章對於該制度的最新規定：「在中央和地方國家機關、人民團體、經濟組織、文化組織和其他非黨組織的領導機關中，可以成立黨組。黨組發揮領導核心作用。黨組的任務，主要是負責貫徹執行黨的路線、方針、政策；討論和決定本單位的重大問題；做好幹部管理工作；團結黨外幹部和群眾，完成黨和國家交給的任務；指導機關和直屬單位黨組織的工作。黨組的成員，由批准成立黨組的黨組織決定。黨組設書記，必

---

46 同前註，頁29。
47 〈背景連結：黨組與部門黨委、地方黨委、機關黨委的區別〉，《新華網》，2015年6月16日，http://news.xinhuanet.com/politics/2015-06/16/c_1115637815.htm（檢索日期：2017年5月21日）。
48 楊光斌，《黨和國家的領導體制（上）》，頁29-30。

要時還可以設副書記。黨組必須服從批准它成立的黨組織領導。」[49]

由上述可知，「黨委」乃是「黨組」的上級單位，後者為前者派駐在政府的監督機構，例如河南省政府「黨組」是中共河南省委派駐在省政府的監督機構。兩者的權力關係為：（一）「黨委」是由黨員大會選舉所產生，而「黨組」的成員及幹部則是由「黨委」所決定。例如河南省委由省級黨代會選舉，而河南省政府「黨組」則直接由河南省委決定；（二）「黨委」可批准接收新的黨員，而「黨組」無此權力；（三）「黨委」可決定對黨員進行處分，但是「黨組」無此權力；（四）「黨委」可召開黨員大會，選舉黨代表，而「黨組」不可；（五）「黨委」與下屬單位「黨組」是領導關係（可以直接指揮調度），黨組與下屬單位黨組織是指導關係（不能直接指揮調度）。[50]

另外，中共採取「黨管幹部」制度，是黨與國家幹部管理制度的根本原則。黨不但管自己的黨員，也管到政府的公務員。例如中國於2006年實施的《中華人民共和國公務員法》第4條就明定「堅持黨管幹部原則」。而且該法也指出，中共中央組織部才是公務員的最高主管機關，此為一種具有「中國特色」的公務員制度。[51]也就是政府的人事部門由黨委組織部門負責，而人事權為「權力之母」，掌握了人事權，基本上就掌握所有的權力。

其實，中國的大多數政府幹部也是中共黨員，如同過去台灣在國民黨當政時期，多數政府官員多加入國民黨一樣。所不同者為，中共黨員必須絕對服從黨的領導，黨的權威高於政府；而國民政府時期雖然也有如此的規定，但是卻無法像共產黨一樣，對其黨員能絕對地貫徹其權威。總而

---

[49] 王亞紅，〈理解黨組制的政治內涵〉，《中國社會科學網》，2014年9月5日，http://www.qstheory.cn/freely/2014-09/05/c_1112379151.htm（檢索日期：2017年3月15日）。

[50] 宋秉忠，〈黨組由委黨決定 非黨組織〉，《中國時報》，2015年5月31日，http://www.chinatimes.com/newspapers/20150531000747-260309（檢索日期：2017年5月21日）。

[51] 桂宏誠，〈中國大陸黨管幹部原則下的公務員體制〉，《國家政策研究基金會》，2014年10月31日，http://www.npf.org.tw/2/14335（檢索日期：2017年5月21日）。

言之，中共透過「黨委制」、「黨組制」及「黨管幹部」這三項制度，確立了中共對政府的絕對領導權，是鞏固其執政地位的重要保證及方法（圖3-4）。

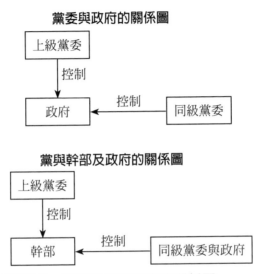

黨委與政府的關係圖

上級黨委

↓ 控制

政府　←控制─　同級黨委

黨與幹部及政府的關係圖

上級黨委

↓ 控制

幹部　←控制─　同級黨委與政府

圖3-4　黨委與政府的關係圖、黨與幹部及政府的關係圖
說明：上圖顯示，政府既要受制於同級黨委，又要聽命於上級黨委；下圖顯示，幹部既要服從同級政府與黨委的領導，又要對上級黨委負責。
資料來源：楊光斌，《黨和國家的領導體制（上）》，頁32。

二、中共與軍隊的關係

人民解放軍（簡稱解放軍）的前身為紅軍，建立於1927年的國共鬥爭年代。中共從建黨、國共鬥爭、文革等一路走來，其建軍的原則是依照馬列思想，並效法蘇聯對軍隊所進行的政治工作，凡事以黨為優先，軍隊對於黨必須絕對服從，[52]故解放軍其實就是黨的軍事組織。[53]中共不但「以

---

52 蘇俊良，〈台海兩岸文武關係之比較〉，頁63。
53 日本防衛省防衛研究所《中國戰略報告》編輯部，〈中國安全戰略報告2012〉，《日本防衛省》，2012年12月，頁2。

黨領政」，而且還「以黨領軍」，牢牢地掌握政權及軍權，這也是它賴以
繼續生存的重要因素，尤其是軍權。毛澤東於1929年在福建省上杭縣古田
鎮召開「古田會議」時，確立「只准黨指揮槍，不准槍指揮黨」的原則，
並成為其「黨軍關係」的鐵律。[54]

　　中共於1945年4月20日召開「七大」通過的《關於若干歷史問題的決
議》（中共第一份歷史決議）規定：「軍隊必須服從於無產階級思想的領
導、服從於人民鬥爭和根據地建設的工具。」而且中共在黨章及憲法中，
也都不斷的強調「以黨領軍」的概念。因為中共非常明白，若不緊緊地握
住軍權就沒有政權。也因為毛澤東樹立了此文武之間的關係，成為解放軍
奉行不渝的觀念。此理念讓非軍人出生的領導人江澤民、胡錦濤、習近
平，均能夠順利地掌控軍隊。[55]

　　基本上，解放軍不可介入政治事務，然而於文革期間，毛澤東為了鞏
固其政權，將軍隊私有化，成了「毛家軍」。所以他敢於砲打司令部，迫
害國家主席劉少奇等大量革命元老，用革命委員會取代黨的各級組織。[56]
毛澤東當時推出「三支兩軍」的政策，即「支援左派奪權、支持工、農生
產、實行軍訓、軍管」。結果不但導致軍隊權力擴大，全面介入政治、經
濟及社會事務，成為最有權力的機構，更造成政治、經濟、社會的混亂及
破壞軍民關係。鄧小平於1978年上台後，靠其在軍中的威望，加強黨對軍
隊的控制，以導正軍隊介入政治的情形。[57]中國旅美學者吳祚來表示，鄧
小平也深知緊緊抓住軍權的重要性，他雖然沒有擔任過中共最高領導人，
但卻是中共第二代領導核心，這個核心靠的是就是「槍桿子」。[58]

---

[54] 黃介正，〈人民解放軍的歷史挑戰〉，《聯合報》，2017年7月22日，版A15。
[55] 蘇俊良，〈台海兩岸文武關係之比較〉，政治大學中山人文社會科學研究所碩士論文，
　　2008年，頁62。
[56] 吳祚來，〈中共的黨指揮槍與槍指揮黨〉，《風傳媒》，2014年11月17日，http://www.
　　storm.mg/article/23941（檢索日期：2017年5月21日）。
[57] 蘇俊良，〈台海兩岸文武關係之比較〉，頁64-65。
[58] 吳祚來，〈中共的黨指揮槍與槍指揮黨〉。

　　中共是如何「以黨領軍」？以及如何能夠控制軍隊？為了保證黨對軍隊的絕對領導，首先，中共的最高軍事領導機構「中央軍事委員會」與國家的最高軍事領導機構「國家軍事委員會」成員是同一批人，形成「一套人馬（兩個軍委組成人員相同）、兩塊牌子（國家軍委、中共軍委）」，被稱為具有「中國特色」的武裝力量領導體制。由於兩個軍委的成員完全相同，故武裝力量的最高領導權實際上由黨所掌控。

　　中共除了掌握最高的軍事職位外，為了掌控全軍，其做法與控制政府的方法一樣，以法律正式規定，在軍隊中建立黨的組織，以行「黨委制」，作為各單位的領導核心。根據中央軍委於2021年頒發最新的《中國人民解放軍政治工作條例》第8條規定，中共在解放軍團級以上的部隊設立黨委員會，在營級部隊設立黨的基層黨委員會，在連級部隊設立黨支部。黨的各級委員會（支部）是各部隊領導與團結的核心。[59]也就是中共藉由在軍隊中設立黨的組織，牢牢控制住軍隊。

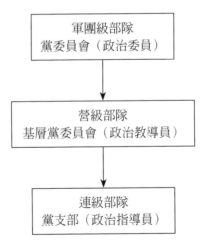

圖3-5　中共在軍隊中的組織
資料來源：作者自繪。

[59] 日本防衛省防衛研究所《中國戰略報告》編輯部，〈中國安全戰略報告2012〉，頁6。

另外，該《中國人民解放軍政治工作條例》第9條規定，中共在解放軍軍團以上部隊設立政治委員，在營級部隊設立政治教導員，在連級部隊設立政治指導員。我國軍隊中也設有類似於解放軍的政治工作人員，但是均屬於部隊指揮官的下屬，而解放軍的政治委員則與軍事指揮官同等級。例如在閱兵時，政治委員與軍事指揮官並列走在部隊的最前列。政治委員的作用就是在軍中展開政治工作，貫徹黨的方針路線。[60]簡言之，黨的政治委員就好比明朝皇帝明成祖朱棣所建立的監軍制度，監視軍隊對皇上的忠誠度，以確保軍隊受到皇權的絕對控制。只不過明朝的監軍是由宦官來擔任，而中共的監軍則是由黨員來擔任。

習近平於2014年10月30日在福建省上杭縣古田鎮召開「全軍政治工作會議」（又稱爲「新古田會議」），此會議與毛澤東的「古田會議」一樣，都是強調「黨指揮槍」。[61]另外，中共中央軍委於2016年1月11日公布軍委機關部門調整方案，原來的四總部（總參謀部、總政治部、總後勤部、總裝備部）被改組爲15個軍委直屬職能部門。中國國防部發言人吳謙表示，將四總部制改爲多部門制，是按照「軍委管總、戰區主戰、軍種主建」的格局。[62]習近平強調，此次軍改的目地，是要把黨對軍隊絕對領導的根本原則與制度，進一步鞏固並加以完善，強化軍委集中統一領導，使軍隊最高領導權與指揮權集中於黨的中央軍委手中。[63]

除了依靠軍委的制度掌控軍隊外，中共也不時透過各種管道宣導「黨對軍隊的絕對領導」的觀念，對軍方進行「置入性行銷」，耳提面命，久而久之，「以黨領軍」的觀念就潛移默化的深植於軍方的各階層中。例如中國軍方喉舌《解放軍報》於2017年1月28日頭版發表〈工作制度要進

---

60 同前註，頁8。
61 吳祚來，〈中共的黨指揮槍與槍指揮黨〉。
62 〈中國推進軍隊改革　四總部改爲十五部門〉，《端傳媒》，2016年1月12日，https://theinitium.com/article/20160112-dailynews-china-military/（檢索日期：2017年5月21日）。
63 張國威，〈陸劃設戰區 剝奪軍種指揮權〉，《中國時報》，2015年11月27日，http://www.chinatimes.com/newspapers/20151127000924-260301（檢索日期：2017年5月21日）。

一步嚴起來實起來〉乙文強調：「要堅持黨對軍隊絕對領導，以確保槍桿子永遠聽黨指揮，因爲此制度是立軍之本、強軍之魂、安邦之要。」「國防與軍隊建設的重大問題要由軍委主席決定，並嚴格落實軍委工作規則。」[64]

　　由於中共將軍隊視爲是黨的軍隊，因此其軍隊一直無法國家化。中國維權人士呂耿松就評論稱，中共有兩個忌諱：新聞自由與軍隊國家化。新聞自由會使共產黨的謊言失去市場，軍隊國家化會使共產黨的暴力失去載體，而謊言與暴力是共產黨安身立命的命根子，它是拼了死命也要保住這兩個法寶。黨對軍隊的絕對領導權是非法與僭越，因爲「中共中央軍委」不是法律主體，它只是「掛靠」在中華人民共和國軍事委員會身上的「掛靠單位」，只能在中華人民共和國軍事委員會的委託下行使部分權力，無「絕對領導軍隊」的權力。中共對軍隊的「絕對領導」，是非法與僭越。[65]

第三節　中共領導人的更替

　　國家最高領導人的更替是每個國家最重要的議題，對於民主國家而言，國家領導人的更替是一件稀鬆平常的事，因爲政黨透過選舉以取得政權，贏得選舉的政黨黨魁常常就是新的國家領導人。然而，中國迄今仍然採取中共「一黨專政」的制度，故不需要與其他政黨競選，而能夠長期的執政。雖然中國的國家領導人均由中共黨員擔任，但是其領導人的產生卻必須經過黨內的鬥爭，常造成內部政局的不穩。而且中國政治的人治色彩

64　〈觀察：誰有權領導中國的武裝力量？〉，《BBC中文網》，2015年1月28日，http://www.bbc.com/zhongwen/trad/china/2015/01/150128_chinese_army_leader（檢索日期：2017年3月18日）。

65　呂耿松，〈呂耿松：「精忠保國」還是「精忠保黨」？──論軍隊國家化〉，《獨立中筆會》，2016年9月20日，http://www.chinesepen.org/blog/archives/56734（檢索日期：2017年3月18日）。

極爲濃厚，領導人的更替深深影響中國的政局發展。因此中共領導人的更替，成爲各界關注的焦點。基本上，中共領導人的更替可概略的區分爲：非制度化、制度化與反制度化等三個時期。

一、非制度化時期

　　國家最高領導人的產生及更替，因爲時代的不同，而有不同的方式。封建王朝採取世襲制，資本主義國家採取普選制，共產國家則因爲列寧去世早，未來得及解決此問題。史達林上台後，採取個人極權統治與個人崇拜，無人敢觸及此問題，致使蘇共始終未形成一套最高領導的更替機制，嚴重阻礙領導層的新老交替。史達林於1953年3月5日去世後，到了1980年代，蘇共政治已經被稱爲「老人政治」。其領導人的執政能力與領導素質呈現出衰退之勢，造成庸人治國、病夫治國的局面。而且從1982年11月至1985年3月，蘇共的領導人布里茲涅夫、安德羅波夫及契爾年科，都於在職其間相繼去世。[66]

　　中國在毛澤東時期也如同蘇共一樣，由於他採取個人極權與個人崇拜，無人敢觸及此問題，致使中共當時也未能形成一套最高領導的更替機制，讓他得以執政期長達二十七年之久（1949-1976年）。毛澤東因爲懼怕他人挑戰其權力，因此先後鬥垮幾位可能的接班人。先是曾擔任國家主席八年的劉少奇，於1969年11月12日在文革期間被鬥死；然後是曾被稱爲「毛主席的親密戰友和接班人」的林彪，其地位甚至被寫入黨章，結果因被指控企圖刺殺毛澤東，於1971年9月13日駕機逃往蘇聯時，在蒙古上空發生空難而死亡；接著於1976年1月，當時擔任第一副總理的鄧小平，因爲反對毛澤東的許多非理性政策而被迫下台。這些舉措，讓毛澤東的接班

---

[66] 〈第二章 中國共產黨領導人是如何產生的？〉，《中國共產黨新聞網》，2013年11月14日，http://theory.people.com.cn/BIG5/n/2013/1114/c371516-23543096.html（檢索日期：2017年3月18日）。

人變得非常不確定，故他於1976年9月9日去世時，並未指定繼承人。[67]

　　而當時擔任中共第一副主席與國務院總理的華國鋒，憑著毛澤東生前於1976年4月30日親筆書寫的條子：「你辦事，我放心」，坐上了中共最高領導人的職位。然而由於華國鋒在黨內的威望不足，因此必須高舉著毛澤東的旗幟，並倡導「凡是毛主席做出的決策，我們都堅決維護；凡是毛主席的指示，我們都始終不渝地遵循」的「兩個凡是」論述。然而，由於中國在經過長達十年的文革動亂之後，民心思定，因此華國鋒得不到人民的支持，沒有多久即被黨內威望甚高的鄧小平所取代，於1978年被迫交出領導權，並於1982年的政治局委員選舉中落敗，完全退出中共中央，永遠地在中國政壇中消失了。

二、制度化時期

　　在毛澤東時期，由於未明文規定領導職務終身制，使幹部的任職不受年齡、任期的限制。鑑於蘇共領導職務終身制所產生弊病的教訓，中共在「改革開放」初期就提出要廢除領導幹部職務終身制。1980年，中央政治局開始觸及敏感的領導制度改革問題。鄧小平在會中做了題為〈黨和國家領導制度的改革〉的講話，批評領導幹部職務終身制的現象，並稱若缺少一批年富力強、有專業知識的幹部，「四個現代化」[68]就無法執行。[69]

　　在鄧小平的支持下，中共中央於1982年2月做出《關於建立退休制度的決定》，在中共歷史上首次建立幹部退休制度，對擔任高級領導職務幹部的年限做出規定。從「十二大」開始，黨章規定：黨的各級領導幹部，無論是由選舉產生，或是由領導機關任命，其職務都非終身。此規定也適

---

[67] 包德甫，〈毛澤東之後，掌管中國的權力之爭〉，《紐約時報中文網》，2016年8月13日，http://cn.nytimes.com/china/20160813/mao-successor-1976/zh-hant/（檢索日期：2017年3月6日）。

[68] 簡稱「四化」，即工業、農業、國防、科學技術的現代化，是中共1950年代至1960年代提出的國家戰略目標。

[69] 〈第二章 中國共產黨領導人是如何產生的？〉，《中國共產黨新聞網》。

合於黨的領袖，但黨章並未明文規定領袖任職的屆數。儘管如此，從鄧小平開始，黨的最高領導職務終身制被廢除了。[70]

雖然迄今中國的政權轉移，仍然未透過全國選舉的民主方式產生，但是自從江澤民執政之後，透過所謂「黨內民主」的選舉方式，中共的權力轉移已逐漸趨向制度化的方向發展。2002年中共的「十六大」期間，第三代領導人江澤民將權力交接給第四代領導人胡錦濤，雖然此次權力交接因為未交出軍權，不能算是完全的政權交接，但是在中華人民共和國的歷史上，算是首次和平、有序及系統的權力交替。[71]而且立下中共領導人任職兩屆的先例，確立了領導人「屆齡退休制」及「有限任期制」的兩項原則。在2012年11月的「十八大」上，胡錦濤則主動交出軍權，不再擔任中共中央軍委主席，採取裸退，使中共領導人的更替制度更為徹底。

中共於每五年舉行的「中共黨代會」選出新的領導人，而且每十年一次的最高領導人更替方式，雖然未經正式立法，但是也已經約定成俗。現今的領導人受到任期及年齡的限制，已經無法再像毛澤東一樣做到去世為止。在經過江澤民及胡錦濤兩代領導人的實施，雖然其權力轉移存在著派系間的交易或「暗箱操作」，有時還會遇到黨內不同勢力的挑戰，例如習近平受到周永康及薄熙來的挑戰，但是此種政權交替方式迄今尚稱順利。[72]

民主國家因為有選舉制度，因此領導人是定期換人做，若是選舉失利，還必須換黨做。但是中國由於採取「一黨專政」的制度，現在的領導人更替制度，除了規定必須定期換人做之外，從來不換黨做，此為「具有中國特色」的中國領導人更替制度。若有其他政黨敢挑戰中共，必定遭到血腥鎮壓。而且中國迄今也尚未有真正的在野黨，能夠挑戰中共政權。中

---

[70] 同前註。
[71] 李成，《通往中南海之路：中共十八大前高層領導群體》（美國紐約：明鏡出版社，2012年），頁5。
[72] 同前註，頁3。

共最高權力的更替實行的是「一黨領導、全國選拔、長期培養、年齡限制、定期更替」。

中共官媒解釋稱，「一黨領導、全國選拔、長期培養」是對傳統政治文化的繼承，「年齡限制」是中國獨創，「定期更替」是借鏡西方的制度。「一黨領導」可避免委托代理風險並能制定長期的發展戰略，「全國選拔」與「長期培養」可在「產生成本」不高的前提下選出最優秀、最有能力的人才，可避免西方民主制度的「只會選舉、不會治國」政治平庸化現象，「年齡限制」與「定期更替」則可以帶來新血，避免政治強人戀棧權位。[73]

雖然中共官媒辯稱，此種領導人更替模式乃綜合東西方制度的優點，避免其缺點。但是事實勝於雄辯，若是此制度真的優良，早就為世界各國所採納；然而，目前世界上僅剩幾個共產主義國家存在，顯見此領導人更替制度，只能在幾個少數的共產國家實施，無法普及於世。而且中共也知道，一旦採取民主國家的選舉制度，中共將立即失去政權。觀諸過去的歷史可知，許多前共產國家瓦解並走向民主後，共產黨立即被選民所拋棄，難以再重掌政權，因為世人早就不相信共產主義了。

三、反制度化時期

但是江澤民與胡錦濤兩人所立下的中共領導人「定期更替」的制度，卻被習近平於2022年破壞了，故本文將此時期的中共領導人更替更為「反制度化時期」。其實習近平早就開始在謀劃延長其任期，因為中共於2017年10月24日召開「十九大」時，中共中央委員會通過決議，建議「人大」針對憲法第79條第3款「中華人民共和國主席、副主席每屆任期同全國人民代表大會每屆任期相同，連續任職不得超過兩屆」，刪除「連續任職不

---

[73] 〈第二章 中國共產黨領導人是如何產生的？〉，《中國共產黨新聞網》。

得超過兩屆」的表述。此修憲提議於2018年3月11日第十三屆「人大」第一次會議獲得通過，正式取消國家主席連任的限制，爲習近平於2023年後的連任掃除障礙。

　　由於中共總書記、中央軍委主席等職並無任期限制，隨著此次修憲廢除國家主席的任期，習近平亦可「無限期」擔任這兩個中共的重要職位，破壞黨內「定期更替」的制度。果然如一般所預判，中共於2022年10月16日召開「二十大」時，已69歲的習近平打破過去二十年中共「黨和國家領導人」換屆的「七上八下」年齡限制，第三度連任總書記外，現年72歲的中央軍事委員會副主席張又俠與69歲的國務委員兼外交部部長王毅也都續任中央委員。

　　從新任的政治局七位常委名單中，看不出五年後誰將繼承習近平成爲新一代接班人。佛光大學副教授柳金財表示，相較於江、胡前領導人「兩屆十年」的權力交替方式，習近平打破世代交替及「七上八下」的潛規則。習近平權力集中化程度，引來西方國家、國際媒體及自由民主社會負面評價不斷，被批判爲「習皇」，在諸多民主化指標皆被評爲下降，不利於中國的國家形象營造。[74]此外，亦如習近平所願，於2023年3月10日舉行的第十四屆人大中，毫無意外地以「全票通過」連任中國國家主席。

第四節　中共的派系

　　旅美中國學者李成教授表示，雖然中共沒有來自在野黨的挑戰，但是內部卻存在著許多派系，而且相互競爭，以爭取黨內的領導地位。此種非公開競選方式，在缺乏媒體及司法體系的外來監督，無法避免派系之間的競爭、妥協與結盟。中共內部雖然有升遷的機制，但是矛盾卻沒有減少，

---

[74] 柳金財，〈【中共二十大觀戰指南】黨代會的意義是什麼？習近平取消連任限制，對中國領導核心產生什麼影響？〉。

反而使得派系政治變得更爲激烈，政治角逐與遊說通過各種形式展開。[75]
流亡法國的中國學者張倫副教授表示，中共政治一向充滿各種派系鬥爭，
從建黨至今未有間斷，故中共歷史就是一部派系鬥爭史。[76]毛澤東曾說：
「歷來黨外有黨，黨內有派」，分析中共黨內派系，乃是研究中共黨史重
要的環節。[77]在中共的每個時代都有不同的派系，以及形成的原因。

一、毛澤東時期的派系

　　中共革命時期有幾個派系（如表3-4），以毛澤東爲首的「農民革命
派」因受到蘇共革命成功的激勵，故竭力鼓吹農民造反。1923年6月，在
中共「三大」上，毛澤東稱：「中國歷代的造反和革命，每次都是以農民
暴動爲主力」，強調農民革命的重要性。他進一步指出：「國民黨在廣東
有基礎，無非是有些農民所組成的軍隊，如果中共也注重農民運動，把
農民發動起來，也不難形成像廣東這樣的局面。」同年9月，毛澤東又指
出：「農民的出路只有從地主手中奪回土地」。[78]由於毛澤東發動農民採
取暴力鬥爭手段，受到其黨內派系的排斥。

　　而毛澤東按照黨內官員對自己的態度劃分派系，分出毛派與反毛派。
毛派包括核心毛派（在井岡山與中央蘇區追隨毛的人）、劉少奇派（華
北地下黨人）、任弼時派（紅二方面軍與湘鄂蘇區部分人）、高崗派（原
陝北紅軍與蘇區）。反毛派包括王明派（教條主義派，留學蘇共中山
大學）、張國燾派（紅四方面軍與豫鄂皖蘇區）、周恩來派（經驗主義
派）。後來毛澤東連續發動幾年整風運動，用毛派作打手，對反毛派無情

[75] 李成，《通往中南海之路：中共十八大前高層領導群體》，頁4。
[76] 張倫，〈令計劃落馬與中共派系政治〉，《官場瞭望》，http://www.chengmingmag.com/
t353/select/353sel03.html（檢索日期：2017年3月10日）。
[77] 〈中國共產黨五大派系揭秘〉，《多維新聞網》，2015年5月24日，http://history.dwnews.
com/big5/news/2015-09-24/59684049.html（檢索日期：2017年3月10日）。
[78] 〈第二章 中共叛亂、叛國並蛻變爲一個農民造反黨（下）〉，《天朝拾遺錄》，2015年12
月5日，http://yiming323_2002.mysinablog.com/index.php?op=ViewArticle&articleId=76707（檢
索日期：2017年3月10日）。

表3-4　中共革命派系表

派系	代表人物	特點
農民革命派	毛澤東、彭德懷、林彪、羅榮桓、鄧子恢、李先念、王震	從事農村割據，視野有限，且極易內訌。
白區工作派	劉少奇、彭眞、薄一波、安子文、王鶴壽、潘漢年	在國民政府統治區內與國民黨周旋，熟悉城市工作。
留法勤工儉學派	周恩來、鄧小平、聶榮臻、趙世炎（李鵬的舅舅）、王若飛、鄧穎超、蔡暢、李富春、陳毅、李維漢	接觸過資本主義，視野最爲寬闊，有國際觀，屬於管理菁英。
共產國際派	王明、李立三、博古、張聞天、王稼祥、楊尚昆、康生、凱豐	思想左傾，教條主義色彩濃厚，曾一度在黨內執掌大權，後來在內鬥中失敗，除楊尚昆外，大多被鬥倒。
辛亥革命派	林伯渠、朱德、董必武、吳玉章、謝覺哉	他們先入同盟會，參加辛亥革命，之後加入共產黨，雖受尊崇，但無實權。

資料來源：〈中國共產黨五大派系揭秘〉，《多維新聞網》。

鬥爭，逼迫反毛派反覆交代自批以往反毛罪行，藉此讓全黨表態頌揚其偉大，以確立獨裁地位。[79]

　　另外，在文革期間有所謂的「四人幫」，主要成員有江青（毛澤東的妻子）、王洪文（上海工人造反派總司令）、張春橋（上海市委書記）、姚文元（上海市委宣傳部部長）等四人。他們於文革期間依靠毛澤東的撐腰，支持造反派大肆打擊異己，鬥死了中共元老劉少奇、林彪等人，習近平的父親習仲勳也遭到批鬥。但是毛澤東於1976年9月9日死亡後，「四人幫」失去了依靠。反「四人幫」的元老派開始反撲，受到「四人幫」排擠的中共中央第一副主席、國務院總理華國鋒與軍隊元老國防部部長葉劍

<hr/>

[79] 常樂，〈中共的派系——江湖習氣〉，《牆外樓》，2015年3月10日，https://commondata storage.googleapis.com/letscorp_archive/archives/86117（檢索日期：2016年12月31日）。

英、李先念等人共謀於當年10月6日發動「懷仁堂事變」，調動中央警衛部隊將他們逮捕，並結束長達十年之久的文革。後來「四人幫」被以犯下「篡黨奪權」的「反革命罪行」，分別被判處死刑、無期徒刑或二十年有期徒刑等重刑。

二、鄧小平時期的派系

在文革期間遭到罷黜的鄧小平在許多元老的協助之下，於1977年7月的中共「十屆三中全會」恢復被撤職前的一切黨政軍職務，包括中共中央副主席、政治局常務委員、國務院副總理、中共中央軍委副主席、解放軍總參謀長等職。鄧小平第三度復出後，因支持南京大學哲學系教師胡福明所提「實踐是檢驗眞理的唯一標準」的主張，與其支持者胡耀邦、萬里、趙紫陽等人被稱爲「實踐派」，並與華國鋒爲首的「凡是派」展開鬥爭，結果於1978年12月的「十一屆三中全會」將華國鋒鬥倒，取得政權。

鄧小平掌權後，開始推動「改革開放」政策。但是剛開始卻受到左派勢力的掣肘，尤其是1989年的「六四天安門事件」之後，改革開放處於低潮，黨內左派勢力趁勢而起。而且適逢東歐政局發生劇變，東歐國家拋棄共產主義，並推翻共產黨的統治，被邊緣化的左派認爲，清算「改革開放」的機會到來了。他們認爲東歐政局之所以發生變化，乃是因爲改革而引起，因此對「改革開放」提出詰難，對每項「改革開放」措施都要問是「姓社還是姓資」，並對支持改革者扣上「走資本主義道路的改革派」。[80]

爲了排除左派勢力的掣肘，幫「改革開放」之路排除障礙。鄧小平於1992年1月17日搭乘火車南下巡視，期間發表許多有關經改的重要講話，被稱爲「南巡講話」，其內容後來被歸納爲四點：（一）只有改革開放才能救中國，胡耀邦、趙紫陽在經濟工作上的成績應該肯定；（二）發展才

---

80 謝子長，《新「四人幫」和「太上皇」》（新北：外參出版社，2015年4月14日）。

是硬道理，不要爭論社會主義與資本主義；（三）經濟發展要保持一定速度；（四）左的思想影響惡劣，誰不改革誰下台。從此之後，「發展才是硬道理」、「誰不改革誰下台」成爲中國改革的「至理名言」，爲中國隨後幾十年的經濟發展「保駕護航」。也因爲鄧小平的強硬態度，才讓左派噤聲。[81]

三、江澤民時期的派系

　　江澤民上台後，大量任用他在上海擔任市長期間的親信及官員。在中共「十六大」及「十七大」推舉產生的中共中央政治局中，其親信占據多個中央政治局常委職位。而且江澤民於1989年「六四天安門事件」後上台，並且直到2002年11月15日才卸下總書記職位，次（2003）年3月卸下國家主席職務，但是他卻繼續擔任中共中央軍事委主席直到2004年下半年。若以卸下軍委主席的時間計算，江澤民執政時間長達近十五年之久，期間提拔及培養眾多黨、政、軍、經等領域的人馬。故當時中國政界有所謂的「上海幫」，又稱「江派」。

　　雖然江澤民已經下台，並離開政壇多年，但是當時仍有許多「上海幫」成員擔任中共高層政要，位居要津，故「江派」對於中國政治仍然具有影響力。例如：被冠以「獨立王國」封號的外交部，長期一直把持在「江派」手中，包括錢其琛、唐家璇、李肇星及楊潔篪等四任部長，都隸屬於「江派」。[82]媒體上也經常有江澤民插手中共決策，導致胡錦濤遭江澤民架空，或是對習近平干政等傳言。雖然無法證明該等傳言的真實性，但是此顯示「江派」人馬仍然活躍於中國政壇。

81　〈誰不改革誰下台 鄧南巡講話25年突遇冷〉，《多維新聞》，2017年1月19日，http://china.dwnews.com/big5/news/2017-01-19/59795204.html（檢索日期：2017年3月13日）。

82　陳重生，〈傳家中搜出美金將移民美國被捕 華春瑩神隱一個月終現身闢謠〉，《Yahoo新聞》，2018年3月2日，http://t.cn/REoGrDY（檢索日期：2018年3月3日）。

四、胡錦濤時期的派系

中共第四代領導人胡錦濤於2002年「十六大」上台後，由於他出身於「共青團」，故大量提拔該組織成員擔任重要職位，而形成所謂的「共青團派」（簡稱「團派」）。團派人物的特點為大學以上學歷，處事謹慎且不張揚。除少數具有高幹子女背景外，大多出身平民階層，因而一般認為他們比較貼近民眾。[83]但是旅美中國評論家陳破空表示，「共青團」出身的官員，根基淺、不踏實，年輕時大部分時間都在求學，社會歷練不足、務虛不務實。並養成順從、懦弱、膽小怕事、謹慎的特質，胡錦濤就是典型的例子。[84]

在中共的歷史中，「共青團」幾乎與黨同時誕生，但是在過去，它只是外圍組織及幹部的來源之一。由於「共青團」的胡耀邦及胡錦濤兩人成為中共總書記，於是有「團派」的背景，成為中共官員躍升政壇高層的通行證。[85]在胡錦濤十年執政期間，培植不少「團派」的高層幹部擔任重要職位，如李源潮任國家副主席（已退休）、李克強任總理（已故）、汪洋任副總理（已退休）及劉延東任副總理（已退休）、劉奇葆任中共中央委員會宣傳部部長（已退休）、胡春華任廣東省委書記（現任政協副主席）等。

然而，習近平上台後，「團派」被批評出現了「機關化、行政化、貴族化、娛樂化」四個大問題，而且官僚與貪腐情況嚴重，例如胡錦濤親信前中共中央統戰部部長、中央辦公廳主任令計劃及其家族的貪腐，而遭判

---

83 〈汪洋與外來工分享工人經歷：睡地鋪、盼派薪〉，《中國評論新聞》，2010年8月8日，http://hk.crntt.com/doc/1014/0/7/5/101407527.html?coluid=7&kindid=0&docid=101407527（檢索日期：2017年3月13日）。

84 寧馨，〈焦點對話：習近平整頓共青團，團派式微？〉，《美國之音》，2016年1月22日，http://www.voachinese.com/a/VOAWeishi-ProandCon-20160122-China-to-reform-the-Youth-League/3157750.html（檢索日期：2017年3月13日）。

85 金靖，〈中共團派的五個「梯隊」及其核心〉，《大紀元》，2012年6月25日，http://www.epochtimes.com/b5/12/6/25/n3620187.htm（檢索日期：2017年3月13日）。

處無期徒刑，故「團派」被認為已失去作為培養年輕黨政幹部「人才庫」的功能。「共青團」中央也承認團內「黨的領導弱化、黨的建設缺失、全面從嚴治黨不力」及「貴族化」的傾向，承認在選拔幹部時發生「重菁英、輕草根，代表性不足、覆蓋面不廣」等嚴重組織與紀律問題。[86]

在中共於2020年10月間舉行的中共「二十大」時，令中外各界非常意料之外者為，國務院總理李克強未能留任外，副總理胡春華亦未入常，致使「團派」全被殲滅。有專家學者認為，由於習近平用人的原則，第一以忠誠度作為考量，第二是他過去在之江新軍的自己人，能力則是其次，故被認為是團派的汪洋，不屬於習派人馬，而未獲入常。而且李克強、胡春華與汪洋等「團派」過於溫和，無法大立大破，故不是他要的鬥爭幹部。由目前觀之，「團派」亦如「江派」一樣，將逐漸退出中共政權的核心圈。

五、習近平時期的派系

由於習近平的父親習仲勳為鄧小平主政時期的「中共八大元老」之一，[87]習近平在其父親的庇蔭之下，逐步登上中共權力的高峰。中國諺語有云：「物以類聚，人以群分」，習近平在上台後重用與他同樣具有「紅二代」[88]背景的人，包括擔任全國政協主席俞正聲、中紀委書記王歧山、前中共國防大學政委劉亞洲上將等人，此政治派系被各界稱為「太子黨」。習近平也在「太子黨」的大力支持下，權力逐漸穩固。另外，由於習近平曾在2002至2007年期間擔任浙江省委書記，故其派系又被稱為「浙

86 林和立，〈習總打殘團派的前因後果〉，《蘋果日報》，2016年5月3日，http://hk.apple.
nextmedia.com/news/art/20160503/19595798（檢索日期：2017年3月13日）。

87 徐慶全，〈「八老」與1980年代政治格局〉，《炎黃春秋》，第10期，2015年，http://www.
yhcqw.com/html/cqb/2015/109/15109214829GEB7G9979DH651C2A3FCI23I.html（檢索日期：
2017年3月13日）。

88 又稱為「紅色貴族」，專指中國副省（部、軍）級以上黨、政、軍、企業的高階官員們
（高級幹部）的子侄、女兒與女婿、孫輩們。Eider，〈簡介中共三大勢力與政治消長〉，
《台灣控》，2014年8月19日，https://ppt.cc/fz1Qxx（檢索日期：2017年3月13日）。

江幫」。[89]

　　在習近平的培植之下，「太子黨」成員分布在黨、政、軍、經等各領域，爲現今中國掌握最多權力的體系，並與「團派」、「上海幫」成爲中國政治的三個大派系。例如「十八大」選出的七名常委中，「太子黨」有三人：習近平、俞正聲、王歧山；「上海幫」也有三人：張德江、劉雲山、張高麗；而「團派」只有李克強一人。一般認爲，此人事布局乃是一種權力平衡的安排。習近平上台後，一直有傳言稱他試圖削弱競爭對手「團派」的勢力，以便安排自己的人馬進入最高決策層。而且，「共青團」的年度預算被削減一半，「團派」勢力已經大打折扣。[90]

　　如前所述，在中共於2020年10月間舉行的中共「二十大」時，「團派」已全被殲滅，無一人進入政治局常委，故將逐漸退出中共政權的核心圈。而新任的七位常委，除習近平外，爲李強（總理）、趙樂際（全國人大委員長）、王滬寧（全國政協主席）、蔡奇（中央書記處第一書記）、丁薛祥（常務副總理）、李希（中紀委書記）。此顯示，習家軍已經全面掌控中央政治局常委會，亦即現在中共內部只有「習派」，不再有「江派」與「團派」了。

　　由上述可知，中國在不同時期，出現不同的主流派系。在毛澤東時期有「四人幫」、華國鋒時期有「凡是派」、鄧小平時期有「改革派」、江澤民時期有「上海幫」、胡錦濤時期有「團派」，現今的習近平有「太子黨」等。雖然這些派系都能得勢於一時，但是根據旅居美國的中國政治活躍人士方覺評論稱，這些政治派系都是建構在狹窄的政權基礎上，故難以得到大眾的支持。[91]由這些派系的浮沉觀之，也驗證了中國俗話所說：

[89] 〈英媒：習近平爲十九大布局打壓團派勢力〉，《BBC中文網》，2016年9月30日，http://www.bbc.com/zhongwen/trad/china/2016/09/160930_china_politics_league_xi（檢索日期：2017年3月13日）。

[90] 同前註。

[91] 方覺，〈胡錦濤的團派安徽幫〉，《開放雜誌》，2011年3月，http://www.open.com.hk/old_version/0807p43.html（檢索日期：2017年3月13日）。

「一人得道，雞犬升天」，以及「人去茶涼」的政治現實。

第五節　中共的決策模式

中共的決策模式在獨裁者毛澤東時期，與他之後的領導人有很大的不同，故本章節分爲獨裁、半獨裁及集體決策等三種類型。

一、獨裁決策模式

所謂獨裁決策模式，簡言之就是「一個人說了算」，在古代帝王時期稱爲「乾綱獨斷」。由於毛澤東在中國擁有無上權威，其權力有如古代帝王，無人敢挑戰其權威，也不敢反駁其所做出的決策。例如華國鋒當年所提出的「兩個凡是」理論，最能表現出對毛澤東權威的盲從。獨裁決策模式的優點爲具有非常高的效率，因爲不須經過官僚體系的冗長討論過程；但是其缺點爲無法藉由眾人的集體思考及深思熟慮過程，故所做的決策容易失之縝密。而且此種決策模式也可能因爲個人因素，常會朝令夕改，沒有一貫性，讓人民無所適從。

毛澤東執政期間，充分透露出其獨裁決策模式的缺點。例如在國內決策方面，他於1957年推出的「整風運動」，原先規劃對黨內進行整頓與革新，後來卻因爲批評聲浪過大，而改變爲「反右派」運動，對黨內外敢言的人士大肆討伐與清算，造成多人被捕下獄。另外，他於1958年推出「總路線、大躍進、人民公社」的「三面紅旗」政策，及1966年的文化大革命，均屬於錯誤的政策，對中國各方面造成很大的傷害，很多人也因而餓死或被鬥死，此驗證了「錯誤的政策比貪污更可怕」的至理名言。

在對外決策方面，毛澤東也以個人喜好，往往獨斷專行，隨時改變其外交及安全政策，必要時並能戲劇性地改變政策方向。例如建國之初採取向蘇聯「一邊倒」的政策，與蘇聯簽訂《中蘇友好同盟互助條約》。後

來中國與蘇聯交惡，老大哥變成仇敵，同時反美反蘇。在美國伸出橄欖技後，他又改採「聯美反蘇」的政策，靠向美國，將美國從死敵變成朋友。他也將日本鬼子變成施主，將南韓從帝國主義走狗變成芳鄰。而且他剛愎自用，不顧當時國內經濟狀況，出兵韓戰，犧牲無數生命。[92]

二、半獨裁決策模式

　　毛澤東去世後，鄧小平復出，他雖然也屬於強人，但是卻沒有擁有毛澤東的絕對權威，因此在決策方面無法像毛澤東一樣「說了算」，有時必須徵詢其他元老的意見。而且他也比較理性及務實，傾向與其他資深同僚一同制定政策，任何重大決策需透過協調建立共識，政策制定過程較爲開放。1980年代，鄧小平放手由胡耀邦與趙紫陽處理政務，高層領導僅負責下達政策基本方針，不會像毛澤東一樣，專斷獨行。

　　鄧小平雖然大膽放權，但是一直到晚年仍保留戰略決策的控制權。例如他於1989年不但撤除趙紫陽的總書記職務，並下令軍隊鎮壓在天安門抗議的學生。他於當年11月9日卸去軍委主席職務後，已無正式頭銜，但仍有決策影響力。例如他於1992年1月透過南巡，動員地方領導加入「改革派」陣營，與「左派」進行鬥爭，重新確立「改革開放」路線。筆者將他的決策模式稱之爲「半獨裁決策模式」，此種決策模式也爲後來領導人的「集體決策模式」鋪路。

三、集體決策模式

　　美國學者黎安友及陸伯彬教授表示，鄧小平於1997年2月去世後，江澤民雖然透過各種籠絡的手段逐漸穩固其政權，但是他缺乏毛澤東及鄧小平個人魅力與革命經歷，無法在黨、政、軍等領域擁有絕對權威，且其從

---

[92] 黎安友（Andrew J. Nathan）、陸伯彬（Robert S. Ross）著，何大明譯，《長城與空城計：中國尋求安全的戰略》（台北：麥田出版社，1998年），頁52-55。

政過程未在不同單位與部門間進行歷練，也缺乏軍隊的經歷，技術官僚取向濃，故權力基礎窄化。加以，當時中國官僚與地區利益代表性增強，不同政策領域菁英專業傾向日增，決策過程體現集體領導，講求平衡與制衡。討價還價的決策模式代替強制性暴力鬥爭，成為獲取與分享權力的主要手段。[93]

中國第三代「集體領導」標誌中國革命世代向技術官僚世代轉變，江澤民的繼任者胡錦濤也依循此決策模式。1990年代中期以後，中國的政策決策過程日趨務實、官僚化、利益交換色彩濃、諮詢層面廣、傾向共識決。[94]中國已從毛澤東、鄧小平時代，由「強人治國」向「集體領導」的方向轉變，並終止了中國歷來由一人專權的歷史傳統。[95]除了領導人的更替朝向制度化的方向發展外，在決策過程為保證「集體領導」的原則，避免領導人專權，中共規定所有關於社會經濟的重大決策、大型建設案、重大財務支出及重要人事任命，應在黨委會或常委會以投票表決。而不是隨黨委書記的興致及偏好做決定。此項措施旨在防止黨委書記的權力過分集中。[96]

然而，第五代領導人習近平首先藉由確立「習核心」，鞏固其在黨內的權力；接著藉由修改黨章，將「習近平思想」正式寫入黨章；後來又進行修憲，廢除國家主席任期的限制，有越來越集權之勢。因此許多人認為，中共的決策可能會走回獨裁集權的模式。國立政治大學東亞研究所邱坤玄名譽教授就表示，習近平走向集權有其必然性。當年，鄧小平看到毛澤東因「權力集中」出現個人專斷獨裁的問題，提出「集體領導下的分工負責制」。

---

[93] 同前註，頁52-55。
[94] Elizabeth Economy and Michel Oksenberg, "Introduction: China Joins the World," in Elizabeth Economy and Michel Oksenberg eds., *China Joins the World: Progress and Prospects* (New York: Council on Foreign Relation press, 1999), pp. 27-28.
[95] 李成，《通往中南海之路：中共十八大前高層領導群體》，頁4。
[96] 同前註，頁9。

然而，胡錦濤主政的十年，雖是大陸經濟最興盛的時期，但政商關係密切，「集體領導」變成「沒有領導」；「分工負責」變成「山頭林立」。現在鐘擺擺到了另一端，所以無論誰上台，必然會走回集權。「習核心」確立後，將不再有「集體領導下的分工負責制」，只有習核心的「集權」，政治局常委之間的關係也從平行分工，變成「習核心集權下的分工」。[97]

如前所述，在中共於2020年10月間舉行的中共「二十大」後，「團派」已全被殲滅，無一人進入政治局常委。除習近平外，其他新任的六位常委均為習近平的親信，黨內已無人有能力與膽量挑戰習近平的權威。根據《華爾街日報》分析，習近平進入第三任期，在政敵已遭排除、短時間還看不出是否有接班人的情況下，鞏固了對於全球第二大經濟體的政權統治。習近平也將成為繼毛澤東之後，政治勢力最強大的中國領導人。故中共未來的決策，可能又會回到毛澤東時期的獨裁式領導模式。[98]

第六節　中共的貪腐問題

貪腐問題自古有之，尤其是在專制的國家更是嚴重。此正如英國歷史學家阿克頓爵士（John Dalberg Acton）於1887年4月寫給克雷頓主教（Bishop Mandell Creighton）的信中所言：「權力使人腐化，絕對的權力使人絕對的腐化」（Power tends to corrupt, and absolute power corrupts absolutely）。故採取「一黨專政」的中共，也同樣難逃此魔咒，貪腐問題是其黨內最難以根除的問題，甚至威脅其執政地位，故打貪一直是中共歷來的重要工作。

---

[97] 汪莉絹，〈學者看19大／邱坤玄：確立習核心 重中之重〉，《聯合報》，2017年10月8日，https://udn.com/news/story/7331/2745499（檢索日期：2018年3月3日）。

[98] 世界日報，〈排除政敵 無接班人 習近平獨裁第三任走不遠〉，《Yahoo》，2022年10月24日，https://is.gd/sLKQpY。

　　中國在毛澤東執政時期，由於全國處於共貧社會的狀態，黨內縱使有貪污的情形，也不會非常嚴重。但是自從「改革開放」之後，經濟快速成長，貪腐的情況隨之猖獗，且金額非常龐大。貪官不但導致民眾對共黨產生負面的印象，而且他們將金錢匯往海外，大量資金外流。故中共從「十五大」開始推動反腐倡廉，因涉及腐敗與其他經濟犯罪而受到黨紀處分的黨員眾多。然而由於其制度及結構的問題，一直無法解決此問題，而且越反越貪，涉貪金額節節升高，受賄層級也不降反升，貪污腐敗已成為中共維繫政權穩定的主要難題之一。

　　德國的「國際透明組織」（Transparency International, TI）於2017年1月25日公布的《2016年全球清廉印象指數》（*Corruption Perceptions Index 2016*）顯示，中國在全球176個國家中，與白俄羅斯、巴西、印度並列第79位。中國腐敗情況遍及各領域，根據其司法機關的調查，貪污受賄案大多來自國有企業，造成國有資產大量流失。中共反腐敗鬥爭失敗的根源是體制問題，中共長期「一黨專政」，權力高度集中，缺乏民主國家的透明監督機制，絕對的權力導致絕對的腐化，權錢一體成為中共貪污腐敗的根源。[99]

　　中央警察大學董立文教授表示，中國在處理腐敗案件時，常以「大事化小、以黨代國」的方式處理。而且中國官場向有「官官相護」的習性，多數犯案幹部僅受到黨紀處分，只有少數人被移送司法機關判刑，故對貪官污吏無法產生威懾作用。無論中國如何發展市場經濟，還有一半是中央計畫經濟，這就為官員提供貪污的機會。而且中國現有制度中還存在著合法腐敗，高幹子女可以透過合法管道進入經濟體系，形成家族利益集團，整頓不易。此外，黨幹部擔任國企主管，往往易形成合法貪污。[100]

　　《人民日報》國內政治部黨建組組長崔士鑫對共黨貪腐問題剖析稱，

---

[99] 董立文，〈中國貪腐嚴重已影響執政能力〉，《中華民國行政院大陸委員會》，2005年，https://ppt.cc/f7CuEx（檢索日期：2017年3月16日）。
[100] 同前註。

黨內的貪腐問題與黨委無外來的監督，形成「權大於法」的現象有關。黨委敢於挑戰法律的事件一再上演，因此容易產生貪腐的問題。歷年來各類官員貪腐案顯示，大部分都與黨委有關。雖然根據中共黨章規定，黨委及書記受黨代會及紀委書記監督，但是實際上並無法發揮有效監督的功用，讓號稱「一把手」的黨委書記很容易變成「一霸手」。而且黨委書記常受到上級黨委的提拔，因此上級紀委很難對下級黨委實施監督。這也是為何大案很少由本地監督部門揭發，「中紀委」反而成為查處地方貪腐案的主力軍。[101]

習近平上台後，也與前任一樣，大力致力於「打貪」工作。他所提出的「四個全面」的戰略布局中，就宣示要「全面從嚴治黨」。但是，旅居美國的紅二代羅宇[102]就表示：「有幾個人是真心擁護反貪呢，因為全黨都貪，反貪就是反黨了；在官員的隊伍中，有幾個不貪呢？貪官會擁護反貪嗎？」[103]故大部分的學者專家都唱衰中國的反腐任務，甚至認為打貪只是內部的一種權力鬥爭，缺乏透明與監督的一黨制根本不可能解決腐敗問題。但是也有人持不同的意見，例如復旦大學中國研究院研究員宋魯鄭就辯稱，中國周邊國家如俄國、蒙古、印度、菲律賓、印尼、泰國、烏克蘭等國的腐敗程度均超過中國，但只有中國發起大規模的反腐敗行動。[104]

宋魯鄭進一步分析稱，由「國際透明組織」的排名可發現，在富裕國家（地區）中，其規模越小，清廉度越高。例如前15名中，超過千萬人口的只有德國與加拿大，此現象說明「規模越大的國家，治理腐敗的成本與

---

101 崔士鑫，〈黨委書記權力究竟有多大？〉，《人民網》，2007年1月23日，http://politics.people.com.cn/BIG5/30178/5316277.html（檢索日期：2017年4月11日）。

102 為前中共中央軍委秘書長、解放軍總參謀長羅瑞卿大將之子。羅宇官至解放軍大校，曾任解放軍總參謀部裝備部空軍裝備處處長。後因反對「六四」屠殺，而離開中國。他於2015年9月出版《告別總參謀部》一書，內容為他對中共一些領導人的評價。

103 〈兩會報告強調習核心　羅宇：集權後方向最關鍵〉，《大紀元》，2017年3月7日，http://www.epochtimes.com/b5/17/3/6/n8881547.htm（檢索日期：2017年3月16日）。

104 宋魯鄭，〈點評中國：中共反腐敗能夠成功嗎？〉，《BBC中文網》，2016年4月25日，http://www.bbc.com/zhongwen/trad/focus_on_china/2016/04/160425_cr_ccp_anti-corruption（檢索日期：2017年3月16日）。

難度越高」的規律。故中國出現大量的腐敗現象，並不令人意外。而且在人口超過上億人口的發展中國家，中國的排名是最廉潔的國家之一，僅次於巴西，由此也可看出中國反腐敗工作是有效。

宋魯鄭的論證看似有道理，但是中國的腐敗原因更爲複雜，治理難度更高。雖然中共對反腐信心滿滿，有信心打贏反腐戰，例如曾主導反腐的王歧山甚至發出「不信邪」的豪語，而且周永康、徐才厚、令計劃等大老虎紛紛中箭下台，打破過去「刑不上常委」的潛規則。但是由過去中共的反腐歷史觀之，在不改變其「一黨專政」的制度之前，以及沒有完善的監督制度之下，反腐任務常難以盡全功，因爲中國有一句俗話說：「有錢能使鬼推磨」。

根據美國華裔學者裴敏欣在其著作《中國的權貴資本主義：政權衰敗的動態》（China's Crony Capitalism: The Dynamics of Regime Decay）就指出，習近平的打貪行動注定失敗，腐敗必然導致中共衰落。[105]例如，雖然習近平大力地反貪倡廉，但是中國的貪腐現象似乎沒有多大起色。根據「國際透明組織」的《2017年全球清廉印象指數》顯示，在全球180個納入評比的國家與地區中，中國排名第77名，2018年爲第87名，2019年爲第80名，2020年爲第78名，2021年爲第66名，2022年爲第65名，2023年爲第79名。[106]連續觀察幾年，中國的清廉名次沒有大幅的提升，顯然習近平的反貪運動並未獲得太大的威懾效果。貪腐問題可能是中共政權的「死穴」，將影響其政權的存亡。

習近平於2024年1月8日召開的中共二十屆中紀委第三次全會指出，經過新時代十年堅持不懈的強力反腐，反腐敗鬥爭取得壓倒性勝利並全面鞏

---

[105] 斯洋，〈華裔學者出書揭示「中國式」腐敗〉，《美國之音》，2016年10月29日，http://www.voachinese.com/a/china-crony-capitalism-20161028/3570637.html（檢索日期：2017年3月16日）。

[106] 〈2022年全球年度廉潔指數排名出爐，中國排名第65位〉，《企業反舞弊聯盟》，2023年2月2日，https://www.fanwubi.org/Item/203000.aspx。

固，但情況依然嚴峻複雜。他在會上強調，堅決打贏反腐敗鬥爭攻堅戰持久戰，維持懲罰貪腐高壓態勢，把嚴懲政商勾連的腐敗作爲重中之重。他並點名要深化整治金融、國企、能源、醫藥和基建工程等權力集中、資金密集、資源富集領域的腐敗，清理風險隱憂。持續推動反腐敗立法，與時俱進修改監察法。要破潛規則，立明規矩，堅決防止搞「小圈子」、「拜碼頭」、「搭天線」，有力打擊各種政治騙子，督促領導幹部從嚴管好親屬、子女。[107]

雖然習近平從2012年11月上任，即開始採取各種手段強力打擊貪腐，但是此問題迄今仍未能完全根除，而且還普遍存在於政府、經濟、軍隊、國企等各個部門。由此可知，貪腐問題是中共最大的頑疾，非常難以根除，可說是一種「具有中國特色的國病」。

---

[107]陳政錄，〈本習近平中紀委會議談話 點名整治基建等五領域腐敗〉，《經濟日報》，2024年1月8日，https://money.udn.com/money/story/5603/7694322。

第四章 中國的政治發展

　　上一章討論有關中共的組織議題之後，接著本章要探討中國的政府機構與政治的發展情形。

第一節　中國的重要政治機構

　　由於中國的中央及地方政府機構繁多，無法將所有的機構納入，故本章節僅以重要的中央機構為主（圖4-1）。

一、全國人民代表大會

　　簡稱「全國人大」，[1]於1954年召開首屆大會，現人數約3,000人，每年3月間與「政協」同時召開大會（簡稱「兩會」），會期約兩週，平時由其常委會代行職權。根據中國憲法第57條規定：「中華人民共和國全國人民代表大會是最高國家權力機關」。其職權類似民主國家的國會，主要任務為：修改憲法、監督憲法的實施、立法權、任免權（包括國家主席、全國人大常委會委員長、國家軍委主席、國務院總理等國家領導人）、重大事項決定權、監督權。除了「全國人大」外，在省、縣、鄉各級政府都設有人民代表大會。

　　毛澤東曾說：「只有基於真正廣大群眾的意志建立起來的人民代表會議，才是真正的人民代表會議」，「全國人大」作為中國憲法中「最

---

[1] 中國的頂級會議有「中央」和「全國」兩種規格之分，「中央」通常強調的是黨的機構，「全國」則是政府機構。李春，〈「全國金融工作會議」的弦外之音〉，《聯合報》，2017年7月17日，版8。

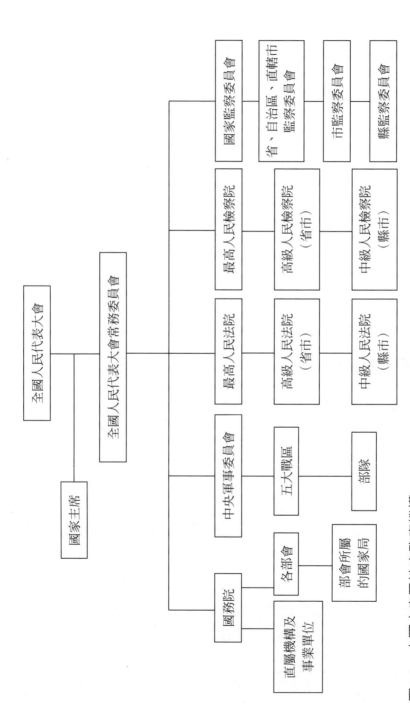

圖4-1　中國中央及地方政府機構

高國家權力機關」，一直被視爲中共踐行馬克思主義代議制理論的「實踐場」。[2]該機構由省、自治區、直轄市、特別行政區與軍隊選出的代表組成，各少數民族都有一定名額的代表。「全國人大」代表有70%左右爲各級官員及中共的各級領導，其中軍隊的代表中有將軍級的軍官占60%以上，地方爲各省及自治區一級領導，各省、自治區、直轄市的代表團團長通常爲該省（區、市）人大常委會主任、人民政府省長（主席、市長）及中共在該省（自治區、直轄市）的委員會書記。[3]

　　雖然中國憲法規定「全國人大」是國家最高的權力機關，但是由於中共「一黨專政」，最終決定權掌握在中共政治局常委會的手中，少數幾個人就可對有關全國性的重大政策做出決定。例如修憲、國民經濟、社會發展計畫、政府重要官員任免，都是由中共中組部與中紀委決定，然後向「全國人大」推薦，故該機構並不擁有眞正的選舉權，無法發揮類似西方國家的國會功能。中共藉由「全國人大」的法定程序，讓所提的重大議案具有合法性，轉變成國家的意志。各級「人大」實際上只是中共的橡皮圖章（rubber stamp），幫中共的決定背書而已。[4]中共中央對於「人大」，頗有古代「垂簾聽政」的意味。「全國人大」有「四手代表」的謔稱，最能體現該機構的眞實功能，即「走訪選民握握手，聽聽報告拍拍手，選舉代表舉舉手，大會閉幕揮揮手」。[5]

　　雖然「人大」代表並無眞正的實權，但是該頭銜已成爲一種稀有的政治資源。尤其是傾心政治的人，企圖透過賄選，以獲得「人大」代表的資

2　香港01記者，〈人大五大弊端空前突顯 誰能改革破局？〉，《BBC中文網》，2017年3月5日，https://ppt.cc/fzR6ux（檢索日期：2017年4月30日）。

3　〈七成代表是官員「聽聽報告拍拍手」 人大投票 出現「否決」〉，《星島日報》，2014年3月2日，http://news.singtao.ca/toronto/2014-03-02/china1393746332d4941285.html（檢索日期：2017年4月30日）。

4　香港01記者，〈人大五大弊端空前突顯 誰能改革破局？〉。

5　〈七成代表是官員「聽聽報告拍拍手」 人大投票 出現「否決」〉，《星島日報》。

格。例如2016年，遼寧省曾發生「人大賄選案」。[6]儘管「人大」的選舉法規定各行業、階層的代表比例，但是很多企業家以「農民」、「專業技術人員」、「知識分子」等名義取得代表資格。讓真正來自基層、符合條件的代表無法獲得提名。因此，「政商結合」、「不能代表人民」成為外界對「人大」的觀感，致使中國朝野要求該機構改革的呼聲越來越高。[7]

　　另外，習近平為了加強對人大的控制，竟然於2021年10月13日至14日召開中央人大工作會議，習近平出席會議並發表重要講話，提出新時代加強與改進人大工作的指導思想、重大原則以及主要工作。這是中共與人大的歷史上的創舉，亦即中共直接將手伸入了人大。由執政黨直接公開指示國會的工作目標與重點，這在民主國家是難以想像的事。而且，人大委員長趙樂際於2023年3月14日舉行的第十四屆全國人大常委會第一次委員長會議時表示，要確保黨的理論、路線、方針政策與黨中央決策在人大工作中，得到全面貫徹與有效執行。顯見習近平欲更加牢牢地抓住人大，以貫徹其意志及政策。

二、人民政治協商會議

　　簡稱「政協」，是由中共領導的「多黨合作制」與「中國共產黨政治協商」的機構，每年3月與「全國人大」同時召開大會（簡稱「兩會」）。「政協」除中共外，還包括被統稱為「八大民主黨派」的其他八個政黨，分別為：（一）中國國民黨革命委員會（民革）；（二）中國民主同盟（民盟）；（三）中國民主建國會；（四）中國民主促進會；（五）中國農工民主黨；（六）中國致公黨；（七）九三學社；（八）台

6　2016年9月13日，第十二屆「全國人大」常委會表決，遼寧省45名「全國人大」代表因賄選而被宣布當選無效；另有523名涉案的省級人大代表也因為賄選，已辭職或被罷免。〈遼寧賄選案：45名涉案全國人大代表當選無效 張德江斥觸碰執政底線〉，《端傳媒》，2016年9月14日，https://theinitium.com/article/20160914-dailynews-liaoning-bribery/（檢索日期：2017年4月30日）。
7　香港01記者，〈人大五大弊端空前突顯 誰能改革破局？〉。

灣民主自治同盟。這些政黨雖名爲監督中共，但是在功能上則被視爲「花瓶黨」，毫無用處。

　　「政協」設有全國委員會與地方委員會，其中全國委員會常設機構爲「全國政協常委會」。政協委員可說是具「中國特色」的特殊政治制度，其成員不是由人民選出來，而是由是由各黨派推薦或邀請。另外，還包括無黨派人士、人民團體、少數民族、各界代表、香港、澳門、台灣（如台籍政協委員凌友詩）與歸國僑胞代表及特別邀請的人士，成員非常多元複雜。在中共「一黨專政」下，「政協」是一個有名分無實權的政治花瓶，而且被認爲是中共的統戰工具。

　　受邀出任「政協」委員者大多是中國社會各界的知名人士或退居二線的官員，例如演員成龍、周星馳及鞏俐。政協委員的初始名單，是由「政協」組成的各界先提名推薦，然後經中共統戰部綜合評估選定，形成建議名單，再由上一屆的「政協」常務委員會同意通過。以「政協」委員由統戰部選定的機制可知，該機構就是中共的統戰工具。其委員雖然只能議政，沒有實權，在中國的政治體系中地位不高，但是在中國社會，「政協」委員是一種身分地位的象徵。[8]時事評論員林和立表示，「政協」委員雖無薪資，但實際卻可帶來不少無形利益。對於商人而言有「政協」與「人大」的身分，向中國銀行融資更爲容易，因此不少人願以數千萬元換取該等身分。[9]

三、國家主席

　　爲中國政權的最高領導人，於1954年由「全國人大」通過的首部憲法設立該職位，並選出毛澤東爲首任國家主席，擁有統帥全國武裝力量、召

8　汪莉娟，〈曲終人散　會議未見「大鳴大放」〉，2017年3月14日，https://udn.com/news/story/9531/2340334（檢索日期：2017年3月21日）。
9　謝明明，〈政協地位高　享無形利益〉，2016年1月29日，http://hk.apple.nextmedia.com/news/art/20160129/19471379（檢索日期：2017年4月30日）。

開「最高國務會議」及向「全國人大」提案權，為具有實權的元首。毛澤東於1956年展開的「大躍進」運動失敗後，於1959年辭去國家主席，由劉少奇擔任，該職位職權立即萎縮，不再擁有軍權。毛澤東為了奪回政權，於1966年展開「文革」，劉少奇遭紅衛兵批鬥，從此國家主席名存實亡。直到1982年通過的憲法，才恢復國家主席職位，但是已經不再擁有實權，而是屬於虛位的元首職位。[10]

中國領導人通常身兼多職，同時兼任「中國共產黨中央委員會總書記」（簡稱總書記）、「中國共產黨中央軍事委員會主席」（簡稱中共中央軍委主席）、「中華人民共和國主席」（簡稱國家主席）及「中華人民共和國中央軍事委員會主席」（國家軍委主席）等四個職務。中國由於採取中共「一黨專治」及「以黨領政」的政治制度，形成「黨大於政」的現象，也因此前兩個職位（中共總書記及中共中央軍委主席），比後兩者（國家主席及國家中央軍委主席）更為重要。

原本根據中國憲法規定，國家主席及副主席任期為五年，可連選連任乙次，最長任期為十年。但是中共中央委員於2018年2月提議修改憲法，針對第79條第3款「中華人民共和國主席、副主席每屆任期同全國人民代表大會每屆任期相同，連續任職不得超過兩屆」，刪除「連續任職不得超過兩屆」之表述。此修憲提議於3月11日的第十三屆全國人大一次會議獲得通過，正式取消國家主席連任限制，為習近平於2023年後的連任，掃除障礙。根據《路透社》分析，由於中共總書記、中共中央軍委主席等職無任期限制，隨著習近平在黨內地位越趨穩固，修憲是為他「無限期」掌權創造舞台。[11]

對於中國廢除國家主席任期，各界大多都抱持負面的態度，如今鮮少人相信中國會走向西方民主和法治。習近平於2022年10月間舉行的中共

---

[10] 趙建民，〈中共政治體制〉，張五岳主編，《中國大陸研究》，第1版，頁132-133。

[11] 孫宇青，〈「習皇」夢成真？中國國家主席擬無任期限制〉，《自由時報》，2018年2月26日，http://news.ltn.com.tw/news/focus/paper/1179256（檢索日期：2018年3月3日）。

「二十大」時，成功繼任其第三任的總書記後，他再於2023年3月10日舉行的第十四屆人大第一次會議中，以「全票通過」第三度連任中國國家主席，打破江澤民與胡錦濤兩人所立下，國家主席兩任「定期更替」的制度。

四、國務院

於1954年由「全國人大」通過的首部憲法所設立，另外，根據1982年通過的新憲法規定：「國務院，即中央人民政府，權力機關的執行機關，是最高國家行政機關。」性質類似我國的行政院，其首長為總理，任期五年，不得逾兩屆。該機構的組織非常龐大，除總理外，設有多位副總理及國務委員（相當於我國的政務委員，地位高於部長）、各部部長、各委員會主任、審計長、秘書長等。國務院下設有辦公廳，由秘書長領導負責該院的日常工作。國務院與最高人民法院、最高人民檢察院及軍事委員會，屬於同級單位，並直屬於「全國人大」。

依據中國憲法規定，總理、副總理、國務委員、各部部長、各委員會主任、審計長、秘書長等職位必須由「全國人大」同意，並對所提名的官員有罷免權。總理領導國務院的工作，並代表該院向「全國人大」及其常委會負責。國務院編制的國民經濟與社會發展計畫、國家預算及執行情況，必須經「全國人大」審批。在「全國人大」閉會期間，國民經濟與社會發展計畫及國家預算執行過程中若須做調整時，須由其常委會審批。而且「全國人大」及其常委有權對國務院各級官員提出質詢，以及撤銷該院制定與憲法及法律相牴觸的行政法規、決定與命令。[12]

國務院雖然是中國政府的最高國家行政機關，但其實是聽命中共中央的指示行事。尤其在李克強擔任總理期間，其權力幾乎被習近平架空，

---

[12] 楊光斌，《中國大陸政府與政治》（北京：中國人民大學出版社，2003年），頁287。

故被認爲是改革開放以來最弱勢的總理。習上任十年以來，以往的「集體領導」變成「集權」，外界早已不說「習李體制」，而稱「習核心」。習近平透過中央財經領導小組與中央全面深化改革委員會（深改委）兩個小組，將傳統上被認爲是總理的經濟大權奪去，使國務院僅是一個聽令辦事機構。[13]現在由李強擔任總理，但是各界都認爲，他僅是習近平的魁儡而已，總理與國務院的作用已經大幅被削弱了。

五、國家監察委員會

中國官員的貪污情形非常嚴重，習近平爲了擴大打擊嚴重的貪腐問題，成立反腐的最重要機構「國家監察委員會」。中共於2016年10月召開「十八屆六中全會」後，中共中央辦公廳於11月印發《關於在北京市、山西省、浙江省開展國家監察體制改革試點方案》，同年12月25日，第十二屆全國人民代表大會常務委員會第二十五次會議通過《關於在北京市、山西省、浙江省開展國家監察體制改革試點工作的決定》。2017年10月中共十九大召開，報告指出：「深化監察體制改革，將試點工作在全國推開，組建國家、省、市、縣監察委員會，同黨的紀律檢查機關合署辦公，實現對所有行使公權力的公職人員監察全覆蓋。制定國家監察法，依法賦予監察委員會職責許可權和調查手段，用留置取代兩規措施。」這是第一次公開針對兩規措施改革的政治宣示，關係到國家監察體制改革的整體成效，以及達成依法治國、建設社會主義法治國家的戰略方針和戰略目標。[14]

2018年3月11日，中共第十三屆全國人大一次會議第三次全體會議通過憲法修正案，在憲法第三章「國家機構」中增第七節「監察委員會」。產生一個獨立於國務院、人民法院和人民檢察院之外的全新的國家機構。

---

13 〈實權早被習近平1招架空！李克強黯然裸退 中共政要正式全換「習家軍」〉，《三立新聞網》，2023年3月5日，https://www.setn.com/News.aspx?NewsID=1260516。
14 陳銘聰，〈中共監察體制改革中留置措施法律問題之研究〉，《軍法專刊》，第64卷第2期，2018年4月，頁160。

有學者認爲，國家監察體制改革對於中國政府體制的影響，已經遠遠超過1988年以來的六次國務院機構改革的總和，[15]成爲《八二憲法》實施以來國家機構層面最大幅度的改革。[16]由此可知，國家監察委員會已經突破現有的憲法框架，原來的全國人民代表大會及其常委會下「一府兩院」的舊格局將演變爲「一府一委兩院」的新格局[17]。

根據圖4-2所示，人大（全國人民代表大會）行使立法權，一府（國務院）行使行政權，一委（監察委員會）行使監察權，人民法院行使審判權，人民檢察院行使檢察權，如此形成立法權、行政權、監察權、審判權及檢察權等「五權」並立的格局。國務院的基本成員是各級官員，監察委員會的基本成員則是監察官，人民法院的基本成員是法官，人民檢察院基本成員是檢察官。當然，五權之間不是平行關係，因爲在人民代表大會

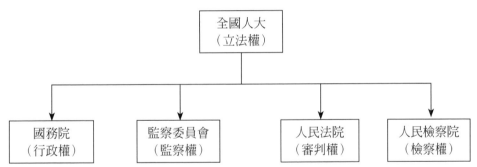

圖4-2　中國中央政府機構

資料來源：陳銘聰，〈中國大陸國家監察體制改革研究——監察委員會的設立和監察專員制度的實行〉，《澳門法學》，第3期（總第38期），2018年12月，頁199。

[15] 沈巋，〈論憲制改革試驗的授權主體——以監察體制改革試點爲分析樣本〉，《當代法學》，第4期，2017年，頁3-15。
[16] 王旭，〈國家監察機構設置的憲法學思考〉，《中國政法大學學報》，第5期，2017年，頁132-143。
[17] 江國華，〈國家監察體制改革的邏輯和取向〉，《學術論壇》，第3期，2017年，頁41-49。

制度的憲法框架下[18]，立法權體現「人民主權原則」[19]，相對於其他「四權」，具有超越其上的統領地位。[20]

　　該委員會整合主要的反腐機構，包括國務院監察部及國家預防腐敗局、最高人民檢察院反貪污賄賂局及反瀆職侵權局等。在中共的黨國體制中，黨組織高於政府組織，黨紀也高於國法。因此，對付黨內的貪腐行為及政治問題，中共先動用中紀委以黨紀查處，形同「動用家法」，再移交司法單位偵辦審理，也就是「國法」。這種「先家法、後國法」的體制，中共建政以來已行之有年。但針對非黨員的公務員及公營企業人員貪腐行為，黨紀就不便處理。國家及各地方政府設置國監委入憲後，可讓黨內「家法」的執行合理化為「國法」[21]。國監委的成立，既是對反腐成效的鞏固與持續，也是習近平對政治權力的部署。[22]

　　根據《人民網》的報導，設立監委的主要原因就是將所有公權力關進制度的籠子，向公權力監督「模糊地帶」亮劍。其重要目的如下：[23]

（一）實現六類對象監察全覆蓋。2018年3月20日公布的《中華人民共和國監察法》第三章第15條規定了六類對象被納入監察範圍，除了原來的中共黨員必須受到監察外，另外還包括：「法律、法規授權或者受國家機關依法委託管理公共事務的組織中從事公務的人員」、

---

[18] 《中國大陸憲法》第3條：「中華人民共和國的國家機構實行民主集中制的原則。全國人民代表大會和地方各級人民代表大會都由民主選舉產生，對人民負責，受人民監督。國家行政機關、監察機關、審判機關、檢察機關都由人民代表大會產生，對它負責，受它監督。」

[19] 《中國大陸憲法》第2條：「中華人民共和國的一切權力屬於人民。人民行使國家權力的機關是全國人民代表大會和地方各級人民代表大會。人民依照法律規定，通過各種途徑和形式，管理國家事務，管理經濟和文化事業，管理社會事務。」

[20] 陳銘聰，〈從法治國精神評析中國大陸反腐機制的職權和行使：以中國大陸新修憲設置之監察委員會為視角〉，《軍法專刊》，第64卷第5期，2018年10月，頁116。

[21] 邱國強，〈中國國家和地方監察委一次看懂〉，《中央社》，2018年1月28日，http://www.cna.com.tw/news/acn/201801280188-l.aspx（檢索日期：2018年3月13日）。

[22] 社論，〈習近平修憲爭議，也映照民主失能難堪〉，《聯合報》，2018年3月13日，A2。

[23] 姚茜、楊亞瀾，〈為什麼有了紀委，還要設立監委？〉，《人民網》，2019年11月12日，http://politics.people.com.cn/BIG5/n1/2019/1112/c429373-31450715.html。

「國有企業管理人員」、「公辦的教育、科研、文化、醫療衛生、體育等單位中從事管理的人員」、「基層群眾性自治組織中從事管理的人員」，以及「其他依法履行公職的人員」。

（二）實現派駐機構全覆蓋。2018年6月，中央紀委國家監委統一設立派駐機構，在中央一級黨和國家機關設立派駐紀檢監察組。從實現派駐機構全覆蓋到強化監督與執紀（執行紀律檢查）部門和派駐機構的協作配合，監督作用得到有效發揮，「監督就在身邊，紀律就在眼前」成爲廣大黨員幹部的普遍感受。

（三）監督檢查和審查調查部門實現「前後台」分設。2019年1月，中央紀委國家監委紀檢監察室由原來的12個擴充至16個，包括11個監督檢查室和五個審查調查室。監督檢查部門負責日常監督，審查調查部門負責立案審查。近距離、常態化、全天候的監督得以強化，監督效能不斷提升。

（四）積極探索將監察職能向鄉鎮、村居延伸。爲解決「最後一公里」的公權力監督難題，各地紀檢監察機關通過在鄉鎮設立監察辦公室和監察專員、暢通群眾舉報渠道等措施，懲治「蠅貪」，解決人民最關心最直接最現實的利益問題。

非黨員基層幹部不能再置身法外，爲所欲爲。對教科文衛體單位眞刀眞槍，不留情面。臨時工、編外人員不再是躲避監督的擋箭牌。這場被稱爲「事關全局的重大政治體制改革」，通過一系列有力舉措推動監督之網越織越密，紀律監督、監察監督、派駐監督、巡視監督「四個全覆蓋」的權力監督格局正逐步形成。

六、國務院台灣事務辦公室

簡稱「國台辦」，主管者爲主任，爲中國政府的對台工作機構，與台灣的「陸委會」相對應。其主要任務包括：（一）研究、擬訂對台工作方針政策；貫徹中共中央、國務院的對台政策；（二）組織、指導、管理、

協調國務院各部門與各省、自治區、直轄市的對台工作；檢查各地區、各部門貫徹執行黨中央、國務院對台方針政策情況；（三）研究台灣形勢與兩岸關係發展動向；協調有關部門研究、草擬涉台的法律、法規，統籌協調涉台法律事務；（四）按照國務院的授權，負責與台灣及其授權社會團體談判及簽署協定的準備工作；（五）管理兩岸三通事務；負責對台宣傳、教育與有關台灣的新聞發布；處理涉台重大事件；（六）會同有關部門統籌協調與指導對台經貿工作和兩岸金融、文化、學術、體育、科技等各領域的交流，及兩岸人員往來、考察、研討等工作。[24]

　　該機構與中共的「中台辦」爲「一套人馬、兩塊招牌」，在不同的情況使用不同的名稱，如對在中國投資的台商稱「國台辦」，對台灣的黨派則使用「中台辦」名義。由於中國屬於「以黨領政」的政體，因此眞正的對台決策權其實是掌握在「中台辦」，而非「國台辦」。另外，由我國官方委託與中國進行交流的民間團體「財團法人海峽交流基金會」（簡稱「海基會」），其中國的對口單位「海峽兩岸關係協會」（簡稱「海協會」），[25]爲「國台辦」的下級單位（見圖4-3）。

圖4-3　兩岸主要的交流機制
資料來源：作者自繪。

　　原任國台辦主任劉結一於2022年12月28日卸任，並由曾任中共中央對

---

[24] 〈主要職責〉，《中共中央台辦、國務院台辦》，2011年1月9日，http://www.gwytb.gov.cn/gtb/201101/t20110109_1685185.htm（檢索日期：2017年4月19日）。
[25] 「海協會」於1991年12月成立，首任董事長爲汪道涵。

外聯絡部部長的宋濤接任（兼中共中央台辦主任）。對於這項人事安排，淡江大學中國大陸研究所副教授張五岳指出，由「副國級」的宋濤出任「正部級」的國台辦主任，顯示中共對台灣議題的重視程度上升，在很多涉台事務的整合上會比較有利，因爲許多事情是分散在各部門。但張五岳強調，在涉台這個系統上最重要者仍是習近平、王滬寧與王毅三人。[26]

第二節　中國的政治運作

　　由於之前已提到許多有關中國的政治情形，故本節僅概略探討中國的政治運作情形。

一、一黨專政

　　世界上國家的政治制度可概分爲總統制、內閣制、雙首長制三大類，不論是哪一類制度，其執政黨都是由人民從不同的政黨中選舉產生。當政黨未獲得執政權力時，只能以在野黨的身分對執政黨進行監督及批評。民主國家大多採取法國學者孟德斯鳩（Montesquieu）的「三權分立」制度，此制度乃基於「權力分立、互相制衡」的原則，行政、立法及司法權分立，並相互制衡。執政黨主要是職掌國家的行政權，只有在贏得國會多數席次時，才有能力主導立法權。而司法權則屬於獨立的部門，執政黨是無法對其進行干涉。

　　現今的中國並非採取上述任何一種政治制度，而是由中共所領導的「一黨專政」體制。由於中華人民共和國是由中共所打出來的天下，故中共認爲政府所有的權力，都必須由中共掌控，這是一種「家天下」的古代封建思想，而且中共不斷強調此概念。例如鄧小平於1979年3月30日召開

---

[26] 吳柏緯，〈宋濤接國台辦主任 學者：對台事務重視程度提升〉，《中央社》，2022年12月30日，https://www.cna.com.tw/news/acn/202212300180.aspx。

黨的「理論工作務虛會」[27]上就稱：「我們要在中國實現四個現代化，必須在思想上堅持四項基本原則。這四項是：第一，必須堅持社會主義道路；第二，必須堅持無產階級專政；第三，必須堅持共產黨的領導；第四，必須堅持馬列主義、毛澤東思想。」

　　之後中共歷屆領導人如江澤民與胡錦濤，均未忘記強調中共領導中國的重要性。而現任中共總書記習近平更是如此，他於2012年11月17日剛剛當選總書記後，在主持第十八屆中央政治局第一次集體學習時，就對堅持黨的領導提出明確要求，強調「黨政軍民學，東西南北中，黨是領導一切的」。他並稱：「堅持和完善黨的領導，是黨和國家的根本所在、命脈所在，是全國各族人民的利益所在、幸福所在」，以及「黨的領導必須是全面的、系統的、整體的，必須體現到經濟建設、政治建設、文化建設、社會建設、生態文明建設和國防軍隊、祖國統一、外交工作、黨的建設等各方面」。

二、以黨領政

　　在「一黨專政」體制之下，中國的政治採取「以黨領政」的運作方式，形成了「黨國體制」。根據中共黨史學者辛子陵表示，中國的「黨國體制」有四個特點：

（一）**共產黨位居憲法之上**。在法理上，黨不能高於政府，但是在中國，中共則位居政府之上。黨章高於憲法，黨主席高於國家主席。毛澤

---

[27] 爲中國特有的一種會議，指各級政黨、政府機關、軍隊、企事業單位等的決策高層，就組織機構整體戰略或某項工作，從政治、思想、政策、理論等方面進行討論，達成共識，創造理論、制定路線、提出綱領、確立原則的會議。該會常在財政年度工作的初期（如五年計畫）召開，討論制定計畫及希望達到的目標，作爲準則與大綱。於年底或工作結束時，再根據當初制定的計畫及目標，召開「務實會」予以分析總結。由於「務虛會」不是以某一項事物爲物件，捨棄特殊性，以普遍性爲主，故被稱爲「務虛」。1979年初，中共中央召開的「理論工作務虛會」是最有名的「務虛會」之一，「四項基本原則」就是鄧小平在該次會議上提出的理論。〈務虛會〉，《維基百科》，2014年2月15日，http://www.gwytb.gov.cn/gtb/201101/t20110109_1685185.htm（檢索日期：2017年5月23日）。

東曾表示：「憲法制定是制定了，執行不執行，執行到什麼程度，還要以黨的指示爲準。只有傻瓜和反黨分子才會脫離黨的領導，執行憲法。」

（二）**軍權不在政府**。1949年中華人民共和國成立時，設立中央人民政府人民革命軍事委員會。但是於1954年8月28日，中共中央政治局決議重建黨的軍事委員會，由毛澤東擔任主席。將軍權從政權體系中剝離出來，軍隊的統帥權與指揮權集中在毛澤東一個人手裏。宣稱這是「黨指揮槍」，將毛澤東篡奪軍權的行爲合法化。

（三）**政權二元化**。「一個政權、兩套班子、兩個衙門」，二元化政權不是兩個平行的權力機構，而是一個強本弱枝的權力結構。一級權力在黨委，包括中共中央、省級（省級市）、市級、縣級、鄉級等黨委；二級權力在政府，包括國務院、省（省級市）政府、市政府、縣政府、鄉政府。政府表面上是人民代表大會選舉產生，實際上是黨委的派生機構，黨委是強本，政府是弱枝。決策機構是黨委系統，政府系統是執行機關。各級「人大」是民主裝飾，黨的決議通過「人大」變成議會的決議，「人大」無權否決與修改黨的決議。

（四）**民權虛化**。中國1982年憲法第35條載明：「中華人民共和國公民有言論、出版、集會、結社、遊行、示威的自由。」但是此條文被黨政機關制定的執行細則所否定。[28]

　　另外，我國學者陳如音也提出中國與西方的黨政關係相互比較：

（一）**政治權力結構的橫向關係**：中共掌握了立法、行政、司法、軍隊等全部國家權力，並通過各種政治網絡，對各類、各級公有企業、事業單位進行全面的指導與監督。而西方國家的執政黨只掌握國家的

---

28 辛子陵，〈中國的黨國體制有哪四個特點？〉，《世界民意網》，2012年7月20日，http://www.wpoforum.com/viewarticle.php?cid=2&aid=53270（檢索日期：2017年5月23日）。

行政權或一部分立法權，對司法、軍隊與立法的影響，只能通過政府的渠道，而非執政黨本身來實現。

（二）**政治權力結構的縱向關係**：中共掌握了從中央到地方的全部國家權力，爲自上而下的「一條鞭式」治理方式。而在西方的政治體制下，執政黨只掌握中央或聯邦的行政權，組織中央或聯邦政府；至於地方政府由誰執政，則取決於各地方選舉的結果，國家的執政者不一定是地方政府權力的執掌者。

（三）**掌握國家權力的方式**：中共可在國家生活的各方面進行直接領導，包括政治、組織與思想的領導。而在西方，執政黨對國家生活的各方面領導，是以各種間接的方式進行，例如通過在議會的多數議員影響立法，或者透過其在政府中的黨員來影響決策。

（四）**執政黨地位的合法性**：中共的執政黨地位植基於革命時的光環與歷史性的權威，故中共堅信，維護無產階級是自己的歷史使命。因此它堅持自己對國家的領導權，而不允許資產階級政黨來分享政權。西方國家的政黨則多按照民主原則，特別是政黨理論中的「合法反對原則」，[29]並強調執政黨地位的競爭性，試圖以多黨競爭的形式來贏取政權。[30]

第三節　中國的政治改革

由於中國國內外情勢不斷的變化，迫使中共不得不對政治進行改革，以適應新的環境，謀求繼續生存。中國政治乃是「以黨領政」，故其政治

---

[29] 在政黨政治制度開始形成之初，英美等國黨派之間視持不同意見者爲非法政黨，直到1830至1840年代，根據政治發展及共同利益的需求，彼此認同「合法反對原則」，從此得到執政黨與在野黨共同維護，成爲民主政治的重要組成部分，爲多黨競爭輪替制度的遊戲規則提供依據。蘭世寶，〈評析西方政黨之間的「潛規則」：合法反對原則〉，《哈爾濱學院學報》，第31卷第1期，2010年1月，頁38。

[30] 陳如音，〈中共的黨國體制——論黨對政治運作的領導〉，《展望與探索》，第1卷第4期，2003年4月，頁32。

改革（簡稱政改）都是由中共所主導。然而，中共政改迄今，僅對個別的行政體制進行表層改革，而未對整個政治體制進行深層改革。雖然中共官媒《中國共產黨新聞》稱，「改革開放」是全面性的改革，不僅經濟、政治，還包括科技、教育等各行各業。[31]但是其實在政治方面卻是中共最不敢開放及改革的領域，故迄今仍無重大的改革成效，因為此涉及中共的統治權威，讓中共對於政改裹足不前，甚至加強其控制力道。以下探討從鄧小平開始，每位領導人在政改領域的相關作為（見表4-1）。

表4-1　中國政改的理論

屆次	理論	定位	政治改革的内涵
十四大 （1992）	鄧小平改革開放理論	中國特色社會主義、社會主義初級階段論	1.不搞西方多黨及議會制 2.進一步完善人民代表大會 3.加強立法及監督功能
十五大 （1997）	鄧小平改革開放理論	中國特色社會主義、社會主義初級階段論	1.不照搬西方政治制度 2.加強法制建設及提高立法量 3.推動司法及機構改革
十六大 （2002）	三個代表	中國特色社會主義	1.完善社會主義民主及法制建設 2.深化行政管理及人事制度 3.擴大公民政治參與
十七大 （2007）	科學發展觀	中國特色社會主義	1.擴大人民民主及人民當家作主 2.發展基層民主及保障人民權利 3.落實依法治國 4.加快行政管理體制改革
十八大 （2012）	四個全面	實現中華民族偉大復興的「中國夢」	全面建成小康社會、全面深化改革、全面推進依法治國、全面從嚴治黨
十九大 （2017）	習近平思想	實現中華民族偉大復興的「中國夢」	「四個全面」及「五位一體」（經濟建設、政治建設、文化建設、社會建設、生態文明建設）

資料來源：張文廣主編，《解碼中共「十七大」——胡錦濤時代政策之剖析》（桃園：國防大學，2007年12月），頁5，及作者補充。

---

31 〈鄧小平江澤民胡錦濤論開放〉，《中國共產黨新聞》，http://cpc.people.com.cn/BIG5/85037/85041/7350771.html（檢索日期：2017年2月10日）。

一、鄧小平時期

中國旅外學者王鵬令表示，基本上，中國的政改始於鄧小平時期。他於1978年12月所召開的「十一屆三中全會」鬥倒華國鋒取得政權後，曾提出要使「民主制度化、法律化」的口號，但是當時並沒有制定相關政策。接著鄧小平於1980年8月18日在中共「中央政治局擴大會議」上，批評中國政治體制「權力過度集中」的弊端，並首次提出有關「黨和國家領導制度的改革」的問題，從此在中國刮起了一陣政改的春風。[32]

鄧小平的這篇講話，後來被中共「十三大」尊為「中國政治體制改革的綱領性文獻」，也被黨內外的研究者奉為研究鄧小平政改思想的經典。[33]鄧小平當時之所以提出政改的問題，乃是鑑於文革對中國所造成政治、經濟、社會等層面的巨大傷害。而且他本身也是文革的受害者，故有切身之痛，對文革深惡痛絕。他曾表示，中共所以能夠採取「改革開放」的政策，還需要感謝文革造成中國人民及政權的覺醒。[34]

我國學者林文程教授表示，其實，鄧小平並非真正要進行政改，而是為了要徹底清除以華國鋒為首的「毛派」勢力，因而提出政改的議題。故當鄧小平掌權後，反而採取「政左經右」的策略，在經濟上採取「改革開放」、廢除人民公社、允許私有化等作為，但是在政治上則打壓民主化運動，宣揚「四個堅持」。鄧小平雖然刻意防止民主化的浪潮，但是為了實際的需要，在政治體制上採取一些變革措施，其目的是要防範過去毛澤東時期因權力集中於一人所造成的弊端，以及為了增進行政效率。另外，因

---

[32] 王鵬令，〈從趙紫陽到江澤民：中國改革戰略的變遷和連續〉，《當代中國研究》，第2期，1998年，http://www.modernchinastudies.org/cn/issues/past-issues/61-mcs-1998-issue-2/445-2011-12-29-18-13-29.html（檢索日期：2017年3月21日）。

[33] 吳偉，〈鄧小平《黨和國家領導制度改革》的講話〉，《紐約時報中文網》，2014年1月21日，https://cn.nytimes.com/china/20140121/cc21wuwei/zh-hant/（檢索日期：2017年3月21日）。

[34] 林文程，〈中國大陸政治改革問題〉，《國立中山大學大陸研究所》，http://www.feu.edu.tw/edu/gec/linhuang/china/policy-content.htm（檢索日期：2017年3月21日）。

為鄧小平的權力地位無法與毛澤東相比，使他在施政時必須與其他元老諮商，以取得共識，此作為影響了中共以後的政治運作模式。[35]

我國學者杜光華及沈明室表示，在經濟「改革開放」之後，許多人意識到行政效率不彰，以及機構龐大、官僚主義、封建思想、家長制等因素，阻礙了生產力的提升。因此，政府體制的效率化、黨政適度分工、幹部終身制的廢除、幹部的選拔任命等，成為當務之急。為了解決這些問題，中共內部的「開明派」在趙紫陽總理主政時的「十三大」，對政改議題展開討論，並有意逐步推動政治改革，為民主化奠定制度基礎。然而卻受到黨內保守勢力的圍剿，加上於1989年爆發「六四天安門事件」，學生運動遭到血腥鎮壓，導致同情學運的趙紫陽下台，政改也完全停頓。中共對政治及思想的控制更為加強，並企圖使經改與政改脫鉤，[36]使該時期的政改胎死腹中。

王鵬令評論稱，鄧小平路線是以經濟建設為中心，並以「堅持四項原則」與「反對資產階級自由化」形成政治高壓，對政改構成嚴格的限制，以保持社會穩定，逐步推進經濟的市場化與現代化；而政革只能處於次要、從屬的地位，以至使政改僅為「片面改革」，形成以經濟改革「單腿走路」的特點（圖4-4）。然而原有的政治體制在多方面阻礙經濟的改革，故鄧小平曾於1986年重提政改議題。但是他要進行政改的主要目的，只是要適應經濟改革的要求。因此，他的政改內涵僅是著重於「秩序」與「效率」的改善而已。[37]

---

[35] 同前註。

[36] 杜光華、沈明室，〈中共政治改革的理論與分析框架〉，《八十八週年校慶暨第十九屆三軍官校基礎學術研討會》，2012年5月15日，頁149。

[37] 王鵬令，〈從趙紫陽到江澤民：中國改革戰略的變遷和連續〉，《當代中國研究》，第2期，1998年，http://www.modernchinastudies.org/cn/issues/past-issues/61-mcs-1998-issue-2/445-2011-12-29-18-13-29.html（檢索日期：2017年3月21日）。

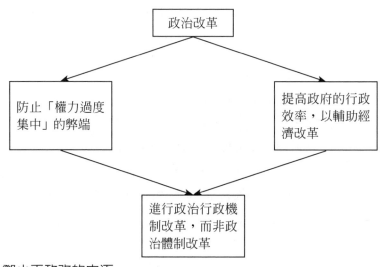

圖4-4　鄧小平政改的內涵
資料來源：作者自繪。

二、江澤民時期

　　王鵬令表示，鄧小平去世後，中國的政治生態出現兩點變化：一是隨著中共元老的相繼去世，以江澤民為首的新一代領導人擺脫以家長式為特徵的老人政治束縛，政治強人統治的時代已一去不復返；二是以固守「馬列教條」為特徵的左翼思潮，日趨式微。而且，他曾在中國金融重鎮上海擔任市長，對資本主義並不陌生。因此，許多人曾對第三代領導人江澤民寄予厚望，認為他應該能對鄧小平的基本戰略有所調整，以便引導中國朝著經濟、政治與文化全面現代化的方向發展，從而逐步走上民主化之路。[38]

　　王鵬令進一步稱，江澤民於1997年9月12日在「十五大」的報告中提出「全面改革」的口號，而且以大篇幅講述政改問題，甚至還提出要「建

---

[38] 同前註。

設社會主義法治國家」及「尊重與保障人權」等。但是該報告卻刪除在「十三大」報告中載明的「黨政分開」、「進一步下放權力」與「建立社會協商對話制度」等三條政改的基本原則。而且該報告中還再次重復「要維護中央權威」的口號，官方媒體與黨、政、軍高層領導人也紛紛圍繞強化江澤民「核心地位」。因此，中國的改革很難脫去「單腿走路」的特徵。[39]

　　《亞洲華爾街日報》曾於1998年7月23日刊載一篇報導稱：「中國國家主席江澤民繼展現令人刮目的經濟改革政績後，如今正考慮邁開另一嶄新領域的改革腳步：政治。江澤民正考慮的政治內容包括國家主席的選舉體制、黨軍分離、多黨制，以及強化法制建設等。江澤民的顧問和官方智囊正在研究在大陸實施各式各樣政治改革的可行性，包括某種民選國家主席制度與多黨選舉。……這些改革很有可能使中共極權政體產生根本的變化。」[40]但是套句中國的名言「實踐是檢驗真理的道路」，從江澤民有關於政治的政策觀之，他在政改方面乏善可陳，仍然依循鄧小平的「政左」路線。故基本上，江澤民時期並未進行真正的政改。

三、胡錦濤時期

　　胡錦濤上任後，曾多次公開表示要進行政改，例如他於2008年12月18日發表〈在紀念黨的十一屆三中全會召開三十週年大會上的講話〉中表示：「在不斷深化經濟體制改革的同時，不斷深化政治體制、文化體制、社會體制以及其他各方面體制改革，不斷形成和發展符合當代中國國情、充滿生機活力的新的體制機制，為我國經濟繁榮發展、社會和諧穩定提供了有力制度保障。」[41]

---

39 同前註。
40 白沙洲，《江澤民變法》（加拿大：中明鏡出版社，1998年12月），頁7。
41 胡錦濤，〈在紀念黨的十一屆三中全會召開三十週年大會上的講話〉，《台州日報》，版7，2008年12月19日。

　　他於2012年7月23日主持「省部級主要領導幹部專題研討班」開班儀式時強調：「改革開放以來，我們始終把政治體制改革擺在改革發展全局的重要位置，堅定不移加以推進，取得了重大進展，成功開闢和堅持了中國特色社會主義政治發展道路。推進政治體制改革，必須堅持黨的領導、人民當家作主、依法治國有機統一，發展更加廣泛、更加充分的人民民主，保證人民依法實行民主選舉、民主決策、民主管理、民主監督，更加注重發揮法治在國家和社會治理中的重要作用，維護國家法治的統一、尊嚴、權威，保障社會公平正義，保證人民依法享有廣泛權利和自由。」[42]

　　他於同年11月8日在「十八大」的報告稱：「政治體制改革繼續推進，實行城鄉按相同人口比例選舉人大代表，基層民主不斷發展。中國特色社會主義法律體系形成，社會主義法治國家建設成績顯著。愛國統一戰線鞏固壯大。行政體制改革深化，司法體制和工作機制改革取得新進展。」[43]由於胡錦濤及溫家寶有上述的政改論述，因此當時許多人士均對他們抱持著期盼，甚至有人樂觀的預測中國政治改革或將啟動。[44]但是，胡錦濤早於2006年4月22日訪問美國，在耶魯大學發表演講時曾表示：「中國願意借鑑外國政治建設的有利經驗，但不會照搬外國政治制度的模式。」故按照胡錦濤的說詞，中國不需要進行大幅度的政改，最多只需要小修小補即可。[45]

　　之前就有許多評論家並不看好胡錦濤會在政改方面有所作為，例如美國哥倫比亞大學政治學學者李天笑博士認為，胡錦濤的政改仍然是行政管

---

[42] 胡錦濤，〈全黨全國各族人民更加緊密地團結起來沿著中國特色社會主義偉大道路奮勇前進〉，《新華網》，2012年7月23日，http://cpc.people.com.cn/n/2012/0723/c64094-18580418-1.html（檢索日期：2017年4月24日）。

[43] 胡錦濤，〈堅定不移沿著中國特色社會主義道路前進為全面建成小康社會而奮鬥——在中國共產黨第十八次全國代表大會上的報告〉，《中共濟寧市委機關報》，第8772期，版4，2012年11月18日。

[44] 英順，〈胡錦濤最近發表談話——中國政治改革或將啟動〉，《博訊》，2012年7月25日，https://ppt.cc/ftnnwx（檢索日期：2017年4月24日）。

[45] 〈震撼！胡錦濤宣布已經完成政治改革〉，《博訊》，2006年4月23日，https://www.peacehall.com/news/gb/pubvp/2006/04/200604230257.shtml（檢索日期：2017年4月24日）。

理方面的改進，而非體制性的改革。《美國新世紀新聞網》主編張偉國認為，在過去二十年內中共一直不斷提出要進行政改，只能說明中共確實遇到統治危機。胡錦濤所有的改革前提，是堅持「一黨專政」體制，民主集中制的體制不變。[46]而且由胡錦濤十年的執政成績觀之，在政改方面與江澤民一樣乏善可陳。

其實，對於政改的問題，前「全國人大」委員長吳邦國於2011年3月的第十一屆「全國人大」第四次會議的常務委員會工作報告中，就鄭重表示：「中國不搞多黨輪流執政，不搞指導思想多元化，不搞三權鼎立與兩院制，不搞聯邦制，不搞私有化」。此論述被各界戲稱為「五不搞」。有人批評稱，此「五不搞」對應著「五搞」：「要搞一黨獨裁；要搞專制輿論一元化；要搞權力壟斷，不受監督、制衡；要搞黨天下；要搞國有化」。[47]總而言之，中共並沒有要真心誠意的進行政改，也不願採取西方式的民主政體。

四、習近平時期

（一）習近平對政改的態度

習近平於2013年1月在「新進中央委員會委員學習貫徹十八大精神研討班」上，提出「兩個不能否定」的論述。其內容為「不能用改革開放後的歷史時期否定改革開放前的歷史時期，也不能用改革開放前的歷史時期否定改革開放後的歷史時期。」後來於「十八屆三中全會」召開前夕，《人民日報》於當年11月8日刊登由中共中央黨史研究室發表的長篇

---

[46] 〈胡錦濤推動溫和政治改革〉，《自由亞洲電台》，2006年7月6日，http://www.rfa.org/mandarin/yataibaodao/gaige-20060706.html（檢索日期：2017年4月24日）。

[47] 陳破空，〈吳邦國的「五不搞」，土得掉渣！〉，《自由亞洲電台》，2011年3月15日，http://www.rfa.org/mandarin/pinglun/chenpokong/w-03152011140928.html（檢索日期：2017年5月22日）。

文章，高調重申習近平的「兩個不能否定」。[48]

　　該文章稱，「改革開放」前的歷史與毛澤東緊密連繫在一起，不能否定改「改革開放」前的歷史，並不是要掩蓋毛澤東晚年的錯誤，但也不能誇大其錯誤，更不能全盤否定毛澤東與毛澤東思想；而「改革開放」後的歷史，是黨領導全國人民開創與發展中國特色社會主義的歷史，只有中國特色社會主義才能發展中國，必須充分肯定「改革開放」的正確方向與巨大成就；改革開放前後兩個歷史時期雖有重大區別，但都是黨領導人民進行社會主義的建設，不能相互否定；正確認識兩個不否定不只是歷史問題，更是現實的政治問題，處理不好，就會產生嚴重政治後果。[49]

　　該文章並稱「蘇聯解體、蘇共垮台的一個重要原因，就是全面否定蘇聯歷史、蘇共歷史，否定列寧等領袖人物，搞歷史虛無主義，把人們的思想搞亂了。」香港中國事務評論人士林和立表示，《人民日報》再次高調提出此論述，說明習近平已經變得越來越左。事實也證明，習近平並沒有要進行真正的政改。[50]另外，2016年10月27日的「十八屆六中全會」閉幕後，會議公報首次以「核心」形容習近平的領導，確立了習近平的核心地位。「核心」的地位非常重要，因為在中國政治領域，「核心」表達了一定程度上不受約束的個人權威。[51]因此，各界對於習近平是否願意進行真正的體制改革、放權，並不感樂觀。

　　中國旅美學者吳祚來就表示，習近平雖稱要按照時間表、路線圖推進改革，但是目前只是經濟或社會領域的細節性改進，《新聞法》未列入國家立法計畫，新聞自由遙遙無期；村民自治在胡溫時代並沒有推進到鄉鎮

---

[48]　〈三中全會前夕官媒重申「兩個不能否定」〉，《BBC中文網》，2013年11月10日，http://www.bbc.com/zhongwen/trad/china/2013/11/131108_people_daily_article（檢索日期：2017年5月22日）。

[49]　同前註。

[50]　同前註。

[51]　朱易，〈「習核心」要當終身「最高領導人」〉，《聯合報》，2016年11月9日，https://udn.com/news/story/6840/2095485（檢索日期：2017年4月25日）。

或縣級，而習近平沒有強調基層民主制度的建設，反而強化基層黨組織的建設，黨組織從村民小組到企業，甚至擴展到民間公益社團之中，此顯然與憲政文明背道而馳。[52]而且，習近平取得「核心」的地位後，正逐步走向集權之路。

長期研究中國政治的美國喬治・華盛頓大學（George Washington University）政治學與國際關係教授沈大偉（David Shambaugh）表示，習近平於2012年出任最高領導人之後，在各個領域加強控制，將權力集中於個人身上。他嚴厲打擊非政府組織與宗教活動，並向香港施壓。所有作為及政權的專制取向，中國並沒有像很多人所預料，成為一個自由的中國，故許多美國人士對中國甚感失望，習近平進行重大政改與自由化的可能性幾乎為零。[53]

（二）習近平的政改作為

1. 設立「國家監察委員會」

習近平於2012年11月的「十八屆一中全會」當選中共總書記及軍事委員會主席之後，在政治上推動的重大改革為嚴厲打擊貪腐，以及為了打貪而改革國家監察體制。在習近平全力「打虎肅貪」之下，導致大批違紀違法官員相繼被查辦。其中，被稱為「新四人幫」的中共前政治局常委周永康、重慶前市委書記薄熙來、中央軍委前副主席徐才厚及胡錦濤的「大內總管」令計劃，遭到瓦解。而周永康更是1949年中華人民共和國成立以來，首位因腐敗問題遭開除黨籍、接受司法審判的中央政治局常委，也是1978年至今被查處的最高階官員（四人幫成員中的前政治局常委王洪文與張春橋因領導反革命集團罪於1977年7月被判刑）。外界認為這打破了中

---

52 吳祚來，〈習近平布局十九大 看不出政治改革的跡象〉，《中國觀察》，2016年9月2日，http://www.storm.mg/article/161191（檢索日期：2017年4月25日）。

53 張彥，〈沈大偉：習近平治下中國政治改革無望〉，《紐約時報中文網》，2016年5月31日，https://cn.nytimes.com/china/20160531/c31chinashambaugh/zh-hant/（檢索日期：2017年4月25日）。

共黨內在鄧小平時代後「刑不上常委」的政治潛規則，[54]此也展現習近平反貪腐的決心。

　　然而，在習近平的反腐行動中取得豐碩的成果，卻出現兩個問題：一是「雙規」合法性和正當性不足，二是紀、檢、監察的「機構獨立性不夠、相對鬆散，機構授權不足」等問題。對於雙規合法性和正當性的問題，習近平在中共十九大報告中指出雙規的弊病和問題，並指示「用留置取代兩規措施」，直言出雙規的弊病和問題，「雙規」是中共中央紀律檢查委員會所採取的一種特殊調查手段，規定於《中國共產黨紀律檢查機關案件檢查工作條例》第28條第1款第3項：「要求有關人員在規定的時間、地點就案件所涉及的問題作出說明。」可見，雙規是針對中共黨員所進行紀律檢查的一種「黨內監督」[55]，是一種限制人身自由的隔離措施，主要目的是防止被調查人拖延時間、逃避調查，甚至串供、外逃。[56]至於對於非黨員的國家公務員，則由行政監察機關根據《行政監察法》[57]相關規定，對被調查人採取「指定的時間」、「指定的地點」的特別調查措施，也就是「兩指」。由於中紀委和行政監察機關「合署辦公」，雙規和兩指又非常類似，在實際操作上具有異體同構的特點。[58]

　　另外紀、檢、監察的「機構獨立性不夠、相對鬆散，機構授權不足」問題方面，學者、紀、檢、監察系統本身都提出應該「整合監察力量」的呼聲。直到2016年1月召開的第十八屆中央紀委第六次全體會議上，習近

---

54 〈周永康〉，《維基百科》，2017年5月5日，https://zh.wikipedia.org/wiki/%E5%91%A8%E6%B0%B8%E5%BA%B7（檢索日期：2017年5月13日）。

55 「黨內監督」與「國家監督」是一體兩面，相互促進、相得益彰，舉例來說，在中國大陸有80%的公務員和95%以上的領導幹部都是共產黨員，這造成黨內監督和國家監督既具有高度內在一致性，又具有高度互補性。陳銘聰，〈中國大陸監察機關行使留置措施問題研究〉，《警學叢刊》，第3期，2018年，頁38。

56 陳銘聰，〈中國大陸監察法中的留置措施問題研究〉，《嶺東財經法學》，第11期，2018年，頁58。

57 該法已於2018年3月20日廢止。

58 劉世偉、賈明飛，〈簡述雙規的法律基礎及其完善〉，《今日中國論壇》，第21期，2013年，頁489。

平釋放改革的聲音：「要完善監督制度，做好監督體係頂層設計，既加強黨的自我監督，又加強對國家機器的監督」，「要健全國家監察組織架構，形成全面覆蓋國家機關及其公務員的國家監察體係」。習近平的講話開啓了監察體制改革的號角，改革正式進入頂層設計、具體落實的層面。7月14日，中共中央黨校《學習時報》刊登中國政法大學副校長馬懷德所撰寫的〈通過修法完善國家監察體制〉，提出將《行政監察法》更名爲《國家監察法》，以擴大國家監察範圍，將監察範圍全面覆蓋國家機關及公務員。[59]

同年10月中共召開「十八屆六中全會」後，中共中央辦公廳於11月印發《關於在北京市、山西省、浙江省開展國家監察體制改革試點方案》，12月25日第十二屆全國人大常委會第二十五次會議表決通過《全國人民代表大會常務委員會關於在北京市、山西省、浙江省開展國家監察體制改革試點工作的決定》，在上述三省市設立監察委員會，行使監察職權。[60]受到各界關注的國家監察體制改革，正式進入試點階段。中共中央強調，國家監察體制改革是事關全域的重大政治改革，是國家監察制度的頂層設計。

依據中國憲法的規定，政府的權力架構爲「一統四分」的格局。即在「全國人大」之下，設立行政機關（國務院）、審判機關（法院）、法律監督機關（檢察院）與軍事機關（中央軍委）。隸屬於行政機關的監察機關從政府中獨立出來，設立「國家監察委員會」（簡稱「國監委」），成爲與「一府兩院」平行的國家監察機關，負責對中央所有國家機關與公務人員進行監察監督。

監察機關脫離行政系統後，其職權由「行政監察」改爲「國家監察」，由不同機關所擁有的監督權力向監察機關集中，將原隸屬於檢察機

59 一路風塵，〈揭秘「國家監察委員會」〉。
60 吳秀玲，〈中共中央深化國家監察體制改革試點述評〉，《展望與探索》，第15卷第2期，2017年2月，頁37-38。

關的職務犯罪偵查機構，包括反貪局、反瀆局，及隸屬於政府的審計機關、預防腐敗機關併入「國監委」，並設立監察、預防腐敗、審計、職務犯罪偵查等部門。「國監委」所享有的職權甚爲廣泛，包括：預防腐敗、黨紀監督、違法監察、財務監督、刑事偵查等職責。[61]國家監察體制全面推行，就是在中共中央之下形成「五權並立」，人大、國務院、法院、檢察院、國監委。[62]

　　但是基於「以黨領政」的原則，「國監委」維持與中共紀律檢查機關及國家監察機關合署辦公的體制，「國監委」在黨的統一領導下實行「雙向負責」，以發揮紀委的黨內監督作用，又保證國家監察機關依法獨立行使職權，實現「全覆蓋」的目標。《人民日報》於2016年底改革啓動時就稱，作爲一項重大政治改革，其目標是「建立黨統一領導下的國家反腐敗工作機構，實行黨的紀律檢查委員會、監察委員會合署辦公，履行紀檢、監察兩項職能，從而更好地加強和改進黨的領導」。

　　根據台灣大學國家發展研究所助理教授吳秀玲分析，中共欲改革國家監察體制的主因包括：

(1) 解決行政監察力度不足問題。2016年7月14日，中共中央黨校刊物《學習時報》刊載〈通過修法完善國家監察體制〉的文章稱，《行政監察法》存在許多問題，包括：「監察機關定位不準、監察對象範圍過窄、監察機關的獨立性保障不夠、監察手段有限、監督程序不夠完善」，已不能適應實際需要，亟待全面修訂。過去三年多的反腐中，紀檢系統已大幅改革，讓紀委在黨內監督實現「全覆蓋」。但與紀委合署辦公的監察部門，並沒有突破原有行政監察範圍，對政府行政部門以外的公職人員不能監察與監督。

(2) 解決中紀委「法外執法」問題。中共黨內反貪執法單位中紀委的職

[61] 一路風塵，〈揭秘「國家監察委員會」〉。
[62] 陳銘聰，〈中國大陸國家監察體制改革研究——監察委員會的設立和監察專員制度的實行〉，《澳門法學》，第3期，2018年，頁199。

權，一直備受外界質疑。「中紀委」慣常向涉嫌人使用「雙規」，缺乏法律理據，與「依法治國」有距離，故中共將中紀委的辦案機構，檢察院的反貪污賄賂、反瀆職侵權、職務犯罪預防部門進行整合，新組建一個中央級的「國監委」，以解決「中紀委」辦案時「法外執法」的合法性問題。

(3) 期望建立反腐制度。深化國家監察體制改革的目的，是加強黨對反腐敗工作的集中統一領導。不僅是行政監察力度不足、中紀委「法外執法」一直受到外界批評，在打擊貪污腐敗、失職瀆職方面，檢察院也面臨侷限。因此，習近平將反腐提高到制度層面，突破現有體制，將分散在監察部、國家預防腐敗局及檢察機關的反貪污賄賂、反瀆職、預防職務犯罪等職能整合在一起，組建新的國家監察機關。[63]

吳秀玲進一步稱，「國監委」的成立有利於強化監察職能的獨立性，破解「上級監督太遠、同級監督太軟、下級監督太難」等難題。「國監委」成立後，整合現有反腐機構職能，能夠提高效率，提高權威性，也可以降低行政成本，至於此全面覆蓋國家機關及其公務員的國家監察體系，是否能達到完全解決腐敗、澄清吏治與廉政建設的目標，仍有待時間的檢證。[64]

根據被稱為「紀檢監察實務專家」及「制度反腐學者」的紀檢監察學院前副院長李永忠教授表示，由於中國的政治體制改革與經濟體制改革未同步前行，腐敗才會如此嚴峻。改革開放三十多年來，取得巨大經濟成果。但是由市場的手所創造的巨大財富，被權力的手所侵吞了。經過三十年的經濟發展，腐敗到了一個非常嚴重的地步。從過去中共的貪腐案例顯示，沒有一個黨政的腐敗問題是由同級紀委揭發出來，因為再鋒利的刀刃，也砍不了自己的刀把，這也是中國目前實行「同體監督」不力的根本原因。此次監察體制的改革是習近平開展的一場重大政治體制改革，也是

---

[63] 吳秀玲，〈中共中央深化國家監察體制改革試點述評〉，頁38-39。
[64] 同前註，頁44。

實行所謂的「異體監督」機制。[65]

　　但是也有學者對此次監察體制的改革不表樂觀，例如山東大學政治學與公共管理學院助理研究員王軍洋博士表示，在既有的框架下，看似多元且互有分工的監察反腐主體，最後的負責方向都指向同級黨委，尤其是黨委書記。若此次監察體制改革僅是將監察系統升格增量，並不能改變背後真正發揮領導作用的同級黨委的一元權力結構，也就仍然解決不了「同體監督」的老問題，也很難對反腐工作帶來實質性變化。[66]其實，中國的貪腐問題，就是因為「球員兼裁判」所產生的一種困境，導致「官官相護」，無法獲得徹底的解決。

2. 展開「大部門體制改革」

　　中國政府部門依據職能大小與所屬機構的多寡，可分為「小部門體制」與「大部門體制」兩種。中國的部門多屬「小部制」，其特徵為「職能窄、機構多」，也就是部門管轄範圍小、機構數量大、專業分工細、職能交叉多，但是卻容易造成疊床架屋，行政效率低落的現象。為了適應市場經濟發展的需要，中國政府認識到必須對行政體制進行改革，將職能重疊的部門加以合併由一個部門管轄，以利於政府事務綜合管理與協調。[67]故習近平上台後的另一項重大政改，為進行「大部門體制改革」（簡稱「大部制改革」）。

　　中共於2012年的「十八大」提出《國務院機構改革和職能轉變方案（草案）》，並經第十二屆「全國人大」第一次會議審議通過。2013年3月10日國務院頒布《國務院機構改革和職能轉變方案》，展開「大部制改

65 〈李永忠：監察體制改革是重大政治體制改革〉，《騰訊新聞》，2017年3月13日，http://news.qq.com/a/20170313/023270.htm（檢索日期：2017年5月14日）。

66 胡勇，〈陸媒新視界》大陸啟動政改？〉，《中國時報》，2017年3月11日，http://opinion.chinatimes.com/20170311003471-262105（檢索日期：2017年5月14日）。

67 石亞軍、施正文，〈探索推行大部制改革的幾點思考〉，《中國共產黨新聞網》，2008年2月28日，http://theory.people.com.cn/GB/49150/49152/6935783.html（檢索日期：2017年5月14日）。

革」，將政府部門減少至25個。「大部制」的特點爲「大職能、寬領域、少機構」，部門的管理範圍廣，職能綜合性強。「大部制」可避免政府職能重疊、政出多門、多頭管理，進而提高行政效率，降低行政成本。[68]

「大部制改革」與過去中國所進行的政改不同，過去僅簡單的進行政企分開、政資分開、政事分開、政府與市場仲介組織分開，及減少行政審批，並未涉及政府整個體系的改革。而此次的改革不論是在範圍及深度，都較爲寬廣及深化，可大幅提高政府的行政效率。此爲中國自改革開放以來，所進行的第六次機構改革，而「大部制改革」的重點在於建立服務型政府的治理改革。但是，其實「大部制改革」，就是「組織改造」及「組織精簡」，過去我國也曾經實施過。「大部制改革」與過去的改革一樣，屬於行政管理體制改革，仍然未碰觸最敏感的「一黨專政」體制，故不能算是眞正的政改。

3. 展開第三次機構改革

習近平爲了深化黨和國家機構改革，中共中央、國務院於2023年3月16日公布《黨和國家機構改革方案》，並向全國發出通知，要求各地區各部門結合實際、認眞貫徹落實。該改革方案主要內容爲，將組建中央金融委員會、中央金融工作委員會、中央科技委員會、中央社會工作部等機關。專家學者均認爲此次改革，以落實習近平強化對金融、科技、社會等領域掌控。

旅美中國問題專家鄧聿文指出，這是習近平上台後的第三次機構改革，前兩次是2013年的政府機構調整與2018年的黨政機構改革。習近平的改革與過往領導人反向而行，他想在金融、科技、國內安全上加強黨的控制，是要確保中共統治穩如泰山。中國的黨務和政務系統，長時間來機構臃腫，疊床架屋，職能錯配。過去四十多年，中央部門進行五次改革，

---

[68] 同前註。

國務院進行八次機構改革。如此頻繁改革，目的本應是精簡，但習近平的「心病」是念念不忘黨的領導，要把黨統領一切在機構設置中予以體現，這使得機構改革變味，不是削弱而是重新強化黨政不分、以黨代政的後果，此恰是鄧江胡時期歷次機構改革要革除的對象。[69]

　　政治大學國際關係研究中心主任寇健文表示，中共在二十大的報告中提到，這次機構改革的背景為中共面對一個不安全與正在轉變中的國內外環境。中共此次的機構改革方向選擇了權力集中，也就是它的解決方案是權力集中，亦即集中統一領導，目的就是要滿足國家安全的需求。此大方向亦與過去十年來中國政治發展方向，如個人集權、黨委擴權、強國家弱社會等趨勢相近。[70]

（三）對習近平政改的評論

　　第十三屆「人大」於2018年3月11日通過中共所提的《中華人民共和國憲法修正案》，對1982年由鄧小平訂頒的現行憲法所做的大幅修改，其中包括廢除國家主席任期制、「習近平思想」入憲、中共領導入憲、設立國監委等。故基本上，外界對於習近平的政改均抱持失望的態度。《聯合報》的社論稱，此次修憲的重點放在加強領導權威和集中政治權力，旨在將鄧小平在改革開放初期訂頒的憲法，打造成一部充滿習近平特色的憲法：經濟上維持鄧小平改革開放路線，政治上則師法毛澤東，集中權力、鞏固領導。

　　習近平打破了鄧小平為避免個人崇拜所建立的政治傳統，在任內將「習思想」寫入黨章和憲法，做法直追毛澤東。中國憲法原本只在「序言」中提到共產黨的領導，他卻打破黨政分際，在憲法第1條寫入「中國

---

[69] 〈習近平機構改革反向而行 分析指確保黨統治穩定〉，《中央社》，2023年3月2日，https://www.cna.com.tw/news/acn/202303020061.aspx。

[70] 平凡，〈專家：中國機構改革暴露了習近平軟肋〉，《美國之音》，2023年3月15日，https://www.voacantonese.com/a/china-s-institutional-reform-exposed-xi-s-fears-20230314/7004586.html。

共產黨領導是中國特色社會主義最本質的特徵」。此情形顯示，習近平在政治體制上則走了回頭路。[71]西方媒體對此次修憲多所批評，認為過去西方國家研判中國的改革開放能為其內部帶來更多民主自由，如今證明完全是誤判。

　　習近平於2018年12月18日在紀念改革四十週年大會發表談話時表示：「改什麼，怎麼改，必須以是否符合完善和發展中國特色社會主義制度、推進國家治理體系和治理能力現代化的總目標為根本尺度。該改的、能改的我們堅決改，不該改的、不能改的堅決不改。」習近平的發言強調共產黨的絕對領導，更加重了政治體制改革絕無可能的暗示。有分析人士指出，習近平那句話，概括起來就是政治上絕不讓步。在習近平治理下不要指望政治體制改革，不僅沒有政治體制改革，而且還再向四十年前倒退。四十年前，鄧小平廢除黨和國家領導人終身制；四十年後，習近平廢除國家主席任期制；四十年前的中共三中全會，把改革稱作「改革開放」，注重務實，「實踐是檢驗真理的唯一標準」，提倡「思想解放」；四十年後習近平要「定於一尊」，並且不得「妄議中央」。[72]有中國網友在社交媒體上評論稱：習的講話是一篇宣布中國政治改革業已死亡的悼詞。[73]

五、對中共政改的分析

　　中國自從於1978年進行「改革開放」以後，其經濟突飛猛進，現今已成為僅次美國的世界第二大經濟體。然而政改卻顯得步履蹣跚，停滯不前，毫無進行政改的決心。海內外廣大華人都熱切期盼中國能夠進行真正

---

[71] 社論，〈習近平修憲爭議，也映照民主失能難堪〉，《聯合報》，2018年3月13日，A2。

[72] 安德烈，〈該改就改不該改堅決不改 習近平講話很強硬〉，《法國國際廣播電台》，2018年12月19日，https://reurl.cc/KAzzbj（檢索日期：2021年7月28日）。

[73] 〈中國改革開放40週年：「不該改的、不能改」的講話VS「宣佈中國改革業已死亡的悼詞」〉，《BBC中文網》，2018年12月18日，https://www.bbc.com/zhongwen/trad/chinese-news-46603825（檢索日期：2021年7月28日）。

的政革，雖然中國領導人常稱要進行政改，但是從鄧小平、江澤民、胡錦濤及習近平等幾位領導人的作為可知，政革是他們最不願意碰觸的議題。然而為了要迎合各界的期盼，每位領導人都多少會對政治問題進行某種程度的改革，但是都不會碰觸到最核心的「一黨專政」體制，因為此制度是中共掌握權力之鑰，一旦放棄，勢必危及其政權。

根據國內學者杜光華及沈明室教授表示，中國當局所有的政改口號其實都是「口惠而實不至」，並沒有實際進行政改的立法或政策調整。中共屢次宣稱要政改，但政治限縮卻越來越緊，打壓人權及限縮政治民主的案例比比皆是。例如，已於2017年7月過世的諾貝爾和平獎得主劉曉波，僅因為提倡保障人權的「零八憲章」，而於2009年以「顛覆國家政權罪」被法院判處有期徒刑十一年。對中共而言，政改必須為保障經改提供基礎，只能在經改的範圍內行之。[74]中共的政改宣示可能僅是緩兵之計，以回應外界的壓力而已。此顯示中國當局仍然懼怕西方式的民主制度，視此制度為洪水猛獸。

而且中國對於政改的概念甚為狹隘，例如中國人民大學比較政治制度研究所所長楊光斌就表示，於2013年11月由中共「十八屆三中全會」中所通過的《中共中央關於全面深化改革若干重大問題的決定》中的「改革60條」，雖然是針對土地、財稅、金融、收入分配等經濟問題的改革為主，但也是一份政治改革的大清單。政治不但包括政體、政黨制度、政府體制等，還包括涉及人民眾大利益的改革，如經濟改革、社會改革及科技體制改革等，都是屬於政治改革。[75]

由楊光斌的論述可知，中國當局對於政改的概念是包含在經改之內，無法跳脫出來。因此，中國所進行的政改只能算是一種受到限制的「鳥籠政改」，實踐真正的政改之路仍然遙遙無期。屬於太子黨的前中國國防大

---

[74] 杜光華、沈明室，〈中共政治改革的理論與分析框架〉，頁150。
[75] 楊光斌，〈2014政治改革清單與走向〉，《人民論壇》，2014年2月，頁56。

學政委劉亞洲上將的胞弟劉亞偉，在美國紐約參加由「中國民主論壇」主辦的「中國政治變局與民主前景」研討會時表示，只要中國一日是「黨國體制」，政改就難以推動。[76]

　　其實，中國當局迄今並無意進行真正的政改，《明鏡月刊》於2013年8月第43期獨家揭露，中共中央辦公廳於當年4月22日印發給高層幹部的「機密」文件《關於當前意識形態領域情況的通報》。[77]該文件提出當前意識形態領域值得注意的七大危險，要求其幹部警惕與根除：（一）宣揚西方憲政民主，企圖否定黨的領導，否定中國特色社會主義政治制度；（二）宣揚普世價值，企圖動搖黨執政的思想理論基礎；（三）宣揚公民社會，企圖瓦解黨執政的社會基礎；（四）宣揚新自由主義，企圖改變中國基本經濟制度；（五）宣揚西方新聞觀，挑戰中國黨管媒體原則和新聞出版管理制度；（六）宣揚歷史虛無主義，企圖否定中國共產黨歷史和新中國歷史；（七）質疑「改革開放」，質疑具有中國特色的社會主義。[78]

　　由於該文件的主要內容在強調「七不講」：（一）普世價值不要講；（二）新聞自由不要講；（三）公民社會不要講；（四）公民權利不要講；（五）中國共產黨的歷史錯誤不要講；（六）權貴資產階級不要講；（七）司法獨立不要講。該文件顯示中國意識形態呈現倒退的現象，故被披露之後，引起各界譁然。而且洩漏此文件的中國記者高瑜於當年4月17日，被北京人民法院以「為境外非法提供國家秘密罪」判處有期徒刑七年。此舉也引起各界的譴責，《明鏡月刊》發表聲明稱：「中共製造中國噩夢」。[79]

---

[76]〈劉亞洲胞弟：習近平對政治改革「相當認真」〉，《中國觀察》，2016年10月4日，https://ppt.cc/fsxYlx（檢索日期：2017年4月24日）。

[77] 該文件編號為〈中辦發〔2013〕9號〉，簡稱〈9號文件〉。

[78]〈9號文件揭露習近平「七不講」〉，《蘋果日報》，2014年5月9日，http://hk.apple.nextmedia.com/international/art/20140509/18713933（檢索日期：2017年5月14日）。

[79]〈高瑜洩密──9號文件〉，《對華援助新聞網》，2015年4月17日，http://www.chinaaid.net/2015/04/blog-post_19.html（檢索日期：2017年5月14日）。

　　中國政府不只打壓劉曉波、陳光誠及其他維權人士，對於各界的批評容忍度亦極低。如習近平上台後，採取更廣泛的輿論管制措施，迫使有影響力且敢直言不諱的商業領袖噤聲。越來越多的大企業家因公開批評中國政府而受到懲罰，甚至被判刑及關押。如阿里巴巴創辦人馬雲自2020年10月發表抨擊中國金融監管體制的演講後，就遭到約談並從公眾視野中消失長達七個月。阿里巴巴也被官方認定涉及壟斷行為，遭處罰人民幣182億元，成為中國史上最大金額的反壟斷罰款。另外，經常公開批評中國政府的農民企業家孫大午，也被羅織各種罪名，於2021年7月底被判十八年監禁。

　　在中共於2022年10月間召開的「二十大」之後，習近平不但連任總書記與軍委主席，並於2023年3月的人大當選連任國家主席，將繼續長期執政。同時，黨內政治地位最高的中共政治局七名常務委員，均為「習家軍」人馬，「習派」已經全數壟斷中共中央的權力核心，將習近平的個人權勢推到了新高點。未來中共的對於中國政治的掌控，將會更趨嚴格，故企望中共自行進行真正的政治體制改革，並採取西方的民主政治體系，可說是緣木求魚。

第五章 中國的經濟發展

　　在上一章討論中國的政治後，本章要探討中國的經濟發展，此為中國發展最為快速及成功的領域。中國迄今已實施了14次「五年經濟規劃」（表5-1），由於中國的經濟於1978年的「改革開放」前後，有截然不同的情況，因此本文以該年作為討論的分水嶺。以下章節將討論中國的農業、工業、商業等領域的發展情形及相關問題。另外，本文也討論中國經濟體系中一個非常重要的體制——國營企業的發展情形。

表5-1　中國歷次的五年經濟規劃

歷次（計）規劃	年份	經濟建設重點
一五計畫	1953-1957年	工業增速、超英趕美
二五計畫	1958-1962年	大躍進
三五計畫	1966-1970年	三線建設、備戰備荒
四五計畫	1971-1975年	三個突破[1]
五五計畫	1976-1980年	新躍進
六五計畫	1981-1985年	改革開放
七五計畫	1986-1990年	改革闖關、治理整頓
八五計畫	1991-1995年	人民生活從溫飽達到小康[2]
九五計畫	1996-2000年	宏觀調控、經濟軟著陸
十五計畫	2001-2005年	指令計畫退場、市場配置資源
十一五規劃[3]	2006-2010年	擴大國內消費需求
十二五規劃	2011-2015年	調結構、促轉型
十三五規劃	2016-2020年	供給側結構性改革
十四五規劃	2021-2025年	聚焦雙循環、科技自立

資料來源：〈歷次五年規劃〉，《人民網》，http://dangshi.people.com.cn/BIG5/151935/204121/index.html（檢索日期：2017年4月20日），及作者補充。

---

[1] 職工人數突破5,000萬人，工資支出突破300億元，糧食銷量突破800億斤。
[2] 社會主義現代化建設第二步戰略目標。
[3] 從第十一次之後，改為「經濟規劃」。

第一節　改革開放前的經濟情況

在「改革開放」之前，中國的經濟深受共產主義的意識形態，及毛澤東個人剛愎自用的性格所影響，而急於求成，且以偏激的政治思維，採取違反經濟原理的冒進政策，推行經濟活動，結果導致經濟衰敗、建設落後、民不聊生。由於該時期的經濟毫無發展可言，故本節標題不採用「經濟發展」乙詞，而以「經濟情況」稱之。由於此時期的經濟發展並不成功，故有些研究中國的書籍甚至不討論該時期的經濟情形，而直接討論「改革開放」之後中國的經濟發展。但是爲了讓讀者能夠完整地瞭解中國過去的經濟發展，本文仍概略討論此時期的經濟情形。以下分別討論改革開放前，中國的農業及工商業情形。

一、毛澤東的「重工輕農商」理念

從18世紀英國工業革命以來，人類的經濟社會進入了工業化的時代。根據過去各國的經濟發展經驗及原理顯示，農業社會要向工業社會發展，必須先從輕工業著手，累積了資本及技術後再發展重工業，現今歐美先進的工業國家都經歷這條道路。但是蘇聯成立後，希望能夠快速地發展工業，以盡速趕上西方先進國家，因此反其道而行，走一條不同的道路，強調先發展重工業。史達林認爲蘇聯人民有能力積累這筆巨額資金，他並期望以重工業投資的加乘效應，縮短工業化的時間，進而贏得生存空間。[4]

由於毛澤東視蘇聯爲「老大哥」，並採取「一邊倒」策略，因此也參照蘇聯的經驗，選擇了優先發展重工業的道路，想效法蘇聯走捷徑的方式發展經濟，故從1950年代初提出「學習蘇聯」的口號。他於1952年8月4日的「政協」第一屆全國委員會常務委員第三十八次會議中指出：「要爭取

---

[4] 馬泉山，〈毛澤東的獨特視角：「農業就是工業」〉，《人民網》，http://cpc.people.com.cn/BIG5/69112/70190/70194/5234772.html（檢索日期：2017年4月15日）。

十年功夫建設工業，打下強國基礎。」[5]而且，他於1957年11月率領代表團赴莫斯科參加「十月革命」勝利四十週年慶典，在出席各國共產黨召開的會議時，受到赫魯雪夫提出蘇聯要在十五年內趕上與超過美國的鼓舞。他在各國共產黨代表會議上宣布：中國也要在十五年左右的時間內，在鋼鐵與主要工業產品的產量方面趕上英國。[6]他回國後，由於受到大躍進浮誇統計數字的鼓舞，於1958年提出不切實際的「十五年超英，二十年趕美」口號，又被稱為「超英趕美」。

另外，毛澤東之所以會採取「重工輕農商」的另一原因，為其對國際局勢的錯誤評估。因為當時國際局勢處於美蘇兩強對抗，他認為當時存在發生第三次世界大戰的可能性。毛澤東於1955年會見蘇聯代表時就表示：「世界大戰並不可怕，第一次世界大戰打出來一個社會主義國家蘇聯，第二次世界大戰打出來一個社會主義陣營。第三次世界大戰如果爆發，就可以實現世界大同。」「第三次世界大戰應該早打，大打，打核戰爭，在中國打。」[7]為了備戰，毛澤東指示各省要開展獨立工業體系。

二、毛澤東的經濟政策

偏差的施政理念，將會採取錯誤的決策，也必然會導致失敗的結果。毛澤東因為偏差的「重工輕農商」經濟思維，師法蘇聯老大哥的做法，規劃其第一個「五年計畫」[8]（簡稱「一五計畫」，1953-1957年），傾全國之力投注於工業領域。而且為了急於求成，採取冒進的路線發展經濟，因而制定諸多的錯誤決策，包括於1953年提出「過渡時期的總路線」（又稱為「社會主義總路線」），根據該總路線，中共於1954年發動「三大改

5　《毛澤東選集》（北京：人民出版社，1977年），第5卷，頁68。

6　〈毛澤東提出「超英趕美」的內情：一個即興發言〉，《新浪網》，http://books.sina.com/bg/funny/focus/20070926/00455373.html（檢索日期：2017年2月8日）。

7　〈毛澤東談第三次世界大戰（1955-1957）〉，《南溟網》，http://www.world10k.com/blog/?p=3332（檢索日期：2017年4月15日）。

8　後改稱為「五年規劃」。

造」運動，將私有的農業、手工業與資本主義工商業，改造成社會主義的集體所有制或公私合營的形式，消滅私營企業及沒收私有財產，私人商業活動呈現停頓。

從1955年第四季開始，中國經濟建設出現層層抬高指標的冒進現象，導致經濟呈現混亂的情況。雖然劉少奇、周恩來、陳雲等人出面糾正急躁冒進的傾向。尤其是主持經濟工作的陳雲一向主張採取保守的經濟政策，他強調處理全國經濟問題，必須要採取穩當的方法，就像要「摸著石頭過河」，才會安全。但是他們卻受到毛澤東的強烈批判，致使無人敢再反對其經濟政策。在無人阻礙之下，毛澤東在工業方面發動「大躍進」，在農業方面實行「人民公社」兩項運動。後來，「總路線」、「大躍進」及「人民公社」合稱為「三面紅旗」。其中的「大躍進」以煉鋼為核心，全國人民投入大煉鋼運動。

三、農業的情況

毛澤東藉由農民革命起家，故在革命時期非常重視農業。早在1934年，他曾提出要將農業置於經濟建設工作的首位。但是他在革命成功後，卻將重心轉移至工業上。雖然毛澤東曾於1956年提出工業與農業必須同時並重的思想，在1957年1月的講話中，又強調發展農業對於加快工業化進程的重要性，號召大家重視農業，並提出「農業就是工業」的說詞。[9]然而他卻於1958年下半年，要求各級領導的工作重心要「適時地從農業和農村工作轉到工業建設」。[10]

在一切以發展工業為最高的經濟指導原則之下，農業成為輔助工業發展的角色，農民除了必須參加「大煉鋼」外，所有的農業資源也都被投入

---

[9]　馬泉山，〈毛澤東的獨特視角：「農業就是工業」〉。
[10]　黎青平，〈論毛澤東重視和發展農業的思想〉，《人民網》，http://www.people.com.cn/BIG5/shizheng/8198/30446/30451/2210650.html（檢索日期：2017年4月15日）。

工業建設上。另外，為了從農業擷取資源投入工業，中國當局學習前蘇聯的集體農莊的制度，將「高級農業合作社」合併為具有「一大二公」（就是規模大，公有化程度高）特色的「人民公社」，所有人民被強迫加入公社，企圖獲得規模經濟的效益。毛澤東曾於1958年表示：「還是辦人民公社好，它的好處是可以把工、農、商、學、兵結合在一起，便於領導。」因此當年8月29日，中共通過《中共中央關於在農村建立人民公社問題的決議》。從此，辦「人民公社」的運動在全國農村中開展。[11]

四、毛澤東經濟政策的失敗

中國政府於1958年5月16日開始，以「全民大煉鋼」為主的「大躍進」政策，全國民眾掀起大煉鋼的運動，各地一窩蜂地堆砌起一座座小高爐進行煉鋼。為了全力煉鋼，當時提出「鋼鐵元帥升帳」的口號，要求各部門、各地方必須將鋼鐵生產放在首位。公社社員、機關幹部、學校師生等投入鋼鐵生產中，打亂了正常的生產工作秩序。[12]而且，因為採取不科學的土法煉鋼方法，結果煉出一大堆無法使用的廢鐵，「大煉鋼」最終宣告失敗。美國哈佛大學經濟學人佩金斯（Perkins）稱：「大躍進是中國歷史上耗費巨大的一次災難。」[13]

而更為嚴重者，由於農村主要的青壯年勞動力都去煉鋼，而荒廢了農耕。而且「人民公社」實行集體所有制，大家養成吃「大鍋飯」的心態，不願意積極工作，當時流傳著「大鍋飯、養懶漢」的順口溜，嚴重影響農業收成，並沒有達到原本欲獲得的規模經濟成果。而且，為因應毛澤東的「以糧為綱」政策，全國農村執行毀林造田、圍湖造田等，破壞生態的

[11] 劉金田，〈鄧小平對人民公社的歷史思考〉，《人民網》，http://zg.people.com.cn/BIG5/ 33839/34943/34983/2641673.html（檢索日期：2017年4月15日）。

[12] 羅平漢，〈1958年全民大煉鋼鐵：神州遍地高爐 得不償失〉，《人民網》，http://news. china.com/history/all/11025807/20170117/30183070_all.html（檢索日期：2017年4月15日）。

[13] 〈歷史瞬間：西方人眼中的「大躍進」〉，《BBC中文網》，2015年2月2日，http://www. bbc.com/zhongwen/trad/china/2015/02/150202_anaysis_great_leap_forward_western（檢索日期：2017年4月15日）。

作為。[14]「大躍進」並沒有達到原本欲獲得的經濟成果，反而變成「大倒退」，並導致1959至1961年的大饑荒，造成無數人民餓死。學術界普遍認為，在「大躍進」期間，中國非正常死亡的人數約2,000萬至3,000萬之間。[15]

最後「三面紅旗」以慘敗收場，毛澤東在黨內巨大壓力下，不得不將國家主席的位置讓給劉少奇。劉少奇上台後，為應付全國性的大饑荒危機，修正毛澤東「重工輕農」的經濟思維，於1962年改採刺激農業生產的「三自一包」農村經濟政策，[16]曾經讓經濟一度好轉。但是後來毛澤東不甘心權力被奪，而發動一場維持十年之久的文革，再度讓中國的經濟陷入混亂，劉少奇則被扣以「走資本主義道路」的罪狀，於1969年被批鬥而死。故毛澤東當政時期，對於中國的經濟建設幾乎毫無貢獻可言，只有破壞作為。

根據淡江大學中國研究所李志強教授表示，中國採取計畫經濟，利用嚴密的行政體系集中有限的資源，用於發展重工業，雖然能於短期內獲致成效，但是此做法乃是以破壞私有財產權的方式完成，使經濟體制失去自我調節的能力，時間較久後，許多弊端也就逐漸地顯現出來，包括：（一）產業結構失衡。因為忽視輕工業，導致民生必需品匱乏及品質低劣的現象；（二）產能低落。因為勞工及農民的薪資不但微薄，而且固定不變，勞動誘因不足，無法激發生產動力，而導致產能低落；（三）訊息不透明。因為採取計畫經濟，企業無法自主依據市場需求規劃生產，一切依中央的計畫生產，導致同類產品生產過多，形成浪費；（四）企業效率低落。在計畫經濟制度下，企業的思想與行為被嚴格管制，失去創新的動

---

[14] 馬黑，〈毛澤東時代：失敗的人民公社〉，《天下論壇》，2015年4月1日，http://bbs.creaders.net/politics/bbsviewer.php?trd_id=1047693&blog_id=214071&language=big5（檢索日期：2017年4月15日）。

[15] 〈歷史瞬間：西方人眼中的「大躍進」〉，《BBC中文網》。

[16] 「三自」指自留地、自由市場、自負盈虧，「一包」即包產到戶。

力，並影響企業的效率。[17]毛澤東所採取的經濟發展策略，正如中國成語所云：「欲速則不達」，台語諺語也有言：「呷緊弄破碗」，因為「揠苗助長」，反而適得其反。

第二節　改革開放後的經濟發展

鄧小平於1978年上台後，採取「對內改革」及「對外開放」的「改革開放」政策，開始致力於經濟建設。一改過去毛澤東時期一切以政治掛帥，政治引導經濟，及「寧食社會主義的草，不吃資本主義的苗」的偏左思維。中國的經濟在改革開放之後，依循經濟原理，採取理性的政策，循序漸進，不但有所發展，在製造方面的發展更是極為快速，並成為「世界工廠」。故本節的標題稱為「經濟發展」，並依循上一節的模式，分別討論改革開放後，各位領導人時期的經濟發展情形及存在的問題。由於「改革開放」政策的成功，讓中國的經濟獲得大幅改善，國力及國際地位也都大幅提升，故成為國內各種考試的重點，讀者有必要加以留意。

一、鄧小平時期

（一）農業的改革

改革開放前，中國農村情況非常惡劣。安徽省鳳陽縣小崗生產隊的十八戶農民為求生存，於1978年自行決定師法1960年代初劉少奇掌政時所推行「三自一包」政策的方法，自行發展出「包產到戶」（或稱為「分田到戶」，俗稱「大包幹」）的生產模式。在生產資料公有的條件下，將耕地農作物與畜牧業、養殖業等承包給農戶負責，規定產量，並實行超產獎勵、減產賠償的做法，有別於「人民公社」以生產隊為單位的生產模

---

[17] 李志強，〈中國大陸的經濟體制與制度發展〉，張五岳主編，《中國大陸研究》，第2版（新北：新文京出版社，2007年），頁331-332。

式。[18]由於此舉違反當時公有制的意識形態，因此他們簽立「託孤狀」，偷偷展開此新制度。該新制度大幅提升農民的積極性，讓隔年的生產大豐收，改革成果震撼中國社會各界。當時在安徽省負責農村改革的省委第一書記萬里支持該制度，並在安徽省全面推廣，鄧小平也於1980年5月公開表態支持。[19]

　　當年9月，各省、市、自治區黨委書記舉行座談會，一致同意「包產到戶不會脫離社會主義軌道，沒有復辟資本主義的危險」。中共中央並且向全國下發《關於進一步加強和完善農業生產責任制的幾個問題》，於是「包產到戶」在全國範圍內廣泛推行。到了1982年6月，全國86.7%的生產隊實行包產到戶，打破「人民公社」的約束。[20]從1982到1984年，中共中央連續三年以《一號文件》，對「包產到戶」與「包幹到戶」[21]的生產責任制給予肯定，此等制度迅速在中國廣泛推行，「人民公社」制度隨之解體，從此讓中國農村揚棄過去集體經濟的道路。「包產到戶」後來更名為「家庭聯產責任承包制」。1999年修改憲法時，改為「家庭承包經營制」。該經濟制度使廣大農民獲得充分的經營自主權，激發農民的積極性，並提高農村的生產力。[22]

（二）工商業的改革

　　而在工商業的改革上，則無法像農業改革一樣迅速地在全國實施，因為發展工商業需要龐大的資金。由於中國過去禁止外國資金的進入，導致

---

[18] 〈什麼是「家庭聯產承包責任制」？〉，《台灣焦點通訊社》，2017年3月20日，http://www.eventsinfocus.org/issues/698（檢索日期：2017年4月15日）。

[19] 馬祥佑，〈鄧小平的經濟改革〉，趙建民主編，《中國研究與兩岸關係》，第4版，頁53-55。

[20] 〈104城市經濟改革——經濟特區成立〉，《davidzgt》。

[21] 是「包產到戶」的深化做法，農民擁有土地經營管理權，與國家簽訂承包合同，由農戶自行安排各項生產活動，根據承包合約內容上繳產品、公積金、農業稅等公共提留，剩餘部分完全由承包的農戶所有。農民稱：「保證國家的，交足集體的，剩下都是自己的。」〈什麼是「家庭聯產承包責任制」？〉，《台灣焦點通訊社》。

[22] 〈新中國成就檔案：家庭聯產承包責任制〉，《壹讀》，2014年11月5日， https://read01.com/ORAPoz.html（檢索日期：2017年4月15日）。

本身極度缺乏資金。例如，中國政府於1972年曾明確表示，不允許外國人在中國投資，中國也不向外國輸出資本。1974年外貿部的一篇文章也明確表示：「社會主義國家根本不會引進外國資本或共同開發本國或其他國家的資源，根本不會同外國搞聯合經營，根本不會低三下四地乞求外國的貸款。」[23]

但是為了經濟發展，中國必須引進外資。鄧小平採用「增長極」理論，實行經濟特區的實驗，給予特區各項行政、稅務的特權，以利大量吸引外資。在有限的資源限制下，他採取非均衡區域發展的策略，也就是「讓一部分人先富起來」。此經濟思維有別於毛澤東時期所採取全面、平衡、齊頭並進的發展觀點，及封閉保守的政策。[24]中共中央及國務院於1979年7月決定，在廣東省深圳、汕頭、珠海與福建省的廈門等城市，創辦經濟特區。以充分利用該等城市便於對外交流的區位優勢，賦予其特殊的經濟政策，開闢一條吸引外資，引進國外先進技術及管理經驗，走向國際市場的特殊渠道，積極拓展對外貿易。開闢一個進行綜合改革的實驗場，打開一個通向世界的窗口，包括技術、管理、知識及對外政策的窗口。[25]

經濟特區的設立使中國成為當時發展中國家吸收外資最多的國家，外商成為對中國經濟增長的主要貢獻者。此為鄧小平經濟改革中最有特色，影響最深遠的政策。[26]中國傳記作家餘瑋表示，中國之所以會採取「經濟特區」之名，而不採用其他國家所稱的工業區、貿易區、出口加工區、貿易合作區等，乃因為鄧小平表示要採取過去革命時期的「陝甘寧特區」的名字，而深圳成為中國首批經濟特區中的第一號特區。[27]後來許多經濟特

---

[23] 餘瑋，〈鄧小平和特區的故事〉，《中國共產黨新聞》，http://cpc.people.com.cn/BIG5/85037/85038/7759329.html（檢索日期：2017年4月15日）。
[24] 馬祥佑，〈鄧小平的經濟改革〉，趙建民主編，《中國研究與兩岸關係》，第4版，頁53。
[25] 宋長鎮，〈中國對外開放政策的發展與對外開放前景展望〉，《經濟理論與經濟管理》，第1期，1994年，頁53。
[26] 〈104城市經濟改革——經濟特區成立〉，《davidzgt》。
[27] 餘瑋，〈鄧小平和特區的故事〉。

區在中國如雨後春筍般成立，促進中國的經濟快速成長，成為全球成長最快的市場。[28]由於「改革開放」政策的成功，奠定了日後中國經濟發展的基礎，鄧小平也被譽為「中國現代化的總工程師」，後繼的領導人也都根據他的路線發展經濟。

　　另外，中國政府也採取幾項重大的改革措施，包括：1.恢復市場機能：下放權力，擴大企業自主權，容許在產品製造、銷售、資金使用、人事安排等方面，有更大的自主權，實行廠長負責制，建立職工代表大會制度，准許企業向職工發放獎金，開始試行市場觀念，企業之間可以展開競爭；2.改革中央與地方關係：由1980年起，開始實行新財政體制，准許收入比較多的省分保留一定比例的收益，使地方政府有資金可以作發展經濟用途。而且政府角色由無所不包，朝向規則制定者及仲裁者角色；3.發展多種經濟形式，容許個體經濟的活動。[29]

　　對於經濟發展的目標，鄧小平於1987年4月30日提出「三步走」的經濟發展戰略構想。後來中共於當年10月25日至11月1日所召開的「十三大」時根據此構想，提出「三步走」的總體經濟建設戰略目標：第一步目標，從1981年到1990年實現國民生產總值比1980年增加一倍，以解決人民的溫飽問題，當時的人均僅250美元，增加一倍達到500美元，此目標已於1980年代末實現；第二步目標，從1991年到20世紀末國民生產總值再增長一倍，人均達到1,000美元，人民生活達到小康水準，此目標也已完成；第三步目標，預計到21世紀中葉實現現代化，目標是人均達到4,000美元，以達到中等發達國家的水準。[30]

---

28 劉勝軍，〈英國金融時報：中國大陸經濟「奇蹟」的背後〉，《阿波羅新聞》，2011年12月27日，http://tw.aboluowang.com/2011/1227/230383.html（檢索日期：2017年2月7日）。

29 〈104城市經濟改革——經濟特區成立〉，《davidzgt》，2011年10月15日，https://ppt.cc/fIhcBx（檢索日期：2017年4月15日）。

30 「十五大」對「十三大」的「三步走」戰略進一步延伸為：21世紀第一個十年實現國民生產總值比2000年翻一番，使人民的生活更加寬裕，形成比較完善的社會主義市場經濟體制；再經過十年，於建黨一百週年時，使國民經濟更加發展，各項制度更加完善；於建國一百年時，實現現代化，建成富強民主文明的社會主義國家。此戰略被稱為「新三步走」，確定中國21世紀經濟社會發展的目標。

　　根據中國國家統計局2020年公布《中華人民共和國2019年國民經濟和社會發展統計公報》顯示，中國人均GDP突破1萬美元大關，該局表示這是人類歷史上的重大突破。[31]該局2021年公布的資料顯示，2020年人均GDP為10,504美元，連續二年超過1萬美元。[32]到了2022年，中國的人均GDP增長至12,741美元。但是，由於經濟低迷，加上人民幣貶值，中國2023年的人均國民總收入為12,597美元，反較2022年下降0.1%，是二十九年來首度下滑。[33]

　　另外，在「十三大」時，總書記趙紫陽做了題為《沿著有中國特色的社會主義道路前進》的報告，提出在「社會主義初級階段」，黨的基本路線是「一個中心、兩個基本點」。「一個中心」即是「以經濟建設為中心」，「兩個基本點」即是「堅持四項基本原則」、「堅持改革開放」。其中，經濟建設是中心，「四項基本原則」與「改革開放」這兩個基本點

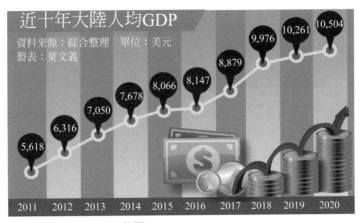

圖5-1　近十年中國人均GDP成長
資料來源：葉文義，〈中國企業入選世界500強取得新突破〉。

[31] 小山，〈中國人均GDP1萬美元 官方稱人類歷史重大突破〉，《法國國際廣播電台》，2020年1月17日，https://is.gd/aSfHpB（檢索日期：2021年12月10日）。

[32] 葉文義，〈中國企業入選世界500強取得新突破〉，《旺報》，2021年3月1日，https://www.chinatimes.com/newspapers/20210301000048-260303?chdtv（檢索日期：2021年12月10日）。

[33] 〈中國2023年美元計價人均收入 29年來首度下滑〉，《中央社》，2024年3月3日，https://www.cna.com.tw/news/acn/202403030176.aspx。

必須服從及服務此中心。中共的「十五大」報告將「堅持四項基本原則」
與「堅持改革開放」，分別概括為「立國之本」、「強國之路」，「十七
大」報告又將「堅持一個中心」稱為「興國之要」。亦即，「一個中心、
兩個基本點」為中國在「社會主義初級階段」的「興國之要、立國之本、
強國之路」。[34]

二、江澤民時期

（一）農業的發展情形

　　鄧小平時期對農業進行積極的改革，江澤民於1989年上台後，也重視
農業的發展。當時農民收入不斷提高，而且收入增長速度超過城市居民收
入的增長速度。[35]但是後來由於中國以開發經濟特區及吸引外資為重心，
並長期執行「以農養工」的政策，及採取嚴格的戶籍制度，使社會呈現二
元化結構，造成工農「剪刀差」[36]的效應擴大。因此，到了1990年代，農
民收入增長速度越來越緩慢。[37]此種不正常的發展，久而久之便出現許多
問題，中國人民大學農業與農村發展學院院長溫鐵軍博士於1996年就提出
農民、農村、農業的「三農」問題。

　　為了解決「三農」問題，1998年10月14日，中共「十五屆三中全會」
通過《中共中央關於農業和農村工作若干重大問題的決定》，特別強調

---

[34] 〈一個中心，兩個基本點〉，《人民網》，http://dangshi.people.com.cn/BIG5/165617/173273/10357183.html（檢索日期：2017年2月12日）。

[35] 王海坤，〈溫鐵軍：三農問題到了非解決不可的地步〉，《人民網》，2005年11月15日，http://theory.people.com.cn/BIG5/40553/3857573.html（檢索日期：2017年4月16日）。

[36] 指當一般物價上漲時，雖然農產品價格也同時上漲，但它上漲的幅度往往低於工業品價格上漲的幅度。而當物價下跌時，雖然工業品的價格也同時下跌，但它下跌的幅度往往低於農產品價格下跌的幅度。工業品價格呈上升趨勢，而農產品價格呈下降趨勢，二者猶如張開的剪刀形狀，因此稱為工農業產品價格的「剪刀差」。如果價格背離價值的差額越來越大，稱之為「擴大剪刀差」；反之為「縮小剪刀差」。〈剪刀差〉，《MBA智庫百科》，2015年10月15日，http://wiki.mbalib.com/zh-tw/%E5%89%AA%E5%88%80%E5%B7%AE（檢索日期：2017年4月16日）。

[37] 王海坤，〈溫鐵軍：三農問題到了非解決不可的地步〉。

「沒有農村的穩定就沒有全國的穩定，沒有農民的小康就沒有全國人民的小康，沒有農業的現代化就沒有整個國民經濟的現代化。」並提出發展小城鎮帶動農村經濟與社會發展的大戰略。[38]但是該《決定》似乎沒有解決農民的問題，因此於2000年初，湖北省監利縣棋盤鄉黨委書記李昌平致函總理朱鎔基提到「農民眞苦，農村眞窮，農業眞危險」的情況，以及出版《我向總理說實話》乙書後，「三農」問題才開始受到各界的關注。[39]

當年6月13日，中共中央與國務院同時發出的《關於促進小城鎮健康發展的若干意見》再次強調上述的《決定》中，有關發展小城鎮帶動農村經濟與社會發展的大戰略。該《意見》在改革戶籍制度、完善小城鎮的政府管理體制及各項政策支持等方面，提出重要的指導意見。[40]然而，當時存在許多的問題，包括：一些地方缺乏長遠、科學的規劃，小城鎮布局不合理；有些地方存在不顧客觀條件與經濟社會發展規律，盲目攀比及擴張；多數小城鎮基礎設施不配套，影響城鎮整體功能的發揮；小城鎮自身管理體制不適應社會主義市場經濟的要求。[41]因此，在江澤民於2002年卸任時，「三農」問題依然存在，並未獲得徹底的解決。

（二）工商業的發展情形

江澤民於1989年「六四天安門事件」後受鄧小平提拔臨危受命，成為中國最高領導人。他在經濟領域繼續著鄧小平「改革開放」與「經濟建設」的既定方針。然而，由於「改革開放」受到左派的掣肘，故江澤民執

---

[38] 中國共產黨，〈中共中央關於農業和農村工作若干重大問題的決定〉，《中國共產黨新聞》，1998年10月14日，http://cpc.people.com.cn/BIG5/64162/71380/71382/71386/4837835.html（檢索日期：2017年4月16日）。

[39] 陳重成，〈三農問題——農民眞苦、農村眞窮、農業眞危險〉，http://www.mac.gov.tw/public/MMO/MAC/%E4%B8%89%E8%BE%B2%E5%95%8F%E9%A1%8C4-3.PDF（檢索日期：2017年4月12），頁1。

[40] 王駿，〈試論江澤民的「三農」思想〉，《中共中央文獻研究室》，2015年12月17日，http://www.wxyjs.org.cn/sgdbzysxyj/201512/t20151217_208658.htm（檢索日期：2017年4月16日）。

[41] 〈中共中央、國務院關於促進小城鎮健康發展的若干意見〉，《維基文庫》，2009年7月24日，https://ppt.cc/fuvvCx（檢索日期：2017年4月16日）。

政初期，曾與李鵬、姚依林合作，打擊民營經濟，恢復計畫經濟與中央集權制度。他並與被稱為「左王」的黨內保守派代表人物前中宣部部長鄧力群合作，推行「反和平演變」整頓活動，導致1990至1991年經濟大幅下滑。鄧小平為了排除左派的反對，於1992年1月18日至2月21日赴武昌、深圳、珠海、上海等地進行南巡，並發表重要的講話，其內容主要是鼓勵改革派，警告左派，以展現其「改革開放」的決心。江澤民瞭解鄧小平改革的強烈企圖後，返回以經濟發展為主軸的路線。[42]

在鄧小平南巡後，排除了左派的阻力，中國從此加快邁開「改革開放」的腳步。鄧小平於1997年2月去世後，江澤民於當年9月12日召開「十五大」中發表《高舉鄧小平理論偉大旗幟，把建設有中國特色社會主義事業全面推向21世紀》報告，論述中共在「社會主義初級階段」的基本綱領，即建設「有中國特色社會主義」的經濟，就是在社會主義條件下發展市場經濟，不斷解放與發展生產力。他並稱，「初階論」強調中國國情仍落後，不能實行社會主義高級階段的政策，應利用資本主義國家實現現代化的做法，協助中國發展經濟。學者劉嘉恆表示，中國的「初階論」即為市場經濟「補課論」，是以「初級階段為名，行資本主義之實」。[43]

上海師範大學歷史系蕭功秦教授表示，江澤民之所以要再度重提鄧小平的「社會主義初級階段論」，乃是欲回擊左派的政治挑戰，因為它也提供大刀闊斧地進行國企改革所需要的意識形態合法性資源。「初階論」列入中共「十五大」的文件中，使中共在市場化改革與共黨意識形態合法性之間，取得穩定理論結合點。就意識形態合法性而言，江澤民強調「社會主義初階論」，作為中共高層政治與黨的指導路線，一則可高舉鄧小平理論旗幟，繼承鄧小平政治權威合法性；另可作為深化經濟改革，改革國有

---

[42] 王官德、劉承宗、李化成等，《中國共產黨史》（台北：五南圖書出版社，2003年），頁555。
[43] 劉嘉恆，〈中共對資產階級定位之研究〉，頁91。

企業的指導。[44]江澤民在擺脫了左派的意識形態糾葛之後，全力執行「改革開放」政策，中國的GDP長期以兩位數高度成長，成為經濟成長最快速的國家。個體經濟、私營企業及三資企業[45]蓬勃的發展。

另外，在江澤民時期的重要經濟成就，為中國於2001年12月11日正式加入「世界貿易組織」（World Trade Organization, WTO），成為該組織第143個成員，代表中國國際貿易更加開放，與世界經貿交流將更為緊密，向市場經濟轉化步伐更加迅速。「入世」是中國改革開放的進一步延續與發展，就其影響的深刻程度言，不亞於1980年代初之「改革開放」，故有「第二次改革開放」之稱。[46]

三、胡錦濤時期

（一）農業的發展情形

胡錦濤執政時期，中國基本上已經脫離了貧窮。但是由於當時中國仍在盲目追求經濟成長，造成區域發展不平衡、所得差距擴大、環境污染等後遺症，「三農」問題也持續惡化。[47]農民所得不但未受到合理的保障，而且須面對繁重的稅賦，經常造成廣大農民的抗爭。為了解決「三農」問題，時任總理的溫家寶於2002年1月提出「多予、少取、放活」，[48]作為增

---

[44] 蕭功秦，〈從「社會主義初階論」看中國意識形態的轉型——兼論鄧後時期中國政治發展的可能性〉，《當代中國研究》，第4期，1998年，http://www.modernchinastudies.org/cn/issues/past-issues/63-mcs-1998-issue-4/463-2011-12-29-18-13-29.html（檢索日期：2017年4月17日）。

[45] 指在中國境內設立的中外合資經營企業、中外合作經營企業、外資企業等三類外商投資企業。

[46] 中華民國國防部軍事情報局，《中共「十六屆三中全會」評析專輯》（台北：中華民國國防部軍事情報局，2003年10月），頁26。

[47] 陳亨安，〈中國大陸國有企業扮演角色之研究〉，《經濟研究》，第13期，2012年7月，頁561。

[48] 「多予」就是要加大對農業的投入，為農民增收創造條件；「少取」就是減輕農民負擔，保護農民合法權益；「放活」就是搞活農村經營機制，消除體制束縛與政策障礙，給予農民更多的自主權，激發農民自主創業增收的積極性。〈多予、少取、放活〉，《百度百科》，2006年10月7日，https://ppt.cc/fxenqx（檢索日期：2017年4月17日）。

加農民收入的「總指導思想」。

　　爲了進一步減輕農民的負擔，於2005年12月30日召開的「第十屆全國人大常委會第十九次會議」通過決定，自2006年起廢止《中華人民共和國農業稅條例》，全面取消農業稅，讓9億農民不用再繳納農業稅。農村稅費改革不僅取消了原來336億元的農業稅賦，而且取消700多億元的「三提五統」與農村教育集資，還取消各種不合理收費，並且給予各種的補貼。[49]從此，農民與城市居民一樣，都是平等的納稅人。

　　根據《新華社》報導，取消農業稅具有重大的社會意義，標誌中國告別城市向農村汲取稅費，及中國進入城市支持農村發展的時代。但是取消農業稅後，對鄉鎮財政收入造成很大衝擊。因爲鄉鎮財政收入中，農業稅占比重相當大，而且越是經濟落後地區，對農業稅的依賴越大。取消該稅後，農村公路與水利等設施的建設資金籌措困難，村幹部只好向銀行貸款，造成舊帳未了又產生新債的現象。國務院發展研究中心農村經濟研究部部長韓俊指出，縣鄉財政困難已成爲普遍性問題，若縣鄉財政不能擺脫困境，不僅無法減輕農民負擔，還會嚴重影響農村社會事業的發展。[50]

（二）工商業的發展情形

　　中國在鄧小平的唯經濟發展論指導思想之下，主張「發展是硬道理」，及採取「讓一部分人先富起來」的不均衡經濟發展策略。在鄧小平及江澤民兩人主政之下，讓中國經濟迅速發展，成爲「世界工廠」。但是因爲過於強調經濟發展的重要性，優先於社會公平與環境平衡，久而久之，許多負面效應逐漸浮現出來，包括貧富差距擴大、貪污浪費、流血輸出、環境生態遭到嚴重破壞，四分之一的河水甚至髒到不能用於灌溉，

---

[49] 〈中國全面取消農業稅後農民人均減負約140元〉，《新華網》，2006年10月7日，http://big5.xinhuanet.com/gate/big5/news.xinhuanet.com/newcountryside/2006-10/17/content_5214037.htm（檢索日期：2017年4月17日）。

[50] 〈「後農業稅」時代，基層財政壓力隱增〉，《新華每日電訊》，2006年10月7日，http://big5.news.cn/gate/big5/news.xinhuanet.com/mrdx/2006-01/04/content_4006907.htm（檢索日期：2017年4月17日）。

各地也不斷爆發徵地衝突，而且中國已成爲全球排放二氧化碳最多的國家。[51]

因此，胡錦濤於2002年上台後，所面對的是一個不和諧的社會。爲了解決這些問題，於2003年7月28日的講話中提及「科學發展觀」的理念，強調政治、經濟、文化、社會的均衡發展，希望能解決經濟發展所帶來的諸多問題，以實現和諧的社會。這兩個觀念都是針對近三十年來，中國不計代價追求經濟成長，忽略公平正義與相應制度建設所導致的問題。中共並於2005年10月11日召開的「十六屆五中全會」通過《中共中央關於制定國民經濟和社會發展第十一個五年規劃的建議》（「十一五」規劃），強調要堅持以「科學發展觀」統領經濟、社會發展全局，重要的原則就是要加強「和諧社會」建設。[52]

中共後來於2007年10月召開「十七大」時，將「科學發展觀」與「和諧社會」的主張寫入黨章，確立了中國經濟與社會轉型的主要方向，可說是對鄧小平經濟路線的修正。[53]在胡錦濤主政十年期間，經濟高速增長，中國於2010年擠下日本，成爲僅次於美國的世界第二大經濟體（見圖5-2）。澳洲駐北京記者加諾特（John Garnaut）表示，在胡錦濤任內，讓更多窮人快速致富，這個數字超過了歷史上的任何時期。雖然大多數中國人民的物質生活獲得改善，但是胡錦濤仍未能解決腐敗、貧富差距與政治僵化的問題。[54]

---

51 文現深，〈胡錦濤時代全面開啓〉，《天下雜誌》，第383期，2011年4月13日，http://www.cw.com.tw/article/article.action?id=5003387（檢索日期：2017年4月18日）。

52 李君如，〈構建社會主義和諧社會的科學發展觀〉，《人民網》，2005年12月28日，http://theory.people.com.cn/BIG5/40764/55946/55948/3982808.html（檢索日期：2017年4月18日）。

53 文現深，〈胡錦濤時代全面開啓〉。

54 〈專家：胡錦濤未來十年影響猶存〉，《BBC中文網》，2013年3月14日，http://www.bbc.com/zhongwen/trad/china/2013/03/130314_hujintao_legacy_brown_garnaut.shtml（檢索日期：2017年4月18日）。

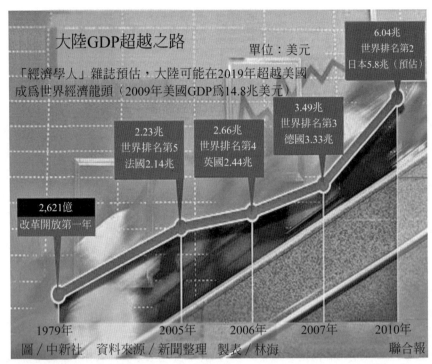

圖5-2　中國GDP成長概圖

資料來源：孫慶龍，〈全球第二中國GDP超日追美 15兆人民幣內需財〉，《經濟日報》，2011年1月21日，https://ppt.cc/fmxdhx（檢索日期：2017年4月18日）。

四、習近平時期

（一）農業的發展情形

　　農業向來為世界各國普遍重視，尤其是中國自古以農立國，而且中國農業人口龐大，因此歷任的中國領導人均不敢忽視其存在，紛紛提出解決農業問題及有利農民的相關政策，中國第五代領導人習近平也不例外。為了根本解決長期存在的「三農」問題，他於2015年11月召開的中共中央財經領導小組第十一次會議上，指出「在適度擴大總需求的同時，著力加強供給側結構性改革，提高供給體系質量和效率，增強經濟持續增長動

力。」從此，「供給側結構性改革」（簡稱「供給側改革」）的問題迅速地引起理論界討論。[55]

習近平於2016年4月24日至27日在安徽進行考察調研時強調，全面深化改革，首先要刀刃向內、敢於自我革命，重點要破字當頭、迎難而上，根本要激發動力、讓人民群眾不斷有獲得感。這就要求農業在實現現代化的同時，也要讓更多的農民從中受惠。[56]他另於當年12月召開的中央農村工作會議指出，要推進結構型改革，要在確保糧食安全基礎上，著力優化產業產品結構，要把發展農業適度規模經營與農業脫貧攻堅結合起來，與推行新型城鎮化相適應。[57]

何謂「供給側結構性改革」？根據《人民日報》報導稱，可用「供給側＋結構性＋改革」的公式來理解，即從提高供給品質出發，用改革的方法推進結構調整，矯正要素配置扭曲，擴大有效供給，提高供給結構對需求變化的適應性與靈活性，提高要素生產率，更加滿足廣大人民群眾的需要，促進經濟社會持續健康發展。在擴大總需求的同時，要著力加強供給側結構性改革，實施「五大政策支柱」，即「宏觀政策要穩、產業政策要準、微觀政策要活、改革政策要實、社會政策要托底」。[58]

上述對於「供給側改革」的論述不容易讓人理解，我們可用較為簡易的方法解釋。例如有一家賣「習大大包子」的商店，採取人工生產，每顆包子賣2塊人民幣，成本為1塊人民幣，所獲得的利潤為1塊人民幣，每天做100顆包子，利潤為100元人民幣。有一天老闆退休不幹了，將店面頂讓出去，而新老闆採取新策略，購買了製造包子的機器，不但將生產成本降

---

55 江維國，〈我國農業供給側結構性改革研究〉，《現代經濟探討》，第4期，2016年，頁15。

56 〈深化農業改革：習近平描繪的「三農夢」路線圖〉，《中國新聞網》，2016年12月23日，http://www.chinanews.com/gn/2016/12-23/8103233.shtml（檢索日期：2017年4月18日）。

57 〈習近平：農業供給側改革作為農村發展主線〉，《信報財經新聞》，2016年12月20日，https://ppt.cc/fZl40x（檢索日期：2017年4月18日）。

58 龔雯、許志峰、王珂，〈供給側結構性改革引領新常態〉，《人民日報》，2016年1月4日，版1。

至0.5塊人民幣，讓利潤增加爲1.5塊人民幣，而且因爲以機器生產，每天不但可以加倍生產至200顆包子，利潤也增加至300元人民幣，比原來的利潤多出三倍之多，而且每顆包子的品質都一樣，不會因爲人工製造而產生品質不穩定的問題。由此例子可知，老闆因爲改變了生產的結構（供給側結構），因此改善了生產效率及品質，並提高了利潤。

中國學者吳海峰將中國的農業發展分爲三個階段：第一階段以提高產量，著重增加糧食供給爲特徵；第二階段以支持農產品價格，著重解決農村貧困爲特徵；第三階段以調整優化農業結構，著重提高農業效益爲特徵。過去，中國農業尤其是糧食生產的主要目標是增加產量，以保障農產品的供應量。「十二五」時期，在不斷的支農惠農政策激勵下，農業發展取得顯著的成效，糧食產量也大增。隨著經濟發展及人民收入提高，農產品消費結構發生了改變，人民不再要求「吃飽」，而是要求「吃好」。但是由於農業結構跟不上市場結構的變化，中高級農產品供應不足，農業多功能開發不夠，無法滿足新興需求，產生供需矛盾及出現大量農產品滯銷。因此，必須推動「供給側改革」，提高農業供給的質量與效益，也才能更加提高農民的收益。[59]

農業的「供給側改革」成爲「十三五經濟規劃」中農業經濟發展的主軸，由「國家發展和改革委員會」於2016年10月印發的《全國農村經濟發展「十三五」規劃》中，明確提出以農業的「供給側改革」爲主軸，轉變農業發展方式，推進農村產業融合。並提出至2020年，中國農產品供給保障體系更加健全有效，農村經濟發展更加繁榮協調，農民生活水準與質量普遍提高，生態環境質量總體改善，農村經濟體制更加成熟。[60]

中國當局除了對農業進行「供給側結構性改革」外，並實施土地「三

---

[59] 吳海峰，〈推進農業供給側結構性改革的思考〉，《中州學刊》，第5期，2016年5月，頁38。

[60] 張雯，〈農業經濟發展「十三五」規劃出爐：鎖定供給側結構性改革主線〉，《每日頭條》，2016年11月8日，https://kknews.cc/agriculture/l822j22.html（檢索日期：2017年4月19日）。

權分置」的新制度。這是繼「家庭承包經營制」後，農村土地改革的又一重大制度創新，爲農民增收提供制度保障。「三權分置」就是將「承包經營權」分爲「承包權」與「經營權」，土地所有權仍爲國有不變，而承包權歸農戶，經營權則歸經營權人。也就是農民可將所承包的土地轉租出去，但規定僅能用於農業用途。該新制度有利於促進土地經營權的優化配置，提升土地產出率、勞動生產率與資源利用率，爲加快轉變農業發展方式，發揮適度規模經營在現代農業建設中的引領作用，希望能夠創造高效、安全、節約、環保的新型現代化農業。[61]習近平於2020年11月宣布，將「農村土地承包制」再延三十年。

中共爲了解決「三農」問題，從1982年迄今，已經陸續發布了26份中央一號文件涉及此問題，而且在習近平任內就發布了12個指導三農工作的中共中央一號文件，可見此問題的嚴重性。根據《人民網》報導，習近平積極推動「脫貧攻堅」政策，近年來「三農」工作取得了顯著成就，但是農業基礎還不穩固，城鄉區域發展與居民收入差距仍大，城鄉發展不平衡、農村發展不充分仍是社會的主要矛盾。[62]因此，中共於2023年2月13日公布的中央第一號文件《關於做好2023年全面推進鄉村振興重點工作的意見》，重點強調糧食安全與「三農」問題，顯示「三農」問題迄今仍未獲得良好的解決。

另外，中共2024年2月3日發布的中央第一號文件題爲《中共中央國務院關於學習運用「千村示範、萬村整治」[63]工程經驗有力有效推進鄉村全面振興的意見》，共分爲六個部分，包括：確保國家糧食安全、確保不發生規模性返貧、提升鄉村產業發展水平、提升鄉村建設水平、提升鄉村治

---

[61] 〈深化農業改革：習近平描繪的「三農夢」路線圖〉，《中國新聞網》。
[62] 〈堅持把解決好「三農」問題作爲全黨工作重中之重 舉全黨全社會之力推動鄉村振興〉，《人民網》，2022年3月31日，http://politics.people.com.cn/BIG5/n1/2022/0331/c1001-32389112.html。
[63] 「千村示範、萬村整治」工程（簡稱「千萬工程」），是習近平主政浙江省時振興農村發展的工作方法和推進機制。2024年的中共中央一號文件提到，要向全國農村推廣此工程。

理水平、加強黨對「三農」工作的全面領導。[64]根據旅居英國倫敦的中國「六四」民運人士邵江表示,「三農」問題無法解決的根本原因,是中共嚴厲鎮壓農民自組織,剝奪農民自己組織生產與選擇自己生活的可能。[65]

接者,中國政府於2024年6月28日頒布《農村集體經濟組織法》,預計將於2025年5月1日實施。這是中國第一部有關農村管理的法律,因為長期以來,中共管理農村社會的辦法都是發布政策,很少用法律來規範。[66]該法律涉及農村集體經濟組織的性質、財產管理、決策機制和內部監督等方面,旨在通過立法保障農民的權益,提升農村經濟的活力。中國政府認為,此法律推動鄉村振興,也是農村經濟現代化的重要舉措,能夠有效保護農民的權益,確保農村經濟可持續發展。但有學者對該法表示質疑,擔心法律的實施會加強政府對農村的控制,限制農民的自主權,甚至可能回到毛澤東時期的人民公社化,進一步收緊社會自由度。[67]

由於中國的三農問題仍然嚴重,尤其是城鄉差距一直被各界所詬病。因此於2024年7月18日,中共第二十屆三中全會所通過《中共中央關於進一步全面深化改革、推進中國式現代化的決定》中就提到,「城鄉融合發展是中國式現代化的必然要求」,要努力縮小城鄉差別,促進城鄉共同繁榮發展,深化土地制度改革。其做法包括要加快構建新型農業經營體系,賦予農民更多財產權利,如集體土地的處置權、抵押權和轉讓權;以及推進城鄉要素平等交換和公共資源均衡配置,破除單向地把農村生產要素抽向城市的巨大抽水機體系,讓城鄉要素平等交換,城鄉互動,實現城鄉雙重循環反復的鏈接,讓城裡的人力、物力、財力也能夠向鄉村轉移,從而

---

[64] 李正鑫,〈中共中央一號文件 習近平還要求守兩個底線〉,《看中國》,2024年2月5日,https://www.secretchina.com/news/b5/2024/02/05/1055032.html。

[65] 邵江,〈從2023年中共一號文件看三農問題的制度成因〉,《洞察中國》,2023年2月28日,https://insidechina.rti.org.tw/news/view/id/2160508。

[66] 〈談三農:農村集體經濟是中共捆綁農民的繩索〉,《大紀元》,2024年7月16日,https://www.epochtimes.com/b5/24/7/16/n14291754.htm。

[67] 張亞柔,〈習近平惡法?振興農村經濟還是縮緊社會自由?〉,《自由時報》,2024年7月15日,https://talk.ltn.com.tw/article/breakingnews/4736906。

實現城鄉一體化。

（二）工商業的發展情形

中國經濟在經過長期兩位數快速成長後，近幾年的成長速度不再像過去一樣快速，逐漸出現趨緩的現象，並已經成為其經濟發展的常態現象。習近平於2014年5月在河南進行考察工作時首次提及「經濟發展新常態」（簡稱「新常態」），[68]以概括中國目前的經濟發展情況。例如2015年中國的GDP成長率降為6.9%，創二十五年來新低。也是中國自1990年以來，全年GDP成長首次跌破7%（如圖5-3）。

根據《南華早報》資深編輯黃忠清表示，這是習近平政府對中國經濟發展的最新總結。經過三十年以加工出口為導向的製造業，及以國家主導的大規模基建投資，這兩個經濟增長模式已經走到了極限，無太多的發

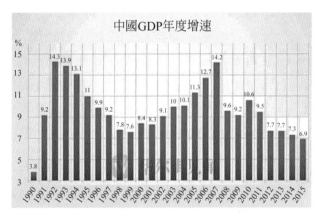

圖5-3　中國1998至2015年GDP圖
資料來源：盧宏奇、楊家鑫，〈中國大陸2015年GDP成長率僅6.9% 創25年來新低〉，《中國時報》，2016年1月19日，http://www.chinatimes.com/realtimenews/20160119002386-260410（檢索日期：2016年12月16日）。

---

[68] 「經濟發展新常態」（New Normal of Economy）乙詞最早是由美國太平洋基金管理公司總裁埃里安（Mohamed El-Erian）所提出。

展空間了。《路透社》分析稱，引領中國平穩應對「新常態」，應爲習近平政府執政的主軸。[69]由於中國經濟不再以兩位數高度成長，中國政府於2015年的工作報告提出，將致力追求「保持中高速增長，與邁向中高端水平」兩個目標，又稱爲「雙目標」。

習近平爲了提振經濟，不但在農業方面倡導「供給側改革」，在工商業也是如此，以作爲解決中長期經濟問題的根本之道。但是習近平的「供給側改革」，與西方經濟學中「供給學派」（Supply-side Economics）的論述不同。因爲根據該學派，供給會自動創造需求（即薩伊理論，Say's Law），應該從供給面推動經濟發展。經濟政策應當著力於消除不利於生產要素供給與利用的因素，減少政府對供給面的干預，以充分發揮市場機制、鼓勵生產，使生產要素供需達到均衡與有效利用。[70]

淡江大學中國大陸研究所李志強副教授表示，若將此理論應用在中國的經濟，就是降低市場進入門檻、實施國民待遇均等化；減少壟斷程度、放寬行政管制；調降融資成本、減稅讓利民衆；放鬆對土地、勞動、技術、資本、管理等生產要素的供給限制，如此才能營造競爭的供給面環境，有利於提升各產業的生產品質。然而，目前中國經濟最大的問題在於產能過剩，因此其經濟改革的最大目標就是要讓過剩產能退出市場，[71]而非供給不足的問題，故習近平的「供給側改革」與經濟學理論中的「供給學派」的論述不同。[72]

總理李克強於2015年12月14日召開的「中央經濟工作會議」正式提出改革的目標，要完成「去產能、去庫存、去槓桿、降成本、補短板」（三

---

[69] 〈視點：新常態──告別經濟高速增長〉，《BBC中文網》，2014年12月12日，http://www.bbc.com/zhongwen/trad/china/2014/12/141212_newnormal_huang（檢索日期：2017年4月2日）。

[70] 李志強，〈近期中國大陸推動供給側結構性改革簡析〉，《中國與兩岸情勢簡報》，2016年6月，頁7。

[71] 同前註，頁7。

[72] 石雅茹，〈中國推行「供給側改革」評析〉，《展望與探索》，第14卷第8期，2016年8月，頁104。

去一降一補）五大重點任務。顯示中國當局對於「供給側改革」，已經提升到過去從未有過的重視程度。[73]「去產能、去庫存、去槓桿、降成本」都比較容易瞭解，而何謂「補短板」？此名詞源於經濟學中的「木桶理論」，表示木桶的裝水容量最多只能達到擋板中最短一塊的高度，要增加水桶的裝水量，就必須將短板補上，故「短板」的意思即為「缺點」。

中國經濟的短板甚多，較有代表性的有三大短板。第一是有效投資的短板，中國諸多經濟問題來自無效投資，導致產能過剩的問題。而有效投資是經濟長期成長的重要因素，如果能將產業升級、技術革新、生產率提高，此經濟短板就能補上；第二是制度的短板，要改善無效投資，就要先將這塊短板補上。在無力實施政治體制改革的現狀下，只能靠其他辦法，例如於2016年所推出的地方政府權力與責任清單；第三是服務的短板，中國經濟欲持續成長就必須要創新，而創新需要完善的服務，先進國家的服務業比例高達70%，而中國不足40%，因此補上這塊短板相當重要。其中，提升有效投資為短期目標，改善制度為中期目標，完善服務業則為長期目標。[74]

其實，有關中國經濟結構與去產能的論述，在過去幾年已經被多次提及，此次再度提出來，證明過去的努力已經失敗。根據英國倫敦皇家國際關係研究院（Chatham House）研究員麥登（Meidan）表示，所謂「供給側改革」內容（如去庫存、減產能等）並無太多新意，這些政策在中國政府過去的公報中都已提及過，而習近平現在特別提出此問題，顯示這些問題已迫在眉睫，而且必須解決，才能保證中國經濟長遠的發展。[75]

對於中國經濟的發展情形，根據親中媒體《香港01》創辦人于品海表

---

[73] 李志強，〈近期中國大陸推動供給側結構性改革簡析〉，頁6。
[74] 〈補短板〉，《MBAlib》，2016年10月29日，http://wiki.mbalib.com/wiki/%E8%A1%A5%E7%9F%AD%E6%9D%BF（檢索日期：2017年5月3日）。
[75] 〈透視中國：經濟「供給側改革」會成功嗎？〉，《BBC中文網》，2016年2月17日，http://www.bbc.com/zhongwen/trad/indepth/2016/02/160217_focusonchina_china_economy（檢索日期：2017年4月20日）。

示，改革開放之後，中國的發展理念走過三個歷史階段：鄧小平的「發展是硬道理」膾炙人口、深入人心；後來胡錦濤提出了「科學發展觀」，要求可持續、以人爲本、全面、協調的發展，使大家普遍意識到發展必須是科學的。在前面兩種發展理念的基礎上，習近平認爲中國已經「積累的雄厚物質基礎、豐富人力資源、完整產業體系、強大科技實力，以及具有最大最有潛力的市場」，讓中國進入歷史的「新發展階段」。爲了建設「中國特色社會主義現代化強國」，中國需要「新發展理念」，包括：創新、協調、綠色、開放、共享等五個範疇，亦即中國未來的經濟必須是創新發展、協調發展、綠色發展、開放發展、共享發展。[76]

　　但是近年來，美國對中國發動的貿易戰與科技戰，尤其是對高科技晶片產業的「小院高牆」封鎖戰略，掐住了中國科技發展的脖子，讓其經濟遭受重創。爲了突破此困境，習近平於2024年1月31日在主持中共中央政治局集體學習時，再次強調要推進他近年來多次提出的「高品質發展」，並稱該戰略重要的著力點是要推動「原創性、顛覆性科技創新」，進而發展「新質生產力」。分析家認爲，「新質生產力」新詞彙的提出，反映出美中科技戰開打以來，習近平對於中國科技落後的焦慮感更加迫切，因此不惜集中全國人力、物力，專注發展能夠「彎道超車」的新科技。[77]

　　中共中央喊出「高品質發展」，近年來已成爲江蘇等經濟大省招商引資時的考慮因素。中華民國全國工業總會大陸處處長黃健群長期觀察台商在中國的處境歸納出，只要能跟新能源汽車等「高新技術」沾上邊者，就有機會拿到各種優惠、減稅政策；反觀紡織業等傳統產業，就算環保做得再好，也會被官員暗示轉移到相對落後的省分。中國政府推動經濟轉軌

---

[76] 于品海，〈解構二十大‧五｜什麼是新發展理念和新發展格局〉，《香港01》，2022年12月22日，https://www.hk01.com/article/848954?utm_source=01articlecopy&utm_medium=referral。

[77] 莊志偉，〈習近平大談「新質生產力」分析：反映科技落後焦慮感〉，《美國之音》，2024年2月6日，https://www.voacantonese.com/a/china-s-xi-jinping-pushes-disruptive-innovation-20240205/7471797.html。

有明確三大方向，首先要「低轉高」，擺脫位處全球供應鏈底端的位置；其次要「外轉內」，以內需市場作為經濟成長的新動能；還有要「虛轉實」，就是要促使人才、資源回流實體經濟，避免陷入資本泡沫。[78]

但美國華盛頓的「資訊與戰略研究所」經濟學者李恆青則認為，各國的科技創新與發展模式都是在市場供需關係中應運而生，人們因應市場需求發揮創新能力，再由市場擇優汰劣，此過程從來不是菁英階層或執政者所能倡導發生。習近平創出「新質生產力」新名詞，並無助於解決中國的經濟問題。中國蓬勃發展的新能源汽車，並非原創性產品，而是依靠政府大量補貼，以低價方式出口奪取市占，歐洲國家已開始對中國電動車展開反傾銷調查，未來中國在該領域會面臨很大的挑戰。我國防安全研究院學者梁書瑗也認為，光靠新能源車等重點產業的突破並不足以拉動中國整體經濟成長，中國在推動「高品質發展」的過程中，強調要「建立高標準市場體系」和「擴大水平對外開放」，但最近卻動輒將經濟議題上升到國安問題，政策的矛盾與不穩定對吸引外資和經濟發展帶來負面影響。[79]

（三）對習近平經濟改革的評估

習近平於2012年12月31日在主持十八屆中共中央政治局第二次集體學習時指出，必須堅持社會主義市場經濟的改革方向，堅持對外開放的基本國策，以更大的政治勇氣與智慧，不失時機深化重要領域改革，朝著「十八大」指引的改革開放方向奮勇前進。[80]他並稱：「摸著石頭過河，是富有中國特色、符合中國國情的改革方法。摸著石頭過河就是摸規律，從實踐中獲得真知。摸著石頭過河和加強頂層設計是辯證統一的。」中共於2013年11月9日至12日召開「十八屆三中全會」後，所公布的《中共中央關於全面深化改革若干重大問題的決定》也強調，必須「加強頂層設

---

[78] 同前註。
[79] 同前註。
[80] 〈習近平強調：以更大的政治勇氣和智慧深化改革〉，《新華網》，2013年1月1日，http://news.xinhuanet.com/politics/2013-01/01/c_114223419.htm（檢索日期：2017年5月3日）。

計[81]和摸著石頭過河相結合」。[82]

另外，2016年9月3日，習近平出席在杭州舉行的「二十國集團工商峰會」（B20峰會）開幕式，並發表題為〈中國發展新起點全球增長新藍圖〉的演講時表示，一個13億多人口的大國實現現代化，在人類歷史上沒有先例可循。中國的發展要走一條屬於自己的道路，要「摸著石頭過河」，不斷深化改革開放，不斷探索前進，開創與發展中國特色社會主義。[83]由上述習近平對改革的論述，可見他欲積極進行改革的決心。至於其改革是否會成功，各界評估不一。

前世界銀行中國部門主管、史丹佛大學（Stanford University）經濟學教授的霍普（Hope）表示，這些「老生常談」的話題仍未涉及問題的根本：金融與資本市場。「這些計畫並沒有足夠強調金融改革，及允許金融與資本市場發展出配置資源的能力。」「供給側改革」的根本應該是讓市場發揮更大的作用，而中國的經濟資源配置仍然由官方所主導，其中邏輯自相矛盾。但是前述的麥登表示「習近平是個十分強勢的領導人，他在過去幾年也已經證明，只要他想做，就能夠動用資源促成改革，比如向來艱難的油氣價格改革[84]等。」[85]

---

[81] 「加強頂層設計」是指設立「國家安全委員會」（簡稱「國安委」）與「中央全面深化改革領導小組」（簡稱「深改組」）。張執中，〈中共十八屆三中全會評析〉，《展望與探索》，第11卷第12期，2013年12月，頁2。

[82] 〈韓振峰：「摸著石頭過河」改革方法的來龍去脈〉，《中國共產黨新聞網》，2014年4月21日，http://theory.people.com.cn/n/2014/0421/c40531-24920132.html（檢索日期：2017年5月3日）。

[83] 〈習近平：「摸著石頭過河」不斷深化改革開放〉，《鳳凰財經》，2016年9月30日，http://finance.ifeng.com/a/20160903/14856851_0.shtml（檢索日期：2017年5月3日）。

[84] 中國國務院於2017年5月公布〈關於深化石油天然氣體制改革的若干意見〉，未來民間企業可進入油氣探勘領域，打破三桶油（中石油、中石化、中海油三個石油企業）壟斷的地位，同時，輸油氣管路有機會向第三方廠商開放，天然氣也有降價的空間。中國將逐步開放油氣勘查開採體制，提升資源保障能力。在保護性開發的前提下，允許符合准入要求的市場主體參與油氣勘查開採，逐步形成以大型國有油氣公司為主導、多種經濟成分共同參與的勘查開採體系，此政策屬於深化國有油氣企業改革的一環。龔俊榮，〈透視中國：經濟「供給側改革」會成功嗎？〉，《中國時報》，2017年5月23日，〈油氣改革上路 民企打破油勘壟斷〉（檢索日期：2017年5月23日）。

[85] 〈透視中國：經濟「供給側改革」會成功嗎？〉，《BBC中文網》。

而「供給側改革」的最大問題及阻礙為國有企業，因為該種企業仍是中國經濟的主體，但卻不是最有效率的經濟單位。中國經濟評論人士均認為，若中國當局真要下決心轉型經濟結構，必須讓一些效率低的國有企業破產。但是朱鎔基舊部屬、經濟學者高西慶就曾表示，去產能並非易事，在中國的體制下，一貫以「穩定壓倒一切」作為優先，而去產能勢必面臨裁員的問題，這是中國目前的最大矛盾。在去產能過程中，國有企業這個利益集團是最大的難題。[86]而且於2015年底所召開的經濟工作會議上，中國經濟決策者提出「要盡可能多兼併重組、少破產清算，做好職工安置工作。」國家信息中心經濟預測部宏觀研究室主任牛犁表示，這是為了「避免經濟下行壓力中帶來更多的社會動蕩，付出更高的代價和成本。」但是霍普教授稱「此做法根本不能解決問題，因為將失敗的企業與健康的企業兼併，最終可能降低後者的效率。」[87]

另外，根據《信傳媒》財經專家李廷歡表示，中國現在面臨五大經濟問題：1.共同富裕及經濟體制的轉向（國進民退）；2.脫虛入實（強調實體製造，壓抑近年活力十足的虛擬經濟）；3.房地產產業在三條紅線政策下，明顯下行並導致地方政府財政艱困；4.疫情爆發及清零政策，導致經濟大幅下滑；5.中美對抗全面升級並引發美國的科技封鎖。各界原本期待習近平於二十大穩固權力後，會全力挽救低迷的經濟，政策將回到以經濟掛帥的老路。然他於2022年10月16日的二十大開幕演講中，強調將發展經濟的重點放在實體經濟上，並且用很多篇幅論述國家安全，顯示「輕經濟、重安全」的傾向（在此所指的安全泛指整個經濟與金融體系的安穩運行，且不受國外因素影響）。[88]

而元大寶華綜合經濟研究院比較前後兩次七中全會關鍵字，發現2022

86 〈經濟學家：中共改革經濟 危機會不斷出現〉，《大紀元》，2016年6月24日，http://www.epochtimes.com/b5/16/6/24/n8031152.htm（檢索日期：2017年4月20日）。
87 〈透視中國：經濟「供給側改革」會成功嗎？〉，《BBC中文網》。
88 李廷歡，〈中共20大〉解讀習近平談話安全鬥爭大量取代經濟開放中國難脫經濟困境〉，《Yahoo》，2022年10月21日，https://is.gd/bEs6N2。

年經濟、市場、改革、創新、開放、和平等關鍵字提及次數，比五年前大幅減少；取而代之的是安全、鬥爭、意識形態提到的次數大幅增加，意味著在二十大後，近兩年「不惜經濟代價，也要進行改革」，以及民族主義導向的政策路線不會有太大的改變。因此，在現有中國政治環境與五大經濟問題未解下，經濟很可能無法再回到過去的高速成長。[89]而且，習近平近年來加強對民間企業的壓制與監控，以維持中共的壟斷，將使中國的經濟付出沉重的代價。

中共為了持續經濟改革，於2024年7月18日召開的第二十屆三中全會通過了《中共中央關於進一步全面深化改革、推進中國式現代化的決定》。根據《工商時報》社論評論稱，該《決定》主要有「三大延續」：一是延續二十大以來的經濟路線；二是延續習近平一貫的辯證統一論述；三是延續對中國式現代化的目標。雖然這些延續可能又被視為老調重彈、舊瓶裝舊酒，但細究其內涵後可說：此次三中全會不但極具歷史意義，更將是影響世界格局的一次會議。[90]

首先，在路線方面，經濟內容未脫離二十大以來的改革論述，並強調推動產業結構改革的決心，修正十一屆三中全會以來，經濟飛速增長帶來的諸多後遺症，包括產品附加價值低、產業位在全球產業鏈低端、經濟增長過度依賴外循環、關鍵技術與零組件過於依賴外國等問題。其次，在論述方面，強調要統籌好發展和安全、統籌國內與國際兩個大局、政府對市場必須「放得活」又「管得住」，以及鞏固和發展公有制經濟，支持非公有制經濟發展。最後，在目標方面，此《決定》結語強調，中華民族偉大復興的關鍵在推進中國式現代化。中共官媒多次強調，應改變過去提到改革就必須以西方為圭臬的思維，現在應該回歸中國自身情況，走一條有中

---

[89] 同前註。

[90] 〈向左或向右？正確解讀中共20屆三中經濟路線〉，《工商時報》，2024年7月19日，https://www.ctee.com.tw/news/20240719700054-439901。

國特色的現代化道路。[91]

　　該社論進一步稱，雖然十一屆和二十屆的三中都強調「改革開放」，但由於時空環境不同，前者更著重「開放」，後者更著重「改革」。若比較習近平主政以來的十八屆和二十屆的三中，可清楚瞭解：後者是前者的「2.0版」。中共現在強調的經濟體制改革，將不只是發展，而是發展和分配並重，甚至強調分配多於發展的共同富裕目標。二十屆三中全會揭櫫的經濟藍圖，一方面是強調要加大對外開放、發展新質生產力、推動供給側結構性改革，讓市場發揮決定性作用以促成高質量發展的右傾路線；另一方面，強調透過加強政府調節能力，推動稅收、社會體制改革，促成共同富裕的左傾目標。中共認為，在「剩下的都是難啃硬骨頭」的前提下，只有透過這樣戰略向左、戰術向右的彈性方式，才能因應複雜的國內外環境。[92]

　　但是，陸委會主委邱垂正強調，這次全會聚焦研究「全面深化改革」、推進「中國式現代化」等議題，研判中國當局可能以「重分配」、「強管制」、「計畫經濟」、「社會主義公有制」等具有社會主義特色的左傾政策，進一步推動財稅改革、落實「共同富裕」，以應對當前經濟不振、外資撤離與人口老化等治理難題。台大政治系名譽教授明居正分析，中國近年來經濟有六大問題：一是「工業化紅利告罄」，即土地、人力、水電漲價；二是「高科技無法突破」，且被美國卡脖子；另外四個問題是中共所犯下錯誤，包含「強行收回香港」、「過度清零封控」、「國進民退」、「與美國打貿易戰」，導致中國經濟快速下滑。因此，再給中國二十年也無法解決現在的問題，主因是政治卡住經濟，「一黨專制」不放鬆，經濟定會產生自我矛盾，形成所謂「鳥籠經濟」；他對三中全會不抱很大希望。[93]

---

[91] 同前註。

[92] 同前註。

[93] 陳鈺馥，〈中共三中全會閉幕 陸委會：恐強化左傾政策〉，《自由時報》，2024年7月19日，https://news.ltn.com.tw/news/politics/paper/1657435。

此外，普林斯頓中國學社執行主席陳奎德表示，習近平的所謂「改革」實際上是「反改革」。因爲第二十屆三中全會所通過的《決定》第1條就是堅持黨的領導，而且要在各個企業、包括民營企業中間都要加入黨的組織等。一旦貫徹中共對企業全面與絕對的領導，則一切的改革都將歸零。以往中共的改革是「鬆綁」，強調黨政分開，逐步減少黨政機構對經濟和企業的干預，但習近平的改革剛好相反，故其改革就是反改革。中共的宣傳和實際作爲往往是南轅北轍，所謂的「全方位改革、大力開放」等說法，早已不能取信於民或取信於外國企業家及政要等，近年來外資大批撤離就是明證。[94]

第三節　國有企業的發展

一、中央企業與國有企業的區別

我國學者徐淑敏教授表示，國有企業是由政府投資及參與經營的企業，故此種企業同時具有營利法人與公益法人的特點。其營利性是爲追求國有資產的保值與增值，其公益性是爲了實現國家調節經濟的目標，具有調和國民經濟各個方面發展的作用。在共產主義制度下，由於採取計畫經濟制度，國家對國有企業不但擁有所有權，而且積極參與及干涉企業的經營。企業必須根據經濟計畫的生產命令，於期限內達到計畫生產的目標。企業生產什麼及生產多少，完全由國家直接決定，企業無權改變計畫及生產目標。整個國民經濟就像一個大型工廠，國家透過一套計畫，調度指揮全國的經濟活動。國家不僅是社會資源的支配者，也是國有企業經營管理的主體。企業只是政府部門的附屬物，缺乏獨立自主的權力。[95]

---

[94] 〈吹過頭了？新華社萬字特稿〈改革家習近平〉刊發一天後全網刪文〉，《Yahoo》，2024年7月18日，https://reurl.cc/VzyYg5。

[95] 徐淑敏，〈大陸國有企業改革之經濟分析〉，國立政治大學中山人文社會科學研究所博士論文，1997年。

　　而且，共產主義國家爲了控制企業的營運，還實施「政企結合」的制度，共產黨在企業內部設立黨的組織，影響及監控企業的運作，形成「黨企不分」及「政企不分」的特殊現象。企業的領導核心是黨的幹部，而非具有專業的廠長或經理。此制度與英國、法國與德國等西方國家的國有企業不同，因爲這些國家的國有企業擁有高度的自主權及效率，而且國有企業採行所有權與經營權分離制。因爲政府不熟悉經營，若對經營的細節進行干涉，就會妨礙效率。[96]我國也有國有企業，但是沒有像共產國家一樣，可依據法律在企業內部設立黨的組織，並干涉企業的運作。

　　許多國家都有國有企業，只是數量的多寡而已。一般而言，越是屬於資本主義的國家，其國有企業越少；反之，越是偏向社會主義或共產主義的國家，其國有企業就越多。因此，中國的國有企業非常多。中國國企包括中央所屬與地方所屬的企業，前者稱爲央企，後者稱爲地方國企。央企都是國企，而國企未必是央企。例如，中國石油由國務院「國有資產監督管理委員會」（簡稱「國資委」）所監管，屬於中央的國有企業，也就是央企。華泰證券是江蘇省國資委所監管，屬於江蘇省的國有企業；東吳證券由蘇州市國資委所監管，屬於蘇州市的國有企業。中國對國有資產實行國家統一所有、政府分級監管、企業自主經營的體制。國企是中國經濟的支柱，而央企更是國企的主力軍。央企都是各行業的領軍企業，例如中石油、中石化、中航等。目前，中國國有經濟對GDP的貢獻率約占30%左右。[97]在中國對央企進行重組後，由最初的180多家，減至現在不足100家。

---

[96] 陸建人、於君編譯，〈西歐國有企業與蘇聯國營企業的比較〉，《經濟社會體制比較》，第3期，1985年，頁35。

[97] 百轉閣，〈央企和國企有什麼區別？〉，《每日頭條》，2016年12月4日，https://kknews.cc/finance/qe5bv3b.html（檢索日期：2017年4月20日）。

二、理論背景

　　我國學者陳德昇表示，國有企業是中國經濟體系中的一個非常重要的體制，中國之所以發展國有企業，有其理論背景。根據「馬克思主義」的政治經濟理論，資本主義社會的生產力雖然大幅提高，但是因為生產資料被私人所控制，結果造成「貧者越貧，富者越富」的不公平現象，最後導致社會尖銳對立及不安。為化解此矛盾，資本主義的市場經濟必須向社會主義的計畫經濟轉變。[98]社會主義的經濟制度就是要實施產權公有制，其商品及服務皆由國營企業生產及提供。若無國有企業，公有制就是空殼子，社會主義的經濟基礎就不存在。[99]

　　馬克思與恩格斯對其所提倡的社會主義社會，並沒有提供任何詳細的圖像。俄國革命前，社會主義者對新社會是什麼樣子展開爭論。他們普遍同意，社會主義制度應具備三個基本經濟特徵：（一）社會生產資料，如工廠、機器、能源與大規模運輸系統等，都應成為公共財產，而非屬於個人所有，此將終止資本所有者對工人的剝削；（二）由經濟計畫而不是市場力量來指導生產，他們相信，經濟計畫將會消除資本主義的頑症，失業與週期性的經濟蕭條；（三）社會主義將用「為使用而生產」，以取代資本主義社會的「為利潤而生產」理念。[100]因此俄國革命後，就全面提倡國營企業。1920年代後期，俄國基本完成對城市與農村的私有制改造，國營企業與集體農莊占經濟的主導地位。[101]當時以俄國馬首是瞻的中共也加以師法，在中國實施國有企業體制。

98 陳德昇，〈中國大陸國營企業改革——侷限與挑戰〉，張五岳主編，《中國大陸研究》，第1版，頁301。

99 〈在改革實踐中堅持和創新社會主義國有經濟理論〉，《壹讀》，2016年4月22日，https://read01.com/OQamjz.html（檢索日期：2017年1月25日）。

100 〈第二章 社會主義與蘇聯體制〉，《來自上層的革命：蘇聯體制的終結》，https://www.marxists.org/chinese/reference-books/revolution-from-above-1997/02.htm（檢索日期：2017年4月22日）。

101 〈蘇聯稅制〉，《台灣Word》，2016年4月22日，http://www.twword.com/wiki/%E8%98%87%E8%81%AF%E7%A8%85%E5%88%B6（檢索日期：2017年1月25日）。

三、國有企業的發展情形

　　中國的國有企業並非從無到有自行發展出來，而幾乎都是沒收私人企業而逐步建立起來。到了1950年初，國有企業成爲中國經濟的主要構成部分。[102]我國學者張玉山教授表示，由於中國建國之初，百廢待舉，當時以國家集體的力量集中發展經濟，短期內確實能立即見到成效。故國有企業實施之初，取得了許多成果，讓中國當局誤以爲這是最好的經濟制度，因此擴大實行此經濟制度。國有企業在中國經濟體制中占有極大的影響力，特別是在「改革開放」以前，由於當時強調「純而又純」的公有制計畫經濟，國有企業幾乎就等同於整體經濟體制。1978年改革開放初期，國有企業的產值占了中國全國生產總值的98%以上。[103]這時候中國的產業結構變得非常單純，工商企業幾乎都是國家所有。[104]

　　國有企業的投資生產、勞工安排、資金調度、生產資料調配、產品流向、企業利潤等，都是由中央政府事先統一計畫。在初期對中國的經濟恢復與開發，發揮重要的作用，但這種高度集中的經濟制度，很快就暴露出嚴重的弊端：企業缺乏獨立性與創造性，使其經濟效益逐漸低落。[105]在這種大一統的計畫經濟體制下，企業對政府高度依賴，職工生老病死由企業統包，而員工也多半具有「捧著鐵飯碗，吃著大鍋飯」的心理，因此出現嚴重的虧損。[106]而且以官僚管理取代專業經營者，這種政治凌駕專業的情形，讓企業逐漸官僚化與僵化，爲後來的整體經濟發展埋下隱患。

　　中國當局也發現此嚴重的缺陷，並開始著手進行改革。1958年，中共

---

[102]〈第五章 共和國的成立和從新民主主義到社會主義的過渡〉，《中華人民共和國中央人民政府》，http://big5.gov.cn/gate/big5/www.gov.cn/18da/content_2247078.htm（檢索日期：2017年1月31日）。

[103]張玉山，〈中國大陸國有企業改革〉，《國立中山大學財管系所》，http://www.feu.edu.tw/edu/gec/linhuang/china/business-c.htm（檢索日期：2017年1月31日）。

[104]陳永發，《中國共產革命七十年》（台北：聯經出版公司，1998年），頁588。

[105]李成剛，〈國有經濟：改革歷程與開發思路之辯〉，《歌穀穀》，2016年9月24日，http://www.gegugu.com/2016/09/24/1411.html（檢索日期：2017年1月31日）。

[106]張玉山，〈中國大陸國有企業改革〉。

中央及國務院做出《關於工業企業下放的幾項決定》，擴大企業下放的範圍，將中央管理的大部分工業、企業下放給地方管理。但是地方政府卻無能力管理全國性的大型骨幹企業，難以保證其正常的生產，使計畫無法完成，導致中央財政收入大幅減少，1961年中國當局又收回許多企業的管理權。集中管理國有企業雖然有利於經濟的調整，但不利於激發企業的積極性。1970年，國務院再次將大多數直屬企業下放給地方管理。在1978年12月的「十一屆三中全會」之前，中國國有企業的變革，只是在中央與地方政府間進行管理權的調整，不涉及所有制形態，也不涉及企業經營結構的改革。[107]

四、國有企業的改革情形

（一）啓動國有企業改革

我國學者魏艾教授表示，國企原本被中國視爲是發展經濟的一項重要手段，在中國當局倡導之下，其規模不斷擴大，雖然初期對促進中國經濟發展發揮重要的作用；但是由於政府直接經營，形成政企不分、產權不清的缺失，並出現資產管理混亂、資產流失及國民無法分享收益等問題。因此企業效益逐年下降，甚至出現嚴重虧損，加重財政負擔。[108]最後到了不得不改革的地步，否則將拖垮整體經濟。對國企體制進行結構性的改革，始於1978年12月的「十一屆三中全會」，此項改革一直是中共「改革開放」策略的重要環節。

張玉山教授指出，1978至1992年間，中國國企的改革包括：1.擴大企業自主權：國務院於1978年發布《關於擴大國營工業企業經營管理自主權的若干規定》，賦予特定國企經營自主權；2.試行各種經濟責任制：將員工與企業的利害關係掛鉤，較常見的方式爲利潤留成、自負盈虧等；3.施

[107]李成剛，〈國有經濟：改革歷程與開發思路之辯〉。
[108]魏艾，〈近期中國國有企業改革概況簡析〉，《行政院中國委員會》，2015年3月，頁7。

行以稅代利：1983年國務院發布《關於國營企業利改稅的推行辦法》，企業改以繳納所得稅代替利潤上繳制度，稅後利潤屬企業所有，進一步提升企業的自主權；4.展開企業責任承包制：相較於企業責任制，責任承包制更加落實企業盈餘自留，盈虧自負比例；5.制定《全民所有制工業企業法》：為落實企業權利下放程度，1988年制定《全民所有制企業法》，將改革提升到法制化層次。依據該法律，企業擁有生產、銷售、投資、人事、薪資等決定權，並承認廠長為企業負責人，黨委書記僅負責政治，不涉及經營管理。

由上述可知，中國推動國企改革，是在不改變所有權的基礎下，採取放權讓利、利改稅、承包經營責任制等政策，作為激勵員工的誘因。此外，政府對於經營不善的國企不再挹注資金，並減少財政補貼。[109]國企在歷經一連串的改革後，由國家擁有所有權及管理權的傳統形態，轉型為自負盈虧的公司形態。從1978年實施「改革開放」政策以來，國企的改革對促進經濟發展，發揮重要的作用。中國當局並於1993年修改憲法時，正式將「國營企業」改稱為「國有企業」，[110]顯示國家有意逐漸退出對國企經營權的干涉。

（二）深化國企改革

國企歷經三十餘年的改革，儘管少數企業的經營有所改善，但是由於沉痾已久，並受到過去集體所有的意識形態束縛，以及國家擁有所有權的特點，使國企的治理有其複雜性，改革無法一步到位，而導致其經營效益不能得到根本的改善。中國國企總數約有15.5萬家，除了少數央企，大部分是由省級及地方政府管理，企業規模、經營效率等落差極大。此外，國企無論規模大小，都具有一項共同特徵，就是長期飽受產能過剩、高槓桿率所苦，經營效率偏低、盈利能力差，甚至出現嚴重虧損，造成政府財政

---

[109]陳德昇，〈中國大陸國營企業改革──侷限與挑戰〉，頁310。
[110]陳亨安，〈中國大陸國有企業扮演角色之研究〉，《經濟研究》，第13期，2013年3月，頁557。

的負擔。近期中國經濟成長減緩，國企產能過剩問題進一步惡化、債務違約事件頻傳，故必須進行更爲深化的改革。[111]

爲解決國企所面臨的問題，2013年11月，中共「十八屆三中全會」通過的《中共中央關於全面深化改革若干重大問題的決定》，提出必須適應市場化、國際化的新形勢，進一步深化國企改革，完善國有資產監管，推動國企完善現代企業制度。此改革的核心就是將國企改組爲「國有資本投資公司」，[112]朝向「混合所有制經濟」[113]的方向發展，希望使國企既能在市場經濟中生存發展，並對國家經濟產生積極作用。國企改革的成敗，攸關中國的經濟成長。

中國將推進公司制改革、提高國有資本配置效率與完善國有資產監管制度，列爲國企改革的重點方向。國企的改革雖然面臨既得利益者掣肘、「去產能」增添經濟下滑風險、處理「殭屍企業」可能衝擊就業市場等問題。但是爲了進一步改革國企，中央深改委於2020年6月30日召開第十四次會議，審議通過《國企改革三年行動方案（2020-2022年）》，發出深化國企改革的動員令。

當年10月12日舉行的國務院政策例行吹風會上，國務院國資委副主任翁傑明介紹此方案聚焦八個重點任務：1.要完善中國特色現代企業制度，形成科學有效的公司治理機制；2.推進國有資本布局優化和結構調整，聚焦主責主業，發展實體經濟，提升國有資本配置效率；3.積極穩妥推進混合所有制改革，促進各類所有制企業取長補短、共同發展；4.要激發國有

---

[111] 〈中國國企改革 未對症下藥〉，《聯合財經網》。

[112] 「國有資本投資公司」也稱爲「國家投資公司」或「國有控股公司」，自1960年代以來成爲許多市場經濟國家在國有資產管理中，普遍採用的一種重要形式。西方國家針對市場經濟的缺陷，都實行不同程度的干預政策，直接投資創辦不少國企。後來許多國家將國企改組爲股份公司，公開出售部分股份，打破國企壟斷經營局面，形成混合經濟形態，既減少政府的行政干預，也增強企業的活力與競爭能力。在將國企改組爲股份制公司的趨勢中，國有資本投資公司因應而生，使國有產權有了明確的歸屬和代表。

[113] 「混合所有制經濟」指國有資本、集體資本、非公有資本等交叉持股，相互融合的經濟形式。發展該種經濟有兩個主要目的：一是吸引社會資本，二是改善公司治理。

企業的活力，健全市場化經營機制，加大正向激勵力度；5.形成以監管資本爲主的國有資產監管體制，著力從監管理念、監管重點、監管方式、監管導向等多方位實現轉變；6.推動國有企業公平參與市場競爭，強化國有企業的市場主體地位；7.推動一系列國企改革專項行動落實落地；8.加強國有企業黨的領導、黨的建設，推動黨建工作與企業的生產經營深度融合。[114]

另外，爲貫徹中共及國務院關於健全國企市場化經營機制、提高國企活力的決策，按照國企改革三年行動方案的要求，國務院國有企業改革領導小組辦公室於2021年1月26日印發《「雙百企業」和「科改示範企業」超額利潤分享機制操作指引》，進一步豐富國企中長期激勵的「政策包」與「工具箱」，有利於指導推動國企強化正向激勵、健全市場化經營機制，有利於鼓勵國企通過做大「蛋糕」、創造增量價值，完善內部分配、實現有效激勵，有利於將資源用於企業關鍵崗位、核心人才，特別是科技研發人員，以激勵其積極性、主動性與創造性，進一步提升國企活力與效率，實現高品質發展。該《操作指引》目的就是要透過「超額利潤分享」的方法，提高員工的積極性，以改革國企效率不彰的問題。

根據《人民網》報導，中共於2023年1月31日召開的全國國有企業改革三年行動總結會議，國企改革三年行動主要目標任務已經完成。國企改革三年行動開展以來，有力推動國企黨的領導與公司治理相統一，更加突出強調市場主體地位，三項制度改革更大範圍落地見效，瘦身健體有序推進，中央企業存量法人戶數大幅壓減，「兩非」、「兩資」清退任務基本完成，企業辦社會與歷史遺留問題全面解決，鼓勵科技創新的體制機制不斷完善，國資監管的專業化、體系化、法治化水平不斷提高。[115]

---

[114] 〈習近平主持召開中央全面深化改革委員會第十四次會議〉，《人民網》，2020年6月30日，http://cpc.people.com.cn/BIG5/n1/2020/0630/c64094-31765476.html（檢索日期：2021年7月28日）。

[115] 〈國企改革三年行動，帶來哪些改變〉，《人民網》，2023年2月1日，http://finance.people.com.cn/BIG5/n1/2023/0201/c1004-32615679.html。

　　國企經過三十多年的改革，逐漸取得成效，對中國經濟快速崛起貢獻甚大。自2011年起，中國企業入圍《財富》（*Fortune*）雜誌世界500強的數量超過日本，成為僅次於美國的第二大國，顯示中國大型國企的營業規模，已可媲美國際級大企業。而且於2019年，中國有129家企業入圍，首次超過美國。此後中國企業入圍數量一路攀升，中國上榜企業數量於2022年連續第四年位居世界第一，有145家企業上榜，而美國為124家。於2023年，上榜《財富》世界500強的中國企業雖然稍微降至142家，[116]但值得注意的是，2001年加入WTO時，中國沒有汽車工業企業的規模達到上榜標準，2023年排行榜上有了九家中國汽車企業，躋身全球最大汽車企業行列。

　　於2024年7月18日，在中共第二十屆三中全會閉幕會議時，通過《中共中央關於進一步全面深化改革、推進中國式現代化的決定》，該《決定》強調「深化改革」與「中國式現代化」。根據公報，全會明確全面深化改革總目標及時間表，到2029年完成全會提出的改革任務，到2035年全面建成高水準社會主義市場經濟體制，中國特色社會主義制度更加完善，基本實現國家治理體系和治理能力現代化，基本實現社會主義現代化。[117]中共中央財辦副主任韓文秀表示，該《決定》就是要「建構高水準社會主義市場經濟體制」。而要達到此目標，必定會涉及國企的改革。然而，中國當局對國企的改革已經許多年了，但迄今仍然表示欲對其繼續進行改革，顯見國企仍然存在很多難解的問題與利益的糾葛，包括既得利益者的阻礙，所以此改革國企的道路其實並不平坦。

---

[116] 中國將台灣的世界前500大公司也計算在內。廖睿靈，〈中企上榜數量位居全球之首〉，《人民網》，2023年8月4日，http://finance.people.com.cn/BIG5/n1/2023/0804/c1004-40050101.html。

[117] 〈三中全會定調「中國式現代化」機構解讀：改革國企、發展民企〉，《鉅亨網》，2024年7月19日，https://news.cnyes.com/news/id/5644463。

（三）國企改革的成效

　　爲了加快對國企進行改革，2020年6月30日，中央深改委第十四次會議審議通過了《國企改革三年行動方案（2020-2022年）》，發出深化國企改革的動員令，並以強治理、增活力與優布局三大項作爲改革的目標。經過三年的改革後，根據2023年1月31日召開的「全國國有企業改革三年行動總結會議」，總結國企改革的成效包括：[118]

1. **在強治理方面**：建立現代企業制度是國有企業改革的方向，成立董事會是其中重要的一環。根據國務院國有企業改革領導小組辦公室的數據顯示，目前已有1.3萬戶中央企業子企業與2.5萬戶地方各級國有企業子企業建立了董事會，其中外部董事占多數的比例達99.9%。

2. **在增活力方面**：增強活力、提高效率，是國企改革始終追求的目標。三年行動開始以來，經理層成員任期制和契約化管理在各級國有企業全面推開，覆蓋超8萬戶企業共22萬人。經理層成員任期制和契約化管理就是打破「鐵交椅」、「大鍋飯」，通過簽訂並嚴格履行聘任協議和業績合同等的契約，明確國有企業經理層成員的責任、權利和義務，幹得好就激勵，幹不好就調整。

3. **在優布局方面**：在推動國有經濟布局優化和結構調整上取得明顯成效，這是三年行動提出的重要目標。三年來，國有企業加快鍛長板、補短板，推動國有資本向重要行業和關鍵領域集中。迄今，央企涉及國家安全、國民經濟命脈和國計民生領域營業收入占總體比重超過70%，傳統產業加速轉型升級，優勢產業集群（台灣稱產業聚落）加快布局，國有資本配置效率和功能穩步提高。

　　在2023年1月間舉行的央企負責人會議上，國資委黨委書記張玉卓表示，要著眼加快實現產業體系升級發展，深入推進國有資本布局優化和結構調整，聚焦戰略安全、產業引領、國計民生、公共服務等功能，加快打

---

[118] 王希，〈國企改革三年行動，帶來哪些改變〉，《人民網》，2023年2月1日，http://finance.people.com.cn/BIG5/n1/2023/0201/c1004-32615679.html。

造現代產業鏈「鏈長」，積極開拓新領域新賽道，培育壯大戰略性新興產業，在建設現代化產業體系上發揮領頭羊作用。但是，上述國企改革的成效是否屬實，還是僅是宣傳語言，仍有待觀察。

五、對國企存廢的爭論

　　世界上國家擁有企業的現象實屬平常，然而像中國一樣，國企遍及各行各業並壟斷國家資源與資金的情況，在世界上，尤其是各重大經濟體中，卻絕無僅有。由於國企不用擔心會破產，而且也不需要對盈虧負責，再加上許多是獨占的產業，缺乏競爭的動力，沒有效率成為必然的結果，並對國家的財政造成負擔。[119]雖然中國當局不斷對國企進行改革，但是由於其與政府有千絲萬縷的聯繫，很多高層官員具有國企背景，因此導致政企關係糾纏不清。而且長期以來國企依附政府政策獲得巨大權利與利益，其內部並不願實施從上至下的結構改革，使得國企與中國行政體系的性質非常相似，讓國企也成為滋生貪腐的溫床。[120]例如，中國華融資產管理公司黨委書記、董事長賴小民因為涉及受賄、貪污、重婚三項罪名，被天津市法院於2021年1月5日判處死刑。[121]

　　因此，近年來有人認為，國企與市場經濟不相容，應當退出市場，甚至提出取消國有經濟。只有私營部門才是市場經濟的基礎，或者像資本主義國家一樣，國企只承擔公共服務職能。[122]例如中國經濟學家、北京大學國家發展研究院教授張維迎就是主張自由市場，國企改革的方向就是民營化，故又被稱為「張市場」；但是被稱為「林國師」的前世界銀行首席經

---

[119] 〈各國爭相拋售國營企業〉，《天下雜誌》，第58期，2012年6月28日，http://www.cw.com.tw/article/article.action?id=5039289。

[120] 王睿，〈國企腐敗是歷史痼疾，企業改革才是解決方案〉，《紐約時報中文網》，2023年2月1日，https://cn.nytimes.com/letters/20130916/cc16letters-petrochina/zh-hant/。

[121] 〈賴小民：中國國企高管因貪腐被判死刑 再引經濟犯罪量刑之爭〉，《BBC中文網》，2021年1月7日，https://www.bbc.com/zhongwen/trad/chinese-news-55558551。

[122] 〈國有企業是社會主義市場經濟第一主體〉，《中車長春軌道客車股份有限公司》，2012年6月4日，http://www.cccar.com.cn/culture-63144.html。

濟師林毅夫則認為，國企的主要問題是承擔太多社會及政策負擔，因此改革的方向是營造一個競爭性市場環境。上海財經大學經濟學院院長田國強則批評林毅夫的觀點，並稱政府的管制應該有限度，在服務產業方面要主動介入、積極作為，在經濟活動方面則應盡量放權於市場。[123]

　　而《人民日報》則於2012年6月4日發表評論稱，對於實行社會主義市場經濟的中國，國企是重要的標誌與支柱，並可稱之為「第一主體」。此有別於資本主義市場經濟中，以私人大企業為「第一主體」。國企之所以被視為是社會主義市場經濟的「第一主體」，其原因如次：（一）國企是全民所有制，實現國家與社會的利益，不像私人企業在追逐自身利益；（二）它是國家宏觀調控的基本力量；（三）國有企業擁有雄厚的資源，在國民經濟中具有舉足輕重的地位；（四）企業規模大，在國際市場具有競爭力，在國內市場具有主導作用；（五）技術裝備良好，承擔中國重大工程，引領經濟發展的方向；（六）控制國民經濟命脈，是抵禦國際經濟風險、維護國家經濟安全的主要力量；（七）政治素質高，有黨的領導與思想政治工作，能夠堅持社會主義方向。[124]

　　由《人民日報》的評論可知，國企不但具有經濟功能，更具有政治及社會的功用。中國國企無論從數量上，或是在整體經濟中的地位上看，都具舉足輕重的地位。雖然《人民日報》辯稱，國企可發揮公有制的優勢、保障國家經濟安全、提高國民經濟品質、維護市場經濟秩序、促進社會公平、為人民與中共執政提供重要物質基礎等。但是其實，國企就是為中共執政提供重要物質基礎。正如江澤民所稱：「沒有國有經濟為核心的公有制經濟，就沒有社會主義的經濟基礎，也就沒有我們共產黨執政以及整個社會主義上層建築的經濟基礎和強大物質手段。」[125]

[123] 李仲維，〈中國學者「林國師」與「張市場」辯論秀將登場〉，《聯合財經網》，2016年11月9日，https://udn.com/news/story/6/2094539。
[124] 〈國有企業是社會主義市場經濟第一主體〉，《中車長春軌道客車股份有限公司》。
[125] 同前註。

也就是若無國企，可能動搖中共的執政基礎，因為國企是中共政權的重要基礎之一。國企在銀行、電信與資源等行業中占有主導的地位，控制著中國約40%的資產，它們是政府能夠嚴格控制這個世界第二大經濟體的原因之一。習近平曾表示，中共對國企擁有最終決定權。「堅持黨的領導、加強黨的建設，是國有企業的『根』和『魂』。」「堅持黨對國有企業的領導是重大政治原則，必須一以貫之。」[126]習近平並強調「必須理直氣壯做強、做優、做大國有企業。」

而且，中共中央於2020年1月5日發布的《中國共產黨國有企業基層組織工作條例》強調，黨領導和建設是國有企業的「根」及「魂」，要求「黨的領導」必須「融入公司治理各環節」。此顯示習近平接任中共總書記後，不斷加強「黨」對國企的全方位控制。由此可知，未來國企仍然是中國經濟的重要組成部分，並且市場總量將越來越大。[127]故中國當局不可能完全放棄國企，雖然願意下放經營權，但是仍將繼續牢牢的掌握其所有權。其實中共對於國企的思維就是「有錢才能掌握住權」。

---

126 Emily Feng，〈媒體姓黨後，習近平要求國企姓黨〉，《紐約時報中文網》，2016年10月14日，http://cn.nytimes.com/china/20161014/china-soe-state-owned-enterprises/zh-hant/。
127 〈中國國企改革未對症下藥〉，《聯合財經網》。

第六章 中國的軍事發展

　　有關中國的軍事發展雖然是一個重要的議題，也爲各國所關注，但是國內除了軍事院校外，在學校的碩博士班入學考試或是政府舉辦的國家考試中，甚少有軍事方面的試題。究其原因，可能是軍事爲一個非常專門的領域，熟悉此領域的學者不像研究政治、經濟、文化、兩岸關係等領域得多。然而，中國爲我國最大的安全威脅，而且近期共軍積極在台灣附近進行軍事演習，嚴重威脅台海安全，因此有必要對其軍事進行瞭解，以達到「知己知彼，百戰不殆」的目的，故本章節就中國的軍事發展情形，進行概略的討論。

第一節　軍事發展情形

一、軍隊在中共政權中的角色

　　軍隊對於每一個國家而言，均具有重要的角色，尤其在極權專制的國家中，更是具有舉足輕重的地位，因爲軍隊常被作爲政爭的工具。毛澤東的經典名言「槍桿子裡出政權」，直接道出軍隊在中國政權中的角色。他非常依賴以暴力手段奪取政權，可說是「戰爭萬能論」者。他強調「革命的最高任務和最高形式是武裝奪取政權，是戰爭解決問題。」他於1949年總結其二十八年的革命經驗時稱：「由共產黨領導的軍隊，乃是我們戰勝敵人的三個主要武器之一。」在中共歷次的權力鬥爭與政治運動中，軍方扮演著舉足輕重的關鍵角色。即使在近三十年軍隊現代化、專業化、制度

化的發展下，解放軍仍是為黨「保駕護航」的後盾。[1]

　　我國學者趙春山教授表示，中國領導人寧可失去其他政治職位，但絕不輕易交出軍權。[2]例如，1959至1961年所實行的「大躍進」失敗後，迫使毛澤東讓出「國家主席」的位置給劉少奇，但他仍保留「黨主席」與「中央軍委會主席」的權力，緊抱著軍權不放，這也是他能夠發動文革，鬥倒劉少奇及鄧小平的原因；中共在召開「十三屆一中全會」前，鄧小平雖然辭去中央政治局常委，但是卻仍保留中央軍委主席；另外，江澤民雖然於2002年11月15日卸下總書記乙職，但是以對胡錦濤「扶上馬、送一程」為由，於2004年9月19日才辭去中央軍委主席職務。

　　解放軍還具有雙重的角色，其功能不但在於抵禦外敵，更在有肅清國內的政敵。例如，毛澤東與國防部部長林彪結盟打倒劉少奇，華國鋒在葉劍英等軍頭的支持下逮補「四人幫」，鄧小平靠著在軍中的威望扳倒無軍方背景的華國鋒，鄧小平命令軍隊鎮壓「六四天安門事件」中的學生，江澤民靠張震等老軍頭扳倒「楊家將」等事件，均證明解放軍在中共內部鬥爭中的重要角色。而且，毛澤東於1938年召開的「六屆六中全會」表示：「我們的原則是黨指揮槍，絕不容許槍指揮黨」，並「堅持黨對軍隊的絕對領導」，軍隊必須服從黨的絕對領導，其最大目的是要捍衛共產黨政權的穩固。[3]故迄今解放軍仍然屬於中共的黨軍，而非屬人民及國家的軍隊。

　　中共為了控制軍隊，對國家軍隊的最高職務「中央軍委主席」，採取由中共總書記擔任的「一套人馬、兩塊招牌」制度；及在軍隊中建立黨的組織，並實行「黨委制度」，作為各單位的領導核心，以實踐「以黨領軍」的原則。並透過黨章及憲法規定「以黨領軍」的原則；另以官方媒體不斷宣導，對軍隊進行「置入性行銷」，藉以強化該概念。即中共透過制

1　黃介正，〈人民解放軍的歷史挑戰〉。
2　趙春山，〈中共意識形態——馬列主義與毛澤東思想〉，頁83-84。
3　王崑義，〈中共「以黨領軍」戕害人民 共軍淪為獨裁政權劊子手〉，《王崑義的部落格》，2008年3月17日，http://blog.sina.com.tw/wang8889999/article.php?entryid=578282（檢索日期：2017年5月16日）。

度、黨章、法律、宣傳等多重管道，牢牢地控制住軍隊，以維護其政權的穩固。對於中共與軍隊的關係，中國異議分子伍凡評論稱，如果沒有軍隊，中共馬上就要倒台。可是軍隊沒有了共產黨，也活不下去，因為軍隊不會做生意，要活下去就要共產黨養著他們。[4]也就是兩者已經形成一種共生的關係。

二、人民解放軍的發展史

本文將中國人民解放軍的發展情形，概分為表6-1中的幾個時期：

表6-1　中國人民解放軍的發展

時期	時間	主要發展
建軍及暴動	1927-1929年	中共掌控原國民黨部分軍隊於1927年8月1日發動南昌暴動，8月21日將軍隊訂名為「中國工農革命軍」，[5]1928年5月25日仿效蘇聯紅軍，更名為「中國工農紅軍」，簡稱「紅軍」。[6]
反圍剿	1930-1936年	反擊國民黨軍隊的圍剿，並於1936年10月逃竄至陝甘蘇區，結束號稱2萬5,000里的「長征」。
對日抗戰	1937-1945年	中共宣布加入國民政府對日抗戰，其軍隊被編入國民革命軍，番號為「八路軍」及「新四軍」。
國共內戰	1945-1949年	對日抗戰勝利後，中共發動全面奪權，將其軍隊於1948年11月1日更名為「中國人民解放軍」，[7]1949年打敗國民黨軍隊，並占領中國。
軍事現代化	1978-1992年	鄧小平採「富國強兵」戰略，進行軍事現代化。
軍事高科技化	1993-2011年	受到1991年的第一次波斯灣戰爭影響，江澤民於1993年倡導要贏得「高技術條件下的局部戰爭」。
強軍夢	2012年迄今	習近平於2012年上台後，提出「中國夢」願景，並稱「強軍夢」是「中國夢」的重要一環，並大幅度進行軍事改革。

資料來源：作者整理。

---

[4] 馬嵐，〈伍凡論共產黨控制中國軍隊〉，《看中國》，2009年10月6日，https://www.secretchina.com/news/gb/2009/10/06/313713.html（檢索日期：2017年5月16日）。
[5] 根據中共中央頒發的〈中國共產黨的政治任務與策略的決議案〉更名。
[6] 根據中共中央頒發的〈軍事工作大綱〉更名。
[7] 根據中共中央軍委頒發的〈關於統一全軍編制及部隊番號的通令〉更名。

（一）建軍及暴動時期（1927-1929年）

　　中共於1921年建黨之初並無自己的軍隊，1923年1月26日首次的「國共合作」，中共黨員加入國民黨後積極發展勢力，至1927年，中共黨員急速增至近6萬人之眾。蔣介石所領導的國民黨右派爲了排除中共的勢力，於1927年4月12日發動「清黨」，大肆抓捕及槍決中共黨員。8月1日凌晨，以周恩來爲首的「前敵委員會」，與賀龍、葉挺、朱德、劉伯承等領導的原國民革命軍2萬餘人，在江西省省會南昌發起武裝暴動，[8]以對抗國民黨的清剿。

　　中共中央於8月7日在武漢召開緊急會議，史稱「八七會議」，毛澤東在會中提出「槍桿子裡面出政權」的論述，確定了中共以武力奪取政權的方針。[9]8月下旬，中共中央通過《中國共產黨的政治任務與策略的決議案》，決定創建新的軍隊，當時中共各地軍隊的名稱並不統一，而毛澤東所領導的部隊稱爲「中國工農革命軍」，此後中共的部隊大都採用此名稱。中共各地的軍隊並於1927年秋天至1928年春天，在兩湖（湖北及湖南）、[10]海陸豐（廣東省汕尾市的別稱）及廣州市等地發動大規模的暴動。

　　1928年4月，朱德領導的南昌暴動隊伍到達井岡山，與毛澤東領導的隊伍會師，組成「中國工農革命軍」第四軍。中共後來決定模仿蘇聯紅軍，將「中國工農革命軍」更名爲「中國工農紅軍」。毛澤東與朱德的軍隊就稱爲「中國工農紅軍」第四軍。1933年6月30日，中共中央革命軍事委員會決定，以1927年8月1日在南昌發起暴動對抗國民黨軍隊之日，訂爲其建軍紀念日，此即爲解放軍「八一」建軍節的由來。

8　中共稱爲「南昌起義」。
9　在該會中，毛澤東被選爲「臨時中央政治局」的候補委員。
10　其中湖南暴動由毛澤東領導。

（二）反圍剿時期（1930-1936年）

　　從1930年12月起，國軍開始對共軍盤據的蘇區展開圍剿，由於共軍採取毛澤東的游擊戰術，使國軍前四次的圍剿均告失敗。國軍於1933年10月的第五次圍剿，動員近100萬大軍攻打中共控制的許多農村根據地。由於以王明爲首的留俄派反對毛澤東的遊擊戰術，雙方經過一年的激戰，國軍於1934年10月終於擊潰共軍，迫使中共放棄盤據多年的蘇區，向西部逃竄，蘇維埃政權因而瓦解。直到1936年10月各路紅軍匯聚在陝甘蘇區，結束號稱2萬5,000里的「長征」。[11]

　　西北剿匪副總司令張學良與陝西省主席、國民黨第十七路軍總指揮楊虎城，因受到中共的煽動，於1936年12月12日發動震驚中外的「西安事變」，劫持赴前線視察的國民政府軍事委員會委員長與西北剿匪總司令蔣介石，以進行「停止剿共、一同抗日」的兵諫。宋美齡爲解救蔣介石，親自深入虎穴，與張學良進行談判。蔣介石被迫接受停止剿共的條件後於12月25日獲釋，國民政府放棄「攘外必先安內」的政策，國軍停止剿共的軍事行動，並進行第二次的國共合作，讓中共得以繼續生存。

（三）對日抗戰時期（1937-1945年）

　　1937年7月7日爆發「蘆溝橋事變」，中國進入全面抗戰。對日抗戰提供中共絕處逢生的大好機會，7月22日，中共發表《共赴國難宣言》，內容爲：1.願意爲實現三民主義奮鬥；2.取消推翻國民黨的暴動政策；3.取消蘇維埃政府；4.改編「紅軍」爲「國民革命軍」，受國民政府軍事委員會管轄。國民政府並非不知道中共的企圖，但是爲了抗戰，不得不接受中共參與抗日戰爭的請求，將中共的軍隊改編爲國民革命軍第八路軍（簡稱八路軍），盤據在南方的紅軍部隊改編爲國民革命軍新編第四軍（簡稱新四軍）。

---

[11] 國民政府稱其爲「西竄」。

被收編的共軍表面上接受蔣介石的指揮，但是實際上卻遵循著毛澤東的「七二一方針」，即「七分發展、二分應付、一分抗日」指示。毛澤東一再指示：「八路軍應該避開和日軍的正面衝突，避實就虛，繞道日軍後方去打游擊，主要任務就是擴充八路軍的實力，並在敵人後方建立中共領導的抗日根據地」。「七二一方針」理念就是：默默擴張，不打硬仗。國民政府雖然清楚中共的陰謀，但是若再與中共發生衝突，會影響整個對日軍作戰的戰力。直到1945年8月15日，日本宣布投降時，共軍已發展到127萬人之眾，羽翼漸豐，足可與國軍相抗衡。

（四）內戰時期（1945-1949年）

抗戰勝利後，中共與國民黨之間的矛盾開始浮現。中共積極展開奪權活動，以武力奪取原日本占領區。由於國民政府從美國獲得軍事援助，整體而言仍占優勢。後來在美國駐華大使赫爾利（Hurley）的居中協調下，蔣介石於1945年8月28日電邀毛澤東前往國民政府陪都重慶，商討國內和平問題。雙方於10月10日簽署《政府與中共代表會談紀要》，即《雙十協定》。雙方同意避免內戰、和平建國，共同推動政治民主化、軍隊國家化，及組建多黨制聯合政府，雙方並於三個月後召開「政治協商會議」。

但是因為中共制定「邊談邊打，以打促談」的方針，因此重慶談判結束後，雙方並未遵守停戰約定，而持續進行區域性戰役，最後導致國共爆發全面內戰。蔣介石為了清剿盤據在東北地區林彪所率領的共軍，派最精銳部隊在杜聿明將軍的指揮下開赴東北，並且於1946年春季幾乎取得全面的勝利，共軍一路北逃。但是當國軍即將攻入哈爾濱時，在馬歇爾（Marshall）將軍的壓力下，國軍停止進攻，因為他此時正在調處國共關係，試圖在兩者之間達成和平。蔣介石從此失去了打敗中共的良機，共軍則在蘇聯的援助下讓局勢逆轉，並打敗國軍。[12]最後共軍於1949年10月1日攻陷首都南京，毛澤東正式宣告成立「中華人民共和國」及定都北京，

---

12 〈蔣介石敗給中共並非因軍事 而是此人攪局〉，《多維新聞》，2016年5月30日，http://history.dwnews.com/news/2016-05-30/59742598.html（檢索日期：2017年1月24日）。

而國軍則撤退至台灣。

　　共軍之所以能夠打敗國軍，除了獲得蘇聯的大量軍事援助外；另外，就是利用所謂的「人民戰爭」戰術。毛澤東在《中國革命戰爭的戰略問題》、《抗日游擊戰爭的戰略問題》、《論持久戰》等軍事著作中，都強調「人民戰爭」的重要性。根據中共方面的說法，「人民戰爭」是毛澤東所主張的軍事鬥爭策略與動員機制，是「毛澤東思想」的核心之一。尤其是在國共內戰中被加以實踐，主要是爭取、組織及武裝人民，利用人民進行全民戰爭，動員一切可利用的力量進行軍事任務，利用游擊隊與民兵等非正規軍種，配合正規軍隊對敵人發動不對稱戰爭。[13]

　　但是評論家王思漢則表示，「人民戰爭」說穿了就是「人命戰爭」。就是驅使人民當炮灰，以消耗敵人的彈藥。例如在國共內戰時期，共軍所使用的人海戰術，強迫未經訓練的農民上前線，然後被共軍正規部隊押著往前衝鋒。這種殘忍的戰術之所以能夠奏效，主要是由於對手是同為中國人的國軍，不忍對手無寸鐵的同胞開槍，所以在戰場上處處掣肘。共軍就是要用人命來抵消國軍裝備的優勢，並利用大量的傷亡發動輿論攻勢，將責任推卸到國民政府頭上。目的在爭取國際輿論，尤其是美國倒向他們，再加上國內的自由民主派人士推波助瀾，校園一片對政府口誅筆伐，打擊政府的信譽，並影響前線官兵的士氣。最後導致局勢逆轉，國民政府不得不退出中國大陸。[14]

---

[13] 〈人民戰爭〉，《維基百科》，2016年1月28日，https://zh.wikipedia.org/wiki/%E4%BA%BA%E6%B0%91%E6%88%98%E4%BA%89（檢索日期：2017年1月12日）。

[14] 王思漢，〈人民戰爭的神話破滅與再起〉，《中華自由論壇》，http://www.huanghuagang.org/hhgMagazine/issue05/big5/12_2.html（檢索日期：2017年5月17日）。

第二節　解放軍的軍事改革

一、改革的思維

　　中共一向極為重視思維，在進行各種改革展開之前，都會提出新的思維，作為引領的方向。欲瞭解中國的改革，方法之一就是先研究其思維方式。同理，若欲瞭解解放軍的改革情形，就必須先瞭解其背後的改革思維。[15]促成解放軍進行現代化改革的思維主要有三個階段，第一個階段為「改革開放」後所採取的「富國強兵」戰略思維；第二個階段為由20世紀末西方先進國家展開的幾場高科技戰爭，所激發出來的「高技術條件下的局部戰爭」戰略思維；第三個階段為習近平的「強國夢」。這三個軍事改革思維對於解放軍的現代化，產生了深遠的影響。

　　首先，解放軍的改革主要從鄧小平於1978年掌權後開始。他深知要進行軍事現代化，必須先有繁榮的經濟，才有能力支撐現代化的軍事，即採取強兵必先富國的「富國強兵」軍事發展戰略。[16]他曾說，「四個現代化」要有先後，只有建立了較好的國民經濟基礎，才有可能讓軍隊現代化。到20世紀末，中國經濟力量強了，就可拿出錢來更新裝備。[17]後來的軍事改革情形證實鄧小平的政策正確，因為隨著中國經濟的快速崛起，提供了「國防現代化」的大量資源，讓解放軍有能力購買及研發各式先進武器。第一個階段的「富國強兵」戰略思維，讓解放軍的硬體裝備大幅的提升。

　　第二個階段的「高技術條件下的局部戰爭」戰略，則讓解放軍的軟體

---

[15] 〈中國改革的思維方式〉，《新華網》，2015年8月27日，http://news.xinhuanet.com/politics/2015-08/27/c_1116386182.htm（檢索日期：2017年5月1日）。

[16] 林宗達，〈軍事發展戰略〉，趙建民主編，《中國研究與兩岸關係》（新北：晶典文化出版社，2008年3月），頁193。

[17] 〈瞭望東方：中央政治局探求富國強兵戰略〉，《人民網》，2004年8月9日，http://www.people.com.cn/BIG5/junshi/1076/2696276.html（檢索日期：2017年5月1日）。

作戰體系大幅的提升。中共自建政以來，軍事思想始終以「人民戰爭」為最高指導原則。到了1991年第一次波斯灣戰爭，美軍以高科技武力對伊拉克進行不對稱打擊，新軍事事務革命的思想使解放軍瞭解到，本身已無法因應新的戰爭形態，故開始調整戰略思想，制定新的軍事戰略方針，從應付一般條件下的戰爭轉變到打贏現代技術戰爭，也就是「高技術條件下的局部戰爭」。[18]1993年，江澤民在軍委會會議上強調，解放軍應為贏得「高技術條件下的局部戰爭」而準備。[19]

「高技術條件下的局部戰爭」的特性包括「三大、四高、五全」，三大：空間擴大、縱深擴大、突然性大；四高：高立體、高速度、高毀傷、高消耗；五全：全領域、全方位、全天候、全軍種、全戰法。[20]解放軍認為未來戰爭的趨勢將由先進武器所主導的局部戰爭，其特性為戰爭目標有限、戰場侷限於一個戰區，戰爭著重於快速反應與打擊，大規模的動員將無用武之地。[21]1999年的科索沃戰爭，讓解放軍更趨向信息化戰爭與美軍非接觸戰爭的研究。江澤民於當年在解放軍全軍參謀長會議上指出：「信息戰將貫穿未來戰爭的全過程」，並要求解放軍一方面加快速度發展信息技術，另一方面努力創造信息戰理論。[22]2005年5月9日，《解放軍報》刊載題為〈現代空中戰爭的崛起〉中強調，空戰對未來戰爭的影響，並建議解放軍應致力於信息化空戰理論的研究。[23]

第三個階段為習近平的「強國夢」，他於2012年上台後，即提出要復興偉大中華民族的「中國夢」願景，而「強軍夢」是「中國夢」的重要一

---

[18] 徐丞謙，〈中共空軍在高技術局部戰爭中的角色〉，淡江大學國際事務與戰略研究所碩士論文，2007年1月12日，http://etds.lib.tku.edu.tw/etdservice/view_metadata?etdun=U0002-2501200714431700（檢索日期：2017年5月1日）。

[19] 蘇冠群，《中國的南海戰略》（台北：新銳文創出版社，2013年），頁79。

[20] 同前註，頁80。

[21] 徐丞謙，〈中共空軍在高技術局部戰爭中的角色〉。

[22] 遲明道，〈中共「信息作戰」發展〉，《海軍學術月刊》，第40卷第3期，2012年4月15日。

[23] 蘇冠群，《中國的南海戰略》，頁81。

環，他立下「聽黨指揮、能打勝仗、作風優良」的強軍目標，並要求解放軍「能打仗、打勝仗」，要「召之即來、來之能戰、戰之必勝」。他提倡的全面依法治國、反腐倡廉，延伸到依法治軍、從嚴治軍，清掃解放軍內的不正之風，並全面推進的「深化軍改」，與幾近換代式的軍隊人事調整。

　　另外，習近平於2014年10月30日召開的「全軍政治工作會議」（「新古田會議」），提出五個著力抓好的工作：（一）著力抓好鑄牢軍魂工作；（二）著力抓好高中級幹部管理；（三）著力抓好作風建設和反腐敗鬥爭；（四）著力抓好戰鬥精神培育；（五）著力抓好政治工作創新發展。《人民日報》11月1日發表〈習近平古田講話釋放五點信號〉的文章稱，習近平在會議中的講話釋放了五點信號：（一）堅持黨對軍隊的絕對領導，旗幟鮮明地反對軍隊國家化；（二）抓好高中級幹部管理，淨化軍隊政治生態；（三）抓好作風建設和反腐敗鬥爭，根除醉太平心態；（四）從難從嚴從實戰要求出發摔打部隊，把戰鬥力標準在全軍牢固立起來；（五）提高政治工作資訊化、法治化、科學化水準。[24]

　　淡江戰研所副教授黃介正表示，習近平之所以要進行軍改，是因為他上任後發現解放軍的軍力與美國軍隊的差距甚大，解放軍已有四十二年沒有打仗，而美軍則幾乎每年都在海外打戰，兩者的戰力有如業餘隊與職業隊之差距。而且軍中的貪腐問題非常嚴重，有的校級軍官都有五、六套房。資深軍事評論家亓樂義也表示，習近平知道軍隊若不改革將無法打仗，因為部隊長官吃香喝辣，而真正認真訓練的都坐冷板凳，所以他上任後就扶植真正能幹敢幹的將領。[25]在這幾年的軍改之下，解放軍陸海空三軍都有長足的進步，而且還成立了新軍種「火箭軍」及「戰略支援部

24 曹曉陽，〈「新古田會議」釋放五大信號〉，《國際日報》，2014年11月7日，http://www.chinesetoday.com/big/article/941253（檢索日期：2017年5月1日）。

25 蘇仲泓，〈習近平為何要軍改？黃介正揭關鍵：業餘組解放軍想追上職業隊美軍〉，《新新聞》，2021年4月11日，https://www.storm.mg/article/3599455?page=2（檢索日期：2021年7月28日）。

隊」，並對整個軍事制度及組織進行全面性改革。

二、陸軍的改革情形

　　此爲解放軍中歷史最久的軍種，於1927年8月1日成立。當時解放軍陸軍的裝備甚爲落伍，號稱爲「小米加步槍」，但是在蘇聯的支援之下逐漸壯大。共軍之所以能夠打敗擁有美式裝備的國民黨軍隊，並非是靠中共所宣傳的「小米加步槍」，而是蘇聯所提供的大量各式武器。[26]因此，解放軍的組成也採取前蘇聯式的大陸軍建制。而且，共軍利用號稱「人民戰爭」的「人海戰術」將國軍擊潰。此戰法雖然有效，但是死傷嚴重，非常殘忍。

　　然而，現代武器的強大殺傷力讓「人海戰術」失去了作用，由現代的幾場戰爭都足以驗證此發展。因此，中國過去對解放軍進行10次的裁軍，軍隊官兵人數從最高峰的627萬人降至230萬人。[27]習近平上台後，進行第11次的裁軍。他於2015年9月3日主持「紀念中國人民抗日戰爭暨世界反法西斯戰爭勝利七十週年大會」時宣布裁軍30萬，計畫將解放軍人數從現在約230萬減少至200萬人。[28]

　　龐大的陸軍是這次軍改的重點，從18個集團軍減爲13個集團軍。[29]調整組建新的集團軍，是在重塑陸軍的機動作戰部隊，是建設強大的現代化新型陸軍邁出關鍵一步，對於推動解放軍由「數量規模型」向「品質效能

---

[26] 〈國民政府原來不是被「小米加步槍」打敗的〉，《阿波羅新聞網》，2011年10月9日，http://tw.aboluowang.com/2011/1009/222141.html（檢索日期：2017年5月21日）。

[27] 〈新聞焦點：盤點中國軍隊的歷次裁軍〉，《BBC中文網》，2015年9月3日，http://www.bbc.com/zhongwen/trad/china/2015/09/150903_profile_china_military_parade_history（檢索日期：2017年5月21日）。

[28] 〈習近平閱兵講演宣布中國裁軍三十萬〉，《BBC中文網》，2015年9月3日，http://www.bbc.com/zhongwen/trad/china/2015/09/150903_china_xi_reduce_military（檢索日期：2017年5月21日）。

[29] 番號分別爲：第71、72、73、74、75、76、77、78、79、80、81、82、83集團軍。林克倫，〈18變13個！解放軍陸軍集團軍大縮編〉，《聯合報》，2017年4月27日，https://udn.com/news/story/7331/2429363（檢索日期：2017年5月1日）。

型」轉變，具有重要意義。[30]據《新華社》2017年12月19日報導稱，軍改兩週年後，正師級以上機構減少200多個，人員精簡三分之一。從領導機構到辦事機構，層級減了，等級降了，人員少了。這次改革，陸軍占全軍總員額比例下降到50%以下，這在解放軍歷史上還是第一次。[31]此顯示，解放軍陸軍已拋棄過去重視數量的傳統觀念，而改朝向提高質量的建軍方向發展。但是，中國問題專家石濤評論稱，解放軍裁軍以及改番號，乃是習近平在削山頭、奪兵權。[32]

我國研究中共軍事的專家謝游麟表示，中共陸軍在各軍種中有「老大哥」之稱。此次中共陸軍改革既廣且深，甚於以往，其主要目的在於順應各國陸軍改革潮流、維護國家利益的戰略要求、具備多樣化軍事任務能力、解決陸軍長期潛在的問題。在改革中，陸軍成立了領導機構，並以一個獨立軍種的身分進入聯合作戰指揮體制，積極推動「大陸軍」向「強陸軍」轉型。在「機動作戰、立體攻防」的戰略要求下，中共陸軍朝小型化、多能化、立體化、模組化、全域化方向發展，並表現在作戰理論、體制編制、部隊訓練、武器裝備及人才隊伍建設等方面。在軍改中，以陸航、特種作戰、電子對抗、遠程火力等為代表的「新型作戰力量」，在陸軍力量編成中的比重得到強化，成為中共陸軍的發展重點。[33]

三、海軍的改革情形

中華人民共和國建政之初，其軍力主要以陸軍為主，而海軍主要是接收國民政府的軍艦所組成，戰力相當薄弱，僅可維護海岸的安全，甚至

---

[30] 林克倫，〈18變13個！解放軍陸軍集團軍大縮編〉，《聯合報》，2017年4月27日，https://udn.com/news/story/7331/2429363（檢索日期：2017年5月1日）。

[31] 〈軍改兩年 中國陸軍人數首度降到全軍總額一半以下〉，《法國國際廣播電台》，2017年12月19日，https://reurl.cc/Q9geDZ（檢索日期：2021年7月25日）。

[32] 〈石濤：中共軍隊裁軍改番號 習近平削山頭奪兵權〉，《新唐人》，2017年4月25日，http://www.ntdtv.com/xtr/gb/2017/04/26/a1322001.html（檢索日期：2017年5月21日）。

[33] 謝游麟，〈析論中共陸軍改革之意涵與發展現況〉，《陸軍學術雙月刊》，第55卷第566期，2019年8月1日，頁41。

無法協助共軍安全渡過台灣海峽。例如，1949年10月24日深夜，9,000名解放軍乘坐漁船渡海突襲金門，發動「古寧頭戰役」，[34]欲奪取台灣的前哨基地。然而進犯的解放軍幾乎全部被國軍殲滅，我國稱爲「古寧頭大捷」，此戰役粉碎了毛澤東欲「血洗台灣」的企圖。事後毛澤東認爲失敗原因乃是缺少海軍的優勢，無法安全的運送大量共軍渡海作戰。

中國自從1978年進行經濟改革以來，由於以出口爲導向的經濟形態，使其越來越倚重對外貿易及依賴進口能源，因此更加重視海洋的權益。隨著經濟持續成長，綜合國力逐步增長，其海權意識、主權與海上利益維護也相對高漲，加上中國政府明瞭，爲了維持14億人口的生存及確保中共政權永續經營，唯有不斷的尋求海外貿易及能源進口，方能在亞太地區占有首席之地。因此，中國海軍被賦予保護國家及海上運輸航道安全的主要單位，成爲建軍的優先選項。[35]

在中國海軍的現代化過程中，劉華清扮演著極爲關鍵的角色。鄧小平爲了進行海軍現代化，於1987年特意拔擢已經71歲高齡的劉華清海軍司令，擔任中央軍委委員，後於1989年升任爲軍委會副主席。他積極推動海軍現代化，力主發展大型水面作戰艦艇、航母及核潛艇，故被譽爲中國的「現代海軍之父」與「航母之父」。[36]中國除了以軍購及自行建造戰艦、核動力潛艦、航母等雙向並行發展外，同時戰略目標更從北方向東南海域轉移，現在更進一步深入印度洋，爲能源運輸船隻護航，並朝向攫取台灣與突破美日圍堵，直接挑戰美國的遠洋海軍目標邁進。中國爲追求國家利益及崛起的地位，已漸次由區域性海軍向全球性遠洋海軍發展與布局，進

---

34 中國方面稱爲「金門戰鬥」。
35 陳德育，〈中共海軍戰略的轉變因素及趨勢之研究（1949-2007）〉，淡江大學國際事務與戰略研究所碩士在職專班學位論文，2008年，頁1。
36 劉華清於1988年9月被授予上將軍銜，任中共第十二屆中央委員；1992年當選爲第十四屆中央政治局常務委員；2011年95歲時去世。李洪鵬，〈揭秘劉華清：七十一歲被鄧小平力薦任軍委領導〉，《新浪網》，2016年9月30日，http://news.sina.com.cn/c/nd/2016-09-30/doc-ifxwkzyk0774065.shtml（檢索日期：2017年5月20日）。

而發展成爲一個具全球影響力的大國。[37]

我國已故學者王高成教授表示，中國海軍規模迅速成長，其戰略也已從過去的近岸防禦，轉型成爲近海防禦，並朝向遠洋海軍發展。例如，爲維護其商漁船的航行安全，中國派遣軍艦赴非洲的亞丁灣、索馬利亞海域執行反海盜任務。另外，中國首艘航母「遼寧號」及第二艘「山東號」已服役，第三艘航母「福建艦」已於2024年5月8日完成爲期八天的首次航行試驗任務。根據中國的規劃，欲於2050年前建立強大的遠洋海軍，在全球進行海權的投射與行使。並且正計畫建立所謂的「珍珠鏈」據點，與友好國家如巴基斯坦、斯里蘭卡、孟加拉、緬甸、柬埔寨等國合作興建港口，以取得使用權。中國已從一個純陸權的國家，轉而成爲一個海陸並重的國家。[38]2015年9月3日習近平在主持「紀念中國人民抗日戰爭暨世界反法西斯戰爭勝利七十週年大會」時表示，將致力打造一支能夠保護中國全球利益的「藍水海軍」。

另外，中國爲展現其現代化的海軍軍力，頻頻舉行大規模的海上閱兵，習近平並親自出席主持閱兵。例如中國於2018年4月12日在南海舉行中國有史以來規模最大的海上閱兵，此外爲了慶祝海軍建軍七十週年，中國又於隔（2019）年4月23日在山東青島海域舉行大規模海上閱兵，包括遼寧號航空母艦在內的中外軍艦及中國軍機受閱。與會的許多外國記者評論稱，這是中國對美國霸主地位的挑戰，中國作爲海上強國的時代已經來臨。

中國海軍的快速成長已受到各國的關注，而且中國不排除使用武力維持領土主權與海洋權益的情況下，諸多學者咸認其海軍的增長已對亞太安全構成潛在威脅。我國學者陳永康及翟文中表示，海軍具備的寬廣能力是國家遂行「強制性外交」強有力的工具，中國海軍能力的提升，強化決

---

[37] 陳德育，〈中共海軍戰略的轉變因素及趨勢之研究（1949-2007）〉，頁1。
[38] 王高成，〈中共海軍亞丁灣護航的戰略意義與影響〉，《展望與探索》，第7卷第2期，2009年2月，頁13-14。

策者進行決策的能力，其可藉武力威脅迫使對方屈服，在政治上獲得「威懾」的效果。在可預見的未來，隨著解放軍海軍軍力的不斷增長，將成為一支能在東亞太平洋產生重大影響的武力，亞太國家在安全事務上也將面臨著更大的挑戰。[39]

解放軍海軍近年建造新艦的速度有如「下水餃」般快速，其軍艦數量已於2020年底超越美國，成為全球最大的艦隊。美國海軍於2021年10月8日發布的新戰略指南，首次承認美中海軍軍力旗鼓相當，美國第一次在這個世代有了戰略競爭對手，翻轉「解放軍海軍軍力落後美國」的長期印象。[40]中國海軍軍力的快速成長不但對區域安全造成威脅，也對台海的安全形成嚴重的威脅。中國兩艘航母「遼寧號」及「山東號」在護衛艦伴隨之下，多次沿台海中線以西航行穿越台灣海峽。

另外，2023年4月5日，蔡總統在訪問中美洲友邦瓜地馬拉及貝里斯，於返程過境美國時，與國會議長麥卡錫（Kevin McCarthy）在加州會面後，共軍立即於4月8日至10日舉行環台軍演，其中「山東號」航母首度經台灣下方的巴士海峽，航經台灣東南海域，展開首次西太平洋航訓。亦即中共航母已經從台灣的西海岸進入東海岸了，引發國人的高度關注。軍事專家指出，中國航母出現在台灣東岸，主要是想測試該航母的戰力，並向台灣展示其軍力。

根據《中央社》於2023年5月21日報導，前美國海軍太平洋艦隊情報與資訊作戰主管法奈爾（James Fanell）在美國海軍研究院刊物《學報》（Proceedings）的5月號撰文警告稱，解放軍海軍於2022年出現「令人擔憂的擴編」，有多達10艘軍艦與潛艦下水服役，包括一艘075型兩棲攻擊艦，三艘055型飛彈驅逐艦，四艘052D型飛彈驅逐艦，一艘054A飛彈護衛

39 陳永康、翟文中，〈中共海軍現代化對亞太安全之影響〉，《中國大陸研究》，第42卷第7期，1999年7月1日，頁1。
40 張文馨，〈首認美中海軍軍力相當 美：我們有了戰略競爭對手〉，《聯合報》，2020年10月9日，https://udn.com/news/story/6809/5804625（檢索日期：2021年12月10日）。

艦，一艘039C攻擊潛艦。從其海軍計畫觀察，2023年下水服役的艦艇總噸位數將比2022年更多。法奈爾在文中展示的衛星空照圖顯示，上海江南長興造船廠正積極打造各式船隻，其中包括福建艦航母。美國海軍部部長戴杜羅曾坦言，該造船廠比美國全部七個海軍造船廠加起來還大。法奈爾並稱，中國一直在遼寧省葫蘆島的渤海造船廠打造新廠房，新廠房足以同時製造四至五艘核潛艦。此外，解放軍海軍並增加針對台灣的跨軍種協同演練，以及突破第一島鏈的遠航任務，顯示北京侵台可能性越來越大。[41]

另外，由於解放軍海軍在積極進行現代化建設後，其遠洋戰力大幅提升，因此近年來在釣魚台與南海海域擴大維權力度，以保護中國的海洋權益，包括加強海上執法、進行軍事演訓、擴建人工島礁，以及加速軍事設施部署。這些強勢作為導致中國與其他國家關係的惡化，例如在東海方面，中國與日本的船艦經常在釣魚台海域附近對峙；在南海方面，中國的船艦也常與菲律賓及越南的船艦對峙，而且還有美國勢力的介入，這些情形都造成區域性緊張情勢升高。

四、空軍的改革情形

解放軍空軍於1949年11月11日成立，是附屬於陸軍的支援部隊，並非獨立的軍種。而且當時其所擁有的戰機相當落伍，僅可維護其內陸的安全，甚至無法出海作戰。例如，共軍於1949年10月24日發動的「古寧頭戰役」，就是缺少空中優勢，無法掩護大量共軍渡海作戰而失敗。也因為其空軍戰力薄弱，過去我國戰機經常飛到對岸去進行偵察任務，並且能有效控制整個台灣海峽的空域，不受到「台海中線」的限制，解放軍空軍也不敢貿然出海對我空軍進行挑釁。

1999年3月24日至6月10日的科索沃戰爭，「北大西洋公約組織」

---

[41] 〈美國前情報官：中共擴編海軍 侵台風險大增〉，《聯合報》，2023年5月22日，https://udn.com/news/story/6809/7180858。

（NATO）運用大量空軍進行空襲，僅花七十八天的時間就將南斯拉夫軍隊予以擊潰，而且本身傷亡極少。這是一場重要的「高技術局部戰爭」，也是首次以空軍致勝的戰爭。這場戰爭讓各國的空軍體認到，未來的戰爭將不同於過去以陸軍為主的傳統戰爭。解放軍認為，在未來「高技術條件下局部戰爭」中，解放軍空軍將「首當其衝，全程使用」。它逐漸從支援軍種轉型成獨立軍種，也由「國土防空型」轉變成「攻防兼備型」的空軍。並且朝改革軍隊組織、汰除舊式裝備方向前進，建立現代高技術的全天候攻防戰力，達到打一場「高技術條件下局部戰爭」的能力。[42]

解放軍空軍在經過軍事現代化後，從俄國購買先進的蘇愷戰機，整體戰力獲得大幅提升，其飛行員的技術與信心也跟著提升。例如，其戰機曾於1999年7月9日前總統李登輝提出「兩國論」時飛向「台海中線」，甚至突破四十年禁忌超越此界線。從此我方再也無法深入中國區內執行偵照任務，海峽巡邏的作戰任務，僅能在「台海中線」以東執行。[43]而且於2016年11月25日，解放軍戰機首次沿著台灣繞行一圈。從此之後，解放軍軍機多次進行繞台飛行演訓，這些現象顯示解放軍空軍已具備遠程作戰的能力了。

另外，中國已成功研製第五代隱形戰機殲-20。該戰機於2011年1月11日進行首次試飛，並已於2017年服役，[44]其發展速度出乎大多數專家的意料之外。由於殲-20具備隱形的特點、擁有先進的雷達、紅外線感測器與遠程飛彈，可為中國在空中的軍備競賽，提供新的競爭力。此戰機的發展更拉大兩岸空軍的實力差距，加速我喪失台海的空優，對台灣的安全造成極大威脅。與中國有領土或領海爭端的印度、越南、菲律賓及日本等國，

---

[42] 唐仁俊，〈解放軍空軍現代化之發展與挑戰〉，《中國大陸研究》，第50卷第3期，2007年9月，頁51。

[43] 王立楨，《飛行員的故事》（台北：旗林文化出版社，2009年），頁125。

[44] 李偉山，〈央視首次證實：殲-20已經進入人民空軍序列〉，《新浪網》，2017年3月9日，http://news.sina.com.cn/c/nd/2017-03-09/doc-ifychhus0325463.shtml（檢索日期：2017年5月20日）。

也都相當關切該戰機的發展。未來甚至可能引起區域國家的軍備競賽，造成區域性的緊張。

　　據媒體報導，首批殲-20戰機已於2016年成軍，部署於南部戰區空軍第44師第131團，2017起於東部戰區陸續組建第二個團，第三個團於2018年部署於北部戰區，並於2020年生產升級版的殲-20A。上述的部署將對我海空軍基地或指揮中樞實施戰略打擊，嚴重威脅我空防安全。而且，自2020年以來，由於兩岸關係趨於緊張，共機除侵入我防空識別區（ADIZ）的西南空域外，並多次飛越「台海中線」。尤其是美國國務次卿克拉奇（Keith Krach）於當年9月訪台期間，多架共機於9月18日飛越中線。

　　另外，時任美國國會議長裴洛西（Nancy Pelosi）於2022年8月2日至3日率團訪問台灣時，解放軍發動大規模的「圍台軍演」。其中大量中共軍機飛越海峽中線，造成兩岸關係極度緊張，被稱為「第四次台海危機」。這是自1999年李前總統提出「兩國論」後，最多共機故意飛越中線的事件。從此共軍穿越海峽中線成為「新常態」，兩岸過去維持互不侵犯台海中線的默契，已經不復存在了。中國空軍已從過去不敢飛出外海，挑戰台海中線，到現在已經飛臨台灣外海，而且越來越逼近台灣本土，2003年6月24日有八架中共戰機越過中線，並接近我國的24海里（約40多公里）標記。中共戰機的作為顯示其戰力大幅地提升，此情勢發展對我國的國防安全造成嚴重的威脅。

五、新軍種的成立

　　除了上述傳統的陸、海、空三軍外，解放軍原本還有一支獨立的部隊「第二砲兵」（簡稱「二砲」），[45]於2015年12月31日升格為第四軍種

---

[45]「二砲」成立於1966年，由毛澤東批准，周恩來命名，是中國實施戰略威懾的核心力量。當初之所以稱為「二砲」，主要是為了保密。范思憶，〈美中台軍方與亞太形勢〉，《亞洲週刊》，第30卷第28期，2016年7月16日，https://www.yzzk.com/cfm/special_list3.cfm?id=1467776452729（檢索日期：2017年5月19日）。

「火箭軍」。它以「二砲」為主，合併分屬於各軍種的核武力，是一支能夠發射遠距離及高準度飛彈的戰略性軍種。該軍種乃是學習蘇聯於1960年成立的戰略火箭部隊，將各式導彈及核武統一由專門部門掌控。它在四個大軍種中，雖然人數最少，但火力最強。據外界報導，火箭軍約有10萬官兵，由六個「導彈師」組成。[46]習近平曾表示，「火箭軍」是中國戰略威懾的核心力量，是大國地位的戰略支撐，是維護國家安全的重要基石。

　　另外，於2022年2月24日爆發的俄烏戰爭，讓解放軍認識到太空對於戰爭的重要性。因此，解放軍於2024年4月19日突然撤銷於2015年12月31日才成立，與陸軍、海軍、空軍、火箭軍並列，成為共軍第五大軍種的「戰略支援部隊」，並新設航天、網絡、信息三個獨立兵種，均由中央軍事委員會直接領導。《外交家》（*The Diplomat*）雜誌於2024年5月3日刊美國太空政策與地緣政治學者登格斯瓦米（Namrata Goswami）的文章評論稱，解放軍撤銷戰略支援部隊，另成立三個支援部隊，顯示習近平的目標是打造更精簡、聰明、有效的軍隊。新設立聚焦太空事務的軍事航天部隊是一項進步，因為俄烏戰爭顯示，解放軍需要太空專門的兵種，才能在發展低軌衛星星座和太空反制能力最佳化，並實現太空優勢。[47]

　　但是，政治大學名譽教授丁樹範表示，習近平於2015年底推出的軍改方案，是將三個屬性不同的單位硬湊為「戰略支援部隊」，指揮體系扞格不入，是今日又將該部隊拆解的主因。淡江大學國際事務與戰略研究所助理教授林穎佑分析稱，解放軍撤銷「戰略支援部隊」，並成立三個副戰區級單位，代表解放軍過去軍改的失敗。而這次改革的主要原因，應該是想要學習美軍，以滿足作戰的需求，另一方面在疏通人事，因為副戰區級單位領導至少是中將或上將。還有一個重點，是在中央軍委會直接管理的

---

[46] 范思憶，〈美中台軍方與亞太形勢〉。

[47] Namrata Goswami, "The Reorganization of China's Space Force: Strategic and Organizational Implications," *The Diplomat*, May 3, 2024, https://thediplomat.com/2024/05/the-reorganization-of-chinas-space-force-strategic-and-organizational-implications/.

情況下，會有各自的監察保防體系，這在清除貪腐方面也將發揮一些作用。[48]

六、軍事制度的改革情形

解放軍除了對各軍種進行現代化外，也對軍事制度展開改革，尤其是自從習近平上台後，對於此領域進行大刀闊斧的改革。從2015年底，習近平全力推動「深化國防與軍隊改革」，仿效美國「戰區主戰」概念，將原本的瀋陽、北京、蘭州、濟南、南京、廣州、成都七大軍區，改編成類似美軍的東部、南部、西部、北部、中部五大戰區，由戰區司令總管轄戰區內所有軍種的作戰部隊（圖6-1）。黃介正副教授表示：「此軍事指揮管制上的重大變革，不但根本地轉變中國人民解放軍的戰爭與戰役指揮，也使得戰區司令在應處周邊軍事衝突的決策上，扮演比以往更吃重的角色。」[49]基本上，軍區的作戰概念為防禦，而戰區的作戰概念則為攻擊。因此，解放軍的作戰概念已經有了很大的改變。

另外，中共中央軍委於2016年1月11日公布軍委機關部門調整方案，原軍委「四總部」（總參謀部、總政治部、總後勤部、總裝備部）被改組為15個軍委直屬職能部門。中國國防部發言人吳謙表示，將「四總部」改為多部門制，是按照「軍委管總、戰區主戰、軍種主建」的原則。[50]此次制度改革著力構建「軍委—戰區—部隊」的作戰指揮體系，此舉意謂著解放軍以往由「軍委—軍種（陸、海、空軍）—部隊」的指揮體系將不復

---

[48] 王照坤，〈解放軍成立信息支援部隊 學者：軍改失敗 師法美軍〉，《Yahoo新聞》，2024年4月20日，https://reurl.cc/3Xe7OR。

[49] 黃介正，〈美中台軍方與亞太形勢〉，《聯合報》，2017年2月7日，https://udn.com/news/story/7340/2268689?from=udn-catehotnews_ch2（檢索日期：2017年2月7日）。

[50] 15個職能部門包括：一廳（軍委辦公廳）、六部（軍委聯合參謀部、軍委政治工作部、軍委後勤保障部、軍委裝備發展部、軍委訓練管理部、軍委國防動員部）、三委（軍委紀委、軍委政法委、軍委科技委）、三辦（軍委戰略規劃辦公室、軍委改革和編制辦公室、軍委國際軍事合作辦公室）、一署（軍委審計署）、一局（軍委機關事務管理總局）。〈中國推進軍隊改革 四總部改為十五部門〉，《端傳媒》，2016年1月12日，https://theinitium.com/article/20160112-dailynews-china-military/（檢索日期：2017年5月21日）。

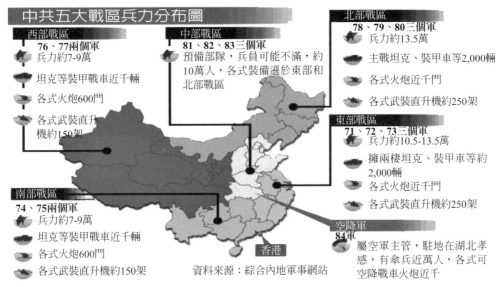

中共五大戰區兵力分布圖

西部戰區
76、77兩個軍
兵力約7-9萬
坦克等裝甲戰車近千輛
各式火炮600門
各式武裝直升機約150架

中部戰區
81、82、83三個軍
預備部隊，兵員可能不滿，約10萬人，各式裝備遜於東部和北部戰區

北部戰區
78、79、80三個軍
兵力約13.5萬
主戰坦克、裝甲車等2,000輛
各式火炮近千門
各式武裝直升機約250架

東部戰區
71、72、73三個軍
兵力約10.5-13.5萬
擁兩棲坦克、裝甲車等約2,000輛
各式火炮近千門
各式武裝直升機約250架

南部戰區
74、75兩個軍
兵力約7-9萬
坦克等裝甲戰車近千輛
各式火炮600門
各式武裝直升機約150架

香港

空降軍
84軍
屬空軍主管，駐地在湖北孝感，有傘兵近萬人，各式可空降戰車火炮近千

資料來源：綜合內地軍事網站

圖6-1　中共五大戰區兵力分布圖
資料來源：〈石濤：中共軍隊裁軍改番號 習近平削山頭奪兵權〉，《新唐人》。

存在。例如，以往由海軍指揮北、東、南海三大艦隊，將由新設立的「戰區」來指揮三大艦隊。而軍種（陸、海、空軍）僅負擔部隊建軍任務，部隊的指揮權被歸於戰區所有。[51]有專家認為軍改後的解放軍新體系與美軍相似，其目的是為了應對現代化的戰爭。[52]

　　習近平於2016年2月1日舉行五大戰區成立授旗儀式時強調，建立五大戰區、組建戰區聯合作戰指揮機構，是著眼實現「中國夢」、「強軍夢」做出的戰略決策，是全面改革強軍戰略的標誌性舉措，對有效維護國家安全具有重大而深遠意義。[53]有分析指出，改革為戰區制的目的，是為了適

51 張國威，〈陸劃設戰區 剝奪軍種指揮權〉。
52 〈軍改重劃戰區 2020完成「軍委管總、戰區主戰、軍種主建」〉，《明報》，2015年11月27日，https://news.mingpao.com/pns/dailynews/web_tc/article/20151127/s00013/1448559977392（檢索日期：2017年5月21日）。
53 〈中共五大戰區成立 習近平授旗〉，《中央社》，2016年2月1日，http://www.cna.com.tw/news/firstnews/201602010393-1.aspx（檢索日期：2017年5月1日）。

應現代戰爭「大寬度、大縱深、高強度」的特點，要去掉過去的「大陸軍」色彩，強化多軍種聯合作戰的能力。《中國軍報》將此次改革評價為「自1950年代以來中國最大規模的軍事改革」，「逐步拋棄蘇聯式的指揮體系，向美國模式轉型」，「將使中國人民解放軍變成一支專業化武裝部隊，能在世界上擊出更大的力量。」[54]

根據親中網站《觀察者網》的專欄作者王若愚表示，這場軍改持續時間之長、強度力度之大、取得成效之豐，超過很多觀察家預期。2021年召開的第十九屆六中全會做出「新中國成立以來最為廣泛、最為深刻的國防和軍隊改革」的評價。2022年10月16日，在中共的「二十大」報告中，軍改是其中的一個重要方面。習近平指出，大刀闊斧深化國防與軍隊改革，人民軍隊體制一新、結構一新、格局一新、面貌一新。他並強調要全面加強軍事治理，鞏固拓展國防與軍隊改革成果，完善軍事力量結構編成，體系優化軍事政策制度。習近平的講話釋放一個鮮明的信號：軍改只有進行式，還將繼續進行下去。[55]

七、人民武裝警察

中國的國家武裝力量除了解放軍各個軍種及部隊外，還有一個非常特殊及重要的部隊，就是人民武裝警察（簡稱武警），該部隊於1983年4月5日成立。根據中國《兵役法》第4條的規定：中華人民共和國的武裝力量，由中國人民解放軍、中國人民武裝警察部隊及民兵組成。其中現役軍人包括解放軍及武警，故雖然稱為武警，但是其官兵都是現役軍人。武警分為內衛、森林、黃金、水電、交通、邊防、消防、警衛等八個警種，號稱為「八路軍」，武警可說是「具有中國特色」的武裝力量。基本上，解

---

[54] 〈告別七大軍區，中國軍隊為什麼要成立五大戰區？〉，《端傳媒》，2016年2月2日，https://theinitium.com/article/20160202-dailynews-china-military-reform/。

[55] 王若愚，〈軍改十年，打造現代範的強大軍隊〉，《觀察者網》，2022年10月8日，https://www.guancha.cn/wangruoyu/2022_10_18_662602.shtml。

放軍負責對外抵禦侵略，鞏固國防；而武警負責國內安全保衛任務，維護社會穩定。兩者有很深的淵源，其間武警曾幾度併到解放軍中。[56]

　　為了防止2012年重慶市公安局局長王立軍叛逃事件中，薄熙來動用武警包圍美國駐成都領事館事件再度發生；並避免周永康長期擔任中共政法委書記兼武警第一政委，自恃手握第二武裝力量，導致野心膨脹，索取更高權力。中共中央於2017年底發布《中共中央關於調整中國人民武裝警察部隊領導指揮體制的決定》，規定自2018年1月起，武警改由中共中央軍委集中統一領導，不再隸屬於國務院與地方黨政管轄。地方如果要動用武警，必須向軍委提出請求，此調整剝奪地方公檢法對武警的指揮權。過去在鎮壓大規模遊行示威活動時，政法委、公安部、中紀委都可調動武警前往抓捕。但現在動用任何武裝力量，必須經軍委批准。美國哥倫比亞大學政治學博士王軍濤表示，習近平全面收繳武警的控制權，是要防止地方貪官污吏的濫權。[57]

　　解放軍與武警的主要區別如次：第一，職能不同。根據《中國人民解放軍內務條令》第3條規定，解放軍的任務是鞏固國防，抵抗侵略，捍衛人民共和國與社會主義制度；武警則保護黨政機關與國家領導人、重要外賓及大型集會的安全，對監獄、勞改管教場所，配合公安機關依法逮捕、追捕及押解罪犯，守衛電台、電視台及國家經濟、國防工業等要害部門，及民用機場、重要橋樑、隧道等目標，進行邊防守衛和火災消防等。第二，組織不同。解放軍是集團化行動，無論部隊作戰或演習，動輒一個軍或集團軍，而武警通常是小規模行動，一個班或排，如果動用到中隊，就算是大行動。[58]

56　〈解放軍和武警區別在哪裡〉，《壹讀》，2016年4月1日，https://read01.com/PnjN5B.html（檢索日期：2017年5月21日）。
57　〈百萬武警命運逆轉源於薄熙來「一巴掌」〉，《新唐人》，2018年1月2日，http://www.ntdtv.com/xtr/b5/2018/01/02/a1357560.html。
58　〈解放軍和武警區別在哪裡〉，《壹讀》。

　　根據我國學者邱伯浩表示，1989年的「六四天安門事件」中，中國政府動用軍隊以武力進行「清場」，爆發了激烈屠殺事件，造成近千人的死亡。此事件引起全世界震驚，各國政府做出強烈反應，歐美國家的經濟與科技轉移暫停下來，使中共改革開放受挫。中國政府鑑於解放軍已無法在維持社會治安上有貢獻，以及為了扭轉形象，於1997年的「十五大」之後，利用百萬裁軍之際，將約50萬共軍改編為武警部隊，以警察形象來包裝軍事本質。武警部隊的迅速擴編，成為取代解放軍控制人民的最主要武裝力量，更成為解放軍的最佳預備隊。因為武警平時執行國內公安保衛任務，戰時則協助解放軍進行軍事作戰。[59]

　　另外，根據美國媒體《路透社》於2020年3月17日獨家披露，2019年爆發的香港「反送中」運動期間，武警官員曾與前線香港警察一同觀察抗議活動，目的是監視抗爭者及其戰術，以加深武警對香港局勢的瞭解。該媒體引述一名外國高層外交官與香港民主派議員的說法報導，當年進入香港的武警可能多達4,000人，而北京當局派駐香港的人民解放軍也擴充到1萬2,000人，創歷來新高。武警雖然與解放軍共用設施，但是擁有自己的武器裝備。[60]

第三節　解放軍的貪腐問題

　　解放軍在經過長期的現代化後，軍力顯然大幅提升。但是看似強大的解放軍，內部卻存在嚴重的貪腐問題。雖然習近平長期以來積極對解放軍進行反腐的工作，但是卻未能完全根除貪腐的問題，而且是越打越貪。美國媒體《彭博社》於2024年1月6日援引美國情報機構消息，踢爆中國火箭軍和整個中國國防工業基地內部的嚴重腐敗，包括本應加注液體燃料的導

---

[59] 邱伯浩，〈中共武警角色之解析〉，《青年日報》，2006年1月8日，版3。
[60] 陳成良，〈路透踢爆：中國武警聯手港警 監控反送中〉，《自由時報》，2020年3月19日，https://news.ltn.com.tw/news/world/paper/1359893。

彈中裝水，以及中國西部大片導彈發射井蓋無法運作。旅居美國的解放軍空軍司令部前參謀姚誠透露，解放軍的裝備發展部門貪腐問題非常嚴重。例如火箭軍導彈固體和液體燃料被濫用的問題一直存在，包括挪用作生活燃料，甚至用於軍隊首長及家屬打火鍋，以及當作禮物送給地方官員、倒賣牟利等。[61]

習近平投入了數十億美元鉅額的軍費，以加速解放軍的現代化，希望解放軍的現代化目標能從2035年提前到2027年，成為一支現代化的力量。其中的核心任務就是要提升火箭軍的戰力，這支部隊被認為將在入侵台灣過程中發揮關鍵作用。但是中國軍隊廣泛的腐敗現象，破壞了習近平實現軍隊現代化的努力，導致人們對中國軍隊整體能力的信心下降，中國軍隊的作戰能力也受到質疑。中國軍隊戰爭力堪憂，習近平攻台的可能性也越來越小。[62]

習近平於2012年上台後，曾清洗徐才厚、郭伯雄為首的江派人馬，拿下近200名將領。然而，解放軍的貪腐問題讓習近平不得不於2023年，開始對軍隊再度展開大規模的全面清洗，這次的目標轉向了習近平自己提拔的人馬。這場清洗範圍非常廣，包括國防部、裝備發展部、軍委聯合參謀部、海軍、陸軍、空軍、戰略支援部隊，以及火箭技術研究院等軍事單位，並擴展到了相關的軍工企業，如中國航天科技集團、中國兵器工業集團、中國航天科工集團等。[63]

這一波對軍隊腐敗調查已導致軍方將領或軍企老總10多人下台，甚至包括國防部部長李尚福也落馬，其任期僅短短的七個月。另外，李尚福的前任魏鳳和也在2024年6月27日跟李尚福一起遭開除黨籍與軍籍，並被取

61 〈前解放軍官：美情報掌共軍內部報告 貪腐嚴重致導彈注水沒錢維修〉，《自由亞洲電台》，2024年1月8日，https://www.rfa.org/cantonese/news/cn-scandal-01072024002008.html。
62 同前註。
63 陳志誠，〈整完敵人整自己人！中共17將領「大清洗」習近平對軍隊進行深度整肅〉，《Yahoo新聞網》，2024年3月11日，https://reurl.cc/z16D4e。

消上將軍銜，並面臨刑事起訴，這是解放軍歷史上首次有兩名前防長同日被公開徹查貪腐，這些情形透露出共軍的軍紀出現嚴重問題。習近平耗費十年整頓解放軍並針對高階將領展開肅貪，但是他拔擢的軍方高層也因涉貪被整肅，突顯習近平難以肅清軍中貪腐。[64]在中國解放軍頻傳貪腐之際，中共中央軍委副主席何衛東高喊打擊軍隊「虛假作戰能力」。國防安全研究院國家安全研究所所長沈明室表示，習近平推動軍改十年，標榜脫虛向實，但現在他的親信將領還在宣誓打假，說明軍中陋習難改。[65]

　　法國時評人王龍蒙認為，俄羅斯入侵烏克蘭的戰爭暴露了俄軍的腐敗問題，或對習近平敲響警鐘。習近平欲以反腐重振中國軍隊，但根源是制度問題不改，最後不可能成功。[66]美國空軍大學中國航太研究所主任李伊（Roderick Lee）於2023年10月31日在「戰略暨國際研究中心」（CSIS）的共軍研討會亦表示，最近十年北京當局努力進行反貪腐，顯然成效不大，共軍高層雖因貪腐而遭大清洗，但如此貪腐體系，也使得習近平對共軍能否完成任務失去信心。前國防部戰略規劃司副處長姚中原表示，解放軍是否有能力攻下台灣的最主要關鍵問題，是中共軍隊內部的貪腐問題。[67]

---

64 〈分析：習近平提拔將領也出事 凸顯共軍貪腐難根除〉，《中央社》，2024年1月5日，https://www.cna.com.tw/news/acn/202401053002.aspx。

65 楊安，〈「打擊假戰力」變敏感詞？分析：中國軍隊貪腐積重難返〉，《美國之音》，2024年3月18日，https://www.voacantonese.com/a/top-pla-general-vows-to-crack-down-on-fake-combat-capabilities-in-chinese-military-20240318/7532227.html。

66 〈前解放軍官：美情報掌共軍內部報告 貪腐嚴重致導彈注水沒錢維修〉，《自由亞洲電台》。

67 姚中原，〈中國軍事最大弱點在貪腐〉，《自由時報》，2023年12月7日，https://talk.ltn.com.tw/article/paper/1619342。

第七章 中國的社會問題

　　每個國家都有其社會問題，中國也不例外。而且由於中國仍爲「一黨專政」的政體，以及擁有全世界最多的人口，故其社會問題更是顯得複雜。儘管中國過去幾十年的經濟增長令人矚目，但是其所面臨的許多社會問題則沒有得到妥善的解決，而且這些問題隨著經濟的成長，而日益擴大。中央研究院社會學研究所副研究員陳志柔警告稱，若這些社會議題無法獲得有效解決，中國經濟建設的成果很可能在社會衝突、抗爭中化爲泡影。[1] 由於中國的社會問題甚多，本章僅舉幾項較爲重大的問題加以討論。

第一節　人口問題及所衍生的問題

　　中國人口眾多，雖然提供了廣大的消費市場及充沛且廉價的勞力，其「人口紅利」成爲發展產業的有利條件，但是過多的人口卻也產生了諸多的問題。此問題是中國社會最基本及最嚴重的問題，因爲許多問題也都由此而生。之所以會造成此問題，乃是因爲毛澤東於1950年代初，仿效蘇聯鼓勵生育，多產的母親被尊稱爲「英雄母親」。毛澤東標榜「群眾運動」及「人海戰術」，在革命年代，人多是非常有用，故提出「人多好辦事」的口號。他不顧人口學家馬寅初要求控制人口的建議，而提倡多生育。人

1　彭杏珠，〈邁向大國 中國還得面對4大社會問題〉，《遠見雜誌》，第277期，2009年9月號，https://www.gvm.com.tw/Boardcontent_15177.html（檢索日期：2017年4月7日）。

民也在「吃大鍋飯」及「吃飯不用錢」的觀念下，大量的生育。[2]結果導致中國人口暴增，到1974年已經達到約九億人之多。當毛澤東驚覺人口過多的問題，而採取修正政策時，但為時已晚，無法挽回人口激增的趨勢，而且遺禍迄今。

　　根據前政治大學東亞研究所所長施哲雄教授表示，中國由於人口過多、素質偏低及結構失衡而形成社會問題，在相當長的一段時間內，此問題是中國社會的核心問題，因為它會造成其他問題，以及阻礙社會的運作、發展，許多社會問題都與此有直接或間接的關聯。鄧小平就曾表示，人口問題是一切麻煩的總根源。當此問題形成後，就成為難以解決的問題，不但費力又費時，而且解決的辦法常會有後遺症，因此中國將此問題稱為「天下第一難題」。[3]雖然中國政府過去長期實施的嚴格人口控制政策，已讓人口成長逐漸趨緩，但是中國的人口總數還是非常龐大。根據中國國家統計局於2024年1月17日公布的人口普查資料顯示，迄2023年底，中國總人口為14億967萬人，比2022年減少了208萬人，人口連續二年負成長。

一、人口素質不均衡問題

　　由於人口過多，國家的資源有限，無法照顧到每位國民，因此中國人民在體質及教育程度方面，普遍低於西方先進國家。在體質方面，根據中國「出生缺陷監測中心」資料顯示，全國出生缺陷發生率呈明顯上升趨勢，每年1,600萬名新生兒中，大約有90萬名為缺陷兒。尤其在中西部地區，基層醫療設備簡陋，缺乏優生遺傳技術服務人員，一些省市沒有免費孕前優生健康檢查預算，出生缺陷檢查水準偏低，導致有缺陷的嬰兒過

---

[2] Anthony，〈從「人多好辦事」到「計畫生育」：看當代中國人口政策的更迭〉，《Good Post 334》，2014年1月9日，http://goodpost334.blogspot.tw/2014/01/blog-post.html（檢索日期：2017年4月7日）。

[3] 施哲雄，〈中國大陸的社會問題〉，張五岳主編，《中國大陸研究》，第2版，頁279-280。

高，給家庭與社會帶來沉重的負擔。[4]

在教育程度方面，中國的文盲（指15歲以上不識字或認識字程度低的人口）比率雖然大幅下降，至2010年，文盲比例僅剩下5%，算是一項重大的成就。[5]但是教育水準仍多在初中以下，受過高等教育（指大學程度以上）的比例約5%左右，故中國的教育水準離先進國家仍有一段距離。[6]胡錦濤於2011年4月24日在清華大學百年校慶講話中承認，中國在高等教育方面與先進的國際水準仍有差距。[7]他同時強調，高等學校要把提高品質作為教育改革發展最核心最緊迫的任務。為了實踐胡錦濤的講話，其教育部於隔（2012）年3月19日制定《教育部關於全面提高高等教育品質的若干意見》，提出30條全面提高高等教育品質的措施。[8]

在中國政府對高等教育的大力支持下，大幅擴增大專院校招生，根據中國國家統計局於2021年5月11日公布的第七次全國人口普查數據顯示，擁有大專以上的人數約為2.18億，比2010年第六次全國人口普查的1.18億增加了1億。中國擁有大學程度的人口，占總人口的比重已經高達15.5%，文盲比例僅剩下2.67%，人口素質不斷提高，這是一項重大的教育成就。然而中國的教育仍存在著巨大的城鄉差距，因為高素質的人口大多集中在城市地區，而且此「教育資源不均衡」的現象有擴大的趨勢，成為中國高層關注的問題。根據《海峽網》於2021年3月9日的報導稱，近年來，「寒門再難出貴子」已經成為社會的教育現狀，優秀的學生都來自於

4　人民日報，〈中國人口發展至十字路口：總量增長素質偏低〉，《騰訊網》，2011年4月21日，http://news.qq.com/a/20110421/000209.htm（檢索日期：2017年4月7日）。

5　"11 Facts: China's Improving Literacy Rate," *The Globalist*, December 9, 2014, https://www.theglobalist.com/11-facts-chinas-improving-literacy-rate/ (accessed: April 8, 2017).

6　〈人口潛力與問題〉，《我要讀地理》，http://mail.tlsh.tp.edu.tw/~t127/peoplechina/people04.htm（檢索日期：2017年4月7日）。

7　Keith Bradsher，〈中國高等教育的「大躍進」〉，《紐約時報中文網》，2013年1月18日，https://cn.nytstyle.com/education/20130118/c18educationone/zh-hant/（檢索日期：2017年4月8日）。

8　〈教育部有關負責人就《關於全面提高高等教育品質的若干意見》答記者問〉，《技術與職業教育資訊》，總第106期，2012年5月，頁1。

省會或首府城市。此問題若無法得到有效解決，很有可能會威脅到社會穩定，進而成為未來社會發展的瓶頸。

二、「三難」問題

在計畫經濟時期，人民看病、住房、上學都由政府予以保障，大家享受社會主義的平等保障，在當時被視作社會主義制度特有的優越性。然而，這三大福利卻成為黨政機關、事業單位與國營部門沉重的財政負擔。中國在改革開放後推行「市場經濟體制」，也對這些社會福利實行市場化改革，提升使用者自付的比重，讓市場扮演資源分配的角色，以減輕政府與企業的負擔。改革優點包括：（一）市場競爭使服務更多元化；（二）更能滿足不同層次的需求。但是，卻出現改革的缺點：（一）如果要獲得優質教育、醫療服務及住房，市民必須付出更高昂的代價；（二）對於低收入人士，改革使他們無法負擔優質的服務。[9]

僅僅幾年的社會福利改革，其弊端便暴露無遺，使百姓苦不堪言。因為政府與企業的負擔雖然減輕了，但是人民的負擔卻加重。連續數年，每年3月召開的「兩會」，「三難」一直是「人大」、「政協」所關注的焦點。[10]雖然中國這幾十年來經濟高度發展，但是政府資源畢竟有限，而且人口龐大，無法全面照顧到所有的人民。教育、醫療、住房的「新三座大山」[11]成為經濟改革以來，最為民眾所不滿的問題。民眾對「三難」問題的批評，並非是教育、醫療、住房發展得太慢，而是這些服務的價格過

9　〈中國現代改革開放──「三座大山」問題〉，《Word Press》，https://hkdsels.files.wordpress.com/2016/10/e4b889e5baa7e5a4a7e5b1b1.pdf（檢索日期：2017年5月15日）。

10　〈沉重的「新三座大山」〉，《人民網》，2010年1月29日，http://book.people.com.cn/BIG5/69399/107424/180913/10879229.html（檢索日期：2017年4月12日）。

11　原有的「三座大山」（舊三座大山）是指在中華人民共和國建國前，毛澤東提出的革命時期的三大敵人，即帝國主義、封建主義、官僚資本主義。這三大敵人，好比三座大山，沉重地壓在舊中國人民的頭上。〈中國現代改革開放──「三座大山」問題〉，《Word Press》。

高，超出大多數民眾的負擔能力。[12]

　　為了解決此等問題，中共於2007年「十七大」的《政治報告》有關「加快推進以改善民生為重點的社會建設」部分中，提及「建立基本醫療衛生制度」、「優先發展教育」、「加快建立覆蓋城鄉居民的社會保障體系」。然而，教育、醫療、住房問題涉及中央政府、地方政府與產業經營方三者的利益，他們很難自我放棄這些既得的龐大利益。因此，中國政府所採取局部的政策微調，似乎無法撼動這三座大山。[13]中國現在流行的一則順口溜：「上學把家長逼瘋，買房把家底掏空，治病不如提前送終。」[14]道盡了中國人民對「三難」問題的深切無奈。

（一）醫療問題

　　中國並無類似台灣的全民健保制度，而且醫療資源分配不均，無法照顧到鄉村地區農民。雖然中國當局決心解決人民的就醫問題，但是各種調查報告顯示，其醫療改革並不成功，醫療體制並沒有幫助到最應該獲得幫助的農民群體。根據中國衛生部統計，衛生經費中農村占22.5%，城鎮占77.5%。即占全國人口三分之二的農村居民所花費的醫療費用不及全國的四分之一，衛生經費城鄉比約為九比一。[15]

　　由於醫療費昂貴，在無醫療保險制度之下，疾病常常是造成貧困的原因，中國農民普遍有生不起病的感嘆。中國社會科學院社會學研究所學者景天魁表示，中國農民人口龐大，衛生醫療需求非常巨大，令世界上任何一個政府都望而生畏。因而，嚴重制約了中國對福利模式的選擇，無法採

---

[12] 楊光，〈「改革」造成的「三座大山」：教育、醫療、住房問題的現狀與成因分析〉，《當代中國研究》，第1期，2007年，http://www.modernchinastudies.org/cn/issues/past-issues/95-mcs-2007-issue-1/995-2012-01-05-15-35-22.html（檢索日期：2017年5月15日）。

[13] 同前註。

[14] 葦爾金服，〈你是中產階級嗎？中產階級正在破產〉，《每日頭條》，2016年1月15日，https://kknews.cc/zh-tw/finance/392lpa.html（檢索日期：2017年5月15日）。

[15] 王信賢，〈傾斜的三角：當代中國社會問題與政策困境〉，《中國大陸研究》，第51卷第3期，2008年9月，頁46-47。

取人均收入居世界前十名國家的社會保障與社會福利制度。[16]故中國農民的就醫問題，是一個無法在短期內解決的難題。

　　為了解決人民感受最重大的「看病難、看病貴」問題，國務院於2006年6月30日決定成立以國家發展改革委與衛生部帶頭，財政部、人力資源社會保障部等16個部門參加的「深化醫藥衛生體制改革部際協調工作小組」，並提出多項醫改方案。在經過多年的醫改後，大幅的改善中國的醫療品質，現在已經建立一個醫保體系，包括農村醫保，城市醫保與流動人口醫保。但是其實很多中國人都沒有保險，中國現行公共醫療保險僅負擔部分醫療費用，自付費用常使民眾不堪重負。高額自付費用給家庭帶來經濟重擔，導致許多人因病致窮，健康水準下滑。[17]

　　中國於2018年6月底上映的電影《我不是藥神》一炮而紅，改編自2015年發生的「陸勇案」，講述一名印度神油店的老闆從印度走私代購一種用於治療慢性白血病藥物「格列寧」仿製藥的經歷。電影上映沒幾天，中共中宣部就冷處理，下令不能採訪、報導、評論，懼怕藥價過高、假藥等醫療問題會颳起輿論旋風。民眾對該片反應如此之大，不是因為有什麼巨星主演或撲朔迷離的劇情，而是揭露了中國積弊已久的醫療問題，讓每個人都深有體會。[18]另外，在2021年東京奧運的跳水競賽中，為中國奪得金牌的小將全紅嬋，家中經濟靠父母種果樹為生，屬於低保戶（收入低於當地的最低生活保障標準）。她在奪得金牌後表示，從小就很想賺錢回去給媽媽和爺爺治病。其願望也反映出對於一般人民而言，在中國看病確實是一個很大的問題。

---

[16] 景天魁，〈社情人情與福利模式——對中國大陸社會福利模式探索歷程的反思〉，《中國社會科學網》，2012年12月23日，http://www.cssn.cn/shx/shx_shll/201310/t20131025_568672. shtml（檢索日期：2017年4月12日）。

[17] 〈中國的醫療水平與他國相較如何？〉，《China Power Project》，2020年7月22日，https:// chinapower.csis.org/china-health-care-quality/?lang=zh-hant（檢索日期：2021年7月25日）。

[18] 邦寧，〈《我不是藥神》：中國醫療問題的真實寫照〉，《看雜誌》，2018年8月5日，https://www.watchinese.com/article/2018/23871。

（二）教育問題

中國的高教水準也和中國人民的經濟資產一樣，面臨貧富差距的問題。國家重點大學如北京大學、清華大學等學術表現與學生競爭力無庸置疑，但中後段班的大專院校則是參差不齊。[19]政治大學東亞研究所王信賢教授表示，中國改革開放近三十年，雖然經濟實力大幅增長，教育機會也大增，但卻出現「上學難、上學貴」的問題。其原因包括政府財政投入不足、教育資源配置不均，以及各種亂收費、高收費現象屢禁不止等。針對此問題，「十七大」的《政治報告》提出要以「教育公平」作爲社會公平與國家競爭力的基礎，加大財政對教育投入，規範教育收費，及扶持經濟困難地區教育，保障農民工子女接受義務教育等。[20]

中國學者周永坤教授表示，中國長期以來實施嚴格的戶籍制度，限制了農民的教育機會，尤其是城市農民工子女的教育問題。中國當局於2003年頒布《關於進一步做好進城就業農民子女教育工作的意見》，規定進城就業的農民子女，以就讀公辦中小學爲主；而且規定學校要做到一視同仁對待該等農民子女與城市學生。雖然中國當局一再重申農民子女與當地兒童享受同等的教育權利，但是實際上地方政府並不積極，因爲這涉及到「錢」的問題。由於大量在城市就業農民工子女無法進入公立學校就讀，因此催生了幾百所辦學條件極爲簡陋的民辦「打工子弟學校」。由於這些學校並非以辦學爲目的，而是以營利爲主，故產生許多的問題。[21]

中國之所以會有城鄉教育資源嚴重不平衡的問題，主要有三個原因：1.因爲教師的薪酬偏低，因此優秀的人才不願意進入教育行業；2.優秀的教師大多選擇在一、二線城市的名校執教，而不願意去三、四、五線城市

---

[19] 林展暉，〈中國高等教育的隱憂與風險〉，《中央廣播電臺》，2023年8月4日，https://insidechina.rti.org.tw/news/view/id/2175708。

[20] 王信賢，〈傾斜的三角：當代中國社會問題與政策困境〉，頁46。

[21] 周永坤，《解禁中的人權——中國大陸人權研究》（台北：元照出版社，2013年），頁141。

的學校任職，造成大量地區教師資源極度匱乏，偏遠山區的學校更有一個老師教導全部課程的情況；3.在崗教師的技能落後，且相當一部分編制被非教學崗位占用。爲了解決偏鄉師資缺乏的問題，中國政府運用互聯網、雲計算等高新技術推動教育資訊化，但是由於缺少可以有效運用這些設施的教師，導致這些設備閒置情況嚴重，而未能達到預期的成效。[22]

　　除了「上學難、上學貴」的教育問題外，由於中國父母一向有「望子成龍，望女成鳳」的傳統思想，爲了讓孩子未來能夠擠進一流大學的窄門，城市學童的課外補習需求就不斷地增加，讓中國補教業在過去十年出現爆炸性成長，造就了價值高達1,500億美元的私人補習教育業。此不但造成家庭的教育成本增加，更增加孩童的學習壓力。而鄉下及貧窮家庭則無法負擔額外的補習費用，因此更加造成城市與鄉下、富有及貧窮小孩之間教育程度的差距越來越大。爲解決此問題，中國教育部於2021年7月24日發布《關於進一步實踐義務教育階段學生作業負擔責任和校外培訓負擔責任的意見》（簡稱「雙減政策」，減少學生作業負擔、減少校外培訓負擔），嚴禁盈利性質的課後輔導，此政策導致在香港與紐約上市的多家補教公司股價應聲下跌，其中跌幅最高達60%之多。[23]

（三）住房問題

　　過去，在中國由於一切財產都屬於國家，而且房舍都由國家分配，故不存在房地產及住房的問題。其憲法原本規定「任何組織與個人不得侵占、買賣、出租或轉移土地」，但是自從興辦經濟特區，准許外企購買土地使用權，而且1988年修憲後，承認土地可以轉讓，中國的房地產業便合法地發展起來。[24]隨著「改革開放」政策的實施，中國經濟迅速發展，房

---

22 王凱峰，〈【藍象報告】如何破解中國教育不均衡難題？〉，《芥末堆》，2017年5月4日，https://www.jiemodui.com/N/70895.html（檢索日期：2021年7月25日）。

23 〈中國整治補教業挽救低生育率 恐難撼動高競爭現實〉，《中央廣播電台》，2021年8月4日，https://www.rti.org.tw/news/view/id/2107523（檢索日期：2021年8月18日）。

24 金鐘，〈專題：中國住房問題〉，《開放雜誌》，2011年3月，http://www.open.com.hk/old_version/1004p20.html（檢索日期：2017年4月12日）。

價也跟著飛漲，進入一個大幅度上漲的階段。從此住房的問題逐漸出現，而且越來越趨嚴重。

　　現今房價高、住房難已經成爲中國的嚴重社會問題，也是困擾中共與政府的難題。中國時事評論者楊光表示，中國的勞動力廉價，故成爲生產低階產品的「世界工廠」。爲什麼使用廉價勞動力的建築業，卻不能提供國民迫切需要的廉價房屋？他分析高房價的問題根源如次：首先，政府壟斷土地資源，並與銀行、房地產商聯手操作，將土地開發變爲「第二財政」（在房地產價格居高不下的城市則是「第一財政」），如此便成爲房地產業的最大獲利者；其次，除徵收土地出讓金之外，政府以各種名目收取的稅費，占房地產價格的30%至40%，這是一筆巨大的政府財源。政府從房地產中榨取的利益不會由房地產商買單，他們將房價轉嫁到消費者身上。中國政府爲了抑制房價，而予以加稅，但最後都轉嫁到消費者頭上，讓房價上漲得更快。[25]中國各級政府的財政收入，近一半是來自土地買賣及房地產，這是具有中國特色的房地產問題。是中國經濟繁榮的一個重點，但也是弱點。[26]

　　楊光進一步稱，政府在獲取土地、房產利益時也按照「內外有別、尊卑有序」的規則，顯現出施政的極度不公平。它對農民最狠，通常給農民極少的徵地補償費，幾乎將失地農民逼上絕境；它對工商業投資者則相對優惠，常將農民的土地圈進開發區，搞廉價的「招商引資」，而官員則可以低價取得土地與房屋。若無政府以行政手段與國家暴力參與，房地產業者不可能單獨完成圈地、拆遷等一系列高難度運作。既要支撐官員與商人的雙重暴利，房價焉得不高？政府通過房地產業斂財而造成的問題，如失地農民的苦難生活、城市拆遷戶的利益損失、歷史古跡與城鄉環境的大破壞等，非常的嚴重。爲了平息民怨及防止房地產泡沫破裂的巨大風險，中

25 楊光，〈「改革」造成的「新三座大山」：教育、醫療、住房問題的現狀與成因分析〉。
26 金鐘，〈專題：中國住房問題〉。

國當局不斷加大房地產業宏觀調控與反腐的力度，但是效果顯然不佳。[27]

　　中國全國房地產商會聯盟主席顧雲昌表示，目前中國房地產的問題主要發生在大城市，如房價過高或者房價上漲過快，讓居民買不起房子，租賃市場亦發展不足等。2020年12月18日閉幕的中央經濟工作會議大篇幅談及房子相關問題，並且首次明確提及解決大城市住房的問題。「十四五」經濟規劃再度強調「房住不炒」及「三穩」（穩地價、穩房價、穩預期）的基本政策，要加快發展保障性租賃住房（security housing）。[28]易居研究院智庫中心研究總監嚴躍進表示，房地產政策將有三大變化：1.繼續打擊炒房需求，如之前深圳出現的「代持購房」行為；2.加大土地供應力度，尤其是增加純住宅用地供應；3.繼續發展租賃市場。[29]

　　另外，中國政府為了遏制房地產過熱，為開發商設定「三條紅線」，[30]強力抑制槓桿的操作。許多大型開發商如中國第一大與第二大開發商碧桂園與恒大集團因為踩到所有的紅線，使其頓失「借新還舊」的工具，無法承擔新的債務，因而爆發財務危機。其中，中國第二大房地產公司恒大甚至因為負債超過2.5兆人民幣之鉅，於2024年1月29日正式宣告破產。恒大破產對中國房地產和金融市場引發嚴重的影響，包括大量爛尾樓及房價大幅下跌，讓無數購屋民眾或廠商慘遭套牢，且求償無門，讓一輩子的辛苦與積蓄付諸東流，造成廣大的民怨。爛尾樓問題若未能獲得良好的解決，恐危及中國社會的穩定。

---

27 楊光，〈「改革」造成的「新三座大山」：教育、醫療、住房問題的現狀與成因分析〉。

28 保障性住房為中國政府對中低收入家庭提供的社會保障性質住房，類似我國的社會住宅，限定供應對象、房屋建設標準、銷售價格及租金標準等，住房種類分四大類：兩限商品房、經濟適用房、廉租房與公共租賃房等。

29 龐無忌，〈解決好大城市住房問題 中國釋放明年樓市三大信號〉，《人民網》，2020年12月19日，http://finance.people.com.cn/BIG5/n1/2020/1219/c1004-31972073.html（檢索日期：2021年7月25日）。

30 「三條紅線」為中國政府於2020年8月頒布的抑制樓市政策，分別為：1.房企剔除預收款後的資產負債率不得大於70%；2.房企的淨負債率不得大於100%；3.房企的「現金／短期債比」不得小於1。此禁令的目的是要降低中國房地產商的負債與財務槓桿。

三、就業問題

此問題過去在中國是一項敏感的問題，因爲中國在建政後，爲了顯示社會主義比資本主義還優越，因此將失業視爲是資本主義社會特有的現象，從1958年起就宣稱中國已無失業的現象了。直到1993年11月，中共召開「十四屆三中全會」時，才再度承認中國也有失業人員。1994年2月，在《政府公報》中首次使用「失業率」乙詞，但是卻創造具有中國特色的「下崗」名詞，以掩飾失業的問題。[31]「下崗」是指在國企改革中失去工作的工人，工人雖仍屬該工作單位，但是不給予薪水，實際與失業無異，是一種變相的失業。

中國人口從1949年的5億4,000萬多，到目前的14億多人口，急遽膨脹的人口更引發嚴重的失業問題。勞動力的成長遠遠超過經濟發展所創造的工作機會，人口與經濟兩者形成的矛盾，是造成失業下崗的主要原因。[32]由於1997年時國企出現嚴重的虧損情形，加以亞洲金融風暴的衝擊，朱鎔基於1998年擔任總理後，開始對國企進行改革。在改革過程中，出現官員貪污腐敗問題，許多虧損的國企以低價變賣給廠長與書記，造成了大量國有資產流失。[33]

施哲雄教授續稱，許多企業採取誘騙與威脅手段逼迫員工下崗，下崗工人所面臨最立即的問題即是經濟問題，一家人墜入難以想像的貧困境地。中國人俗話說「貧賤夫妻百事哀」，在家庭日益貧困的情況下，夫妻吵架失和事件隨之增加，甚至導致離婚。有些下崗工人因無法再就業因而意志消沉，甚至走上自殺之途。有些女性下崗工人爲了生存而出賣皮肉，當時有一首順口溜生動描寫此現象，即「下崗女工不流淚，一頭栽進夜總會，五十陪吃，一百陪睡，不會成爲政府的累贅」；而許多男性下崗工人

---

[31] 施哲雄，〈中國大陸的社會問題〉，頁282。
[32] 同前註，頁285。
[33] 〈下崗〉，《維基百科》，2016年12月5日，https://zh.wikipedia.org/wiki/%E4%B8%8B%E5%B2%97（檢索日期：2017年4月9日）。

則鋌而走險加入黑幫或淪落為小偷、強盜等，而影響社會治安，另一首順
口溜為「下崗男工不流淚，一頭栽進黑社會，你拿鋤頭我拿鏈，看誰不爽
就扁誰」。[34]這些順口溜看似好笑，但卻也多少反映當時下崗工人的悲慘
處境。

　　中共為了解決失業問題，於「十七大」《政治報告》中，除了提到解
決「三難」的問題外，還提及要「實施擴大就業的發展戰略」，顯示中
國當局也意識到失業的嚴重問題。胡錦濤在該報告中針對就業問題指出，
要實施積極的就業政策，加強政府引導，完善市場就業機制，擴大就業規
模，改善就業結構。支持自主創業、自謀職業政策，使更多勞動者成為創
業者，並加強農村富餘勞動力轉移就業培訓，以擴大就業的發展戰略。[35]

　　另外，中共總理溫家寶也在當年「全國人大」的《政府工作報告》指
出要重點做好下崗失業與關閉破產企業人員再就業工作，積極幫助「零就
業家庭」與就業困難人員就業，加強高校畢業生就業指導與服務，推進退
役軍人安置改革。也持續強調要增加中央財政對社會保障的支出，以改善
全民的養老、失業、工傷及醫療的保險及負擔。透過「關注民生」、「以
人為本」的政策，解決基層民眾的生活問題。

　　中國除了有嚴重的勞工就業問題外，近年來由於大學生數量大幅增
加，大學生就業問題也開始逐漸浮現了。尤其是2019年底爆發新冠肺炎
疫情後，讓中國原本就放緩的經濟遭到衝擊，工作機會大幅減少讓剛畢業
的數百萬中國大學生面臨前所未有的就業困難。中國政府分配大學畢業
生工作的時代已經過去很久了，中國有近900萬畢業生於2020年夏天進入
就業市場，但就業機會卻大為減少，時任總理李克強承認當時的就業形勢
很「嚴峻」。此問題事關經濟復甦與執政合法性，因為年輕、受教育、失

---

34 施哲雄，〈中國大陸的社會問題〉，頁296。
35 夏樂生，〈中共十七大之後的經濟情勢〉，《展望與探索》，第5卷第12期，2007年，頁58-
　59。

業、不安分的畢業生常成爲執政黨的難題。[36]美國媒體《全國廣播公司商業頻道》（CNBC）就指出，中國的就業問題恐怕比新冠肺炎更深，因此中國政府已將「穩就業」列爲國家優先目標。[37]

由於新冠肺炎（COVID-19）、中美貿易戰的後續影響，導致中國經濟面臨下行的壓力，經濟仍難以回到疫情前的水準，以及就業市場大幅萎縮。加以大學畢業生數量大增，中國青年就業壓力更加嚴峻，青年失業率於2023年6月飆升至21.3%，創下歷史新高。中國當局於8月15日宣布，爲了「健全優化」調查統計工作，將暫停發布失業率的數據。此作爲乃是對嚴重的失業率進行蓋牌。由於中國青年面臨高學率高失業率、薪資下降的困境，讓將近2.8億人的Z世代年輕人寧可選擇躺平。

四、性別失衡問題

中國爲了控制失控的人口成長速度，於1972年實施《三胎化政策》，國務院並設立「計畫生育領導小組」，正式將人口規劃列入「國民經濟發展計畫」中。然而，該政策的成效不彰，於是1974年倡導《二胎化政策》，並於1978年首次將「國家提倡和推行計畫生育」的條文載入新憲法中。但是這些措施仍然無法遏制人口的成長速度，因此「計畫生育領導小組」於1979年擬定《計畫生育法》，並推行更爲嚴格的一胎化政策。1981年，國務院將該小組升格爲「國家計畫生育委員會」，希望能有效控制人口。[38]

爲了倡導一胎化政策，中國當局推出許多恐怖標語以爲示警，例如

---

[36] 張家港，〈疫情影響下 面臨困境的中國底層農民工和大學畢業生〉，《BBC中文網》，2020年7月8日，https://www.bbc.com/zhongwen/trad/chinese-news-53318753（檢索日期：2021年7月25日）。

[37] 〈「穩就業」目標難？中國就業問題恐比肺炎疫情更深〉，《自由時報》，2020年7月8日，https://ec.ltn.com.tw/article/breakingnews/3221731（檢索日期：2021年7月25日）。

[38] 賀吉元，〈馬寅初與毛澤東人口問題的一場爭論〉，《西門觀雪的部落格》，2009年3月5日，http://blog.udn.com/teddy5422/2712417（檢索日期：2017年4月7日）。

「一人超生，全村結紮」、「該紮不紮，見了就抓」、「寧添十座墳，不添一個人」、「誰不實行計畫生育，就叫他家破人亡」等。雖然該政策成功讓生育率下降，有效控制中國人口的增長，節省了家庭與社會對兒童的扶養費用，[39]但是由於中國人非常重視傳宗接代，有根深蒂固的「重男輕女」觀念，人們當然希望能夠生育男孩，因此經常傳出殺女嬰及強制墮胎的社會悲劇。而且，隨著醫學技術的進步，人們可以選擇嬰兒的性別。這些現象都導致中國男多女少的性別嚴重失衡問題，人口結構產生了嚴重的扭曲，對中國經濟與社會都造成重大的衝擊及阻礙。[40]

而性別嚴重失衡的問題直接產生的後果之一，就是眾多適婚的男性難以找到適合的結婚對象，形成大量未婚的男性。根據中國國家統計局於2021年公布的人口調查發現，男性人口較女性多出約3,490萬人，顯示中國已成為世界上性別比失衡最嚴重的國家，出現「3,000萬光棍男」成不了家的現象。光棍問題在農村地區更是嚴重，有些農村甚至被稱為「光棍村」。學者並警告，大量的失婚青年，可能會產生買婚、騙婚、買賣婦女等的犯罪行為。[41]例如發生於2022年1月28日的「徐州八孩母親」事件，就是轟動一時的拐賣女性案件。另外，大量未婚的男性也有生理上的需求，由於無法找到固定的性伴侶，少數低階層的男性可能因而鋌而走險，對女性犯下性侵罪行，造成社會的安全問題。[42]許多的調查也發現，中國的性侵問題非常的嚴重。[43]

研究人口學的中國旅美學者易富賢於2007年出版《大國空巢——走入

[39] 施哲雄，〈中國大陸的社會問題〉，頁276。

[40] 陳勝昌、沈明室，〈中共一胎化生育政策對其社會安全之影響〉，《八十八週年校慶暨第十九屆三軍官校基礎學術研討會》，2012年5月18日，頁20。

[41] 賀吉元，〈中國人口男女比失衡 學者：五年後「光棍」將逼近兩千四百萬〉，《The News Lens》，2015年9月30日，https://www.thenewslens.com/article/25626（檢索日期：2017年4月7日）。

[42] 金熙善，〈中國一胎化政策研究〉，政治大學東亞研究所學位論文，2005年，頁85-86。

[43] 莓辣MAYLOVE，〈關於中國性侵現狀的9個事實〉，《中國發簡報》，2020年4月15日，http://www.chinadevelopmentbrief.org.cn/news-24107.html（檢索日期：2020年5月1日）。

歧途的中國計畫生育》乙書，探討中國的人口問題。他表示，中國性別比例失衡是一個非常嚴重的人口問題。因爲1980、1990年代初期出生的人口剛剛到達結婚年齡，所以中國的光棍危機現在才開始爆發出來。中國今後將會有大約4,000萬男性找不到老婆，這對整個社會的穩定是有很大的衝擊。有鑑於此，「國家計畫生育委員會」等相關單位在全國展開整治「兩非」行動，即禁止非醫學需要的胎兒性別鑑定，以及選擇性別的人工終止妊娠。[44]

五、社會負擔問題

　　一胎化政策除了造成上述的性別失衡問題外，也產生獨生子女、「四二一」家庭結構、人口老化等問題，不但造成社會負擔，也成爲影響社會安全的隱藏因素。在獨生子女問題方面，由於是家庭中的「獨苗」，集萬千寵愛於一身，父母及祖父母的溺愛，不但不讓子女吃苦，有求必應，讓他們宛如家中的「小皇帝」，容易養成驕縱、依賴的個性，而且缺乏獨立、忍讓及寬容性。因此他們的婚姻遭受很大的困擾，根據有關部門的調查顯示，夫妻雙方都是獨生子女的離婚率高達24.5%。[45]

　　伴隨著一胎化政策的推行，中國的家庭普遍出現「獨生子女家庭」。此種家庭有著「四二一」的結構（圖7-1），其中「四」表示祖父母、外祖父母四個人，「二」表示父母兩個人，「一」表示獨生子一個人。此種家庭結構已經引起學界與政府部門的高度關注，因爲在家養老仍然是中國人最喜好的養老方式，[46]對於位於倒金字塔底端的獨生子女而言，由於沒有兄弟姐妹的分攤，必須面對同時贍養六位老人的情況，經濟負擔將會非

---

[44] 〈學者：中國正爆發一場「光棍危機」〉，《希望之聲》，2015年5月30日，http://www.soundofhope.org/gb/2015/09/30/n420165.html（檢索日期：2017年4月7日）。

[45] 〈第一代獨生子女面臨「愛」的困惑〉，《新華網》，2006年12月1日，http://news.xinhuanet.com/society/2006-12/01/content_5418088.htm（檢索日期：2017年4月9日）。

[46] 張苗苗，〈城市「四二一」家庭老年人養老觀念探析〉，《龍源網》，http://www.qikan.com/article/39F43446-BE94-4A53-BBA0-924B7C081630（檢索日期：2017年4月9日）。

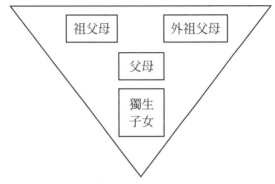

圖7-1　一胎化的「四二一」結構
資料來源：陳勝昌、沈明室，〈中共一胎化生育政策對其社會安全之影響〉，頁22。

常的沉重。[47]

　　另外，一胎化政策加快人口老化的進程，產生嚴重的老化問題導致「銀髮社會」的提前到來。中國國家統計局局長寧吉喆表示，中國超過2.6億人口在60歲以上，老齡化已成中國的基本國情。台灣大學國家發展研究所施世駿教授表示，由於生育率的急速下降，加上個人平均壽命的延長，根據聯合國的統計資料推估，到了2050年，中國60歲以上人口將達到34%。中國人口老化呈現三個特徵：（一）老年人口規模大：全球超過五分之一的老年人口都是中國人；（二）人口老化速度快：65歲以上的人口占總人口的比例從7%上升到14%所須的時間只有二十七年，在西方社會，在英國相同的成長比例需耗時四十五年；（三）未富先老：中國還是發展中國家，卻已經進入人口老化的階段，屬於所謂的「未富先老」國家。此人口老化的問題，無疑對於中國的社會福利制度及家庭養老，都帶來沉重的負擔。[48]

---

[47] 陳勝昌、沈明室，〈中共一胎化生育政策對其社會安全之影響〉，《八十八週年校慶暨第十九屆三軍官校基礎學術研討會》，2012年5月18日，頁22。

[48] 施世駿，〈中國大陸開放二胎生育的人口政策〉，《台灣大學國家發展研究所》，http://www.mac.gov.tw/public/Attachment/5121813515591.pdf（檢索日期：2017年4月9日），頁2-3。

　　施世駿教授進一步稱，一胎化政策實施三十六年以來，一直爭議不斷。除侵犯人權而飽受國際批評外，早在1980年代初就有人提出鬆綁該政策，但未獲重視，直到1998年才在一些地區進行不限制一胎的試點工作。2014年進一步放寬生育管制，允許父母一方爲獨生子女者可生第二胎（所謂的「單獨二胎」）。2015年第六次人口普查證實人口老化嚴重，當年10月中共舉行「十八屆五中全會」，會議公報提出全面實施可生育兩個孩子政策，以應對人口老化問題。[49]

　　中國雖然於2016年進一步全面開放所有夫妻生育兩個孩子，此被稱爲「全面二孩」政策，但是未能扭轉出生率下降的趨勢。中國國家統計局於2021年5月11日公布的人口普查資料顯示人口爲14.1億，比2010年的人口普查13.4億僅多約7,200萬。而且出生率下降與勞動力高齡化的問題加劇，此將對中國的社會與經濟形成嚴峻的挑戰。因此，中共中央政治局於2021年5月31日召開會議，決定將「二胎化」限制進一步放鬆，將允許每對夫妻有第三個小孩。爲了解決人口高齡化及勞動力減少的問題，中國當局正在研擬將現行法定退休年齡爲男職工60歲、女幹部55歲、女工人50歲的規定，改爲男女的退休年齡延一律後至65歲。

第二節　其他重大的社會問題

一、城鄉二元化問題

　　造成現今中國社會呈現城鄉二元的結構，與其經濟發展有關。因爲中共建政之初，採取向蘇聯陣營「一邊倒」的戰略，加以中國派兵抗美援朝，因而受到以美國爲首的西方國家抵制，在外交上予以孤立，在經濟上予以抵制。在此情況下，毛澤東認爲，爲了擺脫經濟困境及準備戰爭，必

---

[49] 同前註，頁3-4。

須盡速發展工業，以實現「超英趕美」的企圖。[50]然而當時中國為農業社會，並無發展工業的基礎。為了支援工業發展，中國採取以農業支持工業的政策，向農業擷取資源以協助工業發展。

由於工廠大多設於都會區，因而「城市發展工業，農村發展農業」的二元結構由此產生。[51]為了讓城市的工人安心地從事工業，以維持都市的穩定，使工業得以穩定發展。中國當局藉由剝削農民的福利給予城市的工人，讓城市居民享有較為良好的福利及生活條件，因此自然吸引大量農民進入城市尋求工作，然而卻造成城市的負擔，影響工業化的發展。為了限制農民的移動，中國於1958年制定《戶口登記條例》，實施嚴格的戶口管理制度，將中國人民分為「農業戶口」與「非農業戶口」兩種，加深了中國社會的二元化結構。

但是城鄉二元結構卻造成許多的問題，中央研究院陳志柔副研究員就表示：「中國所有社會問題的根源，除了財產權與民主政治問題外，最主要原因就是城鄉二元體制」。[52]戶籍制度剝奪了農民的各項權利與自由，讓中國幾億農民成為社會的二等公民。台灣經濟研究院新興市場發展研究中心譚瑾瑜主任表示，「改革開放」雖然帶給中國經濟快速成長，但是城鄉二元制度卻使農民在工業化過程中，無法享受經濟成長所帶來的福祉，包括就業、醫療、教育、住房、社會保障等城鎮居民所享有的待遇，進而惡化城鄉所得及社會福利差距。此外，戶籍制度的枷鎖箝制人口自然遷徙，因而限制了城市經濟健全發展。[53]

譚瑾瑜主任進一步表示，為了解決農民的問題以及進行農業現代化，

---

[50] 林毅夫、蔡昉、李周，《中國經濟改革與發展》（台北：聯經出版社，2000年），頁28-29。

[51] 吳德美，〈中國大陸城鄉差異與勞動力轉移：以山東濟南市為例〉，國立政治大學中山人文社會科學研究所博士論文，1996年12月，頁17-18。

[52] 彭杏珠，〈邁向大國 中國還得面對4大社會問題〉

[53] 譚瑾瑜，〈轉變中的中國城鄉二元制度——從中國公布新戶籍制度談起〉，《國政基金會》，2014年10月8日，http://www.npf.org.tw/author/%E8%AD%9A%E7%91%BE%E7%91%9C（檢索日期：2017年4月11）。

習近平於2014年要求全國加快戶籍制度改革，官方並於同年7月30日發布《國務院關於進一步推進戶籍制度改革的意見》，提出鬆綁戶籍限制的方向，並要求各地加快戶籍管理制度改革，許多地方政府紛紛響應此政策，取消「農業戶口」與「非農業戶口」的區別。該政策提出新戶籍制度發展目標爲：「到2020年建立新型戶籍制度，實現一億左右農業轉移人口和其他常住人口在城鎮落戶。」其重要的具體政策包括：進一步調整戶口遷移政策、創新人口管理、切實保障農業轉移人口及其他常住人口合法權益等三大項措施。[54]

另外，中國國家發展和改革委員會於2019年4月8日，印發《二〇一九年新型城鎮化建設重點任務》通知，宣布將大幅度改革戶籍制度，全面放寬中國主要城市的人口落戶限制。該政令被認爲是中國推行戶籍制度六十年來，最大規模的變革。另外，習近平於2022年中央農村工作會議上強調：「要破除妨礙城鄉要素平等交換、雙向流動的制度壁壘，促進發展要素、各類服務更多下鄉，率先在縣域內破除城鄉二元結構。」爲了落實中共中央的戶籍制度改革政策，許多主要城市紛紛制定相關實施辦法。例如，杭州市政府於2023年4月13日在網路上公布《關於進一步深化戶籍制度改革的實施意見》，內容包括優化普通高校畢業生落戶、放寬技能人才落戶、放寬投靠落戶、優化完善居住證積分落戶、推進完善《浙江省居住證》申領條件、增加居住證持有人權利、全面放開縣域落戶政策七個方面深化戶籍制度改革。

由於中國的城鄉差距問題仍然嚴重，因此於2024年7月18日，中共第二十屆三中全會所通過《中共中央關於進一步全面深化改革、推進中國式現代化的決定》中就提到，「城鄉融合發展是中國式現代化的必然要求」，要努力縮小城鄉差別，促進城鄉共同繁榮發展，深化土地制度改革。其做法包括要加快構建新型農業經營體系，賦予農民更多財產權利，

---

[54] 同前註。

如集體土地的處置權、抵押權和轉讓權；以及推進城鄉要素平等交換和公共資源均衡配置，破除單向地把農村生產要素抽向城市的巨大抽水機體系，讓城鄉要素平等交換，城鄉互動，實現城鄉雙重循環反復的鏈接，讓城裡的人力、物力、財力也能夠向鄉村轉移，從而實現城鄉一體化。

二、三農問題

　　我國學者陳重成副教授表示，過去中國當局為了發展工業，長期執行「以農養工」的政策，並採取嚴格的戶籍制度，使社會呈現二元化結構；以及工農剪刀差的擴大效應，導致農村瀕臨破產的邊緣。[55]此種不正常的發展，久而久之便出現所謂的「三農」問題。其實此問題由來已久，中國人民大學農業與農村發展學院院長溫鐵軍於1996年就提出農民、農村、農業的「三農」問題。直到2000年初，湖北省監利縣棋盤鄉黨委書記李昌平致函總理朱鎔基提到「農民真苦、農村真窮、農業真危險」的情況，並出版《我向總理說實話》乙書，反映出基層農村的悲慘情況，「三農」問題始受到各界關注，中共中央並於2003年正式將此問題寫入工作報告中，成為當前的核心問題之一。

　　「三農不僅是經濟問題，也是政治與社會問題」、[56]「由於中共推動工業化、城市化與市場化時，只強調追求經濟成長，及受到城鄉分割的二元結構制約，而導致『農民增收難、農村發展難、農業增效難』的三難困境」。[57]在農民方面，除了中央規定的稅收外，還有地方各項的攤派及稅收，讓農民負擔沉重。此外，高額醫療費用也讓農民吃不消。在農村方面，1994年所採行的「分稅制」形成「財權上移、事權下放」的不相稱

[55] 陳重成，〈三農問題──農民真苦、農村真窮、農業真危險〉，《中華民國行政院大陸同委員會》，2006年12月21日，http://www.mac.gov.tw/public/MMO/MAC/%E4%B8%89%E8%BE%B2%E5%95%8F%E9%A1%8C4-3.PDF（檢索日期：2017年4月12），頁1。
[56] 同前註，頁1。
[57] 同前註，頁2。

格局，[58]加重地方政府的財政負擔。「財政困難的地方政府，只有向下找錢，官員橫徵暴斂而導致幹群關係緊張」。[59]

陳重成副教授進一步稱，在農業方面，由於對農業科技投入不足，致使農業現代化水準嚴重落後。再則，由於對農地的過度使用或不注重環保問題，導致耕地不斷惡化與流失。加以濫伐森林、濫墾草原及過度放牧，導致嚴重的草原沙漠化問題。在過去，儘管經濟以高速度持續增長，但是農業幾乎成爲一個無利可圖的產業。[60]「三農」問題若不解決，中國就無法達成全面小康社會、實現工業化與城鎮化的目的。

解決「三農」問題的最重要工作就是要提升農民的收入，因此胡錦濤於2004年簽署了《中共中央、國務院關於促進農民增加收入若干政策的意見》的《中央一號文件》，指示各級黨的機構及政府做好農民增收的工作。這是時隔十八年後中共中央再次把農業與農村問題以爲《中央一號文件》下發，顯示中國當局將解決「三農」問題作爲全黨工作重中之重的戰略意圖。[61]根據屬於農業城市的河北省保定市市長王昆山表示，要富裕農民，就必須爲農民創造就業機會，讓農民轉行從事非農業事業，改變產業結構，以減少農民的數量；要發展農業，必須發展農村工業；要繁榮農村，必須推進城鎮化。即以「三化」（產業化、工業化、城鎮化）作爲工作的指導方向。[62]

習近平於2012年底上任後，爲解決「三農」問題，啓動了「脫貧攻堅戰」。國務院並從2014年起，將每年10月17日訂爲「扶貧日」。2015年10

---

[58] 該制度則具有財政包幹的特點，地方政府在完成繳納給上級政府的份額後，多收多得並可自行支配這些收入。柳金財，〈中國大陸分稅制實施與地方政府 土地財政形成：問題與影響〉，《育達科大學報》，第29期，2011年12月，頁89、93。

[59] 陳重成，〈三農問題——農民眞苦、農村眞窮、農業眞危險〉，頁3。

[60] 同前註。

[61] 〈本網受權播發中央一號檔〉，《新華網》，2004年2月8日，http://news.xinhuanet.com/newscenter/2004-02/08/content_1303644.htm（檢索日期：2017年4月12日）。

[62] 劉霞，〈依靠三大轉變解決「三農」問題〉，《人民論壇》，第5期，2004年，http://www.people.com.cn/BIG5/paper85/12068/1086469.html（檢索日期：2017年4月12日）。

月底的中共十八屆五中全會審議通過《中共中央關於制定國民經濟和社會發展第十三個五年規劃的建議》（十三五規劃）為起點，計畫在五年時間內，即2020年底前解決貧困地區與貧困人口的問題。能否脫貧不僅事關習近平與中共政治聲望，也涉及2021年7月1日前達成全面建成小康社會的政治承諾。故習近平於2020年「國家扶貧日」表示，堅定如期完成「脫貧攻堅」目標決心不動搖，「不獲全勝絕不收兵」。2020年末，中國官媒報導832個國家級貧困縣全部「摘帽」，脫貧攻堅政策目標任務已完成，中國扶貧事業進入新里程碑與新起點；同時也是全面建成小康社會目標實現之年，是全面打贏「脫貧攻堅戰」之年。[63]

　　然而，佛光大學公共事務學系助理教授柳金財認為，脫貧攻堅目標恐與實際情形存在相當落差，因為中國數據造假問題長期以來為外界所詬病。雖然習近平強調不要搞「大躍進」、「浮誇風」，不要搞急功近利、虛假政績的東西，然而扶貧工作卻突顯難以克服虛偽造假的體制性問題。由於中國強調「數字出政績、政績出幹部」，各地方政府為求短期效果、政績升遷，為求表面上盡快達標、不惜造假數據，直接提升受扶助者的家庭收入以減少貧困人數指標，甚至有些地方政府為求帳面績效，安排非貧困居民搬遷。[64]雖然中國官方稱已全面打贏「脫貧攻堅戰」，但是時任總理李克強於2020年5月28日的「兩會」閉幕當日，在中外記者會上回應《人民日報》記者提問脫貧攻堅任務時卻稱：「有6億人每個月的收入也就1,000元。」此話引發中外輿論關注，許多人感到詫異、震驚，沒想到中國還有那麼多窮人。[65]

　　習近平於2020年12月28日主持「中央農村工作會議」時強調，民族要

---

[63] 柳金財，〈數字出政績？政績出幹部？中國國家脫貧攻堅完全取得成功嗎？〉，《六都春秋》，2021年1月15日，https://www.citynews.com.tw/20210115-column-f/（檢索日期：2021年7月28日）。

[64] 同前註。

[65] 應濯，〈李克強示警「六億人月收入1000人民幣」，揭露「厲害了我的國」的真相〉，《關鍵評論》，2020年7月13日，https://www.thenewslens.com/article/137313（檢索日期：2021年7月28日）。

復興，鄉村必振興。穩住農業基本盤、守好「三農」基礎是應變局、開新局的「壓艙石」。脫貧攻堅取得勝利後，要全面推進鄉村振興。在向第二個百年奮鬥目標邁進的歷史關口，全黨務必充分認識做好「三農」工作的重要性和緊迫性，堅持把解決「三農」問題作爲全黨工作重中之重，舉全黨全社會之力推動鄉村振興，促進農業高質高效、鄉村宜居宜業、農民富裕富足。[66]

2024年發布的中央一號文件是21世紀以來指導「三農」工作的第21個中央一號文件，可見中共對於「三農」問題的重視。該文件將習近平在浙江省主政時推動的「千村示範、萬村整治」工程納入其中，[67]文件中強調：一是做到「兩個確保」，以確保國家糧食安全與確保不發生規模性返貧，守住「三農」工作底線；二是做到「三個提升」，提升鄉村產業發展水準，提升鄉村建設水準，提升鄉村治理水準，以加快建設宜居宜業和美鄉村；三是做到「兩個強化」，強化科技和改革雙輪驅動，強化農民增收舉措，以把住「三農」發展的關鍵。[68]

三、社會不均問題

我國學者許志嘉教授表示，中國過去由於倡導共產主義及無產階級專政，中國呈現共貧的社會，貧富不均等的問題甚小。但是在「改革開放」之後，在鄧小平「先讓一部分人富起來」的口號下，雖然一部分人已經富起來了，但是經濟改革的成果卻被權貴所壟斷攫取，大多數的人仍然未改善生活。因此，貧富差距問題出現，且日益嚴重，1990年代隨著經改速度

---

[66] 〈習近平在中央農村工作會議上強調 堅持把解決好「三農」問題作爲全黨工作重中之重 促進農業高質高效鄉村宜居宜業農民富裕富足〉，《新華網》，2021年1月2日，http://www.chinaql.org/BIG5/n1/2021/0102/c431597-31986982.html（檢索日期：2021年7月28日）。

[67] 「千村示範、萬村整治」工程（簡稱「千萬工程」），是習近平主政浙江省時振興農村發展的工作方法和推進機制。

[68] 金文成，〈「三農」工作怎麽幹？2024年中央一號文件解讀〉，《瞭望》，第7-8期，2024年2月8日，http://big5.news.cn/gate/big5/lw.news.cn/2024-02/08/c_1310763992.htm。

的加快，貧富差距的問題也更加劇，社會不均等的現象大幅增加。[69]分配不公平的現象普遍存在於收入、財產、教育、醫療等各個層面。

由北京大學中國社會科學調查中心所執行的「中國家庭追蹤調查」（China Family Panel Studies, CFPS）計畫所公布《中國民生發展報告2015》顯示，在收入方面，近三十年來，中國人民收入基尼係數（Gini coefficient）從1980年代初的0.3左右上升到目前的0.45以上，超出0.4的警戒線。而財產不平等的程度更加嚴重，中國家庭財產基尼係數從1995年的0.45擴大到2012年的0.73。頂端1%的家庭占有全國約三分之一的財產，底端25%的家庭擁有的財產總量僅在1%左右。[70]為了解決社會不均的問題，習近平於2016年提出「共同富裕」的政策。

雖然中國官方所公布基尼係數都低於0.5，但是卻遭各界質疑隱匿實情。如國際貨幣基金組織於2018年的一份報告就稱，中國是「世界上最不平等的國家之一」。中國官方雖然宣稱中國已於2020年完成脫貧任務，但是時任總理李克強於5月28日在中國兩會上回答記者提問時透露出中國社會不均的實情，他說「中國有6億人每個月的收入也就1,000元。」。曾受到中國官方推崇的法國經濟學家托馬斯·皮凱蒂（Thomas Piketty）在其新書《資本與意識形態》中，就批評中國的貧富差距嚴重。

在2021年東京奧運的跳水競賽中，為中國奪得金牌的小將全紅嬋，其家境暴露中國的貧窮問題依然普遍存在。全紅嬋出生在廣東湛江市一個農村，人均年收入僅人民幣1.1萬元（約新台幣4.8萬元），全紅嬋的父母靠種果樹為生，屬於低保戶（收入低於當地的最低生活保障標準）。湛江當地貧困家庭無不寄望兒女練跳水，未來能出人頭地，改善家庭環境，因而

---

[69] 許志嘉，〈中國大陸貧富差距問題〉，《中華民國行政院大陸委員會》，2005年，https://ppt.cc/fJkgOx（檢索日期：2017年4月11日），頁1。

[70] 〈北大《中國民生發展報告2015》：1%家庭占全國1/3財產〉，《中商情報網》，2016年1月19日，http://big5.askci.com/news/chanye/2016/01/19/14422vp2i.shtml（檢索日期：2017年4月11日）。

湛江成爲中國跳水之都，培育出許多奧運名將。[71]

此外，在教育方面，存在巨大的城鄉差距、東中西部區域差距與性別差距，尤其是城鄉差距十分顯著。戶口、父母的教育水準、黨員身分、出生所在省分等因素，對教育資源獲得的影響，在過去三十年有所上升。而在醫療保障方面，高收入人群反而比窮人享有更多的醫療補貼，城鄉居民也存在巨大的醫療不平等現象。該報告表示，這些不均等現象亟需得到有效解決，否則很有可能威脅到社會的穩定，進而成爲未來社會發展的瓶頸。[72]此正如孔子所言：「不患寡而患不均，不患貧而患不安」的道理。

爲實現「共同富裕」的目標，中國於2021年5月20日發布《中共中央國務院關於支持浙江高質量發展建設共同富裕示範區的意見》，GDP名列中國第四大省、習近平曾擔任省委書記的浙江省，被選擇爲建設「共同富裕」示範區。選擇浙江作爲示範區可能有幾個原因：（一）該省民營經濟發達，民營企業多，「富在民間」的程度遠比其他省分要高；（二）以浙江省的省情和發展基礎，實現「共同富裕」目標的難度可能比其他省分小一些，作爲示範區的作用可能更容易發揮。[73]

中共中央財經委員會辦公室副主任韓文秀於2021年8月26日表示，「共同富裕」要靠共同奮鬥，是「先富帶後富、幫後富」，給更多人創造致富的機會。他又於11月12日在中宣部發布會表示，中央推動「共同富裕」，絕不能「殺富濟貧」，也不會「殺富致貧」。他雖然強調「要構建初次分配、再分配和第三次分配的協調配套的收入分配體系。第三次分配是在自願基礎上，不是強制的。」外界分析，中國正進入「第三次分配」階段（有關「三次分配論」，中國經濟學家厲以寧指出，第一次分配是通

71 〈東奧點將／中國14歲女孩全紅嬋奧運奪金 貧窮率眞令主旋律尷尬〉，《中央社》，2021年8月6日，https://www.cna.com.tw/news/firstnews/202108060330.aspx（檢索日期：2021年8月11日）。

72 王玲，〈社會不平等擴大：1%家庭占全國三分之一財產〉，《科學網》，2016年1月14日，http://news.sciencenet.cn/htmlnews/2016/1/336266.shtm（檢索日期：2017年4月14日）。

73 段淇珊，〈中國推動「共同富裕」 爲何選擇浙江作爲示範區？〉，《香港01》，2021年8月2日，https://is.gd/pYMjUT（檢索日期：2021年12月10日）。

圖7-2　中國經濟學家厲以寧的三次分配論
資料來源：〈習推「共同富裕」殺富濟貧？中國大型私企剉咧等〉，《民視新聞網》。

過市場的收入分配，第二次分配是指政府透過稅收等方式再分配，第三次分配則是透過個人自願捐贈所進行的分配，參見圖7-2）。

　　中國高收入人士及企業湧現慈善捐款潮，被指向當局輸誠，例如中國A股股王貴州茅台與騰訊等企業均進行大額捐款。但是，《北京之春》榮譽主編胡平表示：「捐款最大特點就是自願性，可是現在按照中國的搞法，我們可以想像到一定會把它變成一個強制性的東西。」「捐這麼多顯然是非自願，是破財免災，如果不捐這麼多，會有更大的麻煩。有個笑話講募捐的秘訣：第一，面帶笑容，第二，腰間別把槍。」[74]

　　於2021年12月8日至10日舉行的中共中央經濟工作會議中，習近平表示，要正確認識與把握實現「共同富裕」的戰略目標和實踐途徑。實現「共同富裕」目標，首先要透過全國人民共同奮鬥把「蛋糕」做大做好，然後透過合理的制度安排把「蛋糕」切好分好；要發揮分配的功能和作用，堅持按勞分配為主體，完善按要素分配政策，加大稅收、社會保險、轉移支付等的調節力度；支持有意願有能力的企業和社會群體積極參與公

---

[74] 〈習推「共同富裕」殺富濟貧？ 中國大型私企剉咧等〉，《民視新聞網》，2021年8月30日，https://is.gd/rXtvQg（檢索日期：2021年12月10日）。

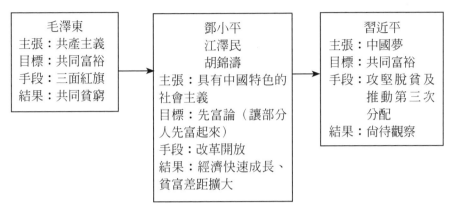

圖7-3 中國經濟發展
資料來源：作者自繪。

益慈善事業。要發揮資本作爲生產要素的積極作用，同時有效控制其消極作用；要爲資本設置「紅綠燈」，依法加強對資本的有效監管，防止資本野蠻生長；要支持和引導資本規範健康發展，堅持和完善社會主義基本經濟制度，毫不動搖鞏固和發展公有制經濟，毫不動搖鼓勵、支持、引導非公有制經濟發展（有關中國經濟發展如圖7-3所示）。

　　中共於2022年10月間召開的「二十大」會議上，「共同富裕」再次成爲關注的焦點。因爲「二十大」通過的黨章，將自1992年中共十四大黨章提出的「社會主義……最終達到共同富裕」的主張，修改爲將「逐步實現全體人民共同富裕」。習近平在「二十大」報告中說：「中國式現代化是人口規模巨大的現代化，是全體人民共同富裕的現代化，是物質文明和精神文明相協調的現代化，是人與自然和諧共生的現代化，是走和平發展道路的現代化。」此明顯有別於鄧小平於1992年寫入黨章的「鼓勵一部分地區和一部分人先富起來，逐步消滅貧窮，達到共同富裕」的主張。[75]

75 〈中共二十大 習近平的「共同富裕」實質、看點與海外評論〉，《BBC中文網》，2022年11月1日，https://www.bbc.com/zhongwen/trad/world-63332234。

四、重大事故頻傳

中國過去發生許多重大的社會安全事故，例如2011年7月23日的溫州高鐵追撞事故，造成40人死亡；2014年12月31日上海外灘陳毅廣場跨年夜民眾互相踩踏意外，造成至少36人死亡；2015年6月1日「東方之星」號客輪在長江翻覆的事故，造成442人死亡；僅2015年就發生了至少14件嚴重的工安事故，其中發生於當年8月12日深夜的「天津港大爆炸」事件，就造成165人遇難及巨大的財物損失，震驚全世界。另外，2017年11月18日北京大興區發生大火，造成19人死亡的慘劇。而且，2019年3月下旬僅十一天內就發生七起重大事故，共造成156人喪生，因此有人將2019年稱為「災難之年」。還有2022年5月湖南長沙樓房坍塌釀53死，以及2024年5月1日的廣東梅大高速公路塌方造成48人死亡的悲劇。

雖然這些事故發生的原因不同，但是突顯了中國社會長久存在許多的問題。第一個問題為中國過於重視經濟發展，而忽略公共安全的重要性。中國可說是要錢不要命，這些事故是經濟發展理念的必然惡果。中國評論家葉檀博士稱，之所以如此，乃是與現今中國的官場文化有關。因為在中國做生意常需要與公家部門攀關係，權力與關係像是潤滑劑，可以穿過表面上嚴格管理的縫隙。在中國的社會，此種關係可解決許多難題，也就是中國人戲稱「有關係，就沒關係」的道理。

第二個問題為中國政府對於媒體的嚴格箝制，突顯中國新聞的不自由。凡是發生重大事故，諸如礦災、火災、翻車、沉船等，中國當局第一時間就是管控媒體，封鎖消息，隱瞞實情。[76]以免媒體報導事實真相，危及其政權的穩固，讓媒體無法扮演一個訊息傳遞者的角色。例如2008年的「汶川大地震」時，中共中宣部成立「抗震救災宣傳報導工作領導小組」，禁止媒體自由採訪報導，並規定統一由《新華社》與《中央電視

---

[76] 李春，〈炸開前朝亂象 習近平改革阻力減〉，《聯合報》，2015年8月17日，版A 12。

台》發布新聞。而且，中國官員一遇到事情就是一問三不知，也不願面對媒體，相互推諉。人民在無法得真相的情況下，反而會造成謠言滿天飛。例如有謠言稱「天津港大爆炸」乃是江澤民派系所為，其目的在對習近平的反貪活動進行反撲。

中國當局也嚴密控制新冠肺炎疫情的消息，曾在上海擔任律師的張展因為多次參加維權活動及參與修訂律師管理辦法的簽名活動，被註銷律師執業證。她於2020年2月新冠肺炎疫情期間，在武漢各大醫院、殯儀館等拍攝影片、採訪受害家屬等，讓中共嚴密控制的疫情訊息得以通過互聯網流傳。但她後來於5月遭逮捕，以「尋釁滋事罪」判處有期徒刑四年，直到2024年5月13日刑滿才獲釋。

河南鄭州於2021年7月20日發生特大洪災造成嚴重傷亡，中國官方對於死亡人數多所遮掩，雖然河南省政府於8月2日公布的死亡人數為302人，卻遭到各界質疑。

另外，於2022年11月24日夜間發生的烏魯木齊高層住宅樓火災，造成10死9傷，掀起各地抗議過度防疫的浪潮。有學生自主發起「白紙革命」，這股抗議浪潮迅速席捲全國，為1989年「六四天安門事件」後，最大規模的示威抗爭活動，甚至有人高喊「習近平下台！」在推特上流傳許多廣州市於11月29日晚間的影片，其中有民眾疑似遭到警方以催淚彈鎮壓的畫面。但是這波廣大的抗爭浪潮，卻未見到中國官媒或微博等社交平台有任何報導。事後又傳出，中國當局正秘密清算參與「白紙革命」的人士，並試圖將他們抹黑為境外勢力的工具。

如今，中國調查報導的空間越來越小，災難新聞不公布死者名單也幾乎成為慣例。2022年5月湖南長沙樓房坍塌釀53死就沒有遇難者名單的報導，引發部分網友不滿，自發尋找這些人的身分。廣東梅大高速公路2024年5月1日1日塌方造成48人死亡的悲劇，但死難者名單未公布、陸媒也不見追蹤報導。北京清華大學法律學者勞東燕在社群平台微博發文感慨表

示，越來越無從得知公共事件的事實，重大事故頻出，是否涉及刑事責任或其他法律責任的追究等相關話題，完全從公共領域中消隱了，似乎這樣的事故僅僅是一場不幸或是天災。[77]

第三個問題爲中國政府對於危機的應變方式具有爭議，尤其在復原作爲非常草率。由過去中國政府處理災害的經驗觀之，常不計後果採取斷然的措施，以免讓事故一直持續延燒，而影響其政權的穩固。例如溫州高鐵追撞事故，許多罹難者遺體尚未被移出車體時，官方就調度大批重型機具將列車殘骸就地壓扁。中國當局處理的方式令人瞠目結舌，不但搜救草率，更在事故後一天半就急著通車。在處理「天津港大爆炸」時也是如此，以威脅利誘的方式與受害者達成和解。另外，發生在河南鄭州的特大洪水雖屬天災，但是卻暴露官方缺乏即時應變的能力。例如地方政府未能及時下令停駛所有地鐵及封閉重要隧道，讓眾多乘客困在車廂內及車輛堵在隧道中，而遭到洪水淹沒溺斃。（有關中國處理重大事故的方式如圖7-4所示）

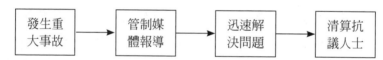

圖7-4　中國處理重大事故的方式
資料來源：作者自繪。

五、中國對非政府組織的控管

任何政府都無法包山包海，非政府組織（簡稱NGO）主要是在發揮彌補政府能力不足的功能。中國在「改革開放」之前並不允許非政府組織存在，但是在「改革開放」之後，其民間組織經歷了爆發式的增長，[78]雖

---

[77] 張淑伶，〈廣東梅大高速塌方48死 中國學者嘆重大事故相關討論不見了〉，《中央社》，2024年5月12日，https://www.cna.com.tw/news/acn/202405120064.aspx。
[78] 謝海定，〈中國民間組織的合法性困境〉，《法學研究》，第2期，2004年，頁4。

然中國當局已承認民間組織的存在，然而對於此種非屬政府單位的組織仍舊不放心。1989年的「六四天安門事件」與1999年的「法輪功事件」，[79]更使中共對於NGO提高戒心，故NGO的發展經常受到政治環境的制約。[80]在中國發生的許多災難及事故中，很難見到類似台灣的慈濟或是台積電等民間團體，直接及獨自參與救災的情形，而是必須接受中央或地方政府的指揮進行救災。因此在政治的干預之下，中國社會要發展出像台灣自主的民間組織，仍有一段遙遠的道路。

中國政府對於NGO仍深懷戒心，尤其是境外的NGO更不放心。其境內境外NGO估計超過7,000家，工作內容涉及大部分社會發展的重要議題，包括醫療衛生、環境保護、文化教育、勞工權益、科技發展、慈善援助、司法改革、基層選舉等領域。這些組織每年投入數億美元資金，協助中國政府與民間社會改善不同領域的問題。並提供發展經驗與技術，積極協助中國各界與國際社會進行交流互動。[81]雖然如此，中國政府還是認為該等組織在中國活動別有用心。

習近平上台後，積極在「國家安全」框架下加強對各種境外勢力的防堵與控管，以避免其結合民間異議力量威脅中共政權。「全國人大」常委會於2016年4月28日通過《境外非政府組織（INGO）境內活動管理法》（簡稱《境外組織管理法》），並於2017年正式生效，嚴格規範及限縮境外NGO的活動空間。甚至某些原本由民政部管理監督的NGO組織，轉交由當地的公安部門管理，並賦予公安更大權力。公安可在未提出正式指控

---

[79] 逾萬名「法輪功」學員於1999年4月25日到北京國務院信訪辦和平上訪，爭取合法的練功權利與信仰自由。此次活動被外界稱作「中國上訪史上規模最大、最理性平和、最圓滿的上訪」。〈逾萬名法輪功學員中南海和平上訪〉，《大紀元》，2015年4月25日，http://www.epochtimes.com/b5/15/4/25/n4420226.htm（檢索日期：2017年4月14日）。

[80] 張濟琳，〈淺析非政府組織在構建和諧社會中的功效、困境及對策〉，《軟科學》，第20卷第1期，2006年，頁94。

[81] 王占璽，〈中國「境外非政府組織管理法」草案簡析〉，《中華民國行政院大陸委員會》，2006年4月，http://www.mac.gov.tw/public/Attachment/642915443412.pdf（檢索日期：2017年4月14日），頁1。

下，對任何被懷疑有涉嫌「危害國家安全、顛覆政權、分裂國家」的境外NGO組織人士，處以最多十五天的羈押或驅逐出境。[82]

該法生效後，讓眾多在中國運作的國際NGO陷入了停頓，因為該法禁止境外NGO進行「損害國家安全、損害國家利益、煽動分裂國家」的活動。聯合國人權專家指出，該法律的定義過於廣泛，違反結社及表達自由的基本權利，將影響中國境內的NGO及人權機構，及打壓境內的異議分子。[83]根據政治大學東亞研究所博士後研究員王占璽表示，此法反映中國對國際力量干預的恐懼，因此試圖對境外NGO進行更為嚴格的管制。[84]長期關注中國環境議題的非政府組織「鍾理和文教基金會」工作者林吉洋指出，北京擋不住這股全球民間組織活躍的浪潮，無法禁止境外NGO進來，而是進行「宏觀調控」，收束境外組織的活動空間。中國區分境外組織是狼還是羊，若是羊則為我所用，若是狼則驅逐出境。宗教組織、社區營造、環境保護屬於羊，而宣揚維權意識的就是狼，就是亂源。[85]

長期居住在中國的美國媒體人及作家多德森（Dodson），於2012年出版的《中國快進》（*China Fast Forward*）乙書中表示，NGO除了可彌補政府能力的不足之外，還可以被當作一個國家自由度的指標。例如在獨裁專制的國家，該政府必定阻礙及禁止NGO的運作。因此，若中國欲融入現代國際文明的社會，就應該發展及倡導NGO，讓人民能夠自由集會、交換資訊及理念。[86]但是以目前的情勢觀之，仍無法看到中國政府願

---

[82] 李釋釗，〈李明哲案 中國對境外NGO第一刀〉，《蘋果日報》，2017年3月30日，http://www.appledaily.com.tw/realtimenews/article/new/20170330/1087151/（檢索日期：2017年4月14日）。

[83] 蔡曉穎，〈聯合國人權專家呼籲中國廢除監管境外NGO草案〉，《BBC中文網》，2016年5月4日，http://www.bbc.com/zhongwen/simp/china/2016/05/160504_china_united_nations_ngo（檢索日期：2017年4月14日）。

[84] 王占璽，〈中國「境外非政府組織管理法」草案簡析〉，頁1。

[85] 〈李明哲「被失蹤」 NGO人人自危〉，《新新聞》，2017年3月29日，http://www.new7.com.tw/NewsView.aspx?i=TXT20170329143155AZJ（檢索日期：2017年4月14日）。

[86] Bill Dodson, *China Fast Forward-The Technologies, Green Industries and Innovations Driving the Mainland's Future* (Singapore: John Wiley & Sons Singapore Pte. Ltd., 2012), p. 173.

意允許NGO在中國自由發展。民進黨前黨工、NGO人權工作者李明哲於2017年3月19日到澳門，準備入境珠海時突然失蹤，被以涉嫌國家安全問題，遭國安部門拘禁，並被以涉及「顛覆國家政權」之罪名判處五年徒刑，直到2022年4月15日才獲釋。智庫研究員李釋釧表示，李明哲案是中共對境外NGO組織和人士落下「殺雞儆猴」的第一刀。中共透過這種方式告訴外界：民間自主力量是不可靠，唯有政府才是說了算的大爺。[87]

根據佛光大學公共事務學系副教授柳金財表示，由於中共將「維穩」視為國家治理的重中之重，故視許多由公眾組成的社會組織為「非法」組織，從而加以取締，並藉由「雙重管理」體制（登記機關、業務機關）限縮社會組織設置成立，若未依法登記即屬「非法社會組織」，例如在退伍軍人維權抗爭事件中組成「中國退伍軍人協會」，因為已趨向組織性、全國性的發展，而被視為非法組織，遭到打擊。此顯示，中共採取強硬方式限制社會組織的成立與發展。[88]例如，中國民政部於2021年6月7日公布的所謂「非法社會組織名單」，包括中國藝術院、中國境外學位與學生信息中心等64個組織上榜。

美國紐約「亞洲協會」出版的刊物《中參館》（ChinaFile）於2021年11月發文指出，自從《境外組織管理法》於2017年生效之後，國際非營利組織在中國的活動遭受一系列新的打壓，尤其是維權團體受到很大限制。一些非政府組織離開了中國，如「中國人權捍衛者」（CHRD）研究與倡議事務協調員倪偉平（William Nee）於2021年2月離開了國際特赦組織香港辦公室。他表示，非政府組織在中國面臨越來越高的行政成本和道德妥協。而另一些非政府組織則默許北京的作為，根據中國政府的優先事

---

[87] 李釋釧，〈李明哲案 中國對境外NGO第一刀〉。

[88] 柳金財，〈中國黨國威權體系控制下非政府組織：策略、發展及侷限性〉，《六都春秋》，2021年5月12日，https://www.citynews.com.tw/20210512-column-f/。

項調整自己的項目，才得以繼續留在中國。[89]

六、環境污染問題

　　政治大學東亞研究所王信賢教授表示，中國長期追求GDP成長的粗放經濟發展模式，導致生態環境受到極大的傷害，威脅人民的健康。再加上政商利益勾結，導致治理能力的衰弱，使得各種監督機制形同虛設。世界銀行（World Bank）於2007年3月在北京召開有關環境污染會議上，發布名為《中國污染代價》（The Cost of Pollution in China）的報告，揭露中國每年約有75萬多人因環境污染而過早死亡。中共針對日益嚴重的環境污染問題，在「十七大」的《政治報告》中首度出現「生態文明」的觀點。從「十二大」到「十五大」，中共所強調的是社會主義物質文明、精神文明，「十六大」提出社會主義政治文明，「十七大」則提出建設生態文明，顯示中國已將生態保護提到更高的關注層次。[90]

　　由於中國環保問題頻傳，導致環境議題抗爭層出不窮。前央視主持人柴靜自費拍攝的霧霾調查紀錄片《穹頂之下》，引起中國社會廣泛關注，推動民眾環保意識的發展。[91]而中國已經實施二十五年的《環境保護法》，明顯不能適應經濟社會的發展，且存在適用性及執法不力等問題。因此於2014年4月24日「第十二屆全國人大常委會第八次會議」通過環保法修訂案，並於2015年正式施行。該新法律條文從原來的47條增加到70條，增強了法律的執行性。環保專家認為，修訂後的環保法成為現行法律裡面最嚴格的一部專業領域行政法。[92]

---

89 薛小山，〈「拒當中共政策的走卒」　境外非營利組織應該離開中國嗎？〉，《美國之音》，2022年6月29日，https://www.voacantonese.com/a/should-ngo-leave-china-20220628/6637534.html。

90 王信賢，〈傾斜的三角：當代中國社會問題與政策困境〉，頁47。

91 戴東清，〈近年中國環保意識發展趨勢〉，《中華民國行政院大陸委員會》，2015年6月，頁11。

92 許志嘉，〈中國大陸「新環保法」與環境污染問題（一）〉，《兩岸犇報》，第71期，2014年5月14日，http://ben.chinatide.net/?p=4406（檢索日期：2017年4月14日）。

　　中國由於經濟的快速發展，成為世界最大溫室氣體排放的國家，因此受到各國要求其降低碳排放的巨大壓力。為了配合世界的環保發展趨勢，習近平於2016年9月簽署了《巴黎協定》（*The Paris Agreement*），正式邁開減碳的腳步。為了執行對該協定的減碳承諾，中國當局所制定的「十三五」經濟規劃（2016-2020年），積極發展綠色經濟，期望能夠節能減排，以達成經濟轉型，加大環境保護治理力度。[93]近年來中國當局推動的種種政策顯示改善環保的決心，並嚴格執行環保法規，致使包括台商在內所經營的許多工廠被勒令停業。中國新的環保政策對於傳統的高耗能、高污染產業是一大挑戰，但是對於環保產業卻有著巨大的潛在商機。[94]

　　在中國政府的努力及強調「生態文明」之下，環境污染問題已獲得改善，民眾的環保意識也大幅提高。但由於過去長期快速發展累積的環境污染問題嚴重，環境改善仍是一項艱難的任務。另外，由於中國為全球最大碳排放國，而遭到世界各國的批評。為改善此問題，習近平於2020年9月22日在聯合國大會公開宣示，中國將於2030年前達到二氧化碳排放峰值，以期能在2060年實現碳中和的目標。中國政府延續「十三五」經濟規劃對環保的重視，在「十四五」經濟規劃（2021-2025年）及「2035年遠景目標」中，生態環境保護仍然是最重要的任務之一。

　　瑞士專門製造精密空氣清淨機的科技公司IQAir，長期追蹤全球空氣品質，該公司於2023年3月14日發布的報告顯示，中國的空氣污染在過去幾十年一直處於最嚴重國家之列，但其於2022年之空氣品質得到改善。不過IQAir強調，儘管中國的城市空氣有所改善，但沒有一個城市達到世界衛生組織的空氣品質指標。最主要原因是中國仍然大量燃燒煤炭，對氣候

93 陳怡心，〈從抗拒到積極 中國減碳政策的轉變與困境〉，《環境資訊中心》，2016年8月10日，http://e-info.org.tw/node/117605（檢索日期：2017年4月14日）。

94 董士典，〈中國新視野──中國環保產業的潛在商機：1%家庭占全國1/3財產〉，《中國時報》，2016年1月5日，http://www.chinatimes.com/newspapers/20160105000110-260203（檢索日期：2017年4月14日）。

與環境造成嚴重的問題。[95]另外，獨立研究機構「能源與清潔空氣研究中心」（Centre for Research on Energy and Clean Air, CREA）於2023年12月22日發布的一項研究顯示，2023年是中國自2013年開啓「空污戰爭」以來，全國細懸浮微粒$PM_{2.5}$平均水準同比上升的第一年。中國2023年的空氣污染惡化，是十年來首見。[96]

七、陳抗頻傳問題

各種社會問題所累積的民眾不滿，在無合法及順暢的宣洩管道之下，最後爆發成包括農民、勞工、民工、環保、宗教、種族、學生與退伍軍人等各類的群體陳抗事件。根據中國官方統計，90年代以來中國社會運動的頻率與規模均不斷擴增，每年都有幾萬件的陳抗事件發生，而且陳抗的規模越來越大。[97]這些陳抗事件都是各類社會問題的總體現，中國社會也正式進入一個「風險社會」。究其原因乃是從計畫經濟向市場經濟的轉型過渡時期，未能協調有序進行，兩種模式的交雜增加了社會風險成本，再加上缺乏成熟有效的市場經濟管控機制及社會責任監督機制，都是造成社會風險增大的原因。[98]

具體的原因包括：農地徵用、積欠農民工工資、城市民房拆遷、貧富差距、失業、貪腐、幹部素質低落，以及民間維權意識的升高問題。[99]我國中央研究院陳志柔研究員歸納中國社會抗議的性質與趨勢如次：

---

[95] 〈令人震驚：全球只有十三個國家和區域空氣質量達世衛標準〉，《美國之音》，2023年3月15日，https://www.voacantonese.com/a/only-13-countries-and-territories-had-healthy-air-quality-in-2022-20230314/7004273.html。

[96] 張雅涵，〈2023年中國空氣污染惡化 十年來首見〉，《中央廣播電臺》，2023年12月22日，https://www.rti.org.tw/news/view/id/2190590。

[97] 王信賢，〈傾斜的三角：當代中國社會問題與政策困境〉，頁47。

[98] 〈近期中國大陸社會群體性抗爭事件分析〉，《中華民國行政院大陸委員會》，2005年8月，http://www.mac.gov.tw/public/Attachment/992417424366.pdf（檢索日期：2017年4月14日），頁2。

[99] 同前註。

（一）絕大部分集體陳抗是特定群體因為自身利益受損，走投無路下的維權行動；其次是城市居民保護自身環境，或抗議政府執法不當的集體抗議。

（二）社會抗議的三大群體：1.城市改制企業職工；2.農村失地村民；3.城市拆遷居民。2005年起，新興抗議群體包括：外資企業農民工、民辦學校及高校大學生、城市特定職業群體及中產階級市民。

（三）過去絕大多數群體抗議的訴求都是針對自身的經濟利益，很少是有關公眾利益或普世價值的議題。但近年來，後者數目明顯遞增，且帶有極強的政策影響力及社會傳播效果。

（四）群體抗議未必立即危及中共政權，但數目逐年增多，參與人數也快速膨脹，不可確定性隨之升高。尤其當股市下跌、房價過高、物價膨脹時，城市白領市民心生怨恨，群體騷動失控的可能就會提高。

（五）群體抗議利用有限開放的政治結構、媒體報導與網路空間，已成為政治過程的一部分；他們參與了國家部門之間、中央與地方之間的權力角力及利益競逐，構成新的國家與社會關係。[100]

　　中國頻頻發生的民眾群體性抗爭事件，導致社會動盪，在面對越來越不和諧的社會，為平息人民的不滿，胡錦濤於2004年9月19日舉行的「十六屆四中全會」中正式提出要構建「社會主義和諧社會」[101]的執政理念，此理念有別於過去「以經濟建設為中心」的發展方針。胡錦濤表示要「完善社會管理，維護社會安定團結」，並強調要健全基層社會管理體制，妥善處理人民內部矛盾，完善信訪制度，健全黨與政府主導的維護群眾權益機制等。王信賢教授表示，中國近年來針對社會問題推出諸多政策，而此種以鞏固政權為核心，並透過黨國體制的主導，以經濟發展及社

---

[100]陳志柔，〈中國大陸社會抗議的性質和趨勢〉，《中央研究院－社會學研究所》，http://www.ios.sinica.edu.tw/ios/people/personal/ccj/9705/E5%A4%A7%E9%99%B8%E6%83%85%E5%8B%A2.pdf（檢索日期：2017年4月14日），頁11-12。
[101]簡稱「和諧社會」。

會和諧作爲兩個側翼的政體模式，爲「後極權社會主義」[102]發展型國家的展現。[103]

在許多中國的陳抗事件中，「烏坎事件」頗令人關注。2011年9月，廣東省汕尾市所屬陸豐市的烏坎村村民因懷疑村官進行土地非法交易謀取私利，在林祖戀帶領下舉行大規模遊行，五人遭警方逮捕，其中薛錦波被關押三天後死亡。後來中國當局以改組村民委員會、懲處官員及給死者家屬巨額撫恤金，才平息事件。2012年，林祖戀在村民舉辦的選舉中當選村委會主任。該事件不但成爲民衆抗爭維權及基層民主進程的標誌性事件，更被冠以化解官民矛盾的「烏坎模式」。但是於2016年6月17日，林祖戀卻被以涉嫌在民生工程發包時收受賄賂，被拘提調查。烏坎村民再次走上街頭要求放人，並與防暴警察發生衝突。[104]

專研中國基層民主與農村選舉的學者羅婷表示，類似烏坎的村官濫權、賣地中飽私囊的行爲普遍存在。烏坎事件之所以能夠化解的原因，一是社交媒體的曝光迅速引起廣泛關注，二是廣東省委書記汪洋不願意讓事態惡化影響其仕途。有人認爲此事件可作爲解決中國基層衝突的模式，過於天眞及樂觀。因爲中國農村的基層選舉，仍然是在「黨的領導之下」。例如，《人民日報》旗下的《環球時報》於2016年6月20日發表的評論稱：「如果全國各地的矛盾都用烏坎村民的激進方式表達的話，中國基層看到的將是一片混亂和騷動」。烏坎村的事態發展顯示，中國村民用選票保護切身利益的願望還未能實現，而化解中國基層官民矛盾的「烏坎模

---

[102] 王信賢，〈傾斜的三角：當代中國社會問題與政策困境〉，頁48。

[103] 此主義由林茲（Juan Linz）於1970年代所提出的論述，他認爲「極權主義」國家是指納粹時期的德國及史達林時期的蘇聯，而史達林去世後的蘇聯則爲「後極權主義」國家。徐賁，〈後極權和東歐知識分子政治〉，《二十一世紀雙月刊》，總第62期，2000年12月，頁77。

[104] 〈新聞焦點：「烏坎模式」能否解決中國基層官民衝突？〉，《BBC中文網》，2016年6月21日，http://www.bbc.com/zhongwen/trad/china/2016/06/160621_ana_wukan_model（檢索日期：2017年4月14日）。

式」也尚未成功。[105]

　　中國迄今仍履履發生嚴重的陳抗事件，爲了化解官民的之間的矛盾，及解決民衆的問題，中國有一種非常獨特的陳情方法，即是「信訪制度」。[106]根據中國政法大學社會學院教授應星表示，「信訪」是指民衆向政府機關寫信與要求見面，以提出各種要求、表達願望、對各項工作提出意見，以及對官員提出批評。在任何國家都存在公民向政府寫信或面見官員，表達其訴求的現象。但是「信訪」之所以成爲中國的一種特殊社會現象，是因爲在中國不存在西方憲政體制的三權分立，司法常受制於政治，國家權力集中在執政黨及政府機關，官員習慣聽命於上級而非底層民衆。當民衆的利益受到侵害，遭遇司法不公時，最主要的救濟管道就是向更高層的黨政機關求助。故「信訪」乃是集司法救濟與行政救濟於一身，是民衆化解冤情、維護權利、實現救濟的主要工具。[107]

　　而中國人民法學政治系教授張鳴則表示，「信訪」的存在是司法失效的體現，民衆遇到的問題司法不能解決，只能通過行政部門反應情況。「下級的政府職能部門解決不了的，就向上級反應，這樣一來就形成了越級上訪的情況。」然而，因爲「信訪」與當地官員政績掛鉤，故引發地方政府企圖截訪。此外，「人大」代表反應情況的渠道不暢通也是導致「信訪」的原因之一，「最好的下情上達的渠道是通過人大代表，如果是百姓選舉的代表，遇到問題可以將下情通過人大渠道上達給政府層面，但現在的情況是這條路不通」。他認爲，如果不能從根本解決司法公平及人大代表性問題，「信訪」也無法解決問題。[108]也因此，才會有不斷的陳抗發

105 同前註。
106 陳銘聰，〈中國大陸行政訴訟調解制度改革研究〉，《南臺財經法學》，第4期，2018年，頁120-125。
107 應星，〈中國信訪制度的運作機制及其變化〉，《信訪、民主與法治──中國話題》（香港：香港城市大學出版社，2013年），頁3。
108 〈專家：信訪制反映司法失效〉，《明報》，2016年12月3日，https://news.mingpao.com/pns/dailynews/web_tc/article/20161203/s00013/1480700918801（檢索日期：2017年4月14日）。

生。

中共對信訪工作歷來非常重視，甚至將其納入各級行政機關的責任目標管理，實行首長負責制。[109]前中國副總理習仲勳曾表示：「信訪是黨和政府賦予人民群眾的民主權利」，中國政府也於1982年制定一部新的信訪條例《黨政機關信訪工作暫行條例》，第1條指出：「正確處理人民群眾來信來訪，是各級黨委和政府的一項經常性的政治任務」。雖然有法律保障人民的「信訪」權利，但是由於各級官員的相互袒護，使「信訪」存在著重大的缺陷，無法發揮真正救濟的功能，故一些學者建議取消該制度。例如中國社科院於建嶸建議撤銷各部門的「信訪」機構，並將「信訪」全部集中到各級「人大」，通過人民代表來監督一府兩院的工作。[110]

目前，中國信訪管道比較窄，無法適應現代資訊化時代的新要求。「訴」與「訪」的界限不清、標準不明，工作中難以準確地分類處理。受理立案的門檻高，一些符合條件的訴求進不了法律程序，而各單位之間還存在踢皮球的問題，一些人民反應的問題得不到及時受理。針對這些問題，中央政法委要求各地多管齊下，通過開展網上信訪、視頻接訪等方式，引導案件當事人多來信，少來訪。同時探索建立網上受理流轉、網下複查辦理、網上答覆化解的資訊化工作機制，逐步形成「就近的來人訪、遠處的上網視頻訪、不方便的來信訪」的接待受理方式，解決信訪管道不通暢的問題。同時要降低受理門檻，加強銜接配合，解決合理訴求進不了法律程序、部門間相互推諉扯皮等問題，確保符合條件的信訪案件都能得到及時受理，進入法律程序後，都能得到依法解決。[111]

---

[109]陳銘聰，〈中國大陸行政訴訟調解問題之研究〉，《育達科大學報》，第39期，2014年，頁61。

[110]方強，〈當前中國的信訪制度及其根本困局〉，《當代中國研究》，第4期，2009年，http://www.modernchinastudies.org/cn/issues/past-issues/106-mcs-2009-issue-4/1113-chinas-current-mail-and-visit-system-and-its-fundamental-predicament.html（檢索日期：2017年4月14日）。

[111]〈中央政法委出台三個檔解決涉法涉訴信訪突出問題〉，《重慶市信訪辦》，2015年1月1日，http://xfb.cq.gov.cn/zwgk_219/zcjd/202003/t20200320_5837073_wap.html（檢索日期：2021年7月26日）。

自2022年開始，中國出現越來越多大規模的抗議示威活動。如2022年底，中國有數以千計的人在街頭集會，手舉白紙反對中國嚴格的新冠清零政策，抗議波及北京、上海、成都多地，被稱為「白紙革命」。接著於2023年2月8日，湖北省武漢市進行醫保改革，退休人員因不滿改革減少個人醫保給付、改將給付金額納入統籌基金，而爆發大規模的抗議活動，被稱為「白髮革命」。為了解決不斷的大規模陳抗事件，於2023年3月10日召開的第十四屆全國人大第一次會議，通過關於國務院機構改革方案，將國家信訪局調整為國務院直屬機構。但有人認為，這次改革不會帶來什麼實質變化，信訪制度是為老百姓「畫大餅」。[112]

八、維穩問題

「維護穩定」（簡稱「維穩」）的概念對於中共的「一黨專政」非常重要，因為一旦社會不穩定，就會影響到中共政權的穩定。所以名為維護社會的穩定，其實就是要維護中共政權的穩定。1989年的「六四天安門事件」更使中國當局體認到穩定的重要性，自1990年代末開始，中國便將「維穩」視作工作重心之一。尤其是每年的6月4日前夕，中國安全部門都會進入高度警戒狀態，「維穩」成為其的最主要工作，並搜捕及軟禁維權、異議分子與宗教人士。而且，由於中國自從「改革開放」之後，貧富差距及官員貪污日益嚴重，導致陳抗事件日趨頻繁，「維穩」更成為中國政府的重要任務。

我國中央警察大學教授汪毓瑋教授表示，為了執行「維穩」的工作，中國政府投入巨大的人力及物力。而且自2011年起，「維穩」的費用超過了軍費，可見其對「維穩」的重視。但是中國官方卻始終否認政府預算中有「維穩」的項目，而稱是「公共安全預算」。面對「維穩開支超國防開

---

112 〈中國兩會：備受詬病的國家信訪局獲升級，「民意收集器」作用多大？〉，《BBC中文網》，2023年3月10日，https://www.bbc.com/zhongwen/trad/chinese-news-64913042。

支」的批評，中國財政部官員表示：「中國公共安全支出，涵蓋了公共衛生、公共交通、建築安全等諸多領域，將其稱爲『維穩預算』，根本是偷換概念。」接著，《新華網》於當年4月6日刊載題爲〈捏造「中國維穩預算」缺乏基本常識〉的文章，反駁《法廣中文網》的〈維穩開支超軍費——中國猶如警察國家〉的評論文章，指責該文「完全是無中生有、張冠李戴」。[113]

鄧小平於1989年2月26日對美國總統布希（Bush）表示：「中國的問題，壓倒一切的是需要穩定」。「六四事件」後，他再次強調：「穩定壓倒一切」。之後，每屆中國領導人也都強調維穩的重要性。例如江澤民與胡錦濤接棒後，都需要在「穩定」、「改革」與「發展」三者間把握平衡。[114]1998年3月，中共成立「中央維護穩定工作領導小組」，後於2000年5月在公安部下設辦事機構「中央維護穩定工作領導小組辦公室」（簡稱「中央維穩辦」）。在胡錦濤時期，「穩定」更被列爲優先任務，並被認爲是官員政績考核及晉升的重要指標。習近平更是稱「維穩」是中國2017年的基調，要把維護「政權安全、制度安全」放在首位，提高對各種矛盾問題的預測、預警、預防能力，爲中共「十九大」召開營造「安全穩定的社會環境」。[115]

習近平於2019年5月7日「六四」三十週年前夕出席全國公安工作會議時表示，公安機關要積極預防、妥善化解各類社會矛盾，確保社會既充滿生機活力，又保持安定有序。並且要處理好「維穩」與「維權」的關係，既要解決合理合法訴求、維護群眾利益，也要引導群眾依法表達訴求、維護社會秩序。他再度讚揚「楓橋經驗」稱，要堅持「打防結合、整體防

---

[113] 汪毓瑋，〈中國大陸「維穩」經費高漲與強化社會穩定之努力〉，《展望與探索》，第11卷第4期，2013年4月，頁28。
[114] 錢鋼，〈「維穩」何時成爲常用語？〉，《紐約時報中文網》，2012年9月19日，https://cn.nytimes.com/china/20120919/cc19qiangang2/zh-hant/（檢索日期：2017年4月14日）。
[115] 施英，〈一週新聞聚焦：習近平維穩最高指示，孟建柱、周強強調抵制司法獨立〉，《民主中國》，2017年1月16日，http://www.minzhuzhongguo.org/MainArtShow.aspx?AID=78301（檢索日期：2017年4月14日）。

控，專群結合、群防群治」，把「楓橋經驗」堅持好、發展好，把黨的群眾路線堅持好、貫徹好，充分發動群眾、組織群眾、依靠群眾，推進基層社會治理創新，努力建設更高水平的「平安中國」。[116]

另外，在新冠肺炎疫情期間，中國政府也是以「穩」字當頭，運用各種手段穩住疫情。淡江大學中國大陸研究所助理教授曾偉峯指出，各界原先預期中國會因新冠肺炎疫情而陷入社會動盪，但「反而變成有序的社會」，研判中國為防疫所建立的動員基層措施、防控機制（輿論審查）和以「健康碼」蒐集社會資訊等，成為強化社會防控機制的工具。他並指出，在上述機制下，當中國後續發生洪災等災難時，內部社會也沒有大規模動盪，顯示中國運用科技管控及言論審查，以降低危機導致社會動盪。不過整體而言，「中共目前仍處於壓抑型穩定」。[117]

根據《日經亞洲評論》於2022年8月29日報導指出，中國的國防支出增長迅速，逐漸逼近美國。但是在新冠疫情肆虐期間，中共中央與地方的維穩支出更高，中國於2020年用於維護公共秩序與控制國內言論的公共安全支出（維穩費用）狂增至2,100億美元，十年翻了一倍多，比國防支出高出7%之多。中國政府為了維穩，擴大監視系統的覆蓋範圍。廣東省烏坎村曾經被稱為「民主村」，現在到處都是監控攝影機。[118]另外，根據英國網路安全公司Comparitech的報告顯示，中國的監視器數量竟然逾全球總數50%。

[116] 1960年代初，浙江省諸暨縣楓橋區（今諸暨市楓橋鎮）透過發動基層群眾的相互嚴密監視及舉報，被標榜為「就地化解矛盾，堅持矛盾不上交」、「捕人少，治安好」的「楓橋經驗」。小山，〈六四敏感近 公安全國會議習近平強調用「楓橋經驗」維穩〉，《法國國際廣播電台》，2019年5月8日，https://reurl.cc/dGbb36（檢索日期：2021年7月28日）。

[117] 賴言曦，〈疫情無礙維穩 學者：中共藉防疫加大社會控制〉，《中央社》，2021年1月8日，https://www.cna.com.tw/news/acn/202101080223.aspx（檢索日期：2021年7月28日）。

[118] 邱立玲，〈天價維穩！ 中共一年花掉2100億美元 維穩支出超過軍事費用〉，《Yahoo》，2022年8月30日，https://is.gd/xT8RUD。

九、重大疫情不斷問題

自從21世紀以來，中國境內爆發了幾起重大傳染性疾病的事件，包括2002年底的「非典型肺炎」（SARS）、[119]2018年的「非洲豬瘟」（African swine fever）[120]及2019年底爆發的新冠肺炎。這些疫情不但在中國境內傳播，更是蔓延到海外，造成世界各國人民重大傷亡及經濟損失，以及重創中國的大國形象。例如SARS導致全球8,000餘人受感染，800餘人死亡；豬流感雖然不會傳染到人類的身上，但是由於傳染性強且無疫苗，病畜死亡率高，疫情快速擴散至中國周邊國家，嚴重衝擊各國的經濟；另外，新冠肺炎更是一場世紀大災難，疫情蔓延全球，無一個國家倖免，造成全球近7億人感染及687.5萬人死亡的慘劇（2023年5月15日資料）。

這些疫情的爆發暴露了中國內部的許多問題，第一為不文明的飲食文化，如許多中國人喜愛吃保育類動物或是各種的野生動物。非典型肺炎及新冠肺炎就是因為中國人愛好野味的飲食文化，得以讓蝙蝠的冠狀病毒，經由果子狸傳染給人類。[121]第二為不良好的衛生環境，如「非洲豬瘟」就是因為許多中國鄉下的豬農，仍以落伍的「後院養殖」（backyard farming）方式蓄養豬隻，排泄物常未處理就排放，嚴重污染環境衛生。為節省飼料成本，飼主經常餵食廚餘，也缺乏經濟能力改善養殖環境與提升水準，使得「後院養殖」容易成為動物疫病繁衍的溫床。[122]

第三為不負責的官僚文化，中國官場一向報喜不報憂，以免影響仕途。中共官員當時若能重視吹哨者武漢市中心醫院李文亮醫生，於2019年

---

[119] 正式名稱為「嚴重呼吸道症候群」。

[120] 又稱為「豬流感」。

[121] 邱淑宜，〈「冠狀病毒之父」賴明詔：不接觸野生動物　杜絕病毒傳染管道〉，《健康雜誌》，2020年1月9日，https://www.commonhealth.com.tw/article/80724?from=search。

[122] 胡天鵬，〈別再喊沒滷肉飯吃──防範非洲豬瘟，畜牧業轉型才是王道〉，《報導者》，2018年12月24日，https://www.twreporter.org/a/opinion-african-swine-fever-industrial-transformation。

12月30日所提出的疫情警告，並負起追查及向上通報的責任，而不是為了隱瞞實情，對他進行約談、訓誡並要求認錯，或許就能阻止這場災難的發生，李文亮也不會染疫喪命。中共中央紀律委員會在檢討防疫不力的問題時就批評稱，新冠肺炎充分暴露出相關部門與黨員領導幹部、公職人員對疫情防控的重要性、嚴峻性認識不足，沒有切實履行好領導責任。[123]

　　第四為不透明的資訊系統，新冠肺炎在武漢爆發後，中國政府並沒有立即通知世界衛生組織及世界各國，而是刻意隱瞞實情，導致各國疏於防範，疫情一發不可收拾，最後讓病毒在全世界流竄，讓世界各國付出重大的代價。被視為親中派的德國總統梅克爾於2021年初的世界經濟論壇（WEF）中，就批評中國對疫情資訊的封鎖，是一個不透明的國家，造成全球公衛的危機。「世衛組織」也批評中國官員不合作的態度，引起全球難以挽救的悲劇。中國也在疫情爆發一年後，才終於同意該組織的調查小組前往中國進行調查。中國政府若無法改正上述的問題，未來恐無法阻止其他重大流行病再度爆發。

---

[123] 〈中央紀委國家監委通報八起形式主義官僚主義典型問題〉，《人民網》，2020年4月27日，http://fanfu.people.com.cn/BIG5/n1/2020/0426/c64371-31688725.html。

第 八 章　中國的外交

　　大多數國際關係學的文獻認爲，影響一個國家的對外行爲或是採取某項外交政策的主要因素，大體可分爲「個人決策層次」（individual decision making level）、「國內結構層次」（domestic structure level）「國際體系層次」（international system level）等三個因素（圖8-1）。[1]因爲世界上每個國家的領導人在制定外交政策時，都會受到其所處時代的國際局勢、國內環境及個人性格等因素所影響。

　　因此本章依據中國領導人的時期作爲劃分，首先分析此三個因素對於每位領導人外交思維的影響，然後探討他們的外交作爲，因爲一個人的思維會影響其外在的作爲（表8-1），並討論中國最重要的外交關係，即對美國的關係。最後討論中國與日本及印度的關係，因爲他們的關係不但影響東亞與南亞區域的安全局勢，也影響著我國的安全，故有必要加以討論。

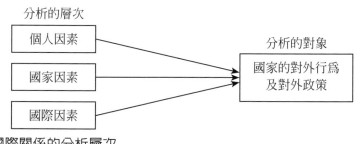

圖8-1　國際關係的分析層次

---

[1]　耿曙，《分析層次與國際體系》（台北：揚智出版社，2003年），頁41。

表8-1 中國領導人的外交思維與重大外交作為

時期	領導人	外交思維	重大外交作為
第一代	毛澤東	封閉性 鬥爭性 現實性	「聯蘇、反美」（1950年代） 「反美、反蘇」（1960年代） 「聯美、反蘇」（1970年代）
第二代	鄧小平	對外開放 韜光養晦	與美國建交（1979年） 促成英國同意交還香港（1997年）
第三代	江澤民	對外開放 韜光養晦 新安全觀	創立「博鰲亞洲論壇」（2001年2月27日） 推動成立「上海合作組織」並成為創始會員國（2001年6月15日） 加入「世貿組織」（2001年12月11日）
第四代	胡錦濤	對外開放 韜光養晦 和諧世界	推動成立「金磚國家組織」並成為創始會員國（2014年）
第五代	習近平	大國外交 有所作為 企圖實現中國夢 建構「中美新型大國關係」	推動成立「金磚國家開發銀行」並成為創始會員國（2014年） 推動成立「亞洲基礎設施投資銀行」並成為創始會員國（2015年） 創立「一帶一路」國際合作高峰論壇（2017年）

資料來源：作者整理。

第一節　毛澤東時期的外交

一、毛澤東的外交思維

　　根據上述國際關係有關外交決策的分析層次，來分析毛澤東的外交思維。在個人因素方面，由於毛澤東年輕時即深受馬列主義的影響，故其共產意識形態甚強，此也深深的影響其外交思維。[2]邱坤玄榮譽教授表示，

---

[2] 李才義，〈論毛澤東外交思想中的意識形態與國家利益〉，《黨史研究與教學》，第6期，2003年，頁29。

毛澤東當政時期，以人治為主，政策往往隨著他意志的轉移而改變，因此政策的起伏性較大。其信念、價值觀及意識形態，成為影響外交政策的主要因素；[3]在國家因素方面，中共之所以能夠打敗有美國撐腰的國民黨，乃是有蘇聯的軍事協助，故中共與蘇共的關係非常地密切，其外交思維也深受蘇共影響；在國際因素方面，中國於1949年建政後，正是冷戰剛開始時期。在這個兩極的世界裡，大多數的國家都會選邊站，不是靠向美國，就是選擇蘇聯，中國也不例外。

根據上述毛澤東的個人信念、中國的政權特質及當時的國際環境，毛澤東在建國之初，很自然地就投向蘇聯的陣營。中國學者郭玲的研究顯示，毛澤東的外交思維具有封閉的特性。因毛澤東一生僅到過蘇聯，從未訪問過西方資本主義國家，不瞭解西方資本主義，故他向外國學習的對象就只有蘇聯，在西方國家對中國進行包圍、封鎖時，他並不以為意。他對西方資本主義社會抱持很強的敵意，對資本主義進行批評與攻擊。當時中國人簡單地將一切不符合共產主義意識形態的經濟、政治與社會現象，均歸結為資本主義。[4]

毛澤東的外交思維也具有鬥爭性，此可能與他的鬥爭性格有關。因為毛澤東曾說過：「與天鬥，與地鬥，與人鬥，其樂無窮。」他一生不斷地製造鬥爭，不但在國內進行鬥爭，在外交上也是如此。例如於1950年代，他進行「聯蘇、反美」，將美國當作最大的敵人；1960年代，主張「反美、反蘇」，將美國與蘇聯同時當作敵人，並發展與第三世界國家的關係，以應對兩個強權的威脅；到了1970年代，中國將蘇聯當作最危險的敵人，並進行「聯美、反蘇」。[5]

3　邱坤玄，〈中共外交政策〉，張五岳主編，《中國大陸研究》，第2版（新北：新文京出版社，2007年），頁146。
4　鄭永年，〈毛澤東與當代中國資本主義的興起〉，《壹讀》，2014年7月24日，https://read01.com/KO02kg.html（檢索日期：2017年1月18日）。
5　郭玲，〈毛澤東外交戰略的侷限性及其超越〉，《毛澤東研究網》，2016年1月18日，http://www.mzdyjw.com/show_content.php?id=1538（檢索日期：2017年3月5日）。

　　另外，毛澤東於1974年2月22日會見甘比亞總統卡翁達（Kaunda）時，提出關於三個世界劃分的理論，被稱為「三個世界理論」。他表示，美國、蘇聯是第一世界，互相爭奪世界霸權。中間派的日本、歐洲、加拿大，是第二世界，他們具有兩面性，是第三世界在反霸鬥爭中可以爭取或聯合的力量。亞洲除了日本外都是第三世界，非洲及拉丁美洲也都是第三世界。第三世界國家占世界人口最多，占世界人口五分之一的中國，與其他社會主義國家一起反帝、反霸。「三個世界理論」其實就是毛澤東所謂的國際反霸統一戰線，聯合第三世界國家，以反對美蘇兩個霸權。

　　中國學者李才義教授表示，其實，毛澤東的外交思維也具有現實性。因為他是一位政治現實主義者，會隨著局勢的轉變而改變其外交政策。雖然他有很強的共產主義意識形態，但是當國家的利益與意識形態衝突時，他會選擇放棄意識形態的堅持，改變外交政策，以謀取現實的利益，最明顯的例子就是美國和解。中國原本與美國在意識形態上水火不相容，但雙方為了共同對付蘇聯的威脅，毅然走向和解，打開兩國關係通向正常化的大門。這是基於國家利益，摒棄意識形態的一種現實考慮。[6]

二、毛澤東的外交作為及對美外交

（一）和平共處五原則

　　中共政權成立之初，為了改善與周邊國家的關係，而提出「和平共處五項原則」的主張。首先，中國與印度政府就西藏問題，於1953年12月31日展開談判，時任總理的周恩來在會見印度代表團時表示：「新中國成立後就確立了處理中印兩國關係的原則，那就是互相尊重領土主權、互不侵犯、互不干涉內政、平等互惠和和平共處的原則」。[7]後來兩國代表於

6　李才義，〈論毛澤東外交思想中的意識形態與國家利益〉，頁35。
7　袁正清、宋曉芹，〈理解和平共處五項原則的傳播〉，《壹讀》，2016年6月5日，https:// read01.com/Dzy2jB.html（檢索日期：2017年5月20日）。

1954年4月29日，在北京簽署的《關於中國西藏地方和印度之間的通商和交通協定》序言中，提及該五項原則。同年6月29日，周恩來與緬甸總理共同發表的聯合聲明中，也確認此等原則作爲指導彼此交往的原則。[8]

　　1955年4月，在印尼萬隆舉行的「第一次亞非團結會議」時，周恩來宣稱「和平共處五原則」是中共對外關係的基礎，希望減輕亞非國家對中共的疑慮。根據新加坡南洋理工大學拉惹勒南國際關係學院李明江副教授表示，中共政權成立之初，包括周邊國家在內的不少國家，對「紅色中國」抱有很深的戒心。爲了減少國際社會的疑慮，尤其是改善中國與周邊國家的關係，而提出「和平共處五原則」。這些原則對減少國際社會的疑慮有很大幫助，尤其是對改善中國與周邊國家的關係，發揮了很大的作用。[9]

（二）毛澤東的對美外交

　　毛澤東時期的對美國外交政策非常具有戲劇性變化，基本上可以劃分爲三個階段，第一階段爲1950年代的「聯蘇、反美」戰略。中國建國之初，毛澤東提出「另起爐灶」、「打掃乾淨屋再請客」與「一邊倒」三大方針，作爲處理外交關係的基本準則。當時西方資本主義國家在中國還擁有大量的特權，因此中國根據「另起爐灶」及「打掃乾淨屋子再請客」方針，對於國民政府與外國建立的外交關係，採取不繼承的策略，以徹底地解決中國與西方資本主義國家之間的關係。中國在與西方資本主義國家徹底的決裂之後，採取完全倒向蘇聯的「一邊倒」外交戰略，並於1950年2月與蘇聯正式締結戰略同盟關係，雙方簽訂爲期三十年的《中蘇友好同盟互助條約》。中國爲了與蘇聯結盟，也付出許多代價。例如在史達林的壓

8　〈和平共處五項原則：國際關係的恆久指引〉，《中國評論新聞網》，2014年4月28日，http://hk.crntt.com/doc/1031/5/3/6/103153627.html?coluid=93&kindid=9490&docid=103153627（檢索日期：2017年2月12日）。

9　〈和平共處五項原則：國際關係的恆久指引〉，《中國評論新聞網》。

力之下，給予蘇聯在東北與新疆地區許多特權。[10]

在第二階段的1960年代，中國所實行的外交政策為「反美、反蘇」外交戰略。主要原因為蘇聯的政局發生了變化，史達林於1953年去世後，赫魯雪夫擊敗史達林所提拔的馬林科夫，成為新的蘇聯領導人。赫魯雪夫於1956年召開的蘇共「二十大」會議上，不但發動批判史達林運動，揭露史達林個人崇拜所造成的惡果，並且提出新的政治論述，反對暴力革命、無產階級專政，主張從資本主義和平過渡到社會主義，[11]以及與西方和平共存的政策。此對共產陣營產生很大的衝擊，顯示國際共產運動出現了暴力革命、修正主義兩條不同路線。

由於毛澤東崇尚暴力革命，因此於1957年赴莫斯科出席共黨大會時，批評蘇聯為修正主義。他認為資本主義已經在蘇聯復辟，人民應該要打倒「假共產黨」，並稱蘇聯為「蘇修社會帝國主義」（簡稱「蘇修」或「蘇帝」），從此蘇共與中共在意識形態上發生嚴重的分歧，兩國的矛盾關係也表面化。隨著中蘇關係的惡化，蘇聯宣布廢除1957年與中國簽訂的《國防新技術協定》，[12]不再向中國提供原子彈製造技術，並從中國撤除所有的俄國專家及援助。兩國邊境形勢隨之緊張，雙方軍隊並於1969年3月間在邊境界河烏蘇里江上的珍寶島發生武裝衝突，史稱「珍寶島事件」，當時兩國幾乎走向戰爭的邊緣。此時期，毛澤東採取「反美帝、反蘇修」的「兩個拳頭打人」的「兩條線」外交方針，一方面與資本主義陣營的領導者美國繼續敵對，並與最大的共產主義國家蘇聯由盟友變為敵人。

在第三階段的1970年代，中國實行「聯美、反蘇」戰略。美國尼克森政府鑑於中蘇關係惡化，故進行重大的外交戰略調整，欲採取「聯中、

---

10 郭玲，〈毛澤東外交戰略的侷限性及其超越〉。
11 人民日報編輯部，〈無產階級革命和赫魯雪夫修正主義——八評蘇共中央的公開信〉，《中國共產黨新聞》，1964年3月31日，http://cpc.people.com.cn/BIG5/64184/64186/66673/4493688.html（檢索日期：2017年3月5日）。
12 同前註，頁149。

制蘇」的政策，願意與中國改善關係。美中利益的接近使雙方摒棄意識形態的分歧，開始展開接觸。首先於1969年8月，尼克森總統委託巴基斯坦總統阿尤布（Ayub）及羅馬尼亞總統齊奧塞斯庫（Ceausescu），向中國領導人傳達願與中國和解之意，獲得中國當局的正面回應。1971年4月美國乒乓球隊結束在日本名古屋舉行的第三十一屆世界乒乓球錦標賽後，受到中國當局邀請前往訪問，成為首批訪問中國的美國人，由於當時兩國還處於對抗的關係，故此事件轟動國際，被媒體稱為「乒乓外交」（Ping Pong Diplomacy）。之後，尼克森於當年7月9日派國安顧問季辛吉密訪中國，促成了尼克森總統於1972年2月赴訪。雙方一系列的接觸，讓兩國由敵人逐漸變為朋友。

　　毛澤東的外交政策在經歷了1950年代向蘇聯「一邊倒」，以及1960年代的「反美、反蘇」戰略後，突然於1970年代出現了「聯美、反蘇」戰略，此政策完全翻轉以往以意識形態為主導的外交思維，因為美國過去一直是毛澤東口中所要打倒的「美帝」。此顯示他的外交思維具有現實的特性，並符合國際關係學的名言：「世界上沒有永遠的朋友，也沒有永遠的敵人，只有永遠的利益。」中國與美國之所以能夠化敵為友，因為當時兩國都與蘇聯為敵，在「敵人的敵人就是朋友」的思維下，兩國拋棄意識形態的歧異，一拍即合。雖然在毛澤東生前未能完成與美國建交的願望，但是自從他開始同意與美國接觸之後，對美國的關係成為中國日後最重要的對外關係，繼任的每位領導人都以美國為最重要的交往對象。而且，中美關係成為世界局勢演變的重要因素。[13]

---

[13] 關信基，〈世界格局演變中的中美關係〉，《端傳媒》，2016年1月18日，https://theinitium. com/article/20160118-opinion-kuanhsinchi-chinaandusa/（檢索日期：2017年3月5日）。

第二節　鄧小平時期的外交

一、鄧小平的外交思維

中國在「改革開放」之後，外交發生了重大的變化。邱坤玄榮譽教授表示，當時基於國內經濟建設的需要，以及逐漸加強深化與國際社會的互動，中國外交政策中意識形態的成分逐漸淡化，國家利益、國際權力結構與制度的影響則相對提升，但是在涉及領土與主權的原則問題，中國仍然非常的敏感與堅持。[14]鄧小平的外交工作的主要任務除維護國家獨立、主權及領土完整外，還要爭取有利的國際和平環境，以進行經濟建設。他表示，外交政策是要尋求一個和平的環境以實現「四個現代化」。例如，他於1984年11月在中央軍委座談會表示，應該將重點工作由過去的備戰轉到建設上。

另外，他於1985年6月4日的中央軍委擴大會議上闡述「兩個重要的轉變」的重要外交思維。第一個轉變是對國際形勢判斷的轉變，世界的基本形勢已從毛澤東所說的「大規模的世界戰爭不可避免且迫在眉睫」，轉變為「在較長時間內不可能發生大規模的世界戰爭」，此轉變使中國將工作重點轉到經濟建設上。第二個轉變是中國的對外政策的改變，改變過去與毛澤東所採取聯合日本、歐洲及美國等國家共同對抗蘇聯的「一條線、一大片」外交戰略，[15]而改採取「獨立自主的和平外交政策」，以及不結盟的政策。鄧小平表示，中國不打美國牌，也不打蘇聯牌，中國也不允許別人打中國牌。中國欲成為獨立於東西兩大陣營之外重要的國際政治力量，在國際事務中發揮獨特而重要的作用。[16]

---

[14] 邱坤玄，〈中共外交政策〉，頁146。

[15] 「一條線」是指依照緯度劃出一條從美國到日本、中國、巴基斯坦、伊朗、土耳其與歐洲的一條戰略線，並團結此線的外圍國家，形成「一大片」，共同對抗蘇聯。

[16] 中共中央黨史研究室，〈鄧小平與中國外交戰略的調整（1978-1986）〉。

相較於毛澤東在外交方面的濃厚意識形態傾向，鄧小平的外交政策則較爲務實，且不以意識形態作爲外交的指導原則。美國知名智庫布魯金斯學會（Brookings Institution）的約翰・桑頓中國中心（John L. Thornton China Center）主任李成表示，鄧小平是一位戰略家，深知國內與世界的變化是緊密相連，以及對全球整個政治經濟版圖有長遠的思考。他並稱，毛澤東堅持意識形態，而鄧小平重視實用主義，因而不會故步自封、因循守舊，此爲這兩位領導人最大的區別。[17]

鄧小平之所以不像毛澤東一樣，應該與其成長背景及歷練有關。毛澤東除了到過蘇俄之外，從未接觸過西方的資本主義社會，故其學習的對象也只有蘇俄，並因爲信仰共產主義的意識形態，而憎恨西方資本主義國家。鄧小平則不然，因爲他曾於1920年年方16歲時赴法國勤工儉學長達五年之久，故對資本主義社會有深刻認識。但是他於1922年參加「旅歐中國少年共產黨」（後改爲「中國社會主義青年團旅歐支部」），接觸了馬克思主義，並於1926年1月7日接受中共的指示，離開巴黎赴莫斯科中山大學學習。[18]然而，由於他曾長期接觸過西方世界，故執政後在外交政策方面，就不會像毛澤東一樣的封閉及排斥西方資本主義社會。

二、鄧小平的外交作爲及對美外交

鄧小平於1978年取得政權之後，採取「改革開放」政策，開始致力於經濟建設。爲了營造和平的國際環境，讓中國能有充分的時間發展經濟，他積極與重要國家改善關係，其中最爲重要者爲於1979年與美國建交，此爲他任內最重大的外交作爲之一。中美建交後，美國邀請時任副總理的鄧

---

[17] 高毅，〈分析：鄧小平的外交政策的得與失〉，《BBC中文網》，2014年8月20日，http://www.bbc.com/zhongwen/trad/china/2014/08/140820_deng_foreign_policy_gains_losses（檢索日期：2017年4月4日）。

[18] 高津英，〈相隔半世紀 兩次法國行——鄧小平的法國情結〉，《新華網》，2004年8月17日，http://news.xinhuanet.com/world/2004-08/17/content_1803901.htm（檢索日期：2017年4月4日）。

小平夫婦，而非總理華國鋒，於同年1月29日至2月5日訪問美國，因為美國知道鄧小平才是中共的最高決策人物。[19]從此之後，美國成為中國對外關係中的「重中之重」。[20]

雷根（Reagan）總統上台後，為了拉攏中國對抗蘇聯，於1982年8月17日與中國簽署《八一七公報》，對中國讓步，同意逐漸減少對中華民國軍售。雷根雖然打算以「中國牌」對抗蘇聯，但是鄧小平卻採取「獨立自主的和平外交」政策，並開始與莫斯科改善關係，為與蘇聯關係正常化談判開啓一扇大門。而且，當時的蘇聯總書記戈巴契夫推動「開放」與「重建」政策，決定與中國改善關係。戈巴契夫並於1989年5月訪問中國，兩國化敵為友。[21]然而，當年中國發生軍隊鎮壓在天安門示威學生的「六四天安門事件」，以美國為首的西方先進國家對中國實施一系列的制裁措施。當時中國與美國的關係跌到谷底，中國一時陷於外交孤立。而且，從當年下半年到1990年代初期，東歐共產政權相繼垮台，共產黨的老大哥蘇聯也跟著解體。

為了應付國際局勢對中國政權所產生的巨大壓力，鄧小平於1989年9月表示：「對於國際局勢，概括起來就是三句話：冷靜觀察，穩住陣腳，沉著應付。」[22]他並於1992年4月28日談論中國的發展問題時表示：「我們再韜光養晦地幹些年，才能真正形成一個較大的政治力量，中國在國際上發言的分量就會不同。」[23]從此，「韜光養晦」的外交政策成為中國對

---

[19] 鄧小平曾在1963年9月13日、1976年1月19日、1978年12月25日、1979年1月1日、1979年2月5日、1983年9月26日、1985年9月23日、1986年1月6日和1997年3月3日，共計九次登上時代封面。並兩次被評為該刊的「年度風雲人物」，即1978和1985年。〈中國登上時代周刊封面最多的人竟然是他〉，《壹讀》，2016年5月20日，https://read01.com/P6gonD.html（檢索日期：2017年4月4日）。

[20] 邱坤玄，〈中共外交政策〉，頁164。

[21] 李登科，〈五十年的「中」、美、蘇（俄）關係〉，《中國大陸研究》，第42卷第10期，1999年10月17日，頁48-49。

[22] 〈鄧小平「韜光養晦」外交戰略的來歷〉，《大公網》，2014年8月20日，http://news.takungpao.com.hk/world/watch/2014-08/2684791.html（檢索日期：2017年4月4日）。

[23] 冷溶、汪作玲主編，《鄧小平年譜（1975-1997）（下）》（北京：中共中央文獻研究室，2004年），頁1346。

外戰略的重要方針，並爲後繼的中國領導者所遵循。李成主任認爲，「韜光養晦」政策是成功讓中國能從1989年後的困境中走出來，擺脫危機，維持經濟的發展。[24]

有人認爲，鄧小平任內的另外一項重大外交成就，是其生前促成英國同意讓香港於1997年7月1日順利回歸中國。但是也有人認爲，香港的回歸是九十九年租約期滿後的正常歸還，而非不平等條約的提前結束。中國將清政府與英國於1842年8月29日簽訂的不平等條約《南京條約》一直執行到底，根本不是外交上的勝利，反而是一種恥辱。[25]而根據英國政府於1969年的研究報告顯示，中國當時不希望提早接收香港，乃是因爲可獲得許多經濟利益：（一）最重要的外匯收益來源。1966年，中國有超過三分之一的外匯收入透過香港賺取，當中包括經香港寄往中國的海外華人匯款，及在香港的金融及商業投資；（二）透過香港出口貨品至世界各地。當時中國外銷的貨品，約有五分之一是經香港轉口至外國。因爲香港的公司比中國的外貿機關，更擅於處理各種海外訂單，而香港的商貿及銀行服務，也便利中國的對外貿易；（三）當時仍有許多國家未與北京建交，中國要與這些國家貿易，通常在香港商談及簽約。[26]

第三節　江澤民時期的外交

一、江澤民的外交思維

由於江澤民爲鄧小平所提拔，而且他上台時，鄧小平仍然具有影響

---

24 高毅，〈分析：鄧小平的外交政策的得與失〉。
25 陳明辰，〈歷史提示：香港回歸是租約期滿後正常歸還〉，《大紀元》，2007年6月27日，http://www.epochtimes.com/b5/7/6/27/n1756277.htm（檢索日期：2017年4月5日）。
26 毛來由，〈爲何中國不提早收回香港？來自英國外交部最高機密報告的答案〉，《故事》，2014年9月14日，https://gushi.tw/hongkong-archive-1969/（檢索日期：2017年4月5日）。

力，故其在外交思維上並無太大的改變，而是遵循著鄧小平的「韜光養晦」外交思維處理對外關係，對外政策以營造有利經濟發展的國際環境為首要目標，也就是外交必須為經濟發展服務。台大政治系教授高朗表示，中國自從「改革開放」以來，對外政策有一貫性，就是外交必須顧及經濟建設的大局。維持和平與穩定的周邊環境，乃是中共外交的基本方針。因此，後冷戰時期，中共外交傾向於維持現狀穩定，以爭取時間，發展國力。[27]

　　1997年2月鄧小平去世，同年9月中共召開「十五大」，開啟江澤民時代。他在大會中的講話，幾乎「蕭規曹隨」，如堅持獨立自主、反對霸權、強調睦鄰友好及不以意識形態定親疏遠近，都是鄧小平時代早已推動的工作，故其在外交政策並無太大的改變。但是由於蘇聯解體，美國不再需要中國來制衡蘇聯，加以中國的國力漸強，而且軍費也大幅增加。這些發展讓華府與北京關係出現變化，美國內部也出現「中國威脅論」（China Threat）的聲音，並逐漸將中國視為競爭者。美國學界不少人認為中國崛起，對其安全構成威脅。[28]例如美國芝加哥大學教授米爾斯海默（Mearsheimer）的現實主義經典著作《大國政治的悲劇》（*The Tragedy of Great Power Politics*）乙書，就宣傳「中國威脅論」，並稱美國對付中國的最佳戰略，就是類似於冷戰期間美國對蘇聯的「遏制戰略」。[29]

　　面對國際局勢的改變，中國於1997年3月在「東協地區論壇」（ASEAN Regional Forum）上，首次提出「新安全觀」[30]作為因應，以有別於冷戰時期以軍事對抗為主的傳統安全觀。1999年3月，江澤民在日內瓦世界裁軍談判大會上〈推動裁軍進程，維護國際安全〉的講話，再一次全面闡述以「互信、互利、平等、合作」為核心的「新安全觀」；2000

---

[27] 高朗，〈後冷戰時期中共外交政策之變與不變〉，《政治科學論叢》，第21期，2004年9月，頁20。
[28] 同前註，頁29-30。
[29] 〈約翰·米爾斯海默 美國為什麼要遏制中國的崛起？〉，《壹讀》，2016年3月23日，https://read01.com/oyjmQe.html（檢索日期：2017年4月5日）。
[30] 又稱為「非傳統安全觀」。

年9月，他在聯合國千禧年高峰會上也再度強調此主張。在國內，江澤民於2001年7月1日在慶祝中共建黨八十週年大會上的講話（簡稱「七一講話」），以及2002年11月的「十六大」報告，也一再闡述此安全觀。[31]

我國學者楊名豪表示，中國提出「新安全觀」有四項動機：（一）因應美國的圍堵策略，藉由倡導「新安全觀」，積極拓展與各國關係，以突破美國的圍堵企圖；（二）消除「中國威脅論」的論述，以「新安全觀」強調美國而非中國在威脅世界和平，使他國不再視中國為威脅；（三）創造有利的發展環境，以「新安全觀」降低其在海上能源運輸的脆弱性，並促進經濟、軍事安全；（四）建構權力轉移藍圖，藉由倡導「新安全觀」，除可高舉對美國反霸的大旗，聯合其他國家發展多極的制衡力量外，並可爭取國際認同，以累積「爭霸」的籌碼。[32]

二、江澤民的外交作為及對美外交

江澤民任期內有幾件重要的外交作為，包括於2001年2月27日在中國海南省瓊海市的博鰲鎮召開國際大會，並宣布成立「博鰲亞洲論壇」，該論壇每年定期在博鰲召開年會，作為政府、企業及專家學者等提供一個共商經濟、社會、環境及其他問題的高層對話平台；同年6月15日在上海成立「上海合作組織」，由中國、俄國、哈薩克、吉爾吉斯、塔吉克、烏茲別克、巴基斯坦與印度等八個國家組成，另外有蒙古國、伊朗、阿富汗與白俄羅斯四個觀察員國；[33]接著，中國經過長達十五年的馬拉松式談判，

---

[31] 〈江澤民新安全觀解讀與思考〉，《中國論文網》，2012年2月28日，http://www.xzbu.com/2/view-386417.htm（檢索日期：2017年4月5日）。

[32] 楊名豪，〈中共「新安全觀」下的朝鮮半島外交政策：以「六方會談」為例〉，政大東亞研究所學位論文，2005年，頁27-32。

[33] 上海合作組織（Shanghai Cooperation Organization, SCO，簡稱「上合組織」）的前身是「上海五國」會晤機制，1996年4月26日，中國、俄國、哈薩克、吉爾吉斯、塔吉克等五國元首在上海舉行首次會晤。2001年6月14日，「上海五國」元首在上海舉行第六次會晤時，烏茲別克加入，六國元首簽署《上海合作組織成立宣言》，「上合組織」正式成立，各國元首並簽署《打擊恐怖主義、分裂主義和極端主義上海公約》。該組織成員國總面積占亞歐大陸面積的五分之三，人口15億，占世界總人口的四分之一。

終於於當年12月11日加入「世貿組織」，讓中國的經濟融入世界多邊貿易體制。這些作為顯示江澤民積極推動，讓中國走向及融入國際社會。

另外，為了消弭國際社會的「中國威脅論」疑慮，江澤民於「十五大」時表示：「中國的發展不會對任何國家構成威脅。今後中國發達起來了，也永遠不稱霸。」根據高朗教授表示，江澤民掌權期間的外交作為可分為五個主要部分：（一）加強與大國的雙邊關係，擴大互利合作的基礎，從1996至1998年分別與俄國、法國、美國、日本、東盟、歐盟建立各種夥伴關係；（二）倡導對話合作的「新安全觀」，以因應國際緊張與衝突；（三）嘗試建立由中國主導的區域論壇或組織，提升領導地位；（四）積極參與多邊組織及其活動；（五）改善對美關係，防範台灣外交突圍。[34]

在對美關係方面，江澤民任期內面對柯林頓及小布希兩位政黨及個性截然不同的總統，因此兩國的關係也有不同的發展。雖然於1995至1996年間發生的台海飛彈危機，迫使柯林頓總統緊急調派兩個航艦戰鬥群前來台灣海峽應對，但是基本上柯林頓仍將中國視為是「戰略夥伴」。柯林頓於1998年6月30日訪問中國時，以口頭提出「三不政策」，即不支持「兩個中國」或「一中一台」、不支持台灣獨立、不支持台灣以國家名義加入國際組織，此「三不政策」讓中國極為滿意。因此於1999年5月7日，科索沃戰爭期間，中國駐南斯拉夫大使館遭美國轟炸機攻擊，炸死三名中國記者及數十人受傷，雖然引起中國人民的憤慨，但是中國官方甚為克制，未有過激的反應，很快地平息此事件。

小布希總統於2001年1月20日上台後，於當年4月1日，美國海軍EP-3型偵察機在南海上空執行偵查任務，與前往監視的解放軍戰機發生擦撞，解放軍戰機墜毀，導致飛行員喪命，而美國軍機則迫降海南島機場，雙方相互指責對方挑釁。故小布希上台後即全盤否定柯林頓政府的對中政策，

---

[34] 高朗，〈後冷戰時期中共外交政策之變與不變〉，頁30-31。

公開批評柯林頓對中政策太軟弱，並將兩國原本的「建設性戰略夥伴關係」，重新定位爲「戰略競爭關係」。[35]小布希認爲中國未來可能成爲美國的競爭對手，取代俄國成爲美國的全球嚇阻戰略首要目標。

然而，2001年發生的911恐怖攻擊事件，讓整個情勢發生逆轉，此事件提供江澤民改善與美國關係的契機。因爲該事件發生後，小布希發動阿富汗及伊拉克兩場戰爭，讓美國陷入戰爭的泥潭，而無暇圍堵中國。[36]而且，小布希在國際上進行「全球反恐戰爭」，此時江澤民抓住時機，適時向小布希伸出援手，承諾支持反恐戰爭。在中國努力之下，改變了小布希對中國的定位，將中國從威脅美國利益與安全的競爭者，轉而視爲可以共創和平的夥伴。[37]小布希政府並且同意中國的要求，於2002年將「東突厥斯坦伊斯蘭運動」（簡稱「東伊運」）列爲恐怖組織。江澤民在短期間就轉變小布希對中國的外交政策，此爲其對美國外交工作的成就。

第四節　胡錦濤時期的外交

一、胡錦濤的外交思維

胡錦濤於2002年11月15日繼江澤民之後，接任中共中央總書記，並於隔（2003）年3月接任國家主席，成爲中國的第四代領導人。但是江澤民眷念權位，而以「扶上馬，送一程」爲理由，於2004年9月19日才交出中共中央軍委會主席職務，故江澤民對於胡錦濤的對內及對外政策都有很大的影響。而且，胡錦濤爲鄧小平隔代欽點的繼任者，其外交思維並未跳出鄧小平所訂下的「韜光養晦」外交指導方針。

---

[35] 〈出乎意料：小布希的兩件大事送中國十年機遇〉，《壹讀》，2015年8月6日，https://read01.com/A768eJ.html（檢索日期：2017年4月5日）。

[36] 同前註。

[37] 張子揚，〈911事件改變布希政府之中國政策：事實或迷思？〉，《全球政治評論》，第10期，2005年，頁91。

　　南華大學教授胡聲平表示，共產黨人非常重視戰略與策略，在戰略上強調「一貫性」與「連續性」，在策略上講求「靈活性」與「務實性」，胡錦濤接班後，在外交政策上也展現相同的特性。他在推展對外關係時，除遵守一貫的原則，並保有政策的連續性外，在做法時則力求彈性、靈活、務實。他於2003年底提出「和平崛起」的概念，以塑造中國崛起後的新國際形象。但是爲了化解國際對中國崛起的威脅感，他於翌（2004）年4月24日在第三屆「博鰲亞洲論壇年會」發表演講時，將「和平崛起」修訂爲「和平發展」，並於2005年4月，參加雅加達「亞非峰會」時提出「和諧世界」理念，作爲主導中共對外政策的思維、原則與核心目標。[38]

　　胡錦濤以「和平發展」爲國家大戰略，以「和諧世界」爲外交思維，表示中國不走歷史上一些國家崛起的戰爭道路，以確保中國於21世紀前二十年的重要戰略機遇期，能有和平發展的國際環境。[39]也就是，爲了國家的「和平發展」，必須採取「和諧世界」的外交理念。故胡錦濤的外交思維與鄧小平及江澤民一樣，外交的功能在爲國內的經濟發展提供服務，他將中國的內政與外交、國內大局與國際大局融爲一體。[40]

　　胡錦濤顯然認爲，「和諧世界」理念將有助於化解「中國威脅論」的疑慮，並建立中國「負責任大國」的形象。有關「和諧世界」的內涵，中國國務院新聞辦公室於2005年12月22日公布的《中國和平發展道路白皮書》中，對此名詞提出官方解釋稱，「和諧世界」爲民主的世界、和睦的世界、包容的世界。根據趙建民及許志嘉兩位教授分析認爲，胡錦濤的「和諧世界觀」其實就是繼承了江澤民時期的「新安全觀」。[41]

　　雖然中國內部有人認爲不必再提「韜光養晦」，因爲中國經濟崛起，

---

[38] 胡聲平，〈中共外交理念與政策的矛盾──以「和諧世界」理念下的公共外交與安全外交爲例〉，《南華大學》，2012年，頁1。

[39] 胡聲平，〈胡錦濤執政下的中共外交新作爲──公共外交與安全外交〉，《亞太研究通訊》，第10期，2012年7月，頁91-93。

[40] 同前註，頁95。

[41] 同前註，頁97。

政治強大，必要時應以大國姿態現身，甚至不能再抱「老二」心態，該硬的要硬起來。同時，國際上也出現聲音，指中國不再「韜光養晦」，在諸多事務上表現強硬，甚至出言行事霸道，與多方形成對立。[42]但是基本上，胡錦濤的外交思維並未跳出鄧小平所訂下的「韜光養晦」。例如2010年4月12日訪問美國並會晤歐巴馬總統時，胡錦濤表示會堅定「韜光養晦」戰略。

另外，中國政府爲了消除西方對「中國威脅論」的論調，在全世界成立「孔子學院」，首間學院於2004年在南韓首都首爾成立。中國政府透過漢辦（Hanban）支付講師費用、贊助文化活動等經費，與各國大學院校合作成立該學院。其宗旨是希望建立一個類似「英國文化協會」（British Council）的文化推廣機構，希望藉此軟實力，降低西方各國對中國崛起的憂慮。該學院在各國受到歡迎的原因之一，是許多中小型學院無多餘經費設立中文課程，「孔子學院」正好彌補此缺口。

但有許多人士反對該學院，因爲他們認爲這是中國官方的延伸，忽視言論自由。例如2014年初，芝加哥大學有超過百名的教職員連署，認爲該學院有損芝大的學術聲譽，因此率先關閉「孔子學院」。[43]美國前總統川普執政時期，國務院於2020年8月將「孔子學院」列爲中國的「外國使團」（foreign missions），以加強對該學院的管控。[44]另外，美國政府認爲此機構爲中國海外戰略的一環，擔憂影響學術自由，故大舉關閉各大學的「孔子學院」，讓它從原本的118間，於2023年僅剩下5間。

---

[42] 〈胡錦濤會奧巴馬是重樹「韜光養晦」戰略〉，《中國評論新聞網》，2010年4月13日，http://hk.crntt.com/doc/1012/8/8/0/101288062.html?coluid=7&kindid=0&docid=101288062（檢索日期：2017年4月5日）。

[43] 〈孔子說，但老美不想聽：美國知名大學爲什麼關閉「孔子學院」？〉，《The News Lens》，2014年10月7日，https://www.thenewslens.com/article/8011（檢索日期：2017年4月5日）。

[44] 〈美國關閉中國孔子學院 酈英傑：台灣可以填補空缺〉，《自由時報》，2021年6月9日，https://news.ltn.com.tw/news/politics/breakingnews/3563133（檢索日期：2021年7月26日）。

二、胡錦濤的外交作為及對美外交

胡錦濤上台後，中國的「開放政策」進入一個全新的階段，而且影響其在國際上的作為。1980年代的主要經濟戰略是採取「引進來戰略」（"Bring In" strategy），積極招商引資；1990年代的特點是「與世界接軌」。無論是「引進來」還是「與世界接軌」，很少會與外部世界產生矛盾。但是，隨著總體經濟的提升，加上經濟全球化的趨勢，中國政府認為對外開放戰略也要與時俱進，以符合21世紀的發展趨勢。[45]2000年10月召開的「十五屆五中全會」，發布《中共中央關於制訂國民經濟和社會發展第十個五年計畫的建議》中，確立了江澤民過去多次所提的「走出去戰略」（"Go Global" strategy）[46]，也就是「鼓勵中國具有比較優勢企業進行對外直接投資」的戰略方針。[47]

21世紀初以來，中國企業紛紛赴海外投資，開拓國外市場。隨著中國利益在全球的擴展，必然與西方國家的利益發生競爭，甚至衝突。而且此時期正逢美國於2007年發生次貸危機，並於2008年引發全球金融海嘯。在此情況下，胡錦濤的外交面臨著嚴峻的挑戰。[48]為了應對外來的挑戰，胡錦濤秉持「韜光養晦」戰略，採取低調的外交作為，以避免刺激美國。例如2010年主管中國外交的國務委員戴秉國就撰文稱，中國「不當頭、不爭霸、不稱霸」，「說中國要取代美國、稱霸世界，那是神話。」[49]胡錦濤在對美關係方面採取的策略為：（一）儘量避免與美國走向對抗；（二）以多邊外交消減美國的單邊主義及國際影響力；（三）加強國力以維護自

---

[45] 王太，〈中共實施「走出去」戰略之發展與成效〉，《中共研究》，第6卷第7期，2002年7月，頁24。

[46] 英文又翻譯成Go Out policy。

[47] 蕭芃連，〈中國「走出去」戰略與中國企業跨國投資關聯性研究〉，私立淡江大學大陸研究所碩士論文，2005年7月，頁24。

[48] 〈權為民所用、情為民所系、利為民所謀〉，《鳳凰週刊》，2012年8月4日，http://www.51fenghuang.com/news/fengmiangushi/1258.html（檢索日期：2017年2月15日）。

[49] 黃昱帆，〈時殷弘：習近平外交大戰略漸成型〉，《紐約時報中文網》，2015年1月20日，http://cn.nytimes.com/china/20150120/cc20shiyinhong/zh-hant/（檢索日期：2017年4月6日）。

身的利益。

　　胡錦濤時期，中國對於國際事務的參與日益深廣，全球大小事務沒有中國的介入幾乎無法解決，其中尤以各地區的危機問題（如伊朗與北韓）、氣候變遷與反恐問題等，都需要中國的參與。[50]此外，中國還成為「金磚國家」組織的創始會員國，並加強與東協、歐盟等重要國際組織，及俄國、巴西、印度、南非等大國的合作關係。中國也大力支持發展中國家進行地區整合，協助他們爭取國家利益，增強他們的討價還價能力，以促進世界多極化的發展。[51]

　　政治大學國際關係研究中心研究員湯紹成表示，中國的國際地位一直不斷在攀升，尤其在2008年9月全球金融危機爆發之後，中國在國內及國際上的表現一枝獨秀，中西方的勢力你消我長，不少歐美學者開始對於西方式的價值、制度與政策產生疑慮，例如CNN知名節目主持人札卡瑞亞（Zakaria）於2008年出版的著作《後美國世界：群雄崛起的經濟新秩序時代》（*The Post-American World and the Rise of the Rest*），及著名的英國政經評論家賈克（Jacques）教授於2009年出版的著作《當中國統治世界：中國崛起和西方世界的衰落》（*When China Rules the World: The Rise of the Middle Kingdom and the End of the Western World*）都在提問，這是否意味著西方的普世價值已陷入困境？「美式和平」（Pax Americana）是否將由「中式和平」（Pax Sinica）取代？[52]

---

[50] 湯紹成，〈當前中國的國際地位及其作為〉，《海峽評論》，2010年8月號，https://www.haixia-info.com/articles/5688.html（檢索日期：2017年4月6日）。
[51] 鄭宇碩，〈十七大以來的中國外交政策〉，《二十一世紀雙月刊》，第116期，2009年12月號，頁15。
[52] 湯紹成，〈當前中國的國際地位及其作為〉。

第五節　習近平時期的外交

一、習近平的外交思維

　　中國在經歷鄧小平、江澤民及胡錦濤等三代領導人數十年的「改革開放」及「韜光養晦」之後，中國已經於2010年超越日本，成為世界上第二大的經濟體，實力已非昔日可比擬。因此中國第五代領導人習近平於2012年上台後，不想再遵循鄧小平在1990年代初定下的「韜光養晦」外交方針，而希望「有所作為」，並且要「大有作為」，展現「大國外交」的作為，例如中國政府提出「新型大國關係」理念，作為指導中國的外交實踐。習近平強調，外交要「謀大勢，講戰略，重運籌」。中國外交方針的轉換，一方面突顯大國崛起的自信，另一方面也顯示伴隨綜合國力的上升，北京也越來越有參與國際事務，以維護自身利益的需要。[53]

　　根據澳門大學政府與行政學系教授王建偉分析稱，與胡錦濤時期相比，習近平的外交更為活躍、主動、自信。其外交部部長王毅提出在新形勢下，中國外交要「更具全球視野，更具進取意識，更有開創精神」，以維護中國的權益。在此思想的指導下，習近平與李克強等領導人於首年即積極地出訪非洲、拉美、南亞、東歐等國家。在處理世界熱點如伊朗、敘利亞、北韓、中東等問題上，中國也開始站到「世界舞台的中央」，不再充當置身事外的旁觀者。而且，面對中國周邊的嚴峻局面，中國當局加強軍事與外交，硬實力與軟實力的配合，頻頻「亮劍」，表現出強硬的態度。[54]

---

[53] 陳建瑜、羅印沖，〈新聞分析——外交全面出擊 習不再韜光養晦〉，《中國時報》，2016年8月14日，http://www.chinatimes.com/newspapers/20160814000560-260301（檢索日期：2017年3月30日）。

[54] 王建偉，〈新聞分析——外交全面出擊 習不再韜光養晦〉，《BBC中文網》，2013年12月2日，http://www.bbc.com/zhongwen/trad/focus_on_china/2013/12/131202_cr_xijinping_diplomacy（檢索日期：2017年3月30日）。

2014年5月20日在上海舉行的「亞洲相互協作與信任措施會議」第四次峰會時，習近平稱應該積極宣導共同安全、綜合安全、合作安全、可持續安全的「新亞洲安全觀」。他並提出「三個歸根結柢」的主張，即「亞洲的事情，歸根結柢要靠亞洲人民辦；亞洲的問題，歸根結柢要靠亞洲人民來處理；亞洲的安全，歸根結柢要靠亞洲人民來維護。」[55]香港中文大學國際事務研究中心主任沈旭暉表示，習近平的「新亞洲安全觀」其實就是要建構以「中國價值觀」與「中國模式」為主的「亞洲觀念」，讓人想起美國的「門羅主義」。[56]

二、習近平的外交作為及對美外交

習近平的外交政策變得更為主動積極，完全不同於前任胡錦濤的保守作為。由於他亟思在外交上「有所作為」，因此上台後在國際上推動許多重要的計畫，開始「爭奪全球制度制定權」成為外交戰略重心，明顯是要挑戰由美國主導的國際規則。[57]在安全方面，他積極捍衛中國的主權，對與中國有主權爭議的地方顯示更堅定的態度，並以東海（特別是釣魚台）與南海（特別是南沙群島）主權爭議最為典型。例如中國當局於2013年11月23日單方面宣布劃定「東海防空識別區」，其範圍包含具有爭議的釣魚台列嶼，引起日本的強烈抗議。習近平不顧美國的反對，於南海地區進行填海造島，這些都是新的「主權外交」行為的表現。[58]

在國際經濟方面，自從江澤民提出「走出去戰略」之後，中國企業紛紛赴海外「買買買」。到2015年時，中國對外投資金額創下1,456億美

---

[55] 簡稱「三個歸根」。

[56] 沈旭暉，〈點評中國：習近平時代中國外交的十大特色〉，《BBC中文網》，2015年11月16日，http://www.bbc.com/zhongwen/trad/china/2015/11/151116_cr_xijinping_diplomacy（檢索日期：2017年3月30日）。

[57] 黃清龍，〈中國取代美國的關鍵〉，《中國時報》，2017年2月8日，http://opinion.chinatimes.com/20170207005410-262104（檢索日期：2017年2月8日）。

[58] 沈旭暉，〈點評中國：習近平時代中國外交的十大特色〉。

元的歷史新高，超過日本成為全球第二大對外投資國。中國並於2013年成立「金磚國家開發銀行」（BRICS Development Bank），翌（2014）年建立資金總額為1,000億美元的「亞洲基礎設施投資銀行」（簡稱「亞投行」，Asian Infrastructure Investment Bank, AIIB），中國出資達400億美元。這些新機制的建立，挑戰第二次世界大戰後，美國所建立的國際經濟秩序。接著於2014年中國舉辦的「亞洲太平洋經濟合作組織」（APEC）峰會，習近平提出成立「亞太自由貿易區」（Free Trade Area of the Asia-Pacific, FTAAP）。而且還積極推動由「東南亞國家協會」（東協）發起的《區域全面經濟夥伴協定》（*Regional Comprehensive Economic Partnership*, RCEP），企圖對抗美國歐巴馬總統所提出《跨太平洋戰略及經濟夥伴關係協定》（*Trans-Pacific Partnership*, TPP）。

另外，習近平於2013年9月與10月，分別提出從中國西北經中亞、南亞、中東到歐洲的「絲綢之路經濟帶」，及從福建經東南亞、南亞、非洲到歐洲的「21世紀海上絲綢之路」，[59]這兩個計畫簡稱為「一帶一路」，號稱涵蓋全球60多個國家、三分之二人口、全世界三成GDP，展現習近平在外交領域的企圖心。而且，中國於2017年5月14日在北京舉辦首屆「一帶一路」國際合作高峰論壇，有30幾個國家的領導人參與，堪稱中共建政後最大型的一次主場外交。[60]這是一個跨國性的經濟合作計畫，因此許多國際觀察家及學者以「中國版馬歇爾計畫」來形容「一帶一路」計畫。

此計畫的內容雖以經濟及基礎建設等領域為主，但是也隱藏著習近平的外交企圖。中國若能透過對外輸出基礎建設、投資、人力，將鄰近的經濟體融入中國，讓亞太國家對中國經濟出現結構性依賴，就有望達到美國昔日「馬歇爾計畫」在歐洲的效果。沈旭暉副教授表示，習近平不僅以要「一帶一路」突破美國的「圍堵」戰略，甚至也可以平衡俄羅斯在中亞的

---

[59] 「一帶一路」最終於荷蘭的鹿特丹會合。
[60] 〈建國後最大型主場外交：國際合作高峰論壇〉，《香港01》，2017年5月14日，https://ppt.cc/f5qGmx（檢索日期：2017年5月30日）。

勢力。[61]故該計畫是具有協助中國開拓經濟及外交的「一石二鳥」戰略。另外，政治大學經濟系教授林祖嘉評論稱，中國已從過去國際經貿規則接受者，成功轉型爲制定者。以前當大陸加入WTO時，其加入條件由WTO決定；後來人民幣加入IMF特別提款權時，其權重是由IMF決定。現在「一帶一路」是由中國決定，要去哪投資建設與合作，投資金額、標準與方式由中國決定。[62]

　　然而，爲了避免刺激美國，習近平於2013年6月訪問美國與歐巴馬總統會晤時解釋稱，「中國的外交政策方向並沒有改變，仍然堅持和平發展的道路」。他表示「寬廣的太平洋有足夠的空間容納中美兩個大國」，中美可以走出一條不同於歷史上大國衝突對抗的新路，並強調將致力於建構「不衝突、不對抗、相互尊重、合作共贏」的「新型大國關係」。[63]但美國在官方聲明與公開場合，並未見到此名詞。[64]顯然，當時美國政府並不認爲中國可與美國平起平坐。

　　雖然習近平口口聲聲強調，要與美國和平共處，希望能化解美國對中國崛起的疑慮。但是，中國與美國之間存在太多的問題，包括台灣、北韓、南海、網絡安全、氣候變遷、智慧財產權、鉅額貿易逆差等，都是短期內難以解決的陳年問題。[65]習近平雖然提出「共同、綜合、合作、可持續」的「新亞洲安全觀」，但是卻稱「亞洲的事情，歸根結柢要靠亞洲人民辦；亞洲的問題，歸根結柢要靠亞洲人民來處理；亞洲的安全，歸根結柢要靠亞洲人民來維護。」故美國認爲，習近平的外交變得更加強勢與咄

61 沈旭暉，〈名家縱論／林祖嘉：再論一帶一路與大國崛起〉。

62 林祖嘉，〈點評中國：習近平時代中國外交的十大特色〉，《聯合報》，2017年5月28日，版A12。

63 周琪，〈習近平外交戰略下中國對美外交的新思路〉，《人民網》，2014年10月9日，http://politics.people.com.cn/BIG5/n/2014/1009/c1001-25798796.html（檢索日期：2017年3月31日）。

64 〈歐習會 習近平重申新大國關係〉，《中國時報》，2014年03月24日，http://www.chinatimes.com/realtimenews/20140324005510-26040987（檢索日期：2017年5月30日）。

65 〈習主動出擊 爲19大也爲中國夢〉，《聯合報》，2017年3月31日，頁16。

咄逼人，使美國人民對美中關係的悲觀態度加劇。[66]

　　川普上台之後，讓習近平的對美外交更顯困難，因為川普在選前及選後經常對中國發表強硬的談話，而且其外交及安全團隊裡，有多位成員立場反中國。繼2016年12月2日「川蔡通話」事件之後，美國總統當選人川普於12月11日接受《Fox News》電視台訪問時，再度拋出震撼彈，他稱：「美國不需要受到『一中政策』的約束。」[67]一時之間很多人認為，未來美中關係將從合作走向對抗。[68]中國方面為了瞭解川普新政府，積極派高層官員赴美國交涉及摸底。

　　中國經過多方努力後，習近平於2017年2月11日與川普通話，且在習近平的要求下，川普稱同意要信守「一個中國政策」，此顯示川普不再對中國強硬了。而且時任美國國務卿提勒森（Tillerson）隨後於3月18日訪問中國時，公開呼應習近平所提的「新型大國關係」，此為首次由美國高層官員公開講出此名詞，讓北京相當振奮，認為此是川普政府對兩國關係的肯定。4月6日在美國舉辦的「川習會」之後，更是讓川普對於中國的政策有很大的轉變。而且，川普於11月10日結束訪問中國時，表示此行成果豐碩。

　　然而，事情的發展卻出乎中國與各界意料之外，因為川普於隔（2018）年6月15日宣布對價值500億美元的中國產品課徵25%關稅。他表示雖然與習近平的情誼很重要，但必須防止中國的不公平貿易。從此兩國展開相互報復的貿易戰，而且美國進一步對中國的科技進行制裁。一向被認為親中的拜登於2021年1月20日就任總統後，並未停止對中國的制裁，反而延續川普的反中政策及「印太戰略」。拜登上台後，兩國高層於2021

---

[66] 周琪，〈習近平外交戰略下中國對美外交的新思路〉。

[67] 陳方隅，〈川普再度震驚全球：關於「一個中國」，我們需要知道的是……〉，《菜市場政治學》，2016年12月13日，http://whogovernstw.org/2016/12/13/fangyuchen17/（檢索日期：2017年4月4日）。

[68] 王山，〈從合作走向對抗——2017年美中關係前景展望〉，《法國國際廣播電台》，2017年1月2日，https://ppt.cc/fiFzex（檢索日期：2017年4月4日）。

年3月18日首次在阿拉斯加舉行對話，結果美國國務卿布林肯（Antony Blinken）、白宮國家安全顧問沙利文與中共中央外事工作委員會辦公室主任楊潔篪及外交部部長王毅，相互指責對方。

這種兩國高層面對面直接指責對方的情形，在美中關係上是非常的罕見。《華爾街日報》分析稱，此事件顯示中國向美國釋放「我們現在平起平坐」的信號。對於美中關係一向持悲觀態度的米爾斯海默教授就認為，中國正試圖改變世界秩序，若中國以目前的速度成長，兩國未來難免會發生衝突。[69]以提出「修昔底德陷阱」（Thucydides trap）解釋美中關係聞名的美國國家安全及國防政策專家、哈佛大學政治學系教授艾利森（Allison）就認為，兩國會因為釣魚台、台海、南海及北韓等問題，而註定一戰。[70]

對於美中關係的未來可能發展，政治大學東亞所名譽教授邱坤玄表示，中國於21世紀初期加入世界貿易組織（WTO）後，雖然歷經天翻地覆的改變，GDP陸續超過法、英、德、日，成為世界第二大經濟體。但是現在聲稱中國超越美國，還是言之過早，因為美國的軍事力量仍占絕大優勢。美中也是全世界經濟互賴程度最高的兩組國家之一，儘管經濟互賴高可降低戰爭的可能性，但衝突也會增加，雙方進入「節制的經濟互賴與節制的競爭」，因為這時霸權希望脫鉤，崛起國會想盡辦法走向自主。[71]

邱坤玄教授另表示，當前中美關係其實是權力形勢變化的結果。本世紀初，中國還是貧窮的開發中國家，但現在經濟總量已達到美國的70%，內心深處的歷史屈辱感，已經有了宣洩的基礎，急需揚眉吐氣。而美國稱

---

[69] 蒙克，〈透視中國：有中國版的「門羅主義」嗎？〉，《BBC中文網》，2015年6月17日，http://www.bbc.com/zhongwen/trad/china/2015/06/150617_colum_chinese_monroe_doctrine（檢索日期：2017年3月31日）。

[70] 郭崇倫，〈北韓是中美間的修昔底德陷阱〉，《聯合報》，2017年7月17日，https://udn.com/news/story/7339/2587166（檢索日期：2017年7月26日）。

[71] 呂佳蓉，〈大陸超越美國？ 政大教授邱坤玄：言之過早〉，《聯合報》，2020年12月26日，https://udn.com/news/story/7333/5123420（檢索日期：2021年7月28日）。

霸世界已久，習慣於創立與支配國際秩序，現在面臨前所未有的挑戰，情感上非常不自在，也夾雜著失落感，故決定壓制並打敗中國的崛起與威脅。當前中美關係最需要的，是正確判斷對方的意圖與目標。溝通就更為重要，即使在冷戰時期，美國與中國尚未建立外交關係，但是雙方仍有大使級的談判，作為溝通與危機處理的管道，提供後續中美和解的基礎。[72]

此外，習近平於2023年3月6日在第十四屆中國「兩會」期間，參加「中國民主建國會」（簡稱「民建」）、「中華全國工商業聯合會」（簡稱「全國工商聯」，又稱「中國民間商會」）政協委員的座談會時，直接點名批判美國，而不再隱諱地說「某些國家」。邱坤玄教授表示，此舉是中國當局對美國的定性定位，如同毛澤東所言「丟掉幻想」，認識到美中情勢不會再有根本性質的改變。[73]

美國國務卿布林肯原本預定於2023年2月間訪問中國，希望化解兩國的緊張關係。但是由於美國指責中國的間諜氣球進入美國領空並將其射下，使布林肯不得不取消中國之行。之後，布林肯終於在同年6月19日順利訪問北京，此行是拜登於2021年1月就任總統後，訪問中國的最高層級官員。雙方針對美中之間的分歧進行討論，包括貿易、台灣、南海、中國與香港等地人權狀況、俄烏戰爭，以及成癮藥物吩坦尼在美國氾濫等議題。會後雙方均肯定此次的會務成果，並稱有助於緩解兩國緊張關係。

三、習近平的外交挫敗

（一）南海問題

雖然習近平有許多的重大外交作為，但是卻也因為其強勢的作為，遭

---

[72] 邱坤玄，〈大陸與美國互動的新常態〉，《聯合報》，2021年8月1日，https://udn.com/news/story/7339/5641629（檢索日期：2021年8月8日）。

[73] 世界日報，〈中國兩會開幕 邱坤玄：美中外交鬥爭比兩岸更嚴峻〉，《Yahoo》，2023年3月13，https://is.gd/nzWwSO。

致許多挫敗。例如中國在南海的擴張舉動，導致菲律賓於2013年1月22日向位在海牙的仲裁法庭（Permanent Court of Arbitration, PCA）提出控訴。經過長達三年半的時間，該仲裁庭於2016年7月12日就菲律賓控訴中國的「南海仲裁案」，裁定中國在南海的「九段線」欠缺法理依據，中國在南海的行為侵犯了菲律賓在其專屬經濟區內的主權，以及中國在南海的填海造陸對環境造成不可挽回的損失，並要求中國政府停止在南海的活動。

中國對於該結果非常不滿，拒絕承認仲裁結果，並提出各種強硬聲明回應，如中國國防部新聞發言人楊宇軍表示：「不論仲裁結果如何，中國軍隊將堅定不移捍衛國家主權、安全和海洋權益，堅決維護地區和平穩定，應對各種威脅挑戰。」但是，國際社會包括美國、日本、歐洲、澳洲等國家，都要求中國尊重仲裁結果。此仲裁案是對中國一記沉重的打擊，瓦解了中國對亞洲國家外交政策的一根重要的支柱。[74]此次仲裁案也顯示，中國的強硬外交作為反而影響其對外關係。

而且近年來，美國與中國在南海的競逐強度也日漸升高。例如時任美國國務卿蓬佩奧於2020年7月13日發表聲明，指責中國在南海的作為，並首度否認中國「南海領土」主張。美國商務部並於當年8月宣布制裁24家中國企業，反制北京在南海進行軍事化行動。接著，美國國務院亦宣布實施簽證制裁，禁止涉及南海軍事建設相關人士及直系親屬入境美國。美國並與英、德、法等歐洲國家共同向聯合國遞交聯合聲明，指中國南海聲明不符合國際法規範及聯合國海洋法公約（UNCLOS）等。此外，美中兩國的軍艦也經常在南海海域對峙，因此南海問題迄今仍然是中國對外最為棘手的問題之一。

菲國總統小馬可仕（Ferdinand Marcos Jr）於2022年6月30日上任後，改變前任總統杜特蒂（Rodrigo Duterte）轉親中反美的外交政策，並與

---

[74] 甄樹基，〈《外交政策》質疑習近平的外交政策為何如此失敗〉，《法國國際廣播電台》，2016年7月26日，https://ppt.cc/fuOJDx（檢索日期：2017年3月30日）。

美國聯手對抗中國在南海的擴張。例如菲律賓於2023年4月3日公布提供美軍四座新增軍事基地，其中一座位在鄰近南海的巴拉旺島（Palawan Island）南端外海的巴拉巴克島（Balabac Island）（另外三座位於呂宋島北部，鄰近台灣）。接著兩國於4月11日至28日舉行有史以來規模最大的「肩並肩」（Balikatan）聯合軍演，包括首次在南海進行實彈射擊，有超過1.2萬名美軍、近5,000名菲律賓軍人與111名澳軍參與。

（二）與南韓關係問題

習近平的另外一項重大外交挫敗，為南韓於2016年7月8日正式宣布同意部署美國的「終端高空防禦飛彈」系統（Terminal High Altitude Area Defense, THAAD，簡稱「薩德」），並於2017年3月開始部署。由於「薩德」對中國的安全威脅甚大，而且南韓此舉不但更靠攏美國，還可能促成美、韓、日的戰略合作，此為北京最不願意見到的局面。[75]因此中國屢次展開對韓國的經濟報復行動，例如轉讓土地提供部署「薩德」的南韓樂天集團（Lotte），在中國許多事業遭到衛生、安全及稅務稽查而停業。另外，中國發布「禁韓令」後，南韓旅遊業遭到重創。[76]

中國警告美韓政府，要準備承擔一切可能的後果。南韓在面對中國的報復性經濟制裁行為及媒體的口誅筆伐，也不甘示弱，其三大報《中央日報》、《朝鮮日報》、《東亞日報》以「如屈服於中國對薩德的報復，國家臉面何存？」、「減少對華依賴度才能阻止中國的蠻橫」等為題發表社論，齊聲批評中國的報復作為。「薩德」事件讓中國與南韓的關係從友好轉為惡化，影響其在東北亞地區的安全情勢，故可謂是習近平的一項重大外交挫敗。

中國與南韓的關係在朴槿惠總統遭彈劾下台，以及文在寅於2017年5

---

[75] 同前註。

[76] 〈中國「反薩德」制裁南韓 雙方損失近10兆韓元〉，《自由時報》，2017年5月3日，http://news.ltn.com.tw/news/world/breakingnews/2056094（檢索日期：2017年5月30日）。

月10日就任總統後逐漸獲得改善，因為文在寅向中國承諾不增加「薩德」飛彈的部署，而且他於當年12月13日赴北京進行訪問，期間會見習近平並承諾韓國與中國的外交關係將有「新開端」。之後，中國外交部部長王毅於2020年11月25日訪問韓國。隨後，韓國外交部長官鄭義溶於2021年4月2日回訪中國。但是就在鄭義溶訪問中國的同一天，美日韓三國國安首長也在華府舉行會議，此顯示韓國政府採取兩邊押寶的「等距外交」政策。

雖然兩國政府高層變得非常的熱絡，但是因為中國在「薩德」事件中對韓國的強勢態度，使得韓國人民對中國的負面態度並沒有顯著改善。加以總部在瑞士的「全球產業管理機構國際標準化組織」（ISO）於2019年6月8日公布中國泡菜的製作新標準後，引發韓國人民群起激憤，《韓聯社》將此稱為「泡菜宗主國的恥辱」。根據美國「皮尤研究中心」（Pew Research Center）於2020年10月所公布的民調顯示，南韓人民對中國抱持負面看法的比例竟然達到75%的歷史高點。另外，韓國SBS電視台於2021年3月播出的《朝鮮驅魔師》電視影集中，出現中國風的妓院、寫有漢字「酒」的酒瓶及月餅、皮蛋等非韓國食物，讓觀眾認為是在潛移默化中國文化，而引發韓國人民的憤怒，讓這部斥資2,800萬美元的電視劇在播出兩集後就被迫停播。

南韓最大在野黨「國民力量黨」候選人尹錫悅於2022年5月10日就職總統後，改變前任總統文在寅政府的親中政策，開始執行「離中親美」的戰略轉向。根據政治大學國際關係研究中心資深研究員宋國誠表示，尹錫悅透過兩個階段來實現其外交政策轉向。首先，他積極化解韓日之間的歷史恩怨。他為了與日本重修舊好，於2023年3月16日訪問日本，與日本首相岸田文雄舉行已中斷十二年的日韓高峰會談，以營造兩國對付北韓的共同利益與政治基礎。這一轉向非常重要，一種「未來取向」而不是「懷恨過去」的轉變。[77]故尹錫悅的日本之行，被媒體稱為「破冰之旅」。

---

[77] 宋國誠，〈拜尹峰會──重塑東北亞戰略新格局〉，《上報》，2023年4月29日，https://www.upmedia.mg/news_info.php?Type=2&SerialNo=171495。

宋國誠並表示，第二階段是採取迅雷不及掩耳的「離中親美」的政策，此政策涉及台灣的安全。[78]他於訪問美國前夕，於4月19日接受《路透社》採訪時表示：「台灣問題不僅是中國和台灣之間的一個問題，而且像北韓問題一樣，是一個全球問題。」其對於台海問題一反常態，從過往逢中必軟變得傾美的立場，引發中國官方激烈反應。時任中國外交部部長秦剛怒批韓國干涉中國內政。而韓國外交部亦不甘示弱，反擊中國外交部發言有失國格，要求中方謹言慎行，雙方關係陷入緊張。尹錫悅於4月26日訪問美國，慶祝兩國建交七十週年，這是韓國總統時隔十二年，首次對美國進行國是訪問。他與拜登總統簽屬《華盛頓宣言》（*Washington Declaration*），共同制約北韓與中國的意圖非常明顯。

（三）國際對中國的戰狼外交與大外宣的反彈

中國於1989年進行「改革開放」迄今，在經濟、軍事及科技等方面均有長足的進步，綜合國力大幅提升，促使中國人民的信心大增。尤其是習近平上台後，要實現中華民族偉大復興的「中國夢」，而不再像江澤民及胡錦濤遵循鄧小平的「韜光養晦」路線。因此，習近平時代的外交逐漸走向積極參與國際與地區事務，及主導全球治理新模式。而且，中國對於來自各國的批評，也不再像過去一樣忍氣吞聲，並開始採取反擊，據統計有60多個中國外交官及外交使團，在社交媒體設立帳號反擊外國的批評。此種強勢的外交作為被外界稱為「戰狼外交」（wolf warrior diplomacy），據稱習近平曾要求外交官要有「戰鬥精神」。然而此「戰狼外交」並沒有嚇阻外國的批評，反而加劇國際社會與中國的對立。

此外，一向擅長於宣傳工作的中共政權，在習近平當權期間更是在國際間大顯身手，他於2013年8月19日出席「中國思想宣傳工作會議」時表示：「要精心做好對外宣傳工作，創新對外宣傳方式，講好中國故事，傳播好中國聲音。」因此，中國的宣傳部門開始積極展開對外宣傳工作，也

---

[78] 同前註。

就是外界所稱的「大外宣」。此「大外宣」與過去對外宣傳工作最大的不同是聘請當地的專業媒體及人士，協助中國進行宣傳，以解決中西方之間文化差異而導致西方人誤解中國宣傳的問題。另外，在新冠肺炎肆虐全球時，中國利用「大外宣」積極地散播對自己有利的訊息，並散布對他國不利的假資訊。

雖然中國積極進行「大外宣」試圖扭轉中國的形象，然而根據「皮尤研究中心」於2020年10月6日發布的民調顯示，全球14個國家均有超過半數的民眾對中國持負面觀感，特別是美、英、德、加拿大、澳洲及南韓等國對中的負面觀感更是創新高，主要原因與新型冠狀病毒及中國的「戰狼式」外交有關。而且「大外宣」的目的是在製造輿論，而非報導真相，故中國的大外宣並沒有獲得其所期望的效果，有時候還產生反效果，引起當地國政府及人民的反感及反制。例如，美國政府將15家中國媒體列入「外國使團」名單，以利有關單位對這些中國媒體在美國的宣傳工作進行監督。

另外，交戰狼代表之一，中國駐法國大使盧沙野於2023年4月21日接受法國LCI電視台專訪時竟公開聲稱，包括烏克蘭在內，前蘇聯國家在國際法當中，並沒有主權地位。其發言激怒了從蘇聯解體出來的14個國家，波羅的海三國就召見中國代表抗議。將近80名歐洲議員，隨即發出公開信譴責，要求法國將盧沙野列為不受歡迎人物，將其驅逐出境，讓北京再度捲入一場外交危機。中國外交部則是緊急切割，說這是其個人發言，不代表官方立場，並將他調返中國，接任中國人民對外友好協會會長的閒缺。

近幾年來，中國在習近平領導下，在兩岸與外交領域採取強勢作為，導致兩岸關係緊張與各國反彈。雖然習近平強調要向世界「講好中國故事，傳播好中國聲音，展示真實、立體、全面的中國」，但卻放縱其外交人員在國際上進行「戰狼外交」。由於習近平不再遵循鄧小平「韜光養晦」戰略，企圖與美國爭霸，且在俄烏戰爭中偏袒俄國，而引起美國與各

國的警戒。美國因此聯合志同道合的國家，包括歐盟國家、澳洲與紐西蘭，以及亞洲的日本、南韓、台灣與東協國家共同對抗中國，在國際上形成一股「天下圍中」的趨勢，讓習近平的外交遭遇挫敗。

第六節　中國與日本的關係

國內許多研究中國的著作在探討其外交議題時，大多關注於中、美的關係。然而，胡錦濤於2004年「十六大」時提出的外交「四個布局」，強調「大國是關鍵，周邊是首要，發展中國家是基礎，多邊是舞台。」作為當時中國的整體外交布局。即要穩定發展與各大國關係，加強周邊睦鄰友好關係，鞏固與開發中國家團結合作，及參與以聯合國為中心的多邊外交。[79]根據此外交布局觀之，日本不但是大國，且是中國的鄰國，毫無疑問是中國的外交重點之一。此兩國關係影響東亞的局勢，故本節對中、日關係加以論。

一、中、日間存在的問題

中、日雙方間的關係甚為錯綜複雜，除了有歷史長期所遺留下來的老問題外，還有近期所產生的新問題，成為雙方關係發展的「絆腳石」，以下列舉幾個兩國間較為敏感的問題。

（一）釣魚台問題

此問題涉及敏感的領土及主權問題，在「寸土不讓」的思維下，成為雙方長期以來最難以解決的問題之一，嚴重影響著兩國的關係。尤其是日本政府於2012年9月，將原本屬於私人的釣魚台實施國有化後，導致該領

---

[79] 中國常用辭語編輯委員會，《中國常用辭語彙編》（台北：秀威出版社，2009年），頁311。

土爭端急遽升高，雙方關係降到冰點。雖然2012年是中日於1972年正式建交的四十週年，但是因為釣魚台問題，兩國關係為建交以來最惡化的狀況。從此中國經常派海警船定期巡航釣魚台領海，以宣示主權。而日本則耗費鉅資成立「尖閣警備專屬部隊」，成為全國規模最大的海上治安特別警備部隊。[80]

根據日本《共同社》報導，2016年8月6日，釣魚台附近海域罕見的出現七艘中國公務船及約230艘漁船，公務船疑似裝備機關砲。日本外務省亞洲大洋洲局局長金杉憲治通告中國駐日大使館稱：「此舉是進一步加劇現場緊張局勢的單方面行動，是絕不能接受的。」[81]接著於同年8月10日，日本海上保安廳發現有10艘中國海警船在釣魚台附近海域航行。日本認為中國海警船近期密集出現在釣魚台附近海域，已侵害其海洋漁業管轄權。時任外務大臣岸田文雄緊急召見中國駐日大使程永華提出抗議，而程永華則予以反駁。[82]

日本沖繩縣石垣市議會於2020年6月22日通過決議，將釣魚台列嶼的行政地區名稱，從「登野城」更改為「登野城尖閣」。此舉引來中國的不滿，指責日本的做法不能改變釣魚台島屬於中國的事實，且隨即派四艘海警船在釣魚台附近宣示主權。日本海上保安廳巡邏船發現後，警告中方不得接近日本領海。中國於2021年1月通過《海警法》後，更積極派出海警船前往釣魚台列嶼巡弋，使中日兩國在釣魚台的主權爭議越演越烈。這種海上緊張對峙的情況迄今仍不斷在上演，在釣魚台問題未獲解決之前，是不可能消失。

---

[80] 張茂森，〈日釣島海上警備隊 規模冠全國〉，《自由時報》，2016年2月25日，http://news.ltn.com.tw/news/world/paper/961921（檢索日期：2016年10月4日）。

[81] 黃菁菁、丁世傑，〈中國大陸7艘海警船、230艘漁船 駛入釣魚台附近毗連區〉，《中國時報》，2016年8月6日，http://www.chinatimes.com/realtimenews/20160806003796-260408（檢索日期：2016年10月4日）。

[82] 〈陸海警船密集出現釣島12海浬內 日召中大使抗議〉，《鉅亨網》，2016年8月10日，http://news.cnyes.com/news/id/2147872（檢索日期：2016年10月4日）。

（二）東海問題

東海問題不但涉及釣魚台的主權問題，還有油氣田的問題。中國從1974年就在東海進行石油與天然氣勘測，並發現蘊藏世界上最豐富的油田之一。2003年5月，日本認為白樺（中國稱春曉）油氣田距離日中的中間線僅5公里，中國在該地區的大規模開採，會受到損害日方的利益，要求中國停止開發，但不為中國接受，雙方在此問題上爭吵不休，並進行多次談判，但均未有結果。

後來兩國於2008年6月達成共同開發春曉油氣田的協議，讓情況出現轉機。但是於2009年初，日本突然宣稱中國單方面破壞東海協定，使得來不易的協議再度陷入停擺。2010年6月1日，國務院總理溫家寶與日首相鳩山由紀夫達成共識，儘快啓動東海問題的談判。當年7月27日，雙方在東京舉行「中日落實東海問題原則共識第一輪政府間談判」，但於該年9月7日，發生日中艦船在釣魚台水域相撞，談判因此中斷，雙方關係急速降溫。

中國為了控制東海的主權，於2013年11月23日劃設「東海防空識別區」（East China Sea ADIZ）。之後，其空軍根據《中華人民共和國東海防空識別區航空器識別規則公告》，在防空識別區保持常態化空中巡邏。[83]日本戰機則經常緊急起飛攔阻，而且偶爾出現對峙的緊張情形。據日本《共同社》於2016年6月28日的報導稱，日本前航空自衛隊中將織田邦男在新聞網站上發文，稱中國軍機曾在東海上空對航空自衛隊的戰機，做出類似攻擊的動作。[84]

但是，中國國防部於7月4日的聲明中反駁稱，日本戰機於6月17日曾以火控雷達瞄準中國戰機。雖然日本官員否認此事，但是外媒稱這是自

---

[83] 橋本隆則，〈東海上空不平靜的對峙〉，《每日頭條》，2016年7月7日，https://kknews.cc/military/xm6ver.html（檢索日期：2016年9月28日）。
[84] 王歡，〈日本中將：中國戰機曾對日機做『攻擊動作』，嚇跑日機〉，《環球網》，2016年6月29日，http://www.ifuun.com/a2016629191582/（檢索日期：2016年10月4日）。

第二次世界大戰之後七十多年來，中國空軍首次與日本戰機實施戰鬥狀態。[85]此情形顯示，雙方空軍依然經常在該海域上空相互對峙。而且，中國空軍於9月出動40多架各型戰機，前往西太平洋遠海訓練，藉此檢驗遠海實戰能力，演訓期間並飛越日本宮古海峽，此舉對於日本之挑釁意味濃厚。此後，中國軍機多次飛越宮古海峽，進行遠海長航訓練，日本亦派戰機升空應對。

迄今兩國仍爲了東海油氣田的開發問題爭論不休，根據《共同社》報導，日本海上自衛隊2022年6月20日發現位在中國一側的東海海域，出現新的油氣田開採設備。日本首相岸田文雄對此事件表達遺憾，官房長官松野博強烈譴責稱：「中國單方面的開發行爲，與試圖將其變爲既成事實的做法，令人極其遺憾。」日本外務省並向中國駐日大使館提出抗議，要求立即停止開採行爲，並儘快重啓東海氣田開發的談判，但未獲中國方面的回應。

（三）南海問題

日本雖然並非南海爭端的當事國，但是爲了協助美國對抗中國，亦介入此爭端。例如，日本將大批的二手軍事裝備援助菲律賓。而且，日、菲兩國海軍還於2015年6月23日在靠近南沙群島附近海域，以人道援助爲目的舉行首次聯合演習。中央研究院歐美研究所研究員宋燕輝教授表示：「日本刻意在國際場合，利用南海爭端大肆渲染『中國威脅論』，一再強調南海爭端威脅到區域和平與穩定，是國際所應關切的共同議題。」[86]對於南海仲裁案，日本政府在獲知結果後表示歡迎，時任外相岸田文雄發表聲明稱：「日本一貫主張國際規則的重要性，支持由法律和平手段來解決

---

85 軍機處，〈中日軍機東海上空正面對峙，飛行員差點按下電鈕〉，《壹讀》，2016年7月26日，https://read01.com/dBdB32.html（檢索日期：2016年9月28日）。

86 宋燕輝，〈美國與日本介入南海爭端的策略與作法〉，《台北論壇》，2014年11月14日，http://140.119.184.164/view_pdf/172.pdf（檢索日期：2016年10月4日），頁5。

相關爭議，任何國家都不應使用武力或脅迫的辦法。」[87]

　　日本的作為令中國甚為不滿，日本政府於2016年8月20日披露：「中國駐日大使程永華在南海仲裁案前，曾向日方施壓，要求日方不要干涉南海問題，若日方派自衛隊赴南海，是跨越了中國不可退讓界線，對此將絕不容忍，會使用軍事手段對抗，以制約日美防務部門在南海的合作。」[88]接著，習近平於當年9月5日在「二十國集團」（G20）杭州峰會期間會見安倍時亦表示：「日方在南海問題上要謹言慎行，避免對中日關係改善造成干擾。」[89]

　　根據《共同社》報導，目前菲律賓海巡署擁有三艘長97公尺的大型巡邏艇，其中兩艘就是日本於2022年所提供。由於菲國海巡署的船艦屢遭中國海警局的大型船艦在南海壓制，為反制中國在南海的武力，菲國希望日本支援更多軍備，並已獲日本政府的同意。[90]中日海洋事務高級別磋商機制第十五輪磋商於2023年4月10日在日本東京舉行時，具有中國官方背景的「邊海縱橫」公眾號刊文稱，中方就日方近期在東海、釣魚台、南海、台海等問題上的作為闡述嚴正立場，要求日方停止一切侵犯中方領土主權、損害中方海洋權益及導致局勢複雜化的言行。[91]

　　菲律賓和中國在南海的主權紛爭升溫，中方於2024年3月23日部署多艘海警船與海上民兵船攔阻菲國船隻靠近仁愛暗沙，阻撓菲方前往擱淺軍艦運補，並向菲律賓補給船發射高壓水柱。菲船嚴重受損一度無法航行，

---

[87] 江飛宇，〈日本、菲律賓對南海仲裁結果表示歡迎〉，《中國時報》，2016年7月12日，http://www.chinatimes.com/realtimenews/20160712006253-260408（檢索日期：2016年10月4日）。

[88] 陳慶餘，〈日本若派兵南海 中國：不惜動武〉，《中國時報》，2016年8月21日，http://photo.chinatimes.com/20160821003270-260813（檢索日期：2016年10月5日）。

[89] 〈習安會 陸籲日在南海問題謹言慎行〉，《中央廣播電台》，2016年9月6日，http://news.rti.org.tw/news/detail/?recordId=293439（檢索日期：2016年9月28日）。

[90] 〈反制中國南海武力！ 菲希望日本支援更多軍備〉，《自由時報》，2023年1月25日，https://news.ltn.com.tw/news/world/breakingnews/4193203。

[91] 賴錦宏，〈中日海事磋商 陸媒：陸要求日方不得插手台灣問題〉，《聯合報》，2023年4月10日，https://money.udn.com/money/story/5603/7089019。

導致船上人員受傷，引發國際關注。接著，美國、日本、澳洲和菲律賓於4月7日舉行聯合海上行動，日本防衛大臣木原稔在聲明中表示：「日本認為，南海問題直接關係地區和平穩定，包括日本、澳洲、菲律賓和美國在內，國際社會關切此議題正當而合理。日本反對任何單方面以武力改變現狀的企圖，以及任何加劇南海緊張情勢的行動。」[92]

（四）參拜靖國神社問題

靖國神社為日本供奉自明治維新時代以來戰死的軍人，相當於我國的忠烈祠。故該國元首參拜靖國神社，原本無可厚非，過去許多日相也前往參拜。但是日本政府於1978年將東條英機等14位第二次世界大戰的甲級戰犯列入之後，該神社的性質產生重大變化。從此，日相參拜神社幾乎都會引起曾經被日本侵略過的亞洲國家反對。中國也視日相參拜靖國神社是個嚴重的問題，並認為日相前往祭拜，就是有意恢復軍國主義。但是多位日相為了討好國內的右派勢力，依然前往參拜，每次參拜都引起相關國家的不滿。

並非每位日相都會去參拜靖國神社，小泉純一郎於2006年8月15日最後一次參拜後，繼任的幾位首相並未前往。安倍於2006年繼小泉純一郎擔任首相時亦未祭拜。但是他於2012年底再度擔任首相之後，採取「親美擁歐，全面抗中」的策略。[93]他不顧中國的壓力，於2013年12月26日前往參拜，此舉激怒了中國，其外交部部長王毅召見日本駐中大使木寺昌人提出強烈抗議，其駐日本大使程永華並赴日本外務省提出強烈抗議，可見中國對此事的敏感態度（見表8-2）。[94]

---

[92] 楊淳卉、陳妍君，〈劍指中國 美日澳菲7日南海聯合海上軍演〉，《中央社》，2024年4月6日，https://www.cna.com.tw/news/aopl/202404060075.aspx。

[93] 曾復生，〈日韓應鼓勵美中健康競合〉，《中國時報》，2015年12月31日，http://www.chinatimes.com/newspapers/20151231000994-260310（檢索日期：2016年10月4日）。

[94] 〈中國駐日大使抗議安倍參拜靖國神社〉，《BBC中文網》，2013年12月26日，http://www.bbc.com/zhongwen/trad/world/2013/12/131226_china_japan_protest.shtml（檢索日期：2016年10月4日）。

表8-2　第二次戰後日本首相參拜靖國神社一覽表（共計15位）[95]

首相	任期	參拜次數
東久邇宮稔彥王	1945年	1次
幣原喜重郎	1945-1946年	2次
吉田茂	1946-1954年	5次
岸信介	1957-1959年	2次
池田勇人	1960-1963年	5次
佐藤榮作	1964-1972年	11次
田中角榮	1972-1974年	6次
三木武夫	1974-1976年	3次
福田赳夫	1976-1978年	4次
大平正芳	1978-1980年	3次
鈴木善幸	1980-1982年	9次
中曾根康弘	1982-1987年	10次
橋本龍太郎	1996-1998年	1次
小泉純一郎	2001-2006年	6次
安倍晉三	2014年12月26日-2020年9月16日	1次

資料來源：曾國貴、蘇韋列、邱奕喆，〈靖國神社爭議對東北亞國際關係的影響〉，《東吳大學》，2011年3月18日，https://ppt.cc/feSmxx，及作者加以補充（檢索日期：2016年10月4日）。

　　雖然近幾任日本首相均未再前往靖國神社參拜，但是中國一向視該神社為不可碰觸的禁忌，例如友台的日本防衛大臣岸信夫於2021年8月13日前往參拜，成為繼2016年的稻田朋美以來，第二位以現職身分參拜的防衛大臣，中國向日方提出「嚴正交涉」。安倍的繼任者菅義偉及現任首相岸田文雄雖然僅向靖國神社供奉祭品，也同樣引發中國的強烈抗議。

---

[95] 張石，《靖國神社與中日生死觀》（香港：三聯書店，2015年），頁2。

另外，中國藝人張哲瀚也被踢爆於2018年曾張貼前往靖國神社的照片，儘管他隨即發表聲明道歉，但有至少20幾家品牌商宣布與他解除合作關係，還有電影、眞人秀節目與他終止合作，官方媒體更是全面圍剿。[96]由此可見，靖國神社在中國是一大禁忌。

（五）竄改歷史教科書問題

此問題也一直困擾著雙方，因爲引發戰爭的日本，卻多次企圖在教科書的內容中，淡化過去所做錯的事。日本文部省於1982年審定教科書時，將「侵略華北」與「全面侵略中國」段落中的「侵略」改爲「進出」，將「南京大屠殺」改爲「占領南京」。日本政府並於2015年宣布修改公立學校的教科書內容，以「南京事件」取代原有的「南京大屠殺」，有關慰安婦的內容淡化成當時未有脅迫的證據。此事件亦引起中國不滿，其外交部部長發言人華春瑩就表示：「歷史就是歷史，不能也不容篡改」、「我們再次嚴肅敦促日方本著對歷史高度負責的態度」。[97]

中國政府爲了提醒人民有關日本侵略的歷史，於2014年2月「第十二屆全國人大常委會第七次會議」通過，將每年12月13日定爲「國家公祭日」，以悼念在日本帝國主義侵華戰爭期間，慘遭殺戮的死難者，而且習近平等高層官員都出席首次的「國家公祭日」。接著，中國爲了紀念對日抗戰勝利七十週年紀念，於2015年9月3日在北京舉行盛大的閱兵，邀請多國領袖及聯合國秘書長潘基文等重要政治人物出席。政治評論家及中共黨史學者林保華評論稱，這是中國公開羞辱日本的一場閱兵式。[98]

另外，中國於2014年所申報的《南京大屠殺檔案》，亦於2015年被

96 〈中官媒怒了！藝人被爆在靖國神社拍照 道歉無效代言全辭了〉，《自由時報》，2021年8月14日，https://news.ltn.com.tw/news/world/breakingnews/3638057。
97 阿咖，〈淡化屠殺歷史？ 日本修改高校教科書內容惹議〉，《東網》，2015年4月8日，https://dq.yam.com/post.php?id=3692（檢索日期：2016年10月4日）。
98 林保華，〈中國九三閱兵的外交折衝〉，《自由時報》，2015年9月2日，http://talk.ltn.com.tw/article/paper/911959（檢索日期：2017年2月27日）。

聯合國教科文組織（UNESCO）正式列入《世界記憶名錄》中。日本外務省表示，對於聯合國教科文組織的決定，感到極為遺憾。[99]日本政府為表達不滿，2016年拒絕向UNESCO繳納40億日元（大約4,000萬美元）會費。[100]由上述事件顯示，中國持續透過各種方式，加深對內的仇日教育，以利用民族主義強化其統治的基礎。

（六）慰安婦問題

慰安婦屬於人道問題，並不如主權、安全及領土般的棘手，基本上應該比較容易解決。然而，由於日本當局多年來一直不願就此問題認錯及道歉，故此問題長期影響雙方關係的發展。縱然中國於2011年的日本「311大地震」時，積極地予以援助，卻依然無法改變日本對於此問題的態度。日本雖然於2015年12月28日與南韓就此問題達成協議，並將撥款10億日圓（約830萬美元）協助南韓成立支援慰安婦的基金會。[101]但是，日本卻仍然不願對中國慰安婦道歉及賠償，讓中國人民甚為不滿。

中國外交部發言人陸慷於日、韓對於慰安婦達成協議的翌日表示：「再次敦促日方切實正視和反省侵略歷史，以負責任的態度處理有關問題」。[102]而日本政府卻仍然不認為這是一個問題，例如安倍曾表示，在軍方及官方資料上，沒有證據顯示慰安婦是被強徵而來。[103]而前文部科學副

---

[99] 〈南京大屠殺檔案入選《世界記憶名錄》〉，《端傳媒》，2015年10月12日，https://theinitium.com/article/20151011-dailynews-nanjing-massacre-UN/（檢索日期：2016年10月4日）。

[100] 〈不滿大屠殺成世遺 日本停交UNESCO會費〉，《BBC中文網》，2015年10月14日，http://www.bbc.com/zhongwen/trad/world/2016/10/161014_japan_withheld_unesco_dues（檢索日期：2016年10月15日）。

[101] 寒竹，〈日本應當擺正心態對待歷史問題〉，《觀察者網》，2016年1月4日，http://big5.qstheory.cn/gate/big5/www.qstheory.cn/politics/2016-01/04/c_1117654676.htm（檢索日期：2016年10月4日）。

[102] 〈日解決慰安婦問題誠意 中國：拭目以待〉，《BBC中文網》，2015年12月29日，http://www.bbc.com/zhongwen/trad/china/2015/12/151229_comfort_women_china_reaction（檢索日期：2016年10月4日）。

[103] 〈安倍晉三：無證據顯示慰安婦是被強徵〉，《東網》，2016年1月18日，https://ppt.cc/fpul7x（檢索日期：2016年10月4日）。

大臣的自民黨議員櫻田義孝竟然於2016年1月14日表示：「慰安婦是職業妓女，但外間有人會把她們視爲受害者，是因爲過度宣傳所致。」此言論引起各界嘩然，他後來在各界的輿論壓力下，表示撤回該言論。[104]

二、影響中、日關係的負面因素

中、日的關係若要獲得改善，首先必須解決上述幾個新的與舊的問題，但是不論是新仇或是舊恨，每個都是難解的問題。歸納而言，基本上有兩個重要的負面因素，深深地影響著雙方關係的發展：

（一）安全困境（Security Dilemma）

美國國家安全及國防政策專家、哈佛大學政治學系教授艾利森（Allison）從古希臘歷史學家修昔底德（Thucydides）在描述西元前5世紀的《伯羅奔尼撒戰史》（*The History of the Peloponnesian War*）乙書中瞭解到，當時的雅典實力成長茁壯，威脅到斯巴達的霸權，引起雅典與斯巴達的流血戰爭。修昔底德在書中的名言稱：「使戰爭不可避免的真正原因，是雅典勢力的增長引起斯巴達的恐懼」。艾利森從過去五百年中，找到了16個例子，其中14個都以戰爭告終。因此，他於2012年提出「修昔底德陷阱」的理論。[105]

此意指新崛起的大國必然要挑戰現存大國，而現存大國也必然來回應這種威脅，這樣戰爭變得不可避免，[106]因而形成一種難以解決的「安全困境」。其實，所謂的「修昔底德陷阱」就是不願屈就爲老二的心態。既有的強權一定會壓制新興強權，而後者一定會排斥前者。日本雖然在第二次世界大戰中戰敗，但是戰後迅速恢復，成爲亞洲的強權；而中國於1949年

---

[104] 〈指慰安婦爲妓女 日議員撤言論道歉〉，《東網》，2016年1月14日，https://ppt.cc/faNI1x（檢索日期：2016年10月4日）。

[105] 郭崇倫，〈北韓是中美間的修昔底德陷阱〉。

[106] 漂流木，〈川普會讓中國默默壯大自己嗎？〉。

建政以來，卻因為內部動亂而一直積弱不振，在經濟及軍事上無法與日本相比。

然而，中國自「改革開放」後，以快速成長的經濟支持軍事現代化。日本雖仍不認為中國軍力超越日本，甚至帶有瞧不起的心態。但是中國的「國內生產毛額」已於2010年超越日本，成為僅次於美國的世界第二大經濟體，而日本由於仍深陷經濟欲振乏力的困境，使其在亞洲強權的地位，逐漸受到中國威脅。而且，中國軍事力量正快速成長，例如其空軍的隱形戰機發展就比日本空軍快速。中國的首艘航母「遼寧號」及第二艘「山東號」均已服役，第三艘航母「福建號」也已於2024年5月8日完成首次海上測試。

世人雖然關注中、美之間的可能衝突，但是因為該兩國處於太平洋的兩岸，沒有直接的地緣政治衝突。習近平曾說，這個世界有足夠的空間來容納兩個大國。就如同冷戰時期，世界上有美國及蘇聯兩大強權一樣；而且中國也努力建設「新型大國關係」，避免中、美陷入「修昔底德陷阱」之中。[107]但是東亞地區卻無足夠的空間，容納中、日兩個強權。中國俗話也說：「一山不容二虎」或「天無二日」，而且「臥榻之側，豈容他人酣睡」，因此在東亞的競技場上，很難同時有兩個強權並存。

根據新加坡國立大學東亞研究所所長鄭永年教授分析稱：「從過去的歷史觀之，一個大國的崛起不可避免地要引發地緣政治的變革。因為當一個國家崛起，就會形成以這個國家為中心的新地緣政治影響範圍或者新秩序，其形成必然導致原來地緣政治格局秩序的強烈反彈。」[108]中國人民大學國際關係學院王義桅教授表示：「國際關係史上，最難處理的就是鄰國關係，尤其是在同一個地區出現兩個『絕不做老二』的一對鄰居，如何和平共處，考驗雙方智慧。」而且雙方之爭的背後，還有美國的影子，讓此

107鄭永年，〈地緣政治新格局和中國的戰略選擇〉，《灼見名家》，2016年6月2日，http://master-insight.com/content/article/7460?nopaging=1（檢索日期：2016年10月10日）。
108同前註。

關係更爲複雜難解。[109]

（二）歷史困境（Historic Dilemma）

除了「修昔底德陷阱」因素外，雙方間的舊恨新仇，讓中、日關係危機重重，雙方的不信任感也持續深化。這兩個亞洲對手間的歷史糾葛已轉化爲對抗態勢，而且消除衝突的可能性似乎越來越渺茫。根據「國際危機組織」（International Crisis Group）所發表題爲《舊怨與新恨：演變中的中日緊張關係》報告中指出：「中國和日本之間的敵意正在強化爲對抗，似乎越來越難以用外交手段解決。」[110]

日本政府想方設法地欲抹去侵略中國的歷史，然而中國卻大張旗鼓地紀念，例如中國於2014年7月7日在北京郊外的抗日戰爭紀念館舉行「七七事變」七十七週年大規模紀念儀式。會中習近平表示：「直到今天仍有少數人無視鐵的歷史事實，一再否認甚至美化侵略歷史，破壞國際互信，製造地區緊張，中國人民和各國人民絕不答應。」由於這是中國最高領導人首次出席該紀念會，因此日本媒體評論稱，此乃中國展現其在歷史問題上，正式加強對安倍政權施壓的態度。[111]

審視上述幾個歷史所遺留下來的問題，其中的參拜靖國神社、慰安婦、竄改歷史教科書等問題的解決之鑰，其實都握在日本的手上。只要日本能夠承認過去所犯下的錯誤，雙方關係應會有所改善，但是日本就是不願意對中國人道歉，這與日本對中國的輕視態度有關。早在1885年，被日本譽爲近代教育之父及明治維新啓蒙大師的福澤諭吉所發表的「脫亞論」，就表達輕視中國之意。日本人非常尊崇福澤諭吉，認爲他是促成明

[109] 王義桅，〈王義桅：警惕美國將亞洲霸權部分外包?日本〉，《新浪網》，2014年7月2日，http://blog.sina.com.cn/s/blog_5f54ff2b0102uwkm.html（檢索日期：2016年10月12日）。

[110] 王霜舟，〈舊恨新仇，中日關係危機重重〉，《紐約時報中文網》，2014年7月28日，http://cn.nytimes.com/world/20140728/c28japan/zh-hant/（檢索日期：2016年10月10日）。

[111] 〈中國紀念盧溝橋七七事變77週年〉，《自由亞洲電台普通話》，2014年7月7日，http://www.rfa.org/mandarin/yataibaodao/junshiwaijiao/nz-07072014143415.html（檢索日期：2016年10月11日）。

治維新的大功臣，因此其肖像曾被印在日幣最大面額萬元的鈔票上。[112]中國學者王義桅教授表示：「明治維新後，日本認爲繼承了西方現代文明道統，因而自我定位爲西方先進的民主國家一員，將西方殖民者的現代性邏輯照搬於亞洲，以正統自居，看不起中國。」[113]

三、中、日關係的未來發展

中國與日本的關係由於糾葛著地緣政治與歷史恩怨，長久以來兩國之間錯綜複雜的關係，而深受「安全困境」及「歷史困境」兩個重要的負面因素所影響，成爲東亞國際政治最詭譎、敏感的部分。由於「修昔底德陷阱」涉及國家安全的問題，沒有一方願意妥協，較難以解決。日本在感到中國的軍事威脅越來越強時，亟欲修改憲法以解禁其自衛權；而中國對此也感到不安，因此回應表示，日本應切實尊重亞洲鄰國的關切，謹慎處理有關問題，不得損害中國的主權與安全，不得損害地區的和平穩定。[114]

另外，「歷史困境」則是長久所遺留下來的問題，非一朝一夕所能解決。但歷史的恩怨並非不能化解，解決此問題之鑰握在日本的手上，因爲畢竟日本爲侵略國。歷史上也有兩個世仇化干戈爲玉帛的例子，例如德國因爲能夠對過去的侵略行爲深切反省及道歉，而獲得鄰國的原諒，才能與百年世仇的法國和解，成爲堅定的盟友，並攜手共創「歐洲聯盟」。因此，德國被視爲「對過去道歉」的成功案例。[115]日本若能學習德國人的態度，必定能緩解與中國的關係。

---

[112] 呂正理，《另眼看歷史（下）》（台北：遠流出版社，2010年7月），頁920。

[113] 王義桅，〈王義桅：警惕美國將亞洲霸權部分外包給日本〉。

[114] 〈中方回應日本決定解禁自衛權：不得損害中國安全〉，《人民網》，2014年7月2日，http://japan.people.com.cn/BIG5/n/2014/0702/c35469-25227464.html（檢索日期：2016年10月12日）。

[115] 赤川省吾，〈歐洲戰後和解也歷經曲折〉，《日本經濟新聞中文版》，2015年3月12日，http://zh.cn.nikkei.com/columnviewpoint/column/13475-20150312.html（檢索日期：2016年10月14日）。

各界也在關注中、日未來關係的可能發展，因爲此關係涉及東亞地區的安全環境。中日兩國高層雖然有意改善雙方關係，日本原計畫於2020年4月邀請習近平訪日，但是後來受到新冠肺炎疫情影響而暫停。然而中日關係之後卻出現急遽轉變，根據香港《明報》的社論稱：隨著中美角力加劇，中日關係也出現逆轉，日方指責中國公務船進入釣魚島海域的頻率增加，在南海、香港等問題上抗中漸趨高調，又欲加入英美等主導的「五眼聯盟」（Five Eyes Alliance）情報網，更傳出可能允許美國部署中程導彈。

於2022年7月8日遇刺身亡的安倍，生前於2021年12月1日受台灣智庫「國策研究院」舉辦的論壇，就〈新時代台日關係〉爲題發表演說時曾表示：「日本無法容許發生台灣遭武力侵犯，台灣有事等同日本有事，也可以說是等同日美同盟有事，請中國國家主席習近平絕對不能誤判。採取軍事冒險行動，等同於走向經濟自殺的道路。」針對安倍的發言，中國外交部部長助理華春瑩當日晚間緊急召見日本駐中國大使垂秀夫表達抗議，稱相關言論爲台獨勢力撐腰，日本沒資格對台灣問題說三道四。安倍的繼任者菅義偉及現任的岸田文雄，也都維持「親美抗中、保台」的路線不變。

由過去雙方關係的發展情形，短期內此關係恐難以樂觀。尤其在美國的介入下，雙方的關係較有可能朝向衝突對抗長期化的方向發展。邱坤玄榮譽教授表示，中國與日本在「致力於發展」方面具有地理鄰近與文化同質的優勢，但是在「致力於和平」方面則相對薄弱，因爲兩國缺乏進行「戰略」合作的基礎。中國與日本兩國政府與人民對於許多問題的歧異仍深，因此兩國仍將維持經濟彼此合作，但是政治與安全相互鬥爭的基本格局。[116]例如，日本不但是美國「印太戰略」的重要成員國，而且還是「四邊安全對話」（Quadrilateral Security Dialogue, Quad）的一員，這兩個組織都是在對抗中國。

116邱坤玄，〈中共外交政策〉，頁162。

第七節　中國與印度的關係

　　印度雖然是南亞的霸權，但是我國各界對印度的重視不如歐美及東南亞國家，因此國內學界對於印度的研究並不多，研究印度的專家更是稀少。目前國內研究印度的學術機構，以清華大學的「印度中心」最爲積極。雖然我國也非常關注中國與印度的邊境衝突問題，但是對於中國與印度關係的學術研究並不多。由於美國的「印太戰略」主要是拉攏印度共同對抗中國，希望印度在中國的背後進行牽制。而印度也因爲受到來自中國的威脅，影響其在南亞的安全及霸權地位，所以願意拋棄其長期的「不結盟政策」，並靠向美國，使印度在對抗中國的角色變得非常重要，因此值予對中印關係進行探討。爲增加國人對中印兩國關係的瞭解，本節概略回顧該兩國過去的關係，藉由梳理雙方的交往情形，發掘影響兩國關係的問題所在，並展望未來兩國關係的發展。

一、中國與印度關係的分期

　　印度是與中國領土接壤的14個鄰國之一，而且是中國在南亞地區最大及最重要的鄰國，所以印度是中國的外交重點之一。中國與印度的關係，類似中日兩國關係，迄今仍存在許多難以化解的問題，阻礙兩國關係的發展。兩國關係的發展並不平順，而是起起伏伏，時而爲友，時而爲敵。本文將兩國長期的交往過程，概分爲以下幾個時期：

（一）蜜月期（1950-1961年）

　　印度於1947年脫離英國而獨立，中共則於兩年後的1949年建立中華人民共和國，故兩國政權幾乎同時成立。獨立後的印度雖然未採取社會主義的政治制度，但是由於其獨立運動的重要領導人及首任總理尼赫魯（Jawaharlal Nehru）具有很深的社會主義思維，[117]以及同樣堅持反殖民主

---

[117]何道隆，〈尼赫魯倡導的「社會主義類型社會」〉，《南亞研究季刊》，第4期，1989年，頁51。

義的立場，故在中共政權成立後，印度立即背棄曾經協助印度獨立的國民政府，於1950年4月1日承認中共政權，成為第一個與中國建交的非社會主義國家，受到中國當局的熱烈歡迎。

兩國建交後高層頻繁互訪，1954年6月25日周恩來首度率團訪問印度。雙方發表《中印兩國總理聯合聲明》指出，在亞洲及世界各地存在不同的社會制度與政治制度，然而，如果接受互相尊重領土主權、互不侵犯、互不干涉內政、平等互利、和平共處原則，此差別就不會成為和平的障礙或造成衝突，這些國家就能和平共處並相互友好。[118]同年10月18日尼赫魯回訪中國，此為中華人民共和國成立後，接待的第一位外國元首，中國政府動員10萬人沿途歡迎，毛澤東並四次接見，[119]尼赫魯此次訪問讓兩國友好關係達到高峰。[120]

1956年11月，周恩來再度造訪印度，也受到印度政府與人民熱烈的歡迎，發表演說時表示，我們兩大民族間的友誼有兩千年歷史，但是，今天我們的友好關係超過歷史上的任何時期。[121]雙方領導高層如尼赫魯、周恩來，及著名人物如印度諾貝爾文學獎得主泰戈爾（Rabindranath Tagore）、中國知名學者梁啓超等都表示「中印兩國親如兄弟」（Hindi-Chini bhai-bhai），[122]兩國各階層也都以親兄弟互稱，可見當時兩國關係的親密程度，故一般人將此時期稱為兩國的「蜜月期」。

（二）反目成仇期（1962-1975年）

雖然中印當時都視彼此為兄弟，但是俗話說「親兄弟也要明算帳」，

---

[118]陳宗海，〈周恩來對印度的三次正式訪問評析〉，《黨史研究與教學》，第2期，2010年，頁39。

[119]〈毛主席周總理都會見過印度總理，幾十萬人歡迎尼赫魯訪華〉，《每日頭條》，2016年4月29日，https://kknews.cc/zh-tw/world/p4myqj.html（檢索日期：2018年2月6日）。

[120]陳宗海，〈周恩來對印度的三次正式訪問評析〉，頁39。

[121]〈五十年代陸印關係蜜月期〉，《搜狐歷史》，2014年6月12日，http://history.sohu.com/s2014/zhongyinmiyue/index.shtml（檢索日期：2018年2月6日）。

[122]Tansen Sen, "The Bhai-Bhai Lie," *Foreign Affairs*, July 11, 2014, https://www.foreignaffairs.com/reviews/review-essay/bhai-bhai-lie (accessed February 6, 2018).

尤其是兩國間存在著難以解決的西藏及邊界問題。50年代晚期至70年代中期，中印從友好走向疑懼、從爭論走向戰爭，關係轉向對峙。[123]

1. 西藏問題

　　西藏問題源自英國殖民印度時期，大英帝國企圖利用印度為跳板入侵西藏，趁清朝末年內憂外患之際，於1888年及1904年兩度入侵西藏，並分別迫使清政府及西藏地方政府簽署條約，給予英國的印度政府在西藏駐軍、經營郵政及貿易等特權。[124]中華民國於1912年成立後，十三世達賴喇嘛圖登嘉措在英國支持下，於1913年2月宣布西藏獨立。國民政府雖有意處理此問題，但受到藏人的反抗及英國的阻擾，且迫於國內政治紛擾、日本侵略及接續的國共內戰等，而力有未逮。故於民國初期，西藏處於事實獨立自治的狀態。[125]

　　中共政權成立後，開始與西藏展開談判，希望西藏回歸中國，但談判破裂，共軍於1950年10月出兵，於翌（1951）年10月26日攻占首府拉薩。當時印度在西藏仍保留英國殖民統治時期的某些特權，包括：在拉薩及日喀則有領事館，在江孜與亞東設有商務代表處，在噶大克派駐商務代表等。而且印度將西藏視為其屏障，尼赫魯曾於1950年表示，不容許任何人跨越喜馬拉雅山這道屏障。[126]印度抗議中國使用武力處理西藏問題，並呼籲允許藏人自治。中國政府則表示，西藏問題是其內政，不允許任何外國干涉。

　　為了化解印度的疑慮，周恩來於1953年12月31日在接見印度代表團

[123]陳宗海，〈周恩來對印度的三次正式訪問評析〉，頁38。

[124]U. D. Bhatkoti，〈西藏：二十一世紀陸印關係〉，《蒙藏現況雙月報》，第15卷第2期，2006年3月，頁80。

[125]李江琳，〈簡談民國時期西藏事實性分治的史實〉，《達賴喇嘛西藏宗教基金會》，2015年2月5日，https://www.tibet.org.tw/com_detail.php?com_id=1264（檢索日期：2018年2月7日）。

[126]〈印度政府為何對西藏情有獨鍾〉，《多維新聞》，2017年8月14日，http://culture.dwnews.com/history/big5/news/2017-08-14/60006731_all.html（檢索日期：2018年2月8日）。

時，首度向印方提出「互相尊重主權和領土完整、互不侵犯、互不干涉內政、平等互利、和平共處」等五項原則，作爲處理兩國關係的原則。雙方經過協商，印度於1954年4月29日首度與中國簽署《關於中國西藏地方和印度之間的通商及交通協定》，並將「和平共處五項原則」寫入前言。雖然中印關係有此正面的發展，但中國統治下的西藏經常發生抗暴事件，爲兩國的關係埋下引爆點。

2. 邊界問題

　　除了西藏問題外，邊界問題也是影響中印關係的最大難題。兩國建交初期雖處於蜜月期，但是邊界的紛擾卻從未停過，後來成爲引發戰爭的最直接起因。[127]此問題與西藏問題一樣，都是由英國殖民印度時期所遺留下的產物。中印的邊界全長約2,000公里，有爭議的界線就長達1,700多公里，而且大多未正式劃界，[128]僅存在一條傳統習慣線。該線可分爲東、中、西三段，東段沿著喜馬拉雅山脈的南麓，中段沿著喜馬拉雅山脈，西段沿著喀喇崑崙山脈。雙方的主要分歧在於東段與西段，[129]涉及爭議的領土面積廣達12.5萬平方公里（如圖8-2所示）。

　　東段爭議領土從不丹到緬甸間的地帶，中國稱之爲「藏南」地區，面積約8萬4,000多平方公里，屬於印度控制的「阿魯納恰爾中央直轄區」（Union Territory）。印度堅持1914年英屬印度與袁世凱政府及西藏在「西姆拉會議」（Simla Convention）中的《西姆拉協定》（即《中英藏條約》）已完成劃界，也就是通稱的「麥克馬洪線」（McMahon Line）。但是中方代表團因中央政府反對而未簽字，故袁世凱政府不承認該線；西段位於新疆與印度控制的喀什米爾之間，爲阿克賽欽高原，面積

---

[127]中國稱此戰爭爲「陸印邊境自衛反擊戰」。王學軍、趙力兵，〈透析1962年陸印邊境自衛反擊戰的政治戰本質〉，《理論學刊》，第3期，2012年3月，頁103。
[128]張敏秋主編，《陸印關係研究（1947-2003）》（北京：北京大學出版社，2004年），頁65。
[129]程瑞聲，〈陸印邊界談判及其前景〉，《國際問題研究》，第3期，2004年，頁17。

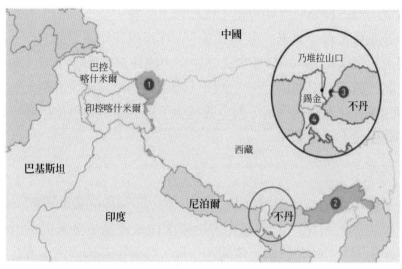

圖8-2　中印邊境爭議概略圖

說明：

1. 西段：面積約3.3萬平方公里，目前由中國控制，屬新疆阿克賽欽地區（Aksai Chin）。
2. 東段：面積約9萬平方公里，目前由印度控制，歸屬阿魯納恰爾邦（Arunachal Pradesh）；中國稱為藏南地區，西部城鎮達旺為六世達賴喇嘛倉央嘉措出生地。
3. 洞朗：中國與不丹均宣稱擁有主權；中國在該地區修路，引發中印邊防部隊對峙。
4. 西里古里走廊（Siliguri Corridor）：連接印度本土與東北部地區，最窄處不足23公里；被稱為印度「雞頸」，一旦切斷便會令其領土一分為二，戰略地位不言而喻。

資料來源：香港01記者，〈【新聞背後】從藏南到克什米爾——百年中印邊界恩仇錄〉，《香港01》，2017年7月13日，goo.gl/SGzF4Z（檢索日期：2018年2月12日）。

約3萬3,000多平方公里，由中國控制。[130]雖然邊界問題為兩國的隱憂，但是在蜜月期，雙方對此問題有所克制。[131]

　　該等爭議地區位處偏遠，有些甚至是不毛之地，然而因具有安全戰略的重要性，成為兩國爭執的焦點。兩國對邊界問題進行多次談判，都無法

---

[130]陳牧民，〈陸印邊境對峙：原因、現狀與可能發展〉，《南亞觀察》，2017年7月16日，https://goo.gl/Pfg9ar（檢索日期：2018年2月8日）。
[131]徐桂香，〈不丹與中國、印度之三角關係初探〉，《蒙藏現況雙月報》，第14卷第2期，2005年3月，頁36。

獲得解決。雙方也都在邊境加強軍事設施，以防對方軍隊越界。1961年1月，印度陸軍參謀部發布的《1961年陸軍參謀部報告》（*Chiefs of Staff Paper of January 1961*）指出，印度的威脅除了來自巴基斯坦外，中國對印度的威脅也在加劇。[132]中國為了拉攏巴基斯坦對抗印度，1962年5月4日同意與巴基斯坦就兩國的邊界問題進行談判，讓印度朝野震驚，中印的邊界問題更趨嚴重。

3. 中印戰爭

在西藏及邊界兩個問題的困擾下，兩國關係逐漸惡化。在西藏方面，中國占領西藏後，迫使西藏當局簽訂《中央人民政府和西藏地方政府關於和平解放西藏辦法的協議》，[133]讓西藏得以維持短暫和平。但是中國在西藏強制推行「大躍進、人民公社、三反三算」等暴政，摧毀藏傳佛教，強迫僧尼還俗，關押大量政治犯，造成大量藏人死亡，導致藏人進行多次武裝抗爭。1959年3月10日，藏人懷疑中共欲將達賴綁赴北京，而出面阻止，並高喊「西藏獨立」、「中國共產黨滾出西藏」等口號。[134]同年3月17日，中國派兵鎮壓，並一舉驅逐印度在西藏的勢力。[135]西藏最高精神領袖第十四世達賴喇嘛率領8萬藏人出走印度，受到印度政府庇護，於5月在印度北部山區的達蘭薩拉成立流亡政府，引起中國不滿，[136]認為印度參與並支持藏人叛亂，導致兩國關係陷入敵對。[137]

在邊界問題方面，雙方經常互相指控對方軍隊越界，並於1959年8月

---

[132] 劉會軍，〈威懾視角下的陸印邊界爭端研究〉，《南亞研究季刊》，第3期，2011年，頁23。

[133] 又稱為《十七條協議》。

[134] 該日被藏人稱為「西藏抗暴紀念日」或「西藏人民起義日」。

[135] 徐桂香，〈不丹與中國、印度之三角關係初探〉，頁37。

[136] 〈【那一年的這一天】1959.3.10 藏人上街高喊西藏獨立，史稱西藏抗暴日〉，《民報》，2017年3月10日，http://www.peoplenews.tw/news/4e658333-9cd6-4c39-aac6-0e9deb3a4a3b（檢索日期：2018年2月8日）。

[137] 龍興春，〈西藏問題：印度對華安全擔憂和邊界未決的根源〉，《FT中文網》，2018年1月9日，http://big5.ftchinese.com/story/001075813（檢索日期：2018年2月8日）。

25日在東段地區發生第一次武裝衝突「郎久事件」，接著於10月21日在西段地區發生「空喀山事件」。這兩次都屬於小規模的武裝衝突，傷亡不大，卻爲1962年的大規模戰爭埋下導火線。在雙方高層的外交斡旋下，從1959年下半年到1962年的戰爭爆發，邊境地區處於平靜的狀態。但是，印度國內卻掀起大規模反中活動，譴責中國的「擴張主義」。[138]邊境地區經過短暫的安寧後，於1962年9月20日及10月10日發生小規模衝突，最後於11月爆發全面性戰爭，印軍戰敗，有3,003人戰死、1,047人受傷、3,964人被俘。[139]

中國軍隊雖然於戰後撤回「麥克馬洪線」以北，但是印度認爲這是重大恥辱，兩國由朋友轉爲敵人。印度各界普遍認爲，中國背叛印度的友誼，因爲中國不但沒有感謝印度承認其政權、支持恢復中國在聯合國的席位、調停韓戰、邀請中國參加萬隆會議，反而因爲邊界問題發動戰爭。[140]從此，中印兩國反目成仇，不再稱兄道弟，並以「印中再見」（Hindi Chini Bye Bye）形容當時的兩國關係。中國中南財經政法大學副教授鄧紅英表示，此戰爭讓印度人的民族自豪感遭受重挫。有些印度學者稱，此衝突給印度留下的傷痛，比印度歷史上所遭受的任何外來侵略與殖民都大。[141]因此，後來即使僅是輕微的邊境事件，也會在印度演變爲高度敏感的問題。[142]

---

[138]何函潔，《中共處理邊界爭議的戰略選擇（1949-2009）——守勢現實主義的驗證》（台北：致知學術出版社，2013年），頁347。

[139]鄭宇碩、石志夫，《中華人民共和國對外關係史稿》（香港：天地圖書有限公司，1994年），頁276。

[140]戴超武，〈陸印邊界問題學術史述評（1956-2013）〉，《史學月刊》，第10期，2014年，頁91-92。

[141]鄧紅英，〈論印度民族主義對陸印邊界爭端升級的影響〉，《武漢大學學報》，第68卷第3期，2015年5月，頁121。

[142]〈歷史與現實：陸印如何走向對峙〉，《多維新聞》，2017年8月16日，http://culture.dwnews.com/history/news/2017-08-16/60007205_all.html（檢索日期：2018年2月5日）。

（三）恢復關係時期（1976-1997年）

　　中印戰爭之後，兩國關係陷入長達十四年的冰凍期，直至1976年關係才改善，並恢復大使級關係。1979年，印度外交部長瓦巴義（Atal Behari Vajpayee）訪問中國，打破兩國高層十七年互不往來的冰凍關係。[143]1981年，中國外交部長黃華訪印度，印度媒體報導稱，此爲自周恩來於1960年4月26日飛離新德里之後，首度再有中國高層官員訪印度。[144]但是印度於1986年底突然將「阿魯納恰爾中央直轄區」升格爲第24個邦「阿魯納恰爾邦」，從法律上將這塊有爭議的土地合法化。北京多次向印度抗議，雙方調集重兵，當時西方媒體預言兩國可能爆發第二次邊境戰爭。[145]

　　印度爲了緩解緊張情勢，外交部長蒂瓦里（N. D. Tiwari）於1987年5月在前往平壤參加不結盟國家外長會議時順訪北京，轉達拉吉夫·甘地（Rajiv Gandhi）總理不希望邊境局勢惡化的立場。1988年12月拉吉夫訪中，成爲雙方關係的轉捩點，故被稱爲「破冰之旅」。雙方領導人均表示願意透過談判和平解決邊界爭端，邊界談判在若干問題上也達成某些共識。[146]

　　兩國並於1993年簽訂《關於在中印邊境實際控制線地區保持和平與安寧的協定》，緩解邊境的緊張關係。中國國家主席江澤民於1996年11月訪問印度，這是中國國家元首首次訪問印度，並簽署《關於在中印邊境實際控制線地區軍事領域建立信任措施的協定》，承諾雙方在「實際控制線」減少與限制各自軍力、在邊界地區避免進行師級規模軍演、禁止軍機在控

[143]徐桂香，〈不丹與中國、印度之三角關係初探〉，頁38。
[144]朱諾，〈互信缺失，陸印第20輪邊界談判難有成果〉，《美國之音》，2017年12月22日，https://www.voachinese.com/a/india-china-round-border-talks-20171221/4174570.html（檢索日期：2018年2月14日）。
[145]煮酒論史，〈1987年險爆第二次陸印戰爭 印度最後一分鐘撤銷作戰令〉，《壹讀》，2017年8月21日，https://read01.com/DGRe53L.html#.WoPzT2clE2o（檢索日期：2018年2月14日）。
[146]香港01記者，〈【新聞背後】從藏南到克什米爾──百年陸印邊界恩仇錄〉。

制線10公里內飛行。[147]由於雙方在邊界問題有所克制，兩國的關係獲得全面恢復。[148]

（四）亦敵亦友時期（1998年迄今）

中印後來雖然逐漸恢復關係，但是已無法再像過去一樣友好，「破鏡雖然重圓，但仍會有裂痕」。因為雙方除了尚未解決的邊界及達賴喇嘛問題外，印度「人民黨」於1998年3月取得政權後，於5月11日及13日下令在西北沙漠地區進行五次核子試爆，震驚全世界，中國與其他國家強烈譴責印度破壞區域和平。更令中國感到憤怒的是，印度將核試歸咎於中國的威脅，後來擔任印度總理的原外交部部長瓦巴義事後在致美國總柯林頓信函中辯稱，印度進行核試是因為中國擁有核武，而且還幫巴基斯坦發展核武，嚴重威脅印度的安全。[149]

雖然印度核試使中印關係一度受挫，但不久雙方旋又恢復關係。2003年6月22日至27日總理瓦巴義訪中，簽署《中華人民共和國和印度共和國關係原則和全面合作的宣言》，及簽訂有關司法、教育、文化、科技、能源、檢疫與簡化簽證手續、擴大邊境貿易等10個文件。在宣言中，印度首次公開承認西藏是中國領土的一部分，重申不允許藏人在印度進行反對中國的政治活動，換取中國承認錫金是印度領土。[150]

中國總理溫家寶於2005年，及國家主席胡錦濤於2006年先後訪問印度，並將2006年及2007年訂為「中印友好年」及「中印旅遊友好年」。2008年1月，印度總理辛格（Manmohan Singh）訪中。2010年為中印建交六十週年，印度總統帕蒂爾（Pratibha Patil）於5月赴中國進行國事訪問；接著，溫家寶於12月回訪印度，雙方簽署《中華人民共和國和印度共和國

---

[147] 張敏秋，《陸印關係研究（1947-2003）》，頁111。
[148] 徐桂香，〈不丹與中國、印度之三角關係初探〉，頁40。
[149] 張雅君，〈印度核子試爆與中共威脅論〉，《中國大陸研究》，第41卷第5期，1998年5月，頁1。
[150] 徐桂香，〈不丹與中國、印度之三角關係初探〉，頁40。

聯合公報》，將2011年訂為「中印交流年」，後來又將2012年訂為「中印友好合作年」。

中國第五代領導人總理李克強於2013年5月19日訪問印度，習近平後於2014年9月18日赴訪，印度總理莫迪（N. D. Modi）於2015年5月17日回訪中國。2017年9月，莫迪到廈門參與金磚國家領導人會晤，並與習近平會談。莫迪於2018年4月27日在青島舉行的「上海合作組織」峰會前，突然赴武漢與習近平進行非正式會晤。據上海復旦大學南亞研究中心副主任林民旺表示，2017年的洞朗對峙是近年來兩國關係的最低點，而兩國領導人此次非正式會晤，會成為開啟穩定雙邊關係的新起點。[151]

在雙邊經貿方面，由於兩國政治關係不斷改善，貿易額近年來有長足的成長。印度國大黨少壯派領袖及商工部前次長蘭密施（Jairam Ramesh）於2005年出版的《理解CHINDIA：關於中國與印度的思考》（*Making Sense of Chindia: reflections on China and India*）乙書，將China加上India創造出Chindia乙詞。在雙邊貿易不斷增加的情況下，有人喊出「印度中國互做買賣」（Hindi-Chini Buy-Buy）的新口號，兩國貿易額從2001年35.9億美元增長到2011年739億美元，增長的幅度超過20倍。[152]而且，兩國還同是「金磚國家」的創始會員國，在許多國際議題上相互合作。

但是2016年6月底，在首爾舉行的「核供應國集團」（Nuclear Suppliers Group, NSG）年會，印度懷疑中國從中作梗，使印度無法順利加入該組織，讓得到美俄支持，會前信心滿滿的印度倍感受辱。部分民族主義者揚言抵制中國貨物，激進的「濕婆神軍黨」更是焚燒中國國旗及習近平肖像。中國《環球時報》社論則嘲諷印度被「西方慣壞」、「賭氣、

---

[151] 〈莫迪抵武漢 2天內與習近平6輪會談〉，《中央社》，2018年4月27日，http://www.cna.com.tw/news/acn/201804270146-1.aspx（檢索日期：2018年7月27日）。

[152] 〈陸印貿易和印度市場報告〉，《中國商品（印度孟買）展覽會》，2012年7月11日，http://www.yinduzhan.com/ShowHonornews.asp?id=119（檢索日期：2018年2月16日）。

撒嬌」，推波助瀾地激起中印間的輿論戰。[153]2017年6月NSG在瑞士首都伯恩舉行會議，中國外交部發言人表示，「中方對印度加入該組織的立場沒有變化」，再度讓印度無法如願加入該組織。

印度國防研究院前副所長巴斯卡（Uday Bhaskar）曾指出，儘管中印間的關係改善，可是對於彼此的「焦慮感」卻依然存在。[154]我國中興大學陳牧民教授表示，現階段的中印關係是衝突與合作並存。[155]亦即兩國並非是「零和」的「非友即敵」關係，而是「非零和」的「亦敵亦友」關係。現在兩國的關係不像過去「不是朋友就是敵人」的二分法，而是有競爭，也有合作。有人將中印現在的關係形容為「鬥而不破」，因為「尋求相互合作，卻又相互提防，是大國相處時必須有的思維」。[156]近年來由於印度總理莫迪採取親美的路線，讓中印兩國的雙邊關係趨於惡化，尤其是邊境糾紛升級導致兩國之間的敵意加劇，中印關係處於歷史低谷。

二、制約中印關係發展的負面因素

雖然中印現在已非敵人，但是兩國間仍存在許多困擾雙方的矛盾。這也是為何美國及日本都積極拉攏印度，共同對抗中國的原因。而且，印度也是世界上少數幾個有意願與中國對抗的國家。在「敵人的敵人就是朋友」的思維下，印度成為美、日拉攏的對象。故「印太戰略」其實就是美、日兩國欲對中國打「印度牌」。以下針對制約中印關係發展的負面因素，進行概略探討。

---

[153]徐子軒，〈濕婆神的核武：美中角力下印度的核子之路〉，《轉角國際》，2016年8月15日，https://global.udn.com/global_vision/story/8663/1896197（檢索日期：2018年2月16日）。

[154]林孟儀，〈24億人口大市場 中國＋印度 全球經濟新重心〉，《轉角國際》，2008年4月2日，https://www.gvm.com.tw/article.html?id=12313（檢索日期：2018年2月20日）。

[155]陳牧民，《解讀印度：不確定的崛起強權》（台北：五南圖書出版社，2016年），頁150。

[156]〈歷史與現實：陸印如何走向對峙〉，《多維新聞》。

（一）歷史困境

所謂國家間的「歷史困境」，係指某些國家因為前人發動戰爭或某種衝突，所結下的仇恨，遺留給後世難以解決的問題。該等國家間就如同被過去的恩怨所綁架，故又可稱為「歷史的人質」（history's hostage）。[157]例如日本在二次世界大戰時期，侵略中國及韓國等國家，迄今仍然留下許多難解的仇恨。中國不但與東邊的鄰國日本有「歷史困境」的問題，與南邊的鄰國印度間亦有。[158]經過上述對中印兩國的歷史回顧可知，造成兩國間的「歷史困境」，主要是因為1962年中印戰爭、達賴喇嘛及邊界等三大問題。

1. 1962年中印戰爭

印度軍隊是原屬英國殖民地的軍隊，在英國指揮下參加過第一、二次世界大戰，也曾經與納粹德國軍隊作戰，具有豐富作戰經驗及不弱的戰鬥力。[159]故印度獨立後經歷的幾場戰爭，都是打勝戰。包括1947年10月27日與巴基斯坦因為喀什米爾的歸屬問題發生武裝衝突，[160]經過一年多的爭奪戰，後在聯合國干預下於1949年1月停火，印度控制喀什米爾三分之二土地與四分之三人口；[161]及1961年12月18日的果阿（Goa）戰爭，將原屬於葡萄牙殖民地的果阿併入印度領土，雖然這場戰爭規模很小，但是勝利讓印度民族自信心大增，自封世界軍事第三強國。[162]尼赫魯甚至認為，印度

[157]Ivan Lidarev, "History's Hostage: China, India and the War of 1962," *The Diplomat*, August 21, 2012, https://thediplomat.com/2012/08/historys-hostage-china-india-and-the-war-of-1962/ (accessed February 16, 2018).

[158]"Rivals and parthers, Are India and China coming together?" *The Economist*, March 3, 2005, http://www.economist.com/node/3689319 (accessed December 26, 2017).

[159]〈我看陸印邊界戰爭的迷霧〉，《知遠防務電子報》，2004年8月18日，http://www.defence.org.cn/article-6-9286.html（檢索日期：2018年2月17日）。

[160]也被稱為「喀什米爾戰爭」或「第一次喀什米爾戰爭」。

[161]萬象歷史，〈歷史今天：1947年10月27日 克什米爾戰爭爆發〉，《每日頭條》，2016年10月28日，https://kknews.cc/zh-tw/history/p4mvbg2.html（檢索日期：2018年2月16日）。

[162]盧亦真，〈二戰後，葡萄牙在亞洲的悲催遭遇之果阿篇〉，《每日頭條》，2017年7月24日，https://kknews.cc/zh-hk/military/53brge2.html（檢索日期：2018年2月16日）。

軍力比獨立以來的任何時候都強大，即使應付巴基斯坦與中國的聯合進攻「也綽綽有餘」。[163]

但是1962年的中印戰爭，印度卻以慘敗收場，對印度的民族自信心打擊非常大。印度的國際地位與尼赫魯的聲望大跌，1963年8月，反對黨首度對尼赫魯政府提出不信任案，他也因此遭受打擊而罹患重病，並於1964年5月27日逝世。印度國民迄今對於此慘敗仍記憶猶新，成為兩國間難以解開的心結。當對印度人提到中國時，他們首先想到的不是玄奘，而是1962年的那一場戰爭，因為印度人認為中國背信棄義。[164]

雖然近幾年兩國關係有所成長，但是當年戰敗的恥辱，始終籠罩著印度人的心中，制約兩國關係的發展。印度軍方一直將共軍視為威脅，希望有朝一日能夠雪恥。印度也在中印邊境積極強化軍事設施及軍力部署，甚至耗費鉅資成立專門對付共軍的山地打擊軍。印度國防部長賈特里（Arun Jaitley）於2017年的洞朗對峙事件中，就公開聲稱「2017年的印度已經和1962年的印度不一樣了」。[165]另外，印度國防部於2011年提出的《2012-2027年印度陸軍綜合遠景規劃》，計畫於2020年前，預計耗費110億美元，在印陸邊境部署規模達9萬人的第17山地打擊軍。然而由於嚴重缺乏資金，導致組建的進程受到阻礙，迄今仍未組建完成。

2. 邊界問題

邊界爭端為領土爭議的一種，是國際關係中一個難以解決的問題。故

---

[163] 歷史雜陳，〈上世紀一場給印度人帶來自信的戰爭，失敗的一方竟然是葡萄牙〉，《每日頭條》，2017年7月16日，https://kknews.cc/zh-tw/history/53x4ak2.html（檢索日期：2018年2月16日）。

[164] 〈印度竟如此看待1962年的慘敗答案出人意料〉，《武林網》，http://www.5011.net/junshi/201804.html（檢索日期：2017年1月17日）。

[165] "China Retaliates To Arun Jaitley Saying 'This Is Not The India Of 1962 War'," *NDTV*, July 3, 2017, https://www.ndtv.com/india-news/china-retaliates-to-arun-jaitley-saying-this-is-not-the-india-of-1962-war-1719900 (accessed February 17, 2018).

中印間的邊界領土爭端，是阻礙兩國關係發展的最主要因素之一。[166]雖然兩國迄今已舉行多次邊界會談，但是均無突破性進展，而且雙方邊防部隊經常發生對峙事件。例如2013年5月的「帳篷對峙」，及2017年6月的「洞朗對峙」事件等。雖然該等事件均和平落幕，但卻嚴重影響兩國的互信。而且，兩國邊境部隊再度於2020年5月5日在加勒萬河谷發生衝突，並造成雙方人員傷亡，這是自1967年以來中印之間首次造成雙方人員死亡的衝突。當時兩國關係十分緊張，後來雙方循外交途徑解決緊張情勢。

　　除了雙方邊防部隊在邊境相互對峙外，印度為了宣示對爭議地區具有主權，其高層經常訪問該地區。例如莫迪總理於2015年2月首度訪問阿魯納恰爾邦，總統與國防部長於2017年11月也訪問該邦，莫迪再度於2018年2月15日的中國農曆除夕訪問該邦，並發表演說稱「印度中央政府的部長與官員們將經常訪問東北」。中國外交部對印度這些舉動提出嚴正抗議，重申不承認「阿魯納恰爾邦」，敦促印度不要做出使邊界問題複雜化的舉動。[167]

3. 達賴喇嘛問題

　　任教於汕頭大學長江新聞與傳播學院的王宗安教授表示，中共政權建政以來，在統治少數民族方面最感棘手者莫過於西藏，從1951年簽訂的《關於和平解放西藏辦法的協議》，到1959年3月10日西藏全面抗暴，達賴喇嘛出逃印度，並在印度的支持下組織「西藏流亡政府」，推動「西藏獨立」運動，此後西藏的暴動事件從未停止。達賴喇嘛流亡海外多年來，依靠印度的庇護及西方勢力，以「宗教領袖」的名義在外組織流亡政府，鼓吹「西藏獨立」，向中國施加談判的壓力。[168]

---

[166]楊舉，〈面向未來的陸印關係〉，《論文網》，2015年10月14日，http://www.lunwenf.com/zhengzhilunwen/201510/18121.html（檢索日期：2018年2月16日）。

[167]〈莫迪訪藏南地區引起中國不滿〉，《Now新聞》，2018年2月16日，https://news.now.com/home/international/player?newsId=254273（檢索日期：2018年2月16日）。

[168]王宗安，〈達賴喇嘛與中共談判之癥結分析〉，《中國大陸研究》，第51卷第1期，2008年3月，頁111-113。

　　達賴喇嘛曾於2011年2月7日表示：「西藏問題也是印度的問題」、「在中共統治下的西藏有600萬藏人，但99%的人口似乎都心向著印度」。[169]印度也利用達賴喇嘛對中國打「西藏牌」，[170]例如印度政府允許達賴喇嘛於2017年4月1日至12日訪問阿魯納恰爾邦的達旺（Tawang），參加宗教活動，深深地刺激北京當局。中國外交部表示，印度執意安排達賴喇嘛這次訪問活動，嚴重傷害中印關係。[171]

　　中國為了反制印度的作為，其民政部於2017年4月14日發布命令，將其稱為「藏南」地區六個地方的地名予以標準化，包括烏間嶺（Wo'gyainling）、米拉日（Mila Ri）、曲登嘎布日（Qoidengarbo Ri）、梅楚卡（Mainquka）、白明拉山口（Bumo La）與納姆卡姆（Namkapub Ri）。《印度斯坦時報》稱，中國單方面的命名行為，明顯是對達賴喇嘛此行的報復。[172]

（二）安全困境

　　中印兩國也與中日的關係一樣，存在著「修昔底德陷阱」的「安全困境」。因為印度一向自認為是南亞的區域霸權，但是中國以快速成長的經濟支持軍事現代化，影響力逐漸滲透該區域，使印度提高警覺，擔憂中國影響力將取代印度在南亞地區的霸權地位。[173]例如斯里蘭卡政府為了向中國企業償還鉅額貸款，2017年12月9日與中國簽署11億美元的協議，將南

---

[169] 〈達賴喇嘛尊者：西藏問題也是印度的問題〉，《國際西藏郵報》，2011年2月7日，http://thetibetpost.com/zh/news/international/1438-tibet-issues-are-also-issues-of-india-his-holiness-the-dalai-lama（檢索日期：2018年2月8日）。

[170] Ivan Lidarev, "History's Hostage: China, India and the War of 1962."

[171] Ellen Barry，〈達賴喇嘛的達旺之旅深深刺激了北京〉，《Now新聞》，2017年4月7日，https://cn.nytimes.com/china/20170407/dalai-lama-sucessor-tibet-china-buddhism/zh-hant/（檢索日期：2018年2月16日）。

[172] 〈西藏精神領袖訪阿魯納恰爾邦之後，印度重申西藏政策、中共訂定標準化地名〉，《國際西藏郵報》，2017年4月24日，http://www.thetibetpost.com/zh/news/international/5489-india-reaffirms-tibet-policies-chinese-ties-following-leaders-trip-to-arunachal（檢索日期：2018年2月16日）。

[173] 曾孟傑，〈中、印在傳統與非傳統安全領域的合作關係〉，《海軍學術雙月刊》，第50卷第1期，2016年12月，頁152。

部漢班托塔（Hambantota）深水港的經營權租給中國九十九年，此事引起印度的關切。

另外，中國計畫在馬爾地夫北方，靠近印度的馬庫努都（Makunuda）島，建造可供軍事用途的聯合海洋觀測站。新德里「政策研究中心」的研究員齊蘭尼（Brahma Chellaney）教授認爲，印度應將中國的舉動視爲「觸碰底線」的行爲，並呼籲馬爾地夫與中國放棄興建這座海洋觀測站。[174]「中國人民解放軍軍事科學院」研究員趙小卓表示，印度將中國發展與南亞國家關係的行爲，視爲對其「南亞霸主」地位的挑戰。而印度視中國的「一帶一路」爲對其戰略包圍，擔心南亞國家與中國的互動，會造成這些國家對中國的經濟依賴，擔心中國的影響力進一步向南亞地區滲透。[175]印度一向視印度洋爲自己的勢力範圍，認爲中國海軍進入印度洋及參與建設沿海國家的行爲，是在構築包圍印度的「珍珠鏈」。[176]

（三）經貿不平衡問題

經貿不平衡問題雖不如上述幾個問題般困難，但也困擾著兩國的關係。在20世紀時期，中印兩國因爲自身經濟不發達及受到政治因素的干擾，雙邊經貿關係並不熱絡。冷戰結束後，兩國經貿關係顯著成長。貿易額從1990年的2.6億美元逐年成長，儘管中印政治關係緊張，但是雙邊貿易於2021年至2022年達到近1,300億美元，中國爲印度的第二大貿易國（第一大貿易國爲美國）。雖然中印兩國貿易暢旺，但是最讓德里擔憂的是，印度對中國的貿易急速增到770億美元，遠高於上一財年的450億美元。[177]

---

[174] 〈中國將在馬爾地夫建觀測站 印度專家：「觸碰底限」行爲〉，《自由時報》，2018年2月26日，http://news.ltn.com.tw/news/world/breakingnews/2350087（檢索日期：2018年2月28日）。

[175] 趙小卓，〈印度撤軍是和平解決洞朗事件唯一出路〉，《BBC中文網》，2017年8月14日，http://www.bbc.com/zhongwen/trad/chinese-news-40923916（檢索日期：2017年12月26日）。

[176] 韋宗友，〈美國在印太地區的戰略調整及其地緣戰略影響〉，《世界經濟與政治》，第10期，2013年，頁146。

[177] 阿哈邁德（Zubair Ahmed），〈中國印度貿易激增：政治緊張和德里「自力更生」並未影響雙邊貿易〉，《BBC中文網》，2022年5月1日，https://www.bbc.com/zhongwen/trad/world-61276158。

中印貿易不平衡，不僅對印度的經濟產生負面影響，而且也不利於兩國關係的發展。印度前駐陸大使拉奧琦（Nirupama Rao）就稱：「印度只能在有限的時間內忍受對中國的貿易赤字，超過這個時限，貿易這項雙邊關係中的積極因素，就會出現消極的影響。」[178]印度政府為了平衡此貿易關係，頻頻對中國商品進行反傾銷調查，成為對中國進行反傾銷調查最多的國家之一，兩國間的貿易摩擦不斷。[179]而且印度政府懷疑中國官方透過中國製手機竊取用戶訊息或展開駭客行動，進而大規模審查從中國進口的電子產品。對此，中國《環球時報》批評，印度冒險挑起與中國的貿易戰。[180]

中印兩國駐紮在毗鄰西藏高原的加勒萬河谷（Galwan valley）地區的軍隊，於2020年6月15日都宣稱對方侵入自己國家的領土，而於深夜爆發徒手鬥毆事件（中印雙方軍隊於1975年相互開火後，兩國為了避免爆發戰爭，於1996年簽署禁止在邊境地區使用武器的協議，規定任何一方在距離實際控制線2公里範圍內，不得開槍、用槍或炸藥等武器。故雙方駐軍雖然爆發多次衝突，但均為肢體鬥毆或是使用石頭互擲。[181]該次衝突造成20名印度士兵喪命，中方據稱至少有四人死亡，此後中印關係急轉直下。印度政府開始以國家安全等為由，其電子與資訊技術部於6月29日宣布禁止使用在當地流行的中國應用程式（APP），包括TikTok（抖音國際版）、Wechat（微信國際版）、微博等59款APP。印度於9月2日再發布公告，禁用百度搜索等118款手機APP。[182]

---

[178] 王曉文，〈陸印關係的現實困境：原因及前景分析〉，《中國社會科學網》，2014年5月22日，http://www.cssn.cn/zzx/wztj_zzx/201405/t20140521_1179937.shtml（檢索日期：2017年12月26日）。

[179] 劉紅，〈印度所為嚴重影響陸印經貿合作水平〉，《中國債券信息網》，2017年8月24日，http://www.chinabond.com.cn/cb/cn/xwgg/cjxw/cjyw/gnxw/20170824/148062288.shtml（檢索日期：2017年12月26日）。

[180] 楊芙宜，〈兩國緊張情勢波及經貿//印度對中國93項產品祭反傾銷稅〉。

[181] 〈鳴槍、丟石頭、打群架中印邊境為何衝突不斷？〉，《中央社》，https://project.cna.com.tw/cards/20200911-indiachina/。

[182] 朱紹聖，〈印度擬禁止中國230多款APP〉，《中國時報》，2023年4月5日，https://www.chinatimes.com/newspapers/20230405000489-260309?chdtv。

印度政府於2022年2月以「對印度人的隱私和安全構成威脅」為由，又禁止54款手機APP下載，其中許多是中國大型科技公司騰訊、阿里巴巴、網易的產品。《印度快報》稱，自2020年6月以來，印度進行四輪打擊中國APP的行動，共對270多款應用下達了禁令。此次這是印度政府第五輪針對中國APP的禁用行動，已有超過300多款APP被禁。美國媒體報導，這是中印邊境糾紛導致雙方關係緊張大背景下，印方採取的最新措施。[183]

三、中印關係的未來發展

中印兩國高層雖然深知合則兩利，爭則兩傷的道理，近年來不斷努力改善雙邊關係，但因為有上述歷史困境、安全困境、經貿不平衡等問題橫亙在兩國之間，使兩國未能成為真正相互信任的鄰邦。[184]而且中印雙邊關係，還有美國及日本的介入，使兩國關係更為複雜。對於中印關係的未來發展，有樂觀及悲觀兩派見解：

（一）樂觀派

陳牧民教授稱，基本上，中國學者對中印關係較為樂觀，他們認為邊境問題在短期內雖無法解決，但只要印度改變對中國的成見，不要宣揚中國威脅論，兩國還是有很大的合作空間。[185]復旦大學國際問題研究院教授張貴洪表示，中印關係雖遇到一些挫折，包括亞行貸款事件、印度領導人訪問邊界爭議地區、印度在邊界增兵、達賴訪問達旺、貿易投資摩擦等事態，儘管兩國關係的上空有幾朵烏雲，但正因為有許多共同或相似之處，中印關係的天空還是「以晴為主」。隨著兩國經濟持續快速增長、社會不斷進步，與政治相對穩定，中印在地區與國際事務中的影響力日益突

---

[183]〈《國際產業》以安全威脅為由 印度再禁54款中國APP〉，《Yahoo新聞網》，2022年2月15日，https://reurl.cc/qVr6Gq。
[184]張敏秋主編，《陸印關係研究（1947-2003）》，頁2。
[185]陳牧民，《解讀印度：不確定的崛起強權》，頁157。

出。[186]

中國「社會科學院世界歷史研究所」研究員孟慶龍表示，兩國未來關係會朝正向發展，其論點基於以下幾項因素：1.邊界問題的影響在減弱：因邊境形勢趨於平和、對歷史問題的認識分歧減少及共識增加、在邊界問題上不斷增進互信及有效管控分歧；2.處理南亞地區關係更加冷靜務實：隨著中印關係明顯改善，印度對中國發展與南亞國家關係的反應漸趨冷靜，在處理與這些國家的關係時更加務實；3.域外因素對中印關係的影響趨弱：20世紀50年代以來，英國、美國、蘇聯等國曾先後對中印關係產生影響。隨著中印關係正常化、兩國國力的提升，及國際局勢的變化，這些因素的影響力越來越小；4.兩國間共同利益遠大於分歧：中印雙邊貿易額持續增長，且兩國在地區與國際的利益遠大於分歧，其前景應當是雙贏而非零和。[187]

（二）悲觀派

中國中南財經政法大學副教授劉新華表示，在印度洋地區，中印雙方都處於互不信任的狀態，而且印度對中國的不信任，遠甚於中國對印度的不信任。印度為了遏制中國在印度洋的勢力發展而採取的措施，可能會加劇中國對印度的不信任，使雙方陷入更加難以解決的「安全困境」。[188] 中國學者韋宗友教授稱，「印太戰略」的提出，對於印太地區地緣戰略環境的影響，不但弊大於利，且將對中印關係造成消極的影響。鑑於中國對於海外能源、資源與商業通道的高度依賴，使印太海域對中國發展日益重要，中國有必要大力發展海軍，捍衛其海洋權益。[189]

---

[186] 張貴洪，〈陸印關係的確定性和不確定性〉，《南亞研究季刊》，第1期，2010年，頁42-43。
[187] 孟慶龍，〈論陸印關係發展與亞洲未來前景〉，《中國世界史研究網》，2016年8月，http://iwh.cssn.cn/xzgd/xzgd_zh/201709/t20170927_3654289.shtml（檢索日期：2017年12月26日）。
[188] 劉新華，〈論陸印關係中的印度洋問題〉，《太平洋學報》，第18卷第1期，2010年1月，頁57。
[189] 韋宗友，〈美國在印太地區的戰略調整及其地緣戰略影響〉，頁153-155。

　　旅美歷史學者黎蝸藤博士稱，在洞朗對峙事件期間，印度民間掀起抵制陸貨運動，而中國民間本來就對印度人民諸多嘲諷，此事過後更變本加厲。作為世界首屈一指的兩個人口大國，就算政府間表面的溫情脈脈，只要人心不通，人民間的敵視也會阻礙兩國友好關係，更何況中印的戰略目標互相衝突。經過洞朗事件，中印關係已經不能回頭，未來發展令人擔憂。[190]美國《經濟學人》（The Economist）早在2005年3月3日就刊載名為〈對手與夥伴〉的文章，認為「強鄰必是對手」，由於中印間的「歷史積怨與現代嫉妒」，注定兩國只能是競爭對手，不可能成為合作夥伴。[191]

　　旅澳洲的中國學者袁勁東副教授表示，中印要進一步改善關係，必須先克服四個T的障礙：威脅論（Threat Perceptions）、領土糾紛（Territorial Disputes）、中印美三角關係（Triangular of China-India-US）、中印巴三角關係（Triangular of China-India-Pakistan）。迄今此等問題均尚未獲得解決，現今表面的和諧，與兩國領導人刻意維護有關。[192]許多學者對中印關係的前景普遍持現實主義觀點，認為隨著中國經濟的發展，勢必在印度洋地區尋求自己的軍事存在，必然與印度的利益發生衝突。印度學界對中國在印度洋地區的活動普遍抱著防範心理，認為中國在戰略上圍堵印度，挑戰其勢力範圍。[193]

　　根據民調公司GlobeScan/PPC於2016年12月至2017年4月進行的各國友好民調顯示，印度人對中國的「積極評價」減少，而「消極評價」達到60%，這是有紀錄以來，印度人對中國最不友好的一次。[194]另外，根據美

[190] 黎蝸藤，〈洞朗對峙雖結束 陸印關係難恢復〉，《明報》，2017年8月31日，https://news.mingpao.com/pns/dailynews/web_tc/article/20170831/s00012/1504114900718（檢索日期：2018年1月24日）。

[191] "Rivals and parthers, Are India and China Coming Together?" The Economist.

[192] 陳牧民，《解讀印度：不確定的崛起強權》，頁157。

[193] 陶亮，〈印度的印度洋戰略與陸印關係發展〉，《南亞研究季刊》，第3期，2011年，頁53。

[194] 〈友好民調：哪國人對中國印象最好、最差？中國人又如何看？〉，《The News Lens》，2017年7月7日，https://hk.thenewslens.com/article/72947（檢索日期：2018年1月24日）。

國民調機構「皮尤研究中心」（Pew Research Center）於2016年9月所發布的民調顯示，只有26%的中國受訪者對印度持正面態度。[195]可見兩國人民間的好感度均不高，此也會影響兩國關係的發展。

根據英國劍橋大學與民調公司「輿觀」（YouGov）合作的「全球計畫」，於2022年8月底至9月底期間，針對全球25國民眾對中國的好感度進行調查，發現中國的聲譽在過去四年間快速惡化。其中印度對中國的好感度由2019年的44%好感度，降至現在的23%；而中國則因為印度的經濟落後、環境髒亂、治安欠佳以及外交反覆等因素，對印度抱持非常負面的態度。可見兩國人民間的好感度均不高，此也會影響兩國關係的發展。

印度尼赫魯大學國際研究學院東亞研究所教授阿恰亞（Alka Acharya）以金字塔來描述兩國的關係，在最上層的兩國領導者及高層官員間，因為互動頻繁，故關係最為密切，彼此的誤解也最少；在中層的學術界、智庫、商界間，保持一定程度的交往，雖然不如最上層交往暢通，但是維持一定的交流；而在最基層的人民間則少有交往，對彼此的了解最少，最容易產生誤解（圖8-3）。她認為，除非這種上層熱絡、下層缺乏接觸的結構能夠翻轉過來，否則兩國不可能真正走向和解。[196]

而且，美國是中印關係發展的一個重要變數。美國為了對付中國勢力日漸擴張，早在小布希總統時代就重視印度，在經營與印度的關係也頗具成效。[197]歐巴馬政府明確地將南亞次大陸地區納入其亞太政策，積極鼓勵印度參與東亞事務，並將東南亞的軍事部署與印度洋的安全形勢聯結起來，故川普的「印太戰略」其實是歐巴馬「亞太再平衡戰略」的延伸與拓

---

[195] 〈中國人喜歡韓國勝過日本？美國皮尤研究中心公布最新民調，中日間有多討厭彼此〉，《風傳媒》，2016年9月27日，http://www.storm.mg/lifestyle/170652（檢索日期：2018年1月24日）。

[196] 陳牧民，《解讀印度：不確定的崛起強權》，頁157。

[197] 賴怡忠，〈歐巴馬時代的美國—亞太關係展望〉，《台灣國際研究季刊》，第5卷第1期，2009年春季號，頁52。

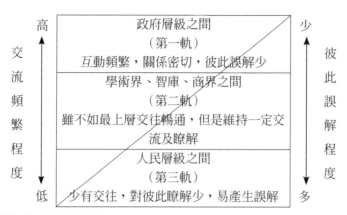

圖8-3　中國與印度交流情形
資料來源：作者自繪。

展[198]，可說是換湯不換藥。《聯合報》社論稱，從戰略層面來看，美國根本從沒有離開過亞洲，美國圍堵中國的戰略也沒有改變。在川普新亞洲政策的圖像中，中國仍是美國亟欲抗衡的對象，只是換個名稱罷了。[199]

「印太戰略」主要目的是美國、日本與澳洲拉攏印度，聯手制衡中國的「一帶一路」，以利維持美國的世界霸權地位。美日澳之所以拉攏印度，乃是因為印度位於中國的後方，又控制能源運輸通道──印度洋，地理位置重要，希望印度能為其固守該區域，牽制中國的軍力。故此戰略的提出，實與前述印度與中國間過去的戰爭、邊界、達賴喇嘛等恩怨，現在的區域霸權競爭及經貿失衡的問題有關。美國欲運用印度與中國間的諸多矛盾，並利用印度對中國勢力擴張的恐懼心理，牢牢地將印度綁在同一艘船上。

---

[198] 〈印度對美國未來亞洲政策的戰略警覺〉，《新華網》，2017年12月22日，http://big5.xinhuanet.com/gate/big5/www.xinhuanet.com/globe/2017-12/22/c_136817495.htm（檢索日期：2018年2月22日）。

[199] 〈川普新亞洲政策的真與偽〉，《聯合報》，2017年11月7日，https://udn.com/news/story/11321/2802064（檢索日期：2018年2月22日）。

第九章　中國的對台政策及台灣的應對

　　中國迄今仍未宣布放棄以武力統一台灣，然其對台政策隨著國際局勢及台灣政局的變化而改變，在政策的操作上則使用「棍棒與蘿蔔」的兩手策略，時而威脅，時而友善。有關中國對台政策演變時期的劃分，學者的看法不盡相同。有的從中國對台基本策略來劃分，例如武力解放時期、和平統一與一國兩制時期等；或是以當時的局勢來劃分，例如軍事對抗時期、相互對峙時期、交流互動時期等；[1]也有以中國領導人劃分，例如第一代的毛澤東、第二代的鄧小平、第三代的江澤民、第四代的胡錦濤、第五代的習近平等。

　　此三種分類各有其優點，以策略劃分，可清楚瞭解當時中國的對台政策；以局勢劃分，可瞭解當時兩岸局勢；另外，鑑於中國是採取「一黨專政」的集權政體，政策掌握在極少數的領導人手中，重大決策主要由最高領導人拍板定案。[2]因此採取以領導人劃分，可瞭解當時決策者的角色。本文為求周全，而採用上述三者的優點，以領導人分類為主，另以兩岸的政策及當時的局勢為輔，作為劃分的方式（表9-1）。在內容方面，主要分為兩岸關係及外交戰場兩個主題加以探討。

---

[1] 林麗香，〈政治互動〉，趙建民主編，《中國研究與兩岸關係》，第4版，頁251-282。
[2] 高素蘭，〈中共對台政策的歷史演變（1949-2000）〉，《國史館學術集刊》，第4期，2000年，頁192。

表9-1　中國的對台政策及台灣的應對作為

中國領導人	台灣領導人	時間[3]	國際局勢	兩岸關係	中國的對台政策	台灣的應對政策
毛澤東	蔣介石	1949-1976年	冷戰時期	對峙	武力解放	反攻復國
鄧小平	蔣經國	1978-1988年	冷戰時期	對峙	和平統一	三不政策
江澤民	李登輝	1988-2000年	後冷戰時期	和緩緊張	和平統一、反獨重於促統	一個中國、兩國論
	陳水扁	2000-2002年	後冷戰時期	緊張	反獨重於促統	一邊一國
胡錦濤	陳水扁	2002-2008年	中國崛起	緊張	反獨重於促統	一邊一國
	馬英九	2008-2012年	中國崛起	友好	促統重於反獨	九二共識
習近平	馬英九	2012-2016年	中國崛起	友好	促統重於反獨	九二共識
	蔡英文	2016-2024年5月19日	中國崛起	從冷和轉為對抗	反獨重於促統	維持現狀
	賴清德	2024年5月20日迄今	中國崛起	持續對抗	遏制外部勢力、其次反獨、接續促統[4]	維持現狀

資料來源：作者整理。

第一節　毛澤東時期

一、軍事對抗時期

（一）中國的作為

　　國民政府於1949年戰敗撤退至台灣，毛澤東欲挾其內戰勝利的餘威，實行武力解放台灣，消滅中華民國政府，完成統一。於是毛澤東一面揚言恐嚇「血洗台灣」，一面積極準備武力犯台。當年3月15日，《新華社》

---

[3] 以中國領導人時間為主。

[4] 洪耀南，〈北京對賴清德新政府的三支箭〉，《歐洲之聲》，2024年5月17日，https://www.hbhousing.com.tw/News/Detail.aspx?Num=5200。

發表〈中國人民一定要解放台灣〉社論，首次以文字表示以「武力解放台灣」的方針。同年9月，中共在「第一屆政治協商會議第一次會議」致解放軍通電中，就要求軍隊「早日實現全國人民的殷切期望，解放台灣、西藏和一切尚未解放的地方，最後完成統一全中國的偉大事業。」解放軍第三野戰軍司令陳毅更恫嚇「台灣當局如不及早投降，攻占後必血洗台灣！」[5]

　　在實際行動方面，當年7月25日，毛澤東請求蘇聯領導人史達林支援280架飛機與訓練1,000名飛行員，協助攻打台灣。但史達林對毛澤東極不信任，猜疑毛澤東會變成另一個不受控制的南斯拉夫獨裁者狄托（Tito），故對毛澤東的請援並不熱心。在未獲得蘇聯的援助下，毛澤東仍然決定攻擊，10月24日深夜派遣9,000名解放軍乘坐漁船渡海突襲金門，發動「古寧頭戰役」，[6]欲奪取台灣的前哨基地。然而，進犯的解放軍幾乎全部被國軍所殲滅，我國稱為「古寧頭大捷」，此戰役首次粉碎了毛澤東欲「血洗台灣」的企圖。[7]

　　事後毛澤東認為失敗原因乃是缺少海空軍的優勢，因此決定用一年時間組建海空軍與50萬渡海大軍，預計於1950年秋天再度攻打台灣。他並於1949年12月中，親自赴莫斯科向史達林請援。[8]然而，1950年6月25日，北韓突然大舉入侵南韓，一路勢如破竹，後來由於美軍介入，北韓軍隊敗退。在史達林的請求下，毛澤東於同年10月將原本準備攻打台灣的軍隊，改派赴支援北韓。韓戰的爆發改變了台灣的命運，也讓毛澤東從此失去攻打台灣的重大機會。

　　1953年7月27日，韓戰停火協議簽字，交戰雙方沿著戰前的北緯

5　高素蘭，〈中共對台政策的歷史演變（1949-2000）〉，頁194。
6　中國方面稱為「金門戰鬥」。
7　汪浩，〈觀點：毛澤東為什麼沒攻打台灣？〉《風傳媒》，2017年3月5日，http://www.storm.mg/article/229736（檢索日期：2017年3月22日）。
8　同前註。

三十八度線劃界停火。韓戰結束後，毛澤東又興起攻台的念頭。由於解放軍無大規模渡海能力，毛澤東於1958年8月23日至10月5日間，改以砲戰的方式，對金門發射無數發砲彈，史稱「八二三砲戰」。由於國軍的堅守抵抗，粉碎中國當局赤化台灣的企圖，再度挫敗毛澤東的企圖。該砲戰後兩岸未再爆發大規模的戰役，確立了兩岸分治的局勢，然而兩岸局勢仍然非常的緊張。雖然毛澤東一直無法實現其欲「血洗台灣」的企圖，但是不時透過各種管道宣傳武力解放台灣的政策。每年10月1日的中國「國慶」，官方擬定的口號單上，最後的口號永遠是「一定要解放台灣」。[9]

　　另外，毛澤東於1963年提出其對台政策的「一綱四目」，所謂「一綱」就是台灣必須統一於中國，「四目」則是：1.除外交必須統一於中央外，台灣的軍政大權、人事安排悉委於蔣介石；2.台灣所有軍政及經濟建設經費不足之數悉由中央撥付；3.台灣的社會改革可以從緩，俟條件成熟並徵得蔣介石的同意後進行；4.互約不派特務，不做破壞對方團結的事。以後中國領導人的對台政策，基本上都不超出「一綱四目」的原則。

（二）台灣的應對作為

　　1949年10月的「古寧頭大捷」，讓節節敗退的國軍士氣大振。1950年6月的韓戰，讓中國對台灣的軍事壓力得以舒緩。同年，原本已放棄國民政府的美國杜魯門政府與台灣簽署《中美共同防禦條約》（*Mutual Defense Treaty Between the United States and the Republic of China*），並派遣第七艦隊協防台灣，以軍事力量介入台灣海峽，讓台灣的安全獲得美國的防衛；1958年8月至10月的「八二三砲戰」，粉碎中國赤化台灣的企圖。由於毛澤東一連串的誤判情勢及戰略錯誤，讓其永遠無法實現武力解放台灣的幻想。

9　胡平，〈鄧小平為何提一國兩制和平統一？蔣經國為何開放民主？〉，《中國禁聞網》，2017年1月8日，https://www.bannedbook.org/bnews/zh-tw/ssgc/20160301/713769.html（檢索日期：2017年3月24日）。

　　國民政府退守台灣後，蔣介石一心想反攻中國，而且爲了防止解放軍的進犯，將大量資源投入軍事建設，以圖早日完成反攻大業，當時政府還喊出「一年準備、二年反攻、三年掃蕩、五年成功」口號。蔣介石並曾於1950年代中期至1960年代中期，積極地籌劃反攻中國的秘密作戰計畫「國光計畫」。1965年8月6日，蔣介石終於決定反攻，派「章江」、「劍門」兩艘戰艦對潮汕地區進行偵察，但是遭到埋伏的解放軍海軍魚雷快艇擊沉，死傷慘重，史稱「八六海戰」。[10]第二巡防艦隊指揮官胡嘉恆少將也英勇犧牲，成爲我國海軍建軍以來殉職的最高階軍官，這場戰役粉碎了蔣介石反攻中國的夢想。[11]但是爲了維持國人對反攻的希望，他提出「三分軍事，七分政治」、「三分敵前，七分敵後」、「在武力戰上以寡擊眾，在政治戰上則以眾擊寡」等口號。

二、邦交國及聯合國席次爭奪時期

（一）中國的作為

　　在外交方面，中國採取孤立台灣的政策。此政策有兩個主要戰場，第一個爲邦交國，第二個爲聯合國。在邦交國的戰場上，自從國民政府撤退來台後，中國開始趁勢奪取我邦交國，以圖在國際社會上孤立中華民國。當時中國確定其與外國建交的三條原則：1.凡願與中國建交的國家，必須與台灣斷絕外交關係，不能搞「兩個中國」；2.支持中國恢復在聯合國的合法地位；3.通過談判證實其尊重中國主權的誠意。依據此等原則，中國與許多國家建立外交關系。直到1976年毛澤東去世時，與中國建交的國家已經達到110個。[12]

---

[10] 中共方面稱爲「東山海戰」。參見燦笑，〈台海中線是怎樣劃定的〉，《黨政論壇（幹部文摘）》，第11期，2008年，頁59。

[11] 這場海戰事實上是極其機密的「國光計畫」的一部分，而該計畫的目的即在反攻中國。傅建中，〈「八六海戰」的劫後之花〉，《中國時報》，2011年1月7日，版A2。

[12] 錢其琛，〈毛澤東在開創新中國外交和國際戰略思想上的偉大貢獻〉，《人民網》，1993年12月26日，http://www.people.com.cn/BIG5/shizheng/8198/30446/30451/2210853.html。

　　中國一方面奪取我邦交國，另一方面也積極地謀劃奪我國在聯合國的席次。中國總理周恩來於1949年11月15日首次致電第四屆聯合國大會主席及秘書長，聲稱中華人民共和國政府是中國的唯一合法政府，國民政府的代表蔣廷黻無權代表中國人民發言，要求取消該代表團的所有權利。然而，由於我國有美國的支持，讓中國奪取我聯合國權代表的企圖一直無法得逞。直到1971年10月25日的第二十六屆聯合國大會，通過由阿爾巴尼亞所提「中共取代台灣」的第2758號決議，正式承認中華人民共和國政府是中國的唯一代表，讓中國如願進入聯合國，並取得原屬我國的常任理事國席次，結束了長達二十二年的聯合國「中國代表權」之爭。[13]

（二）台灣的應對作為

　　在形勢比人強及「西瓜靠大邊」的效應之下，我國的許多邦交國紛紛投向中國的懷抱。1949年中華人民共和國成立後，蘇聯集團東歐國家、英國、以色列、挪威、印度等國家紛紛承認中華人民共和國，我國的邦交國數量在一年內從52國降至38國。中國在取得聯合國的席位後，我國的邦交國數量更是迅速減少，至1978年僅存22個國家。讓我國經歷前所未有的「斷交潮」，國際地位逐漸下降，一時陷入被國際社會孤立的情況。[14]

　　我國邦交國數目急遽減少，連帶影響我國在聯合國席次的保衛戰。雖然在美國的支持下，得以維護我國在的聯合國席次。然而由於中國的邦交國越來越多，在每年的聯合國大會保衛席次的投票時，我國越來越趨於劣勢。最後我國因為寡不敵眾，1971年第二十六屆聯合國大會會員國投票時，以76票贊成、35票反對、17票棄權，通過承認中國的代表權，我國也只有黯然退出聯合國。對於此事，後來有人將責任歸咎於蔣介石的「漢賊不兩立」政策，使當時美國所提的「雙重承認」及「兩個中國」政策無法如願。但是也有人辯稱，此乃當時國際局勢使然，過錯不能完全由蔣介石負責。

---

[13] 林麗香，〈政治互動〉，頁252。
[14] 〈中華民國外交史〉，《維基百科》，2017年3月8日，https://ppt.cc/fVw5Wx。

第二節　鄧小平時期

一、相互對峙時期

（一）中國的作為

　　鄧小平於1978年重掌政權之後，審度自己的軍力及觀察當時的局勢，深知當時並無法以武力解放台灣，故改變對台的策略，以「和平統一、一國兩制」，取代毛澤東時期的「武力解放台灣」的策略。1979年1月1日，「全國人大」常務委員會發表《告台灣同胞書》，宣告中國和平解決台灣問題的大政方針，呼籲兩岸就結束軍事對峙狀態進行商談。1981年9月30日，「全國人大」委員長葉劍英提出《有關和平統一台灣的九條方針政策》（簡稱「葉九條」），主要內容為「國家實現統一後，台灣可作為特別行政區，享有高度的自治權」，並建議國共兩黨舉行對等談判。[15]1982年9月，鄧小平在會見英國首相柴契爾夫人時，談到收回香港問題，首次公開提出「一國兩制」。這些文件及談話均為以後的中國對台政策定調。

　　該政策的主要內容為：1.一個中國。世界上只有一個中國，台灣是中國的一部分，中央政府在北京。反對任何分裂中國主權與領土完整的言行，包括「兩個中國」、「一中一台」或「一國兩府」及可能導致「台灣獨立」的企圖；2.兩制並存。在「一中」原則的前提下，中國的社會主義制度與台灣的資本主義制度長期共存。兩岸統一後，台灣的社會經濟制度不變；3.高度自治。統一後，台灣成為特別行政區，享有高度自治權。可與外國簽訂商務、文化等協定，享有一定的外事權；有自己的軍隊，中國不派軍隊及人員駐台；4.和平談判。為實現和平統一，兩岸應儘早接觸談

---

[15] 〈和平統一、一國兩制〉，《中華人民共和國中央人民政府》，2017年3月24日，http://big5.gov.cn/gate/big5/www.gov.cn/test/2005-07/29/content_18285.htm（檢索日期：2017年3月24日）。

判。在一個中國的前提下，什麼問題都可談。[16]

（二）台灣的應對作為

對於中國所提的「和平統一、一國兩制」政策，雖然聲稱將給予台灣高度自治權，但是我國深知此乃中國的陰謀，且中國當局將自己視為是「中央政府」，台灣則為「地方政府」，我國自然無法接受。為反制中國的宣傳攻勢，1981年3月29日至4月5日，蔣經國總統以國民黨主席的身分召開「十二大」，提出以「三民主義統一中國」的原則，另一方面採取「三不原則」（不接觸、不談判、不妥協），以化解對岸的統戰攻勢。[17]

鄧小平雖然採取比較溫和的對台政策，但並未宣示放棄對台使用武力的可能性。蔣經國仍維持其父親蔣介石所頒布的戒嚴令，台灣視中國為「共匪偽政權」，中國則稱台灣為「蔣匪集團」，雙方報刊相互攻擊，禁止任何形式的官方接觸及民間交流，敵意非常強烈、相互對峙。雖然如此，但是兩岸仍然堅持「一中」原則（台灣認為「一中」為中華民國，中國則認定「一中」為中華人民共和國）。而且，蔣經國在審度時勢後，宣布於1987年7月15日起解除戒嚴令、開放黨禁，並於當年11月2日允許退伍老兵赴中國探親，開啟了兩岸人民的接觸。[18]

二、爭奪美國邦交

（一）中國的作為

在鄧小平時期，中國除了繼續奪取台灣的邦交國外，最重的外交作為就是與美國建交。其實早在毛澤東時期，因為與蘇聯交惡，就開始逐漸改

---

[16] 同前註。

[17] 林麗香，〈政治互動〉，頁254。

[18] 楊力宇，〈中共對台政策的變化——從毛澤東到鄧小平到習近平〉，《台峽氣流》，2017年3月24日，http://www.chengmingmag.com/cm442/442spfeature/spfeature17.html（檢索日期：2017年3月24日）。

善與美國的關係。而美國因為欲「聯中、制蘇」，也願意改善與中國的關係。例如1971年4月10日，中國邀請美國乒乓球代表團與美國記者訪問中國，成為自1949年中華人民共和國成立以來，首批獲准進入中國境內的美國人，此事件史稱「乒乓外交」。雖然僅是乒乓球隊訪問中國，卻象徵中國與美國相互敞開交往的大門，使兩國的關係獲得歷史性突破。

後來，美國官方秘密地積極與中國展開交往。最有名的事件為美國國家安全顧問季辛吉（Kissinger）於1971年兩度密訪中國，並促使尼克森總統於隔（1972）年的2月21日訪問中國，成為首位訪問中國的美國現任總統。然而，尼克森後來因為「水門案」事件下台，而未能實現其與中國建交的願望。但是，後來由卡特總統於1979年與中國秘密建交。時任國務院副總理，卻是中國實際最高領導人的鄧小平，以勝利者之姿，於當年1月29日受邀訪問美國。

（二）台灣的應對作為

台灣失去美國這個最重要的邦交國，乃是繼失去聯合國席次之後，在外交戰場上再度受到沉重的打擊。而且許多邦交國也紛紛相繼離去，最後僅剩下22個邦交國，當時台灣的外交處境非常惡劣。美國不但與台灣斷交，並終止與台灣的共同防禦條約，及撤除在台灣的軍事顧問團及第七艦隊協防台灣的任務，因此台灣的安全失去了美國的保障。為了彌補台美斷交之後所造成的安全漏洞，在我國的努力之下，美國國會通過屬於國內法的《台灣關係法》，規定將提供台灣足夠的自衛能力，及美國總統與國會磋商，依憲法因應台海危機，該法於1979年4月10日獲卡特總統簽署。

《台灣關係法》的通過，對於台灣的安全提供重要的保障，該法全文雖僅18條，但卻為日後台灣與美國在經濟、文化等實質交流奠立基礎，並互設代表處。該法中關於台海安全規定條文，主要包括第2條第2款第4點中規定：「任何以非和平方式，包括抵制或禁運，來決定台灣前途的任何努力，是對西太平洋地區的和平與安全的威脅，並為美國嚴重關切

之事」；同條款第5點「以防衛性武器供應台灣」；第3條第1款「美國將使台灣能夠獲得足以維持自衛能力的防衛物資及技術服務」；同條第3款「指示總統如遇台灣人民的安全與社會經濟制度遭受威脅，因而危及美國利益時，應迅速通知國會。總統和國會將依憲法，決定美國應付上述危險所應採取的適當行動」。[19]

第三節　江澤民時期

一、交流互動轉意識對抗時期

（一）中國的作為

1. 和平交流時期

　　江澤民的任期從1989年6月24日至2002年11月15日，期間經歷了我國的李登輝及陳水扁兩位總統。由於這兩位總統的政治意識形態，完全不同於蔣介石及蔣經國前兩位總統，兩岸關係從剛開始的交流互動，轉變為意識形態的對抗，江澤民的對台政策也跟著有所轉變。在蔣經國晚年於1987年11月2日開放台灣老兵赴中國探親，此大門一打開之後，兩岸交流迅速成長，成為不可逆轉的趨勢，台灣人大量湧向中國探親、經商、旅遊及就學。

　　中國官方為了因應兩岸的頻繁交流，於1991年12月成立「海峽兩岸關係協會」（簡稱「海協會」），與台灣的「財團法人海峽交流基金會」（簡稱「海基會」）進行協商。並於1993年在新加坡舉行「辜汪會談」，[20]簽署了四項事務性的協定。雖然於1995年發生李登輝訪美及1996

---

19 陳錫蕃、吳銘彥，〈台灣關係法三十週年──回顧與展望〉，《國政基金會》，2009年4月21日，http://www.npf.org.tw/3/5762（檢索日期：2017年3月25日）。
[19] 陳錫蕃、吳銘彥，〈台灣關係法三十週年──回顧與展望〉，《國政基金會》，2009年4月 21日，http://www.npf.org.tw/3/5762（檢索日期：2017年3月25日）。
[20] 台灣「海基會」董事長辜振甫與中國「海協會」會長汪道涵的協商。

年飛彈危機，但是兩岸後來於1998年在上海舉行第二次「辜汪會談」。總體而言，此時兩岸呈現和平交流的局勢，[21]江澤民也沿襲著鄧小平制定對台的和平統一政策。例如他於1995年1月30日發表題為〈為促進祖國統一大業的完成而繼續奮鬥〉的講話（簡稱〈江八點〉），其中第四點就強調：「努力實現和平統一，中國人不打中國人。」

2. 意識對抗時期

正當汪道涵準備訪問台灣之際，李登輝總統於1999年7月9日在接受《德國之聲》訪問時，首次將兩岸關係重新定位為「特殊的國與國關係」（special state to state relationship），又稱「兩國論」。此話一出使得原本基礎不牢的兩岸關係又起波瀾，中國最後將李登輝視為是「台獨」的支持者。北京再度停止汪道涵赴台灣訪問，並且再次對台灣進行文攻武嚇。當年7月中下旬，上百架次的中國先進戰機挑戰「台海中線」，甚至打破過去幾十年中國戰機不超越此線的兩岸默契，騷擾台灣的防衛。從此，兩岸關係再度陷入意識對抗的局勢。

2000年3月18日，台灣舉行中華民國第十任總統選舉，也是我國第二次總統全民直選。結果出乎中國及各界的意料之外，陳水扁以不到3萬票的微小差距獲勝。台灣發生首次的政黨輪替，長期執政的國民黨下台，支持台灣獨立的民進黨上台執政。在面對陳水扁的意外當選，中國於選舉結束的隔天（3月19日），以中台辦暨國台辦名義發表正式聲明，強調「對台灣新領導人我們將『聽其言，觀其行』，對他將把兩岸關係引向何方拭目以待」。另外，該兩機構於陳水扁就職演說前三天（5月17日），發表措詞強硬的〈五一七聲明〉，該聲明稱：在「一中」原則下，兩岸未來四年才有光明前景，台灣當權者如果堅持台獨，堅持一邊一國，將葬送兩岸的和平穩定。

---

21 林麗香，〈政治互動〉，頁255。

　　陳水扁於5月20日總統的就職演說中回應稱：「中華民國就是台灣，台灣就是中華民國，這是任何人都不能否定的事實」，並發表「四不一沒有」的主張，但是沒有得到中國方面的善意回應，因為中國依然懷疑陳水扁的台獨傾向。後來陳水扁於2002年8月3日為在東京舉辦的「世界台灣同鄉會聯合會」（簡稱「世台會」）年會發表視訊談話時，卻提出「台灣與對岸中國是一邊一國」的陳述。由於此主張碰觸了「一個中國」的紅線，因此中國外交部立即重申，「世界上只有一個中國，中國和台灣都是中國的一部分，分割中國的主權和領土完整是不能容忍。」中國積極對台灣展開反獨促統的宣傳，此時兩岸關係處於緊張對立的狀態。

（二）台灣的應對作為

1. 和平交流時期

　　蔣經國於1988年逝世後，由李登輝繼任總統。李登輝接續蔣經國的統一中國政策，於1990年10月7日成立「國家統一委員會」，並於1991年3月14日通過《國家統一綱領》，接著於當年5月1日終止《動員戡亂時期臨時條款》，不再視中共為叛亂團體，當時兩岸的敵意逐漸趨緩。中國官方認為李登輝有意領導台灣走向統一之途，予以肯定，並同意於1993年在新加坡舉行「辜汪會談」，簽訂歷史性的四項協議，展開兩岸的交流。有許多人認為，「辜汪會談」及兩岸交流的基礎為「九二共識」。[22]台灣當時強調「九二共識」，避免「兩個中國」、「一中一台」之說，消除中國對台灣的疑慮。

　　然而，在兩岸經貿政策方面，李登輝鑑於台灣企業積極「西進」，前往中國投資，使台商對中國市場依賴日深，導致國內產業有被掏空之趨勢，升高兩岸經貿風險，並影響國家整體利益。因此，他於1996年9月在「全國經營者大會」致詞時提出「戒急用忍」政策，以防止企業在中國

---

[22] 但是有某些學者認為，促成「辜汪會談」為穿梭兩岸的密使，而非「九二共識」。

過度擴張投資。經濟部乃訂定中國投資新規範，包括：(1)區分產業為禁止、專案審查及准許三類，並對高科技產業及基礎建設赴中國投資予以嚴格限制；(2)依企業規模大小採累退方式，訂定個別廠商對中國投資累計金額之上限；(3)訂定個案投資金額不得超過5,000萬美元之上限。[23]

2. 意識對抗時期

李登輝雖然接續蔣經國的統一中國政策，並成立「國家統一委員會」與通過《國家統一綱領》。但是根據事務評論家汪浩表示，1980年代末，李登輝總統開始推動以「對等地位」為原則的兩岸交流。為了與中國當局所定義的「一個中國原則」對抗，李登輝在其主政期間陸續提出「一國兩區」（1990年）、「分裂中國，兩個對等政治實體」（1992年）、「一個中國指向的階段性兩個中國」（1993年）、「一個分治中國」（1997年）。所有這些主張在堅持中華民國主權獨立基礎上，強調兩岸關係的「對等性」。不過，中共對所有這些主張統統反對。[24]

最後，李登輝於1999年7月9日接受《德國之聲》專訪時，突然公開「從統變獨」，提出「兩國論」，否定「九二共識」，顯然有意採行「兩德模式」，此項新的宣示等於放棄國民黨長期以來所堅持的「一個中國」原則。中國對李登輝這項幾近「台獨宣示」的談話，感到非常不滿，並進行文攻武嚇，兩岸的交流也幾乎完全中斷。後來由於美國表態不支持李登輝的說法，他於7月20日解釋稱：「特殊的國與國關係」，旨在求得以平等的地位與中國談判，並不是要搞台灣獨立，台灣的政策依然是追求中國的民主統一。李登輝的解釋雖然暫時化解兩岸的緊張關係，但是從此兩岸關係再度陷入意識對抗的局勢。

---

[23] 〈「積極開放、有效管理」政策說明〉，《中華民國行政院中國委員會》，2001年11月7日，http://www.mac.gov.tw/ct.asp?xItem=68176&ctNode=6621&mp=1（檢索日期：2017年3月25日）。

[24] 汪浩，〈【浩然正氣】從「國統綱領」到「兩國論」——李登輝對兩岸關係定位的演進〉，《Yahoo》，2020年8月4日，https://is.gd/XmYEXh。

二、外交繼續孤立台灣

（一）中國的作為

台灣朝野於1993年起開始推動「重返聯合國」運動，李登輝政府並採取「務實外交」積極地擴展國際空間。對於中國而言，這是台灣方面進行的嚴重外交挑戰。[25]因此國台辦於當年8月31日發布《台灣問題與中國的統一》白皮書，[26]重提「和平統一、一國兩制」的原則，並重申「世界上只有一個中國，台灣是中國不可分割的一部分，中華人民共和國是代表中國唯一合法政府。」的「一中」原則。此白皮書表面上是對台政策聲明，實際上卻是對國際社會表達中國對台灣拓展外交空間的反對立場。[27]

江澤民接著於1995年1月30日所發表的〈江八點〉中，第一點強調：「堅持一個中國原則」；第二點強調：「對於台灣同外國發展民間性經濟文化關係，我們不持異議。但是，反對台灣以搞『兩個中國』、『一中一台』為目的的所謂『擴大國際生存空間』活動。」以及第八點強調：「我們歡迎台灣當局的領導人以適當身分前來訪問；我們也願意接受台灣方面的邀請前往台灣。中國人的事我們自己辦，不需要藉助任何國際場合。」

〈江八點〉不但為兩岸交流的原則定調，同時也為台灣的國際活動設下的限制。中國雖然同意台灣與外國發展民間性的經濟文化關係，但是反對台灣以「兩個中國」、「一中一台」為名義擴大國際生存空間；中國人的事可自己解決，不需要藉助任何國際場合。由《台灣問題與中國的統一》白皮書及〈江八點〉可知，江澤民執政時期，雖然遵循鄧小平的「和平統一」政策，但是對於台灣的外交空間，仍然採取限制的作為，絲毫沒有任何放鬆。

---

[25] 張所鵬，《一九九七・決戰聯合國：未完成的戰爭》（台北：商周，1994年），頁321-323。

[26] 〈「台灣問題與中國的統一」白皮書全文〉，《聯合報》，1993年9月7日，版9。

[27] 張讚合，《兩岸關係變遷史》（台北：周知文化、佛光大學聯合出版，1996年），頁260。

（二）台灣的應對作為

　　1988年李登輝總統上台後，在逐漸穩定其政權之後，開始積極尋求擴展台灣的國際生存空間。1990年代初期起，台灣經濟快速發展，民間也開始要求政府以務實態度經營外交，並且設法重返聯合國。1991年6月，立法院通過決議，建議政府於適當時機以「中華民國」名義重返聯合國。自1993年起，我國外交部開始透過邦交國向聯合國秘書長遞交陳請函，並在聯合國大會等國際場合提案或發言，支持我國爭取聯合國席位。[28]

　　除了展開「重返聯合國」運動外，李登輝政府並採取「彈性外交」及「務實外交」積極擴展國際空間，不再堅持過去兩蔣時代的「漢賊不兩立」原則，用比較彈性、務實的方式與他國交往。在他十二年的任期內，台灣的邦交國數量從原來的22個增至29個。李登輝不僅追求新邦交國，包括決定繼續留在「亞洲開發銀行」、加入「亞太經合會」、尋求「世界貿易組織」會籍，即便參與的名稱有更改或各有不同，也爭取參與。[29]

　　另外，針對江澤民於1995年1月30日所提出的〈江八點〉，李登輝總統於當年4月8日在「國家統一委員會」上發表談話時，提出六項重點做出正式回應，後來被稱為〈李六條〉。其中的第四點強調：「兩岸平等參與國際組織，雙方領導人藉此自然見面。」李登輝並強調，兩岸領導人見面最好的時機與地點是於當年在日本大阪舉行的「亞太經合會」。雖然雙方皆認同領導人應該會晤，但對於會晤的身分、場合及時機都有不同的看法，因此李登輝與江澤民兩人從未會晤。[30]

---

[28] 〈中國與聯合國〉，《維基百科》，2017年3月12日，https://zh.wikipedia.org/wiki/%E4%B8%AD%E5%9C%8B%E8%88%87%E8%81%AF%E5%90%88%E5%9C%8B（檢索日期：2017年3月26日）。

[29] 蘇永耀，〈台灣外交歷程 李務實 扁出擊 馬休兵〉，《自由時報》，2016年5月8日，http://news.ltn.com.tw/news/focus/paper/987380（檢索日期：2017年3月26日）。

[30] 〈兩岸領導人會面〉，《維基百科》，2017年3月14日，https://zh.wikipedia.org/zh-tw/%E4%B8%A4%E5%B2%B8%E9%A2%86%E5%AF%BC%E4%BA%BA%E4%BC%9A%E9%9D%A2（檢索日期：2017年3月26日）。

第四節　胡錦濤時期

一、意識對抗轉和平交流

（一）中國的作為

1. 意識對抗時期

胡錦濤於2002年11月上台後，首先面對的是具有台獨傾向的陳水扁總統。為了因應當時陳總統的台獨主張，胡錦濤於2005年3月4日發表對台的「四個絕不」工作方針，包括：(1)堅持一個中國原則絕不動搖；(2)爭取和平統一的努力絕不放棄；(3)貫徹寄希望於台灣人民的方針絕不改變；(4)反對台獨活動的立場絕不妥協。此等方針被稱為「胡四點」，其實內容並未超越過去中國的對台政策，而且不改其一貫對台灣的強硬立場，但也被視為是胡錦濤終於能「名正言順」以黨與國家領導人的身分，提出代表新任政府對台政策的綱領性談話。[31]

接著，中國於2005年3月14日「第十屆全國人大第三次會議」通過《反分裂國家法》，雖然該法第7條仍主張經由協商與談判，解決兩岸問題，但是卻在第8條明列在三種情況下，中國得採取「非和平方式及其他必要措施，捍衛國家主權和領土完整」，即：(1)以任何名義、任何方式造成台灣從中國分裂出去的事實；(2)發生將會導致台灣從中國分裂出去的重大事變；(3)和平統一的可能性完全喪失。這部針對台灣海峽兩岸關係的法律，旨在強化其反台獨的法律基礎，並授予對台灣動武的法律依據。[32]基本上，在陳水扁的兩任總統期間，兩岸處於尖銳的意識對抗。

當時兩岸在政治上雖然處於對立的狀態，但是中國當局仍然企圖以經

---

[31] 〈胡四點〉，《維基百科》，2014年3月5日，https://zh.wikipedia.org/wiki/%E8%83%A1%E5%9B%9B%E9%BB%9E（檢索日期：2017年3月26日）。

[32] 陳振貴，〈反分裂國家法十週年的省思〉，《中國時報》，2015年3月13日，http://www.chinatimes.com/newspapers/20150313001081-260310（檢索日期：2017年3月26日）。

濟手段拉攏台灣人民。例如中國於2005年11月，將福建省政府於2001年規劃的「海峽西岸經濟區」（簡稱「海西區」）計畫，寫入《中共中央關於制定國民經濟和社會發展第十一個五年規劃的建議》。2006年3月，「人大」通過的《國民經濟和社會發展第十一個五年規劃》，支持該計畫，「海西區」成為中國五年的官方政策。中國之所以重視該計畫，除了為發展福建的經濟外，還具有政治目的。根據國內學者童振源教授表示，中國希望發揮福建的地緣優勢與文化淵源，利用「海西區」的發展，加強台灣與福建的人員往來與經濟聯繫，進而促進兩岸統一。[33]

2. 和平交流時期

　　直到2008年的台灣總統選舉親中國的馬英九當選，兩岸的政治緊張關係頓時緩解。中國鑑於我國兩岸政策的轉向，因此也跟著調整對台政策，此時兩岸關係進入「大交流、大合作、大發展」的新階段。中國於當年7月開放陸客來台觀光旅遊，兩岸並於12月15日實現直接通郵、通商及通航的「大三通」，兩會也恢復了會談。12月31日，胡錦濤藉紀念《告台灣同胞書》發表三十週年的機會，發表〈攜手推動兩岸關係和平發展，同心實現中華民族偉大復興〉的講話，提出六點對台政策方針，被視為兩岸關係進入和平發展時期後對台政策的新綱領，被稱為「胡六點」。其內容為：(1)恪守一個中國，增進政治互信；(2)推進經濟合作，促進共同發展；(3)弘揚中華文化，加強精神紐帶；(4)加強人員往來，擴大各界交流；(5)維護國家主權，協商對外事務；(6)結束敵對狀態，達成和平協議。

　　另外，為了加速推動「海西區」計畫，2009年5月14日，國務院下發《關於支持福建省加快建設海峽西岸經濟區的若干意見》，「海西區」建設從區域戰略上升為國家戰略。同年7月底，福建省委決定在距離台灣最近的福州市平潭縣設立綜合實驗區；2011年，「加快平潭綜合實驗區開放

---

[33] 童振源，〈海峽西岸經濟區對兩岸經濟關係發展之影響〉，《「大陸十一五規劃與兩岸經濟關係」學術研討會》，2006年4月26日，頁2。

開發」寫入國家「十二五」規劃綱要，平潭開發上升爲國家戰略；2012
年，實驗區更名爲「福建省平潭綜合實驗區」，將平潭提升由福建省直接
轄管。2014年12月，國務院批准平潭爲新一輪自由貿易區建設試點。由於
平潭位於對台最前沿，從建立以來就擔負著探索兩岸合作新模式的重要任
務。根據國務院頒發的《平潭綜合實驗區總體發展規劃》，實驗區的發展
目標是：建設兩岸同胞合作建設、先行先試、科學發展的共同家園。[34]

　　而且，胡錦濤政權與馬政府達成18項協議，兩岸也於2010年6月29
日簽署雙邊經濟協議《兩岸經濟合作架構協議》（*Economic Cooperation
Framework Agreement,* ECFA），中國釋放惠台政策多達80多項，創六十
年來之最。該協議於2011年元月生效，開始對「早期收穫清單」（簡稱
「早收清單」）內的產品實施關稅調降。[35]另外，陸客來台觀光旅遊人數
約占來台觀光人數的占四成之多，[36]其官員更是頻繁來台訪問。當時的兩
岸關係爲1949年來最好的歷史時期。[37]雖然兩岸關係熱烈，但是中國對於
涉及主權的「一中原則」絲毫未有放鬆跡象。例如胡錦濤在任期結束的尾
聲，於2012年底所召開的「十八大」中報告稱：「兩岸雙方應恪守反對台
獨，堅持九二共識的共同立場，增進維護一個中國框架的共同認知，在此
基礎上求同存異。」

---

[34] 〈平潭的逆襲——專訪平潭綜合實驗區管委會主任許維澤〉，《中國時報》，2016年2月24
　　日，https://read01.com/P24My.html（檢索日期：2017年3月26日）。
[35] 〈中共十八大後對台政策與兩岸關係〉，《大陸台商簡訊》，第240期，2012年12月15日，
　　http://www.cnfi.org.tw/cnfi/ssnb/240-1-10112.html（檢索日期：2017年3月26日）。
[36] 陳昱光，〈1,043萬人次 去年觀光人次再創新高〉，《中國時報》，2016年2月20日，http://
　　www.chinatimes.com/newspapers/20160220000049-260202（檢索日期：2017年3月26日）。
[37] 然而ECFA實施後，其成效並不如預期，加上服貿、貨貿協議遭受許多人士的質疑，當國
　　民黨企圖在立院闖關時，引爆學生團體攻占立法院，展開爲期長達一個多月的「太陽花學
　　運」，最後更造成國民黨失去政權。而ECFA因後續的服貿、貨貿協議無法獲得台灣新政
　　府的認同，而無法繼續推展。〈2010.6.29 馬政府與中國簽署「兩岸經濟合作架構協議」
　　（ECFA）〉，《民報》，2017年6月29日，http://www.peoplenews.tw/news/7af41177-d9d0-
　　4d4f-8bbb-5414fa683804（檢索日期：2017年7月25日）。

（二）台灣的應對作為

1. 意識對抗時期

陳水扁於2000年5月20日就任中華民國第十任總統，他在就職典禮上發表演講時稱：「只要中共無意對台動武，本人保證在任期之內，不會宣布獨立，不會更改國號，不會推動兩國論入憲，不會推動改變現狀的統獨公投，也沒有廢除《國統綱領》與國統會的問題」，簡稱為「四不一沒有」，此宣示含有「一個中國」及「反台獨」的意涵。

另外，陳水扁政府鑑於國內、外經濟環境與李登輝制定「戒急用忍」政策時，已出現劇烈的變化，不宜再採取限制私人企業赴中國投資的消極作為。因此於2000年改採取「積極開放、有效管理」的政策，放寬對台商赴陸投資的各種限制，使兩岸經貿交流更為緊密。而且，我國主動通過《試辦金門馬祖與中國地區通航實施辦法》，作為小三通的管理依據，並於2001年1月1日正式開始實施小三通，讓互為壁壘達半個世紀的兩門（金門、廈門）及兩馬（馬祖、馬尾），進行交流。

雖然陳水扁剛就任總統時採取許多有利於兩岸的政策，然而由於其「台獨」理念甚深，因此於2002年8月3日對在東京舉辦的「世台會」年會發表視訊談話時提出「一邊一國」及「公投決定台灣前途」的主張。就如同對李登輝在1999年7月提出「兩國論」的反應一樣，中國對陳水扁總統的宣示也是反應激烈，《人民日報》、《新華社》展開輪番的「文攻」。中國涉台學者也紛紛撰文或舉行座談，表達對陳水扁總統主張的批判。[38]

陳水扁總統並未因此退縮，他積極推動公投、制憲、建國等台獨主張，否認「九二共識」的存在，並於2006年2月27日主持國安會高層會議，宣布停止李登輝總統任內所設置並運作了十五年的國統會與《國統綱領》。另外，他於當年將對中國的經貿政策，由「積極開放、有效管

---

[38] 邵宗海，〈陳水扁「一邊一國」主張的分析與兩岸關係的影響〉，www3.nccu.edu.tw/~chshaw/bian1.doc（檢索日期：2017年3月27日），頁17。

理」，改爲「積極管理、有效開放」，加強對中國經貿的限制。基本上，當時的兩岸關係呈現「政冷經熱」及「官冷民熱」的情形，兩岸關係再度陷入緊張的情勢。[39]

2. 和平交流時期

2008年的總統選舉前，親中國的國民黨候選人馬英九就喊出「不統、不獨、不武」的所謂「三不」。馬英九當選總統後，於5月20日就職演說時提出「建立互信、擱置爭議、求同存異、共創雙贏」16字箴言，並公開承認「九二共識」（雖然承認「一個中國」，但強調「一中各表」），及先後實施許多對中國友善的政策，改變陳水扁採取與中國對抗的路線。馬政府與前政府最大的差別在於兩岸關係的改善，但是也被批評過度偏重兩岸關係、偏廢台美關係。雖然在野黨強力的杯葛，使兩岸經濟貿易協定無法順利地簽署，但是兩岸仍然簽署包括旅遊、空運、海運、郵政、食品安全、司法互助、金融合作、農產品檢疫等多項協議。[40]故在馬英九政府時期，兩岸關係呈現和平交流的局勢。

馬英九總統於2011年5月30日在出席「2011年世界國際法學會亞太區域會議」開幕典禮時表示，兩岸應「互不承認」、「互不否認」，就是互不承認對方的主權，但互不否認對方的治權；這是對兩岸現狀最好的解釋，是正視現實、擱置爭議、促進和平良方。另外，他於2013年4月29日在海基會舉辦「辜汪會談」二十週年紀念會致詞時表示，不會推動「兩個中國」、「一中一台」與「台灣獨立」，此論述被稱爲「新三不」，有別於過去所提的「三不」。[41]馬英九的兩岸論述得到對岸的認同及肯定。

---

[39] 林士清，〈大陸經濟實驗區內戰──新星平潭實驗區放眼台灣〉，《科技島讀》，2014年7月14日，https://yowureport.com/13017/（檢索日期：2017年3月27日）。

[40] 鍾寶慧，〈近期美中台三邊關係之評估與展望〉。

[41] 社評，〈馬英九提「新三不」的政治意涵〉，《中國評論新聞網》，2013年5月7日，http://hk.crntt.com/doc/1025/2/6/5/102526510.html?coluid=35&kindid=605&docid=102526510（檢索日期：2017年4月4日）。

此時期，兩岸不但簽訂了包括ECFA等多項協議，並就簽署服務及貨物貿易協議展開協商。兩岸關係逐漸進入「深水區」，在經濟議題的協商越來越接近核心產業的利益，甚至開始觸及敏感的政治議題。中國對於兩岸進行政治性議題的協商一直具有迫切性，但是台灣方面則希望仍以經濟議題為優先。為順應民意，馬英九總統主張「先經後政、先急後緩、先易後難」的基調，並多次重申兩岸經濟協商與共同打擊犯罪的協議，廣義而言也屬政治協商的一部分。然而，由於民進黨對於兩岸協商一向持批判的態度，故對於兩岸政治性議題的協商，也持反對的態度。[42]

二、外交防堵台灣轉外交休兵

（一）中國的作為

胡錦濤在面對陳水扁政府試圖在國際間進行外交突破的舉動，積極地加以防堵，例如時任中國外交部部長楊潔篪於2007年利用參加聯合國大會的機會，會晤美國國務卿萊斯（Rice），希望敦促美方遏制台灣方面推動「入聯公投」及「以台灣名義加入聯合國」等敏感議題，並提出「中美雙方都不應損及對方的核心利益」以作為美、中雙邊關係的基調。萊斯也以「堅持一個中國政策，遵守三個公報」回應楊潔篪的要求；但也提醒中國，美國反對單方面改變台灣現狀的言行。[43]

馬英九於2008年上台後，在外交政策上宣布與中國「外交休兵」，希望兩岸停止互挖邦交國。胡錦濤在面對馬英九總統的外交政策，雖然未曾公開表示贊成，但是也有默契地加以配合，在國際上放鬆對台灣的打壓，不但婉拒許多主動投懷送抱的台灣邦交國，也默許台灣參與許多重要

---

[42] 陳錫蕃、謝志傳，〈兩岸關係進入深水區後，在政治、經濟領域存在的障礙及化解之道〉，《國政基金會》，2013年6月26日，http://www.npf.org.tw/3/12403（檢索日期：2017年4月4日）。

[43] 李正修，〈慎防中共「以美制台」的策略成功〉，《國家政策研究基金會》，2007年10月17日，http://www.npf.org.tw/printfriendly/3112（檢索日期：2017年3月28日）。

國際組織的活動，例如2009年我國受邀以「中華台北」（Chinese Taipei）之名，以觀察員身分出席「世界衛生大會」（World Health Assembly, WHA）。當時兩岸在外交領域不再是自從兩岸分治以來，你爭我奪的「零和遊戲」。但是，中國仍然堅持只有在「一中」原則下，才可能考慮讓台灣參與國際組織。

雖然中國在馬政府時期對台灣的經濟大幅的讓利，但是卻未放鬆對台灣主權的主張。淡江大學教授宮國威稱，在馬政府的八年期間，中國雖未奪取我邦交國，但是挖我外交牆角的工作從未歇。例如中國利用巨大的政經能量，透過加強貿易互動、擴大投資及融資的力度、深化基礎建設的參與、建構多層次交流平台等四種手段，塑造出一種深度合作的氛圍，並升高我友邦對中國協助推動經濟發展的期盼。[44]

（二）台灣的應對作為

陳水扁政府時期，為了突破台灣在國際社會上的孤立處境，積極出訪各邦交國，參與各種國際活動，包括以台灣名義重返聯合國等，在國際間製造台灣的能見度。透過製造外交話題，讓國際社會正視台灣的存在。民進黨高層邱義仁曾於2002年7月18日表示，應該以游擊戰的概念，在國際社會「四處點火」以爭取國際空間。之後此方針被各界稱之為「烽火外交」。雖然陳水扁總統積極拓展外交，但是在中國的圍堵下，我國的邦交國在前總統李登輝時期還有29個，在陳水扁總統任內卻減少到24個，而且也未成功加入任何的國際組織。[45]

馬英九總統上台後，在外交政策上宣布與中國「外交休兵」，不再與中國打邦交國爭奪戰，兩岸有默契地不相互挖邦交國，穩住了我邦交國的數量。而且各國給予台灣免簽優惠從2008年的60個，到2013年的139個。

---

[44] 宮國威，〈中共涉台外交採取策略作為分析〉，《中共涉台外交策略作為分析研討會集》，2017年7月19日，頁4。

[45] 〈從李登輝、陳水扁到馬英九 邦交國爭奪戰未完待續〉，《The News Lens》，2013年11月19日，https://www.thenewslens.com/article/1085（檢索日期：2017年3月28日）。

另外，我國也成爲「世界衛生組織」與「國際民航組織」（ICAO）的觀察員等。[46]我國之所以能夠參與這些國際組織，除了獲得國際的支持外，主要還是中國方面未加以阻擾。然而，「外交休兵」政策受到當時在野的民進黨批評，稱「外交休兵」等於「外交休克」，讓外交人員不知爲何而戰。[47]

第五節　習近平時期

一、和平交流轉意識對抗

（一）中國的作為

1. 和平交流時期

習近平原本應該於2023年3月10日下台，但是其打破慣例，在第十四屆全國人大一次會議連任國家主席，是中華人民共和國歷史上第一位國家主席任期超過三屆與十年的領導人。所以其任內面對台灣三位總統，分別爲馬英九、蔡英文與賴清德總統。因爲馬英九與蔡英文、賴清德兩人的意識形態截然不同，因此習近平所採取的對台政策也不相同。習近平與前幾任領導人在台灣事務方面最大不同之處，是他不但曾經在福建工作長達十七年半之久，[48]而且之後於2002年起在浙江省擔任五年的第一把手省委書記，對於兩岸事務知之甚詳。他在浙江省任內，積極引進台資，推動「小三通」、「宗教直航」等，並且是提出「以經促統」的第一人。[49]故

---

[46] 〈從李登輝、陳水扁到馬英九 邦交國爭奪戰未完待續〉，《The News Lens》。

[47] 宮國威，〈中共涉台外交採取策略作爲分析〉，頁4。

[48] 習近平於1985年6月，32歲時，被派至廈門擔任副市長；1988年調任寧德擔任地委書記；1990年4月升任福州市委書記；1996年升任福建省委書記；1999年出任福建省副省長、代理省長；2000年任福建省省長；2002年10月，轉任浙江省副省長、代省長。

[49] 宋國誠，〈習近平時期的對台政策〉，《台北論壇》，2012年5月22日，http://140.119.184.164/view_pdf/04.pdf（檢索日期：2017年3月28日），頁32。

宋國誠教授表示，習近平可說是歷屆領導人之中，最爲知台者。[50]

　　而且，習近平夫人彭麗媛的舅舅李新凱居住在台灣嘉義，從軍旅退役後轉任國小美術教師。據傳於1997年，他就曾與以文化專業人士身分隨團來台表演的彭麗媛見面，也曾於2009年赴中國參加彭麗媛的母親告別式時，與時任福建省委副書記的習近平見面。當李新凱於2016年11月10日90歲高齡過世時，彭麗媛的弟弟彭磊組親友團來台參加公祭。[51]另有傳言稱，習近平曾於2002年3月或4月間在擔任福建省省長時，曾受某位台灣民間企業家（現已過世）邀請率團訪問台灣，進行商務考察。由於當時爲民進黨執政，故其訪問行程相當低調而未見曝光。然而此傳聞之眞實性，仍有待驗證。

　　習近平上台後積極對台灣採取「三中政策」，針對中小企業、中低階層、中南部民眾進行拉攏工作。時任海協會副會長鄭立中幾乎跑遍台灣的大小鄉鎮，中國與台南學甲的虱目魚契作及大量採購台灣農民栽種的水果等，處處可見「三中政策」的影子。[52]另外，在習近平上任還未滿週年，馬政府第二任的時期，2013年10月6日在印尼峇里島舉行的「亞太經合會」（APEC）時，我陸委會主委王郁琦首次與中國國台辦主任張志軍見面，這場「王張會」不但是1949年以來兩岸部長級官員首次正式會面，也是雙方主管兩岸事務部門最高主管首次見面，雙方更公開以「主委」、「主任」相稱。隨後，王郁琦在2014年2月11日訪問中國，成爲兩岸分治以來，首位赴中國訪問的現任部長。[53]

　　然而，2014年3月爆發的「太陽花學運」，兩岸熱絡的交流合作氣氛

---

50 同前註。
51 仇佩芬，〈曾捲入「澎湖七一三冤案」 李新凱7年前見過習近平〉，《上報》，2016年11月20日，https://www.upmedia.mg/news_info.php?SerialNo=7667（檢索日期：2021年8月7日）。
52 李英明、高順德，〈大陸對台「三中一青」政策之觀察評析〉，《國政基金會》，2014年7月14日，http://www.npf.org.tw/1/13849（檢索日期：2017年3月28日）。
53 范世平，〈2014年下半年兩岸關係突變及其影響之研究〉，《展望與探索》，第13卷第5期，http://www.faps.org.tw/Pages/ArticleManage/ArticleDetail.aspx?id=132&ArticleTag=1（檢索日期：2017年3月28日）。

頓時降溫，服貿協議在民進黨頻頻干擾下，遲遲無法生效。原本兩岸所醞釀出的政治對話氛圍，也煙消雲散。中國經過檢討後認為，「三中政策」並未嘉惠到台灣基層民眾，致使中國將服貿協議視為對台的讓利，卻反而在台灣遭致民眾的質疑。而且，中國也見識到台灣青年對兩岸政策的影響力。因此，其對台政策的重點工作轉移至「三中一青」，也就是包含青年在內。[54]

中國確立對台的「三中一青」政策主軸後，時任國台辦前副主任孫亞夫於2014年6月中旬訪台表示，中國未來將更努力瞭解台灣中小企業、中低階層、中南部民眾與青年的思想與感情。接著時任國台辦主任張志軍於6月25日訪台，除會晤台灣官員、陸配、原住民與漁民等社會各階層外，也與義守大學學生舉行座談，藉此瞭解台灣青年的心聲與想法。「三中一青」政策顯示中國的對台政策，已從政治的上層結構走入台灣基層社會，中國交往的對象將不再侷限於台灣政治人物或政黨，還包括各階層民眾。[55]前立法委員郭正亮表示，該政策的目的在擴大進入台灣，拉攏人心的力道，全面性地介入。[56]

2016年1月16日台灣即將舉行第十四任總統選舉，但是國民黨的民調卻一直無法提升，而民進黨主席蔡英文則挾著「九合一」勝選的氣勢，加上「太陽花學運」後台灣社會的「反中」氛圍，使得「九二共識」受到國內民眾的質疑。此發展引起中國政府的憂慮，因此習近平於2015年3月4日所召開的人大政協「兩會」期間，特別出席「民革、台盟、台聯小組聯組會」，並發表對台工作講話。他強調兩岸關係能夠實現和平發展，關鍵在於雙方確立了堅持「九二共識」、反對「台獨」的共同政治基礎，並將「九二共識」比喻成兩岸關係的「錨」與「定海神針」。強調「基礎不

---

54 李英明、高順德，〈大陸對台「三中一青」政策之觀察評析〉。
55 同前註。
56 楊明，〈台灣學者：習近平政權強勢、維穩、偏左〉，《博談網》，2015年7月26日，https://ppt.cc/fpDNsx（檢索日期：2017年3月28日）。

牢、地動山搖」，警示如果兩岸雙方的共同政治基礎遭到破壞，兩岸互信將不復存在，兩岸關係就會重新回到動盪不安的老路上去。[57]

另外，中國政府為了挽救國民黨政府的頹勢，2015年11月7日，習近平與馬英九總統兩人出乎各界的意料之外，在新加坡進行「馬習會」。由於這是自從1949年兩岸分治以來，經過長達六十六年之後，雙方領導人首次會面，對於兩岸而言是一件重大的歷史事件，因此各界也都以「破冰」來形容此次會面。然而，在「馬習會」後，國台辦主任張志軍轉述習近平在會談中的立場為：(1)高舉「同屬一中」的「九二共識」；(2)兩岸同屬一個國家；(3)兩岸關係不是「國與國的關係」，也不是「一中一台」。[58]因此，民進黨對此次會晤發出異聲，黨主席蔡英文指責馬政府決策不透明。

2. 意識對抗時期

(1) 對蔡英文政府所採取的反制作為

習近平的許多友台政策、兩岸高層交流及「馬習會」，並未能幫助國民黨穩住政權。國民黨於2016年1月16日舉行的中華民國第十四任總統的選舉中慘敗，民進黨總統候選人蔡英文高票當選，兩岸形勢開始產生變化。雖然蔡英文總統當選後試圖拋出善意的橄欖枝，然而由於一直不願意承認有「九二共識」的存在，中國斷然停止兩岸一切的官方交流，並減少陸客來台旅遊，試圖以「窮台」策略打擊台灣的經濟。習近平於當年11月11日在紀念孫中山誕辰一百五十週年大會時表示：「我們絕不允許任何人、任何組織、任何政黨、在任何時候、以任何形式、把任何一塊中國領土從中國分裂出去！」此「六個任何」，被視為是向台獨及港獨勢力喊

---

[57] 〈《交流雜誌》從「朱習會」看中共當前之對台政策〉，《中央網路報》，2015年6月23日，http://www.cdnews.com.tw/cdnews_site/docDetail.jsp?coluid=111&docid=103269730&page=3（檢索日期：2017年3月28日）。

[58] 彭顯鈞、王寓中，〈習提「兩岸同屬一個國家」〉，《自由時報》，2015年11月8日，http://news.ltn.com.tw/news/focus/paper/930584（檢索日期：2017年3月28日）。

話。[59]

　　2017年3月5日至20日在北京舉行的「全國人大會議」，張志軍於3月6日參加「台灣省代表團」全體會議時重申，堅決反對任何形式的「台獨」。他於會後接受媒體採訪時再度強調「台獨之路走到盡頭就是統一，此統一方式將會付出巨大的代價」。在實際行動方面，民進黨前黨工及NGO工作者李明哲於當年3月19日赴中國欲訪友時，遭中國以涉嫌危害國家安全活動爲由拘禁，後來被以涉嫌「顛覆國家政權罪」起訴，並判處五年徒刑。有人將兩岸關係形容爲「冷和」狀態，甚至是「冷對抗」。李明哲直到2022年4月14日，刑滿後才被中國釋放。

　　然而，中國卻未停止兩岸的民間往來，兩岸再度回到前總統陳水扁主政時期的「官冷民熱」的情形，希望能夠達到「以民促政」的目的。爲了進一步拉攏台灣人民，中共於2017年1月20日召開「中央對台工作會議」時，討論給予在中國的台灣人「類國民待遇」議題，並由國台辦研擬有關台灣人在大陸的就業執業、社會保障、生活便利等諸多方面的政策措施，包括取消台灣人到中國必須入住「涉外旅館」的規定、卡式台胞證比照中國身分證可購買火車票並刷卡進站、在中國的台灣學生也可比照當地學生申請獎學金等。[60]

　　另外，中國爲了擴大兩岸交流，並吸引更的台灣人才赴陸發展，國台辦於2018年2月28日公布關於促進《兩岸經濟文化交流合作的若干措施》，包含了31項的「惠台措施」。其中12項涉及給予台資企業與大陸企業同等待遇，19項涉及逐步爲台灣同胞提供與大陸同胞的同等待遇。除

---

[59] 林庭瑤，〈反港、台獨！習近平拋「6個任何」〉，《聯合報》，2016年11月12日，https://udn.com/news/story/7331/2101153（檢索日期：2017年3月28日）。

[60] 早在2015年9月，上海市就實施給予台灣民眾「準市民待遇」的規定，包括享受醫療衛生服務、義務教育與醫療保險、鼓勵台商設立金融機構、給予台灣青年創業就業優惠，及台灣民眾投資企業享有經營自主權與應當承擔的義務等。之後，江蘇省也有類似的立法，希望爲台灣人民在中國工作學習創造更便利條件。主筆室，〈大陸給台灣「國民待遇」台灣如何自處〉，《工商時報》，2017年3月1日，http://www.chinatimes.com/newspapers/20170301000051-260202（檢索日期：2017年7月25日）。

了針對台商有更多利多外，也開放專業技術人員職業資格考試、「千人計畫」、「萬人計畫」，可以申報各種科學基金等擔任計畫主持人，並鼓勵台灣教師赴大陸大學任教，在台灣取得的學術成果可以納入評鑑，被視為積極爭取台灣人才。[61]

　　國內對中國的此項措施反應不一，清華大學榮譽教授李家同表示，中國的惠台措施會將我們的菁英吸到大陸去。這是國家安全問題，政府不能沒有強力反應。[62]中國文化大學國際貿易學系副教授鄭紹成表示，該等惠台措施又大又猛，不僅針對教育、科研、人才，也包括其他企業經營、投資參與、財稅、金融等；連民間支付寶、微信支付都有涉及，政府絕對不能輕忽這種戰略性的政策宣布，否則台灣將潰堤式流失人才和資源。[63]但是，台師大政研所教授范世平批評稱，這些措施大部分是空話，而是要台灣人來反對民進黨。[64]

　　習近平於2019年伊始，於1月2日舉辦的《告台灣同胞書》四十週年紀念大會致詞中，就兩岸關係發展提出五項要點：第一，攜手推動民族復興，實現和平統一目標；第二，探索「兩制」台灣方案，豐富和平統一實踐；第三，堅持一個中國原則，維護和平統一前景；第四，深化兩岸融合發展，夯實和平統一基礎；第五，實現同胞心靈契合，增進和平統一認同。他嚴厲指責「台獨分裂思想」，並稱不會承諾放棄使用武力，還解釋這是針對「外部勢力與分裂主義分子」，並非針對台灣同胞。我國學者邵宗海教授表示，習近平的談話又創下一個中國領導人重要的講話，當年

---

[61] 〈一張圖看懂——大陸公布31條惠台措施 台商、產學、影劇全包了〉，《天下雜誌》，2018年3月1日，https://www.cw.com.tw/article/article.action?id=5088435（檢索日期：2018年3月4日）。

[62] 李家同，〈惠台31項措施／用大願景打敗施小惠〉，《聯合報》，2018年3月3日，https://udn.com/news/story/11321/3009520（檢索日期：2018年3月4日）。

[63] 鄭紹成，〈惠台31項措施／陸「全面啟動」 台不能輕忽〉，《聯合報》，2018年3月3日，https://udn.com/news/story/11321/3009519（檢索日期：2018年3月4日）。

[64] 〈中惠台31條 學者：很多是空話〉，《自由時報》，2018年3月3日，http://news.ltn.com.tw/news/politics/breakingnews/2354432（檢索日期：2018年3月4日）。

江澤民提出「江八點」，胡錦濤提出「胡六條」，而習近平則提出「習五點」。「江八點」是紀念《告台灣同胞書》三十週年，而「習五點」則是在紀念四十週年。[65]

香港於2019年3月31日起爆發「反送中運動」，由於中國不滿我國表達對港人的支持，故突然暫停中國人民來台灣自由行。《人民日報》旗下的微信公眾號「俠客島」指責台灣與美國是「反送中運動」背後黑手，及台灣利用香港暴亂為2020年民進黨助選。我國總統大選後，蔡總統於8月12日批評港府逮捕民主人士，會摧毀香港社會的民主法治，國際金融中心地位、以及引以為傲的自由市場機制，也將受到嚴重的破壞。對此，中國國台辦強烈回應，要求民進黨停止操弄亂港謀獨。

中國於2019年底爆發新冠肺炎，意外地讓像野火一樣的「反送中運動」突然停止，但是此疫情卻使原本不佳的兩岸關係更加惡化。對於台灣在疫情期間進行所謂的「口罩外交」，以及積極尋求國際社會支持參加世界衛生組織大會等作為，中國除積極防堵台灣的外交突破外，《人民日報》並於2020年11月13日發表題為〈民進黨當局「以疫謀獨」必然失敗〉的文章，強烈指責我國在國際上搞「兩個中國」及「一中一台」。雖然國際社會積極支持我國參加世衛大會，如七大工業國集團（G7）外長、法國參議院、美國國務卿都於2021年公開支持我國以觀察員身分參與世衛大會，但是我國仍然無法參加世衛大會，此時兩岸關係跌至谷底。

然而，習近平於2021年3月22日至25日赴福建考察時提出對台灣的政策方針，「要突出以通促融、以惠促融、以情促融，勇於探索海峽兩岸融合發展新路」，以「通、惠、情」三字強調福建近年對台促融的主要論述。中共福建省委書記于偉國提出，福建要發揮獨特優勢，建設台胞台企登陸的第一家園，重點做好通、惠、情三件事。「通」是指經貿合作

---

[65] 徐偉真，〈習五點 學者：陸對兩岸和平進展不再是空話〉，《聯合報》，2019年1月2日，https://udn.com/news/story/6656/3570029（檢索日期：2019年1月21日）。

暢通、基礎設施聯通、能源資源互通、行業標準共通等「應通盡通」；「惠」是指「惠台措施」；「情」是指「深化心靈契合」。

2021年7月1日中共百年黨慶的慶祝活動上，習近平一個小時的談話中涉及兩岸部分僅約一分鐘，內容未脫離一貫對台政策基調，將「解決台灣問題，實現祖國完全統一」視為中共的歷史任務，重點為「堅持一個中國原則和九二共識」及「堅決粉碎任何台獨圖謀」，仍然強調「和平統一」的進程，並以「共創民族復興美好未來」的目標呼應「中華民族偉大復興」的夢想。《聯合報》分析稱，歷經「兩制台灣方案」風波的衝擊後，中國涉台談話已經較少直接提到「一國兩制」，習近平這次談話也未提到「一國兩制」。此外，習近平也沒有談到武力統一，更沒有統一時間表。不過對中國而言，這些都是反獨促統與民族復興的備案選項。[66]

習近平於2021年10月9日在「紀念辛亥革命一一○週年大會」上表示：「將堅持『和平統一、一國兩制、一個中國原則和九二共識』，以推動兩岸關係和平發展，也重申『台灣問題純屬中國內政，不容任何外來干涉』」。並稱台獨分裂是「祖國統一的最大障礙，是民族復興的嚴重隱患」，凡是「數典忘祖、背叛祖國、分裂國家的人，從來沒有好下場，必將遭到人民的唾棄和歷史的審判」。淡江大學中國大陸研究所副教授張五岳分析稱，習近平的談話基本延續任內的對台方針，即「和平統一、一國兩制」，沒有大的變化。不過習近平在「反獨」方面，接續7月1日中共建黨百年談話時的強硬用語，強調「台灣問題純屬中國內政，不容任何外來干涉」，顯然是應對當前的國際情勢，並且暗指美國介入。

近年中國對台採取最為激烈的作為，莫過於在美國時任眾議院議長裴洛西於2022年8月2日至8月3日率團訪問台灣後，解放軍立即於8月4日宣布對台灣舉行大規模的「環台軍事演習」。解放軍不但派遣多架中國軍機多

---

66 主筆室，〈【重磅快評】習近平百年黨慶談台灣 未脫一貫政策基調〉，《聯合報》，2021年7月1日，https://udn.com/news/story/11091/5571812（檢索日期：2021年7月28日）。

次越過台海中線，甚至發射飛彈越過台灣本島上空，一時之間，台灣戰雲密布，此次危機被稱爲「台海第四次危機」。幸而兩岸雙方節制，並未爆發衝突。但是從此中國軍機飛越台海中線的情形，與共機侵擾我西南空域的防空識別區一樣，已成爲一種常態了。

此外，蔡總統於2023年3月29日出訪中南美洲的瓜地馬拉與貝里斯兩個邦交國，並於4月5日回程過境美國時，與時任眾議院議長麥卡錫在加州的雷根總統圖書館進行會晤。此會晤又引起中國不滿，解放軍於4月8日至10日對台灣舉行名爲「聯合利劍」的大規模軍演，大量中國軍機飛越台海中線，其機艦擾台架次破紀錄。此次軍演的規模雖沒有大於上次的「環台軍事演習」，但是其航母山東艦首度出現在台灣的東部外海，對台灣東部的安全造成威脅。另外，共軍的一架TB-001（又稱爲「雙尾蠍」）無人機甚至於4月28日自台灣西南空域進入後，以逆向方式繞行台灣一周，這是首次有共機繞行台灣。我國智庫「國政基金會」副研究員揭仲表示，這次TB-001無人機的繞台，目的除驗證此型無人機的海上長距離飛行能力、擴大武力展示，更重要的是可能在演練武力犯台前夕對台灣東部陸地與海面進行偵察。[67]

中國除了對我國發動軍事威脅外，更採取許多經濟報復措施。包括2021年1月以台灣開放含萊克多巴胺的美豬爲由，禁止台灣豬輸入；3月禁止鳳梨進口；9月禁蓮霧與釋迦進口；接著於2022年6月禁石斑魚進口；8月美國眾議院議長裴洛西訪台後，中國立即停止100多家台灣食品企業生產的2,000餘項產品進口；12月又禁止178家水產品。[68]此外，中國商務部於2023年4月12日公告，將就台灣2,455項產品進行貿易壁壘調查，涵蓋農產品、五礦化工產品、紡織品等。中國此舉不無「以商逼政」的企圖，希

[67] 美國之音，〈最大無人機首次繞台，解放軍想幹嗎？專家：演練武力犯台前的這件事〉，《風傳媒》，2023年4月29日，https://www.storm.mg/article/4783155。
[68] 中央社，〈盤點歷年中國禁台農產品，鳳梨、石斑魚都在列〉，《遠見》，2022年12月12日，https://www.gvm.com.tw/article/97481。

望能夠影響台灣於2024年1月12日舉行的總統大選。[69]

　　在兩岸關係緊張之際，中國當局仍未放棄以和平手段拉攏台灣人民。例如於2022年1月，時任全國政協主席的汪洋在對台工作會議上表示，要秉持兩岸一家親理念，完善與台企、台灣民眾分享發展機遇與落實同等待遇政策。要支援福建探索海峽兩岸融合發展新路、建設海峽兩岸融合發展示範區。2023年6月17日，第十五屆「海峽論壇大會」在廈門舉行，中共中央政治局常委、全國政協主席王滬寧宣布致詞時表示，中共中央、國務院制定《關於支持福建探索海峽兩岸融合發展新路建設兩岸融合發展示範區的意見》，支持福建建設兩岸融合發展示範區，以促進兩岸同胞心靈契合，持續促進兩岸經濟文化交流合作，深化兩岸各領域融合發展。[70]

(2) 對賴清德政府所採取的反制作為

　　2024年1月13日，台灣舉行總統大選，民進黨總統候選人賴清德當選，這是台灣選舉史上民進黨連續第三次贏得大選。雖然賴清德尚未就任總統，但是由於選舉結果並非中國政府所樂見，因此開始採取多項對台強硬的作為。首先，中國民航局以緩解有關地區航班增長壓力為由，於1月30日突然片面宣布，於2月1日起取消緊貼台海中線的M503航線原來自北向南飛行的「偏置」措施，並啟用銜接該航路的W122、W123東西向航線（圖9-1）。國防安全研究院國家安全研究所所長沈明室表示，過去因我方抗議，M503航線以海峽中線往西偏置6海里飛行。現在宣布取消，乃是針對台灣總統大選的結果，將當初的善意收回去，打破過去既有默契後，讓海峽中線模糊化。《全球防衛雜誌》採訪主任陳國銘表示，中國改變該航線的目的，是結合先前經貿脅迫、蔬果禁運等手段，試圖造成台灣民眾

[69] 夏榕，〈中國發動對台貿易壁壘調查 以商逼政能收效嗎〉，《法國國際廣播電臺》，2023年4月20日，https://is.gd/YKZl5A。
[70] 賴瑩綺，〈陸在福建設兩岸融合發展示範區〉，《工商時報》，2023年6月18日，https://ctee.com.tw/news/china/885645.html。

人心惶惶，並對我國新政府施壓。[71]

圖9-1　M503與W122、W123航線
資料來源：李彥穎，〈啓用後屢成兩岸爭議點 一次看懂M503航線〉，《公視新聞網》，
　　　　2024年1月31日，https://news.pts.org.tw/article/679120。

　　其次，於2024年2月14日，發生一艘中國的「三無」（無船名、無船
舶證書、無船籍港登記）船隻闖入金門禁制水域捕魚，在躲避海巡人員檢
查時翻覆，導致兩人溺斃的事件。中國政府採取強硬態度，中共中央台灣
工作辦公室在一份聲明中指責民進黨草菅人命。中國官員不但代表死者

---

[71] 王育偉，〈陸啓用M503西向東航路 學者：意圖模糊海峽中線〉，《中央社》，2024年4月
　31日，https://www.rti.org.tw/news/view/id/2194533。

家屬提出道歉與賠償的要求，其海岸警衛隊更開始在金門島附近巡邏，並登上一艘台灣遊船檢查。3月中旬，四艘中國海警船靠近金門海岸5.6公里處，進入台灣所稱的禁區，金門附近海域的局勢一度變得緊張。許多專家學者表示，在賴清德準備於就職之前，北京一直在加強「灰色地帶」策略，對其進行施壓。[72]

後來，我國總統當選人賴清德於2024年5月20日就任第十六任總統，中國當局因為不滿賴總統的就職演說中表示「中華民國台灣是一個主權獨立的國家」、「中華民國與中華人民共和國互不隸屬」。國台辦批評賴清德暴露「台獨工作者的本性」，並稱「台獨」是絕路，妄圖「倚外謀獨」只會自食惡果，「棋子」必將成「棄子」。香港《明報》發表社評，形容其演說內容是宣揚「新兩國論」，「通篇就職演說充滿台獨色彩」。解放軍東部戰區立即無預警宣布於5月23日至24日在台灣周邊海域舉行「聯合利劍-2024A」大規模軍事演習，涵蓋台灣周邊九個地區，其中一些地區距離台灣海岸只有幾十公里，並且首次覆蓋金馬等外島，讓兩岸緊張情勢再次升高。不同於之前的幾次演習，此次軍演開始後才有官方消息發布。解放軍東部戰區發言人李熹稱，此次演習是對「台獨分裂勢力」的「有力懲戒」，亦是對「外部勢力干涉挑釁的嚴重警告」。此外，中國國務院關稅稅則委員會於當年5月31日公告第二批中止ECFA部分產品關稅減讓清單，自6月15日起中止134個台灣傳統產業商品的關稅減讓，包括競賽型自行車、部分紡織品等。

中國最新的對台強硬作為，為最高人民法院、最高人民檢察院、公安部、國家安全部、司法部，共計兩院三部門，於6月21日聯合發布《關於依法懲治「台獨」頑固分子分裂國家、煽動分裂國家犯罪的意見》，共計22條，又簡稱為「台獨22條」，其焦點之一是對涉及分裂國家犯罪案件，

---

[72] 儲百亮，〈金門撞船事件餘波：中國海警加強巡邏，對賴清德施壓〉，《紐約時報中文網》，2024年3月25日，https://cn.nytimes.com/asia-pacific/20240325/china-taiwan-ships/zh-hant/。

在境外的被告可以「缺席審判」的方式開庭審理，最高還能判處死刑。該「意見」被視爲是2005年中國《反分裂國家法》的法律戰具體進程。國台辦表示，這只是針對極少數涉獨言行惡劣、謀獨活動猖獗的頑固分子，不涉及廣大台灣同胞。台灣智庫中國問題研究中心主任吳瑟致表示，「缺席審判」是中國試圖彰顯對台灣具有管轄權。

　　雖然此文件是以「意見」爲名，但是在中共的法律體制中具有強制性。此意見施行後，會對兩岸人員交流造成更大的心理壓力。想要到中國交流的人可能要自我審查，未來不只藝人，一般民眾可能都必須做政治表態。國策研究院執行長王宏仁分析，此意見的目的是要造成「更立即的恐懼感」，同時藉由法律將打擊特定立場對象的行爲合理化，「政治目的勝過於法律目的」。此意見會造成寒蟬效應，許多不想惹麻煩的人，最保險的應對方式就是「講中國想聽的東西」，包含「一個中國」、「九二共識」等。[73]

　　此外，金廈海域2024年可說相當地不平靜，從2月14日陸船翻覆釀二人死亡事件、接著3月17日金門釣客迷航漂到對岸遭留置事件，到澎湖漁船「大進滿88號」於7月2日越界捕魚遭中國海警押回，可說是一波未平一波又起。過去中國方面對於類似的違規事件，都是透過私底下協商，約一週就可解決，但在賴清德政府上台後，此模式已行不通，泉州台辦或是海警隊等都無法作主，現在對岸的處理方式就是「中央主導、地方配合」。當過去兩岸關係緩和時，中國海警大多僅是驅離台灣漁船，對岸已經十七年沒有扣過我方漁船。但是現在兩岸因政治問題對立及敵意不斷攀升，一些簡單的事件也都變得複雜了。「關係對了什麼都可以，關係不對什麼都不對」，正是兩岸關係的寫照。[74]

---

[73] 吳柏緯，〈中國「懲治台獨」新規可缺席審判 分析：營造對台具管轄權〉，《中央社》，2024年6月21日，https://www.cna.com.tw/news/acn/202406210301.aspx。

[74] 蔡家蓁，〈新聞眼／兩岸關係不對 什麼都不對〉，《聯合報》，2024年7月4日，https://udn.com/news/story/124114/8072172。

　　雖然中國採取諸多的強硬作為，但是仍然運用兩手策略，積極拉攏台灣人民。例如習近平於4月10日與我國前總統馬英九在北京進行第二次「馬習會」。這是2015年底時馬英九與習近平在新加坡舉行歷史性的「馬習會」後九年第二次會面。北京對馬英九的訪問採取高規格款待，在人民大會堂「東大廳」有三位中共政治局常委一同與馬英九會面，被視為向國際社會發出區域政治訊息，表示台灣與中國仍是親近友好，同時表明「和平統一」的戰略仍是北京當下的首要選項。外界評估，中國政府此次精心策劃的會面具有若干政治象徵意義，這是自1949年中國「國共內戰」結束後，首次一位前台灣總統在北京受到中國最高領導人接待。[75]

　　另外，中國為了進一步拉攏台灣人民，推動「福馬同城生活圈」，福建省政府於4月28日推出「惠台利民」的13條措施，其中「福馬同城通卡」最引人關注。[76]因為卡內預先儲值人民幣300元（約新台幣1,346元），提供馬祖居民在福州交通使用，另還可享有飯店住宿等指定優惠。福建省委台辦副主任陳志勇表示，馬祖同胞可持該卡享受福州全市範圍內，公共交通及指定酒店住宿優惠。隨後，福州市政府於5月16日發布福馬（福州、馬祖）「同城生活圈」先行先試首批政策（10條措施），為福馬產業合作、馬祖居民在陸就業創業等提供便利和支援。

（二）台灣的應對作為

1. 和平交流時期

　　馬政府在第二任時面對習近平新政權，由於兩人的兩岸政策類似，故當時的兩岸關係呈現和平交流情形。馬英九總統於2013年4月29日海基會紀念辜汪會談二十週年茶會致詞曾表示，不會推動「兩個中國」、「一中一台」及「台灣獨立」的「新三不」。他又於同年雙十國慶國慶談話時提

---

[75] 呂嘉鴻，〈【分析】和第一次時隔9年，「馬習二會」在北京：地點、時機背後的政治訊息〉，《BBC News中文網》，2024年4月16日，https://crossing.cw.com.tw/article/18808。
[76] 該惠台利民政策措施共有三個面向，涉及便利台胞來閩交流與工作生活（四條）、扶持台資企業發展（六條）、鼓勵台灣人民赴福建就業創業與培訓實習（三條）。

及「兩岸人民同屬中華民族，兩岸關係不是國際關係」。而且當時兩岸高層交流密切，例如2013年的「王張會」、2014年的「蕭習會」以及2015年的「馬習會」，雙方均贊同「九二共識」是兩岸關係和平發展的重要基礎。[77]

　　然而由於他的親中立場，引發國內獨派及其他反中人士的疑慮及反彈。最顯著的例子就是執政的國民黨立法委員張慶忠於2014年3月17日在內政委員會中，以三十秒時間宣布完成《海峽兩岸服務貿易協議》（簡稱《服貿協議》）的委員會審查。翌日，大學生與社運團體以「反服貿」、「反黑箱」等口號，共同發起占領立法院的「太陽花學運」（又稱「三一八學運」）。當時的立法院院長王金平承諾，在《兩岸協議監督條例》草案完成立法前，[78]不召集《服貿協議》相關黨團協商會議。這場撼動台灣的學運，間接的導致國民黨於2016年的總統大選慘敗，從此改變了台灣的未來及兩岸的關係。

2. 意識對抗時期

(1) 蔡英文政府的應對作為

　　民進黨政府於2016年5月20日上台後，推翻前總統馬英九的親中政策。蔡英文總統於就職演說中表示承認「九二會談」的歷史事實，但是並未承認兩岸有「九二共識」的存在。中國因而中止與台灣的任何官方接

---

[77] 〈「蕭習會」中雙方共同重申「九二共識」是兩岸關係和平發展的重要關鍵，兩岸應共同鞏固珍惜〉，《中華民國行政院大陸委員會》，2014年11月9日，http://www.mac.gov.tw/ct.asp?xItem=110354&ctNode=5649&mp=1（檢索日期：2017年3月29日）。

[78] 現行對兩岸協議的監督，是根據《臺灣地區與大陸地區人民關係條例》第5條第2項：「協議之內容涉及法律之修正或應以法律定之者，協議辦理機關應於協議簽署後三十日內報請行政院核轉立法院審議；其內容未涉及法律之修正或無須另以法律定之者，協議辦理機關應於協議簽署後三十日內報請行政院核定，並送立法院備查，其程序，必要時以機密方式處理。」這項規定把決定是否要核轉立法院審議的權限，交到行政院手上。因此，有許多人士呼籲，應該制定《兩岸協議監督條例》，兩岸之間的法律應該採取「先立法、後審查」的原則，以落實「公開透明，人民參與、國會監督」的原則。〈淺談兩岸協議監督條例〉，《台灣智庫國會政策中心》，2014年4月號，http://www.taiwanthinktank.org/page/english_attachment_6/2832/____-_____.pdf（檢索日期：2017年3月29日）。

觸，讓兩岸關係頓時進入冷和時期。雖然蔡總統於2016年國慶日演說中提出「承諾不會改變、善意不會改變、不會在壓力下屈服，更不會走回對抗的老路」的「新四不主義」。然而，國台辦發言人安峰山卻以「三不」回應稱：「中國推動兩岸關係，在九二共識基礎上改善與發展的真誠善意不會改變；為台海謀和平、為同胞謀福祉、為民族謀復興的莊嚴承諾不會放棄；堅持反對和遏制台獨分裂行徑的堅強意志不會動搖。」

民進黨政府為了化解兩岸的僵局，尋思可以讓國內及對岸均能接受的共識及兩岸政策。例如，蔡總統於2017年5月3日就職週年前夕接受《聯合報》專訪時，拋兩岸「三新」主張，即「新情勢、新問卷、新模式」。她表示，兩岸要正視新局勢的客觀現實，共同來思考對兩岸和平穩定有利，以及對區域安定繁榮有利的架構。在這種變動中的情勢，台灣與中國要共同來維持一個和平穩定的狀態，這是雙方需要努力，而且需要有一些「結構性的合作關係」。但是此論述未能得到中國當局的善意回應。

由於兩岸關係持續緊張，蔡總統於2019年的元旦談話，對於兩岸關係拋出四個必須、三道防護網。四個必須包括：中國「必須正視中華民國台灣存在的事實」、「必須尊重2,300萬人民對自由民主的堅持」、「必須以和平對等方式來處理我們之間的歧異」，也「必須是政府或政府所授權的公權機構坐下來談」。這四個必須才是兩岸關係是否能朝向正面發展的最基本、最關鍵的基礎；而三道防護網包括：民生安全防護網（如防範非洲豬瘟的防疫工作）、資訊安全防護網（如澄清假新聞的工作）、兩岸互動中的民主防護網（如兩岸間的政治對話必須有台灣人民參與和監督）。[79]

另外，對於習近平於2019年1月2日在《告台灣同胞書》四十週年紀念大會中所發表的講話，蔡總統立即強硬回應稱：「我們始終未接受『九二

---

[79] 林朝億，〈兩岸關係 蔡英文元旦談話提4個必須、3道防護網〉，《新頭殼》，2019年1月1日，https://newtalk.tw/news/view/2019-01-01/188258（檢索日期：2019年1月21日）。

共識』，根本的原因就是北京當局所定義的『九二共識』，其實就是『一個中國』、『一國兩制』。我要重申，台灣絕不會接受『一國兩制』，絕大多數台灣民意也堅決反對『一國兩制』，而這也是『台灣共識』。」這是蔡總統上台後，首次公開表態不接受「九二共識」。

在香港爆發「反送中運動」期間，我政府積極表達對港民的支持並抨擊港府的鎮壓行動。根據中研院社會所「中國效應專題研究小組」於2019年5月所做的民調顯示，有高達58%的台灣人民不認為中國是台灣的朋友。而且台灣人民選擇重視國安的比例高達58.3%，大幅領先選擇重視經濟的31.3%。在過去七年中，台灣人認為經濟發展比較重要，但當年的結果卻截然不同。部分媒體稱，「反送中」讓民進黨在大選時大賣「芒果乾」（亡國感），扭轉了民進黨在2018年九合一選舉大敗後的頹勢，最後並贏得總統大選。

我國在中國於2019年底爆發新冠肺炎之初，就採取斷然措施，禁止中國人民入境台灣，成功阻止疫情的入侵，但也進一步限制兩岸人民的交流。我國因為疫情初期的防疫工作表現良好，贏得國際社會的讚揚，故趁勢積極尋求國際支持我國參加世界衛生組織大會，雖獲得國際社會的正面回應，但由於中國的反對而無法如願。在我國疫情於2021年5月間突然惡化之際，中國國台辦於5月17日表示願意提供疫苗，但我陸委會隨後回稱「對岸不必假好心」，並指責中國阻擾我國取得疫苗。

另外，我政府為回應習近平於2021年10月9日在「紀念辛亥革命一一〇週年大會」上表示：「將堅持『和平統一、一國兩制、一個中國原則和九二共識』，以推動兩岸關係和平發展，也重申『台灣問題純屬中國內政，不容任何外來干涉』」。總統蔡英文於2021年10月10日國慶講話中提出「四個堅持」，分別為「堅持自由民主的憲政體制」、「堅持中華民國與中華人民共和國互不隸屬」、「堅持主權不容侵犯併吞」，以及「堅持中華民國台灣的前途，必須遵循台灣人民的意志」。中國國台辦發言人馬曉光於10月27日在例行新聞發布會接受記者詢問時表示，「四個堅持」公

然否認大陸和台灣同屬一個中國,是赤裸裸地販賣「兩國論」。[80]

對於中國於2022年8月的「環台軍演」,由於我國的軍力規模無法與共軍相比,因而採取克制措施。但是為了反制中國日漸增強的軍事威脅,總統蔡英文於2022年12月27日親自召開記者會,向全民報告「強化全民國防兵力結構調整方案」,將義務役從四個月恢復為一年。此外,我國大幅增加國防預算,過去五年台灣的軍費平均每年增長約4%,但2023年的國防預算增至破紀錄的新台幣5,800億元(183億美元),比2022年增加約14%之多。我國除積極向美國購買先進武器,並啟動「國機國造、國艦國造」的計畫,其中計畫建造八艘潛艦。

(2) 賴清德政府的應對作為

對於中國政府不滿賴清德當選總統,於2024年1月30日突然宣布取消緊貼台海中線的M503航線自北向南飛行的「偏置」措施,並啟用銜接該航路的W122、W123東西向航線等作為,我國民航局及陸委會均發聲明譴責。陸委會聲明批評中方「佯稱緩解有關地區航班增長壓力、保障飛行安全,實則刻意以民航包裝對台政治,乃至軍事的不當企圖,有改變台海現狀的疑慮,蓄意製造兩岸不安」,要求中方停止此項決定,並表示若北京一意孤行,必須承擔任何影響兩岸關係的嚴重後果。

對於發生於2024年2月14日,一艘中國的無船名無註冊船隻與我國海巡署船艦相撞,造成兩名漁民身亡後,中國海警船侵入金門禁限制水域的作為,我國海巡署派出船艦進行近距離監控及廣播驅離,以維護我國的海權。海巡署表示,針對金門海域的中國海警船以不定期、無預警方式編隊航入禁限制水域,海巡署將全天候以各種偵搜設備監控,在不挑釁、不衝突、不回避、不示弱原則下,堅定執法立場,對於航行台灣禁限制水域的中國公務船舶予以驅離,確保海域航行安全與秩序。

[80] 丁楊,〈習近平主持召開十九屆中央國家安全委員會第一次會議〉,《中央社》,2021年10月9日,https://www.cna.com.tw/news/acn/202110090083.aspx(檢索日期:2021年12月18日)。

對於中國為了進一步拉攏台灣人民，而推動的「福馬同城生活圈」，以及福建省政府於4月28日推出「惠台利民」的13條措施，陸委會於5月9日表示，連江縣府若送交民眾個資給對岸，涉及違反兩岸條例「合作行為」。該縣府在經勸說後未配合代辦、代收。政大國關中心資深研究員宋國誠警告稱，中國想用小惠來換大利，不只要注意卡片的資安疑慮，還有國安等政治風險，因為這是國安的滲透。中國當局一方面利用優惠收買台灣人心，另一方面欲將兩岸降階成為省對省的關係。[81]

總統賴清德於2024年5月20日就任我國第十六任總統，他在就職演說中表示，將延續前總統蔡英文的「四個堅持」政策，包括：①堅持自由民主的憲政體制；②堅持中華民國與中華人民共和國互不隸屬；③堅持主權不容侵犯併吞；④堅持中華民國臺灣的前途，必須遵循全體臺灣人民的意志。另外，他還明確表示「中華民國台灣是一個主權獨立的國家」。香港《明報》發表社評，形容其演說內容是宣揚「新兩國論」，「通篇就職演說充滿台獨色彩」。中國稱賴清德的演說發出了「危險信號」，試圖破壞台海和平與穩定，並以此作為藉口，解放軍東部戰區於5月23日至24日在台灣周邊海域舉行「聯合利劍-2024A」大規模軍事演習，對於中國的軍事威脅，我國防部嚴正譴責中國的霸道行為，並表示這種不理性挑釁行動破壞區域和平穩定。國防部強調，將以實際行動守護自由民主，捍衛中華民國主權，並秉持「備戰不求戰，應戰不避戰」。

由賴總統的就職演說觀之，其兩岸與對外政策將繼承「親美抗中」的「蔡英文路線」，也就是「蔡規賴隨」。由於賴總統上任不久，未來兩岸關係的發展仍有待觀察。但是在民進黨政府的親美及抗中的政策之下，兩岸關係在短期內應該不會有太大的改變。政大國關中心主任寇健文就指出，目前北京跟賴政府雙方可以接受的立場框架沒有交集，兩岸短時間內不會有官方的對話與交流。如果雙方各自堅持原則，民間交流能回溫的程

---

81 陳佳鑫、張梓嘉，〈中國推「福馬同城通卡」予馬祖民眾去福州用〉，《公視新聞網》，2024年5月9日，https://news.pts.org.tw/article/694339。

度有限，也可能受到政治因素的干擾再次中斷。[82]

　　對於中國政府於5月31日片面取消ECFA中134項關稅減讓，我總統府發言人李問表示，這是中國典型的經濟脅迫，而這些作為不但衝擊了經貿市場的健全發展，更無助於兩岸關係的正面推進。他並指出，中國與台灣都是WTO會員，更是全球經貿體系重要的成員，理應秉持負責任的態度，在WTO架構與規範下，就各項經貿議題進行協商，這種以政治力干預全球經貿的行為，國際社會並不樂見。[83]

　　另外，對於中國政府於6月21日發布的《關於依法懲治「台獨」頑固分子分裂國家、煽動分裂國家犯罪的意見》，總統賴清德回應表示，民主不是犯罪，專制才是罪惡。陸委會也表示該制裁非法無效，並對陸港澳等地的旅遊警戒從黃色提升到橙色，提醒國人前往該等地區旅遊要小心。中國強勢的作為也引發美國國務院的回應，強烈譴責中方破壞穩定、升高情勢的言行，並表示中方試圖透過法律戰及威脅的行徑，片面改變現狀與破壞區域和平穩定，並不會和平解決兩岸的分歧。

二、外交休兵轉外交戰

（一）中國的作為

　　習近平在面對馬英九總統時，持續胡錦濤的兩岸政策，不但積極進行交流，在國際上也配合馬政府的「外交休兵」政策，不奪取台灣的邦交國，甚至婉拒主動投懷送抱的台灣邦交國。而且也放鬆在國際上對台灣的打壓作為，讓台灣得以繼續參加「世界衛生組織大會」（WHA），以及「國際民航組織」（ICAO）於2013年首度致函當時的馬英九政府，邀請

---

[82] 陳宥菘，〈賴總統上任兩岸關係框架無交集 學者：民間交流回溫也有限〉，《聯合報》，2024年5月21日，https://udn.com/news/story/124029/7979142。

[83] 〈中國中止134項ECFA關稅減讓 總統府指「典型經濟脅迫」：早有掌握、衝擊有限〉，《財訊》，2024年5月31日，https://www.wealth.com.tw/articles/8a1f48c3-3624-4799-8b5e-b688936ad9a8。

台灣以「主席貴賓」的資格參加會議。主要是因為馬英九總統承認「九二共識」的主張，獲得中國方面的認同。

　　但是台灣於2016年政權輪替之後，中國轉變對台灣的外交作為，不再遵守外交休兵的默契，開始展開外交攻勢作為，打壓台灣的國際生存空間，如阻擾我國參加「世界衛生大會」、「國際民航組織」等國際組織所舉辦的重要活動；並施壓許多國家將我駐外機構更名矮化，以「中華民國」為名的代表處，改為以「台北」為名，如我國在中東杜拜、南美洲厄瓜多的代表處，原本名稱為「中華民國商務處」，被要求更改為「台北商務處」。我國駐奈及利亞的代表處，除了被要求更名外，還被迫遷出首都及削權減人。另外，斐濟突然於2017年5月10日撤除在台灣有三十年之久的貿易暨觀光代表處。這些打壓作為，讓兩岸關係呈現「負向螺旋」的方向發展。

　　此外，中國更奪取我數個邦交國，如於2016年12月2日，蔡總統與美國總統當選人川普通話後，中國便於12月21日奪取我邦交國聖多美普林西比作為警告；接著，於2017年6月13日又奪取我在中美洲已有一百零七年邦交的重要邦交國巴拿馬；於2018年連續奪我三個邦交國，多明尼加（5月1日）、布吉納法索（5月24日）及薩爾瓦多（8月21日），於2019年9月間繼續奪我兩個南太平洋島國索羅門群島及吉里巴斯群島，於2021年12月10日奪我邦交國尼加拉瓜，於2023年3月26日奪我邦交國宏都拉斯，又於2024年1月15日奪我太平洋島國諾魯，使我邦交國僅剩下12個（見圖9-2）。中國仍在積極對我剩餘的邦交國進行各種拉攏作為，使剩餘的邦交國也告急。

　　根據宮國威教授分析稱，在我國的邦交國問題上，中國的考量因素為：1.台灣的去中國化雖是中國對我邦交國採取行動的因素之一，但是更明確的觸發點在於，我國的行為是否會在國際上對「一中」原則造成動搖；2.中國現在對與我邦交國建交採取開放的態度，但並非來者不拒，金錢收買不再是主要的手段，既有的經貿互動強度才是考慮重點；3.優先對

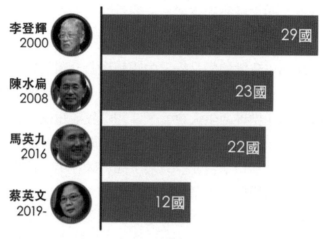

圖9-2　從李登輝總統迄今的邦交國數量變化
資料來源：呂嘉鴻，〈北京施壓與台灣「斷交潮」持續：民眾有何看法？邦交國會否「清零」？〉，《BBC中文網》，2023年1月25日，https://www.bbc.com/zhongwen/trad/world-68090660。

象爲對中國具有戰略的重要性，或是可供經貿利益的國家；4.友邦的基礎設施建設與中國融資之間是否建立紐帶，是評估邦交可能生變的重點之一。[84]他並稱，在兩岸對立的態勢之下，中國只會縮緊對我國的外交空間，對我邦交國的奪取，也不太會考慮對島內人心的影響。[85]

（二）台灣的應對作爲

馬英九總統於第二任時期，仍然延續其「外交休兵」及「活路外交」的政策，並利用習近平對台灣的善意，不但保住邦交國，並且積極地擴展國際空間。如上所述，台灣得以繼續參加WHA，及首度受邀參加ICAO大會。另外，馬英九政府於2013年4月29日，成功與日本簽署了協商已久的《台日漁業協定》，爲紛擾長達十七年的東海漁業問題劃下休止符。根據此協議，我漁民在釣魚台12海浬外捕魚，不用再擔心遭到日本海巡邏艦驅

---

[84] 宮國威，〈中共涉台外交採取策略作爲分析〉，頁4。
[85] 同前註，頁6。

趕。整體而言，馬英九任內因為維持良好而穩定的兩岸關係，進而拓展了台灣的外交空間。

蔡總統於2016年上台之後，由於兩岸關係趨於緊張，而招致中國的各種打壓。我政府為了尋求外交突破，並減少經濟對中國的依賴，而提出「新南向政策」（New Southbound Policy）。該政策雖然以經貿為主，但是與前總統李登輝及陳水扁執政時期所推動的「南向政策」一樣，都帶有外交戰略的意涵。所以「新南向政策」是經貿計畫，也是一項外交戰略。而且蔡總統改變馬政府的「親美、友日、和中」外交戰略，改採「親美、友日、冷中」，後來更採取強硬的「抗中」政策，改變了東亞的安全情勢。

由於民進黨的親日立場，日本政府於2017年1月1日起，將其駐台灣的官方機構「公益財團法人交流協會」更名為「公益財團法人日本台灣交流協會」，而我國對日本的「亞東關係協會」也於5月17日更名為「台灣日本關係協會」。此外，日本前首相安倍於2021年12月1日受台灣智庫「國策研究院」舉辦的論壇，就「新時代台日關係」為題發表演說時表示：「台灣有事等同日本有事，也可以說是等同日美同盟有事。」雖然安倍已於2022年7月8日遭刺身亡，但國際上有越來越多國家領導人喊出「台灣有事就是全球有事」，包括韓國總統尹錫悅於2023年4月19日接受《路透社》採訪時表示：「台灣問題不僅是中國和台灣之間的一個問題，而且像北韓問題一樣，是一個全球問題。」

我國為了應對中國的外交封鎖，積極加強與民主國家之間的關係。在新冠肺炎疫情期間，我國大量捐贈世界各國防疫口罩與相關醫療器材外，以傳達Taiwan Can Help的聲音，許多國家紛紛發聲支持我國加入世界衛生組織，但卻被中國指控為「以疫謀獨」。另外，於2022年2月24日爆發的俄國侵略烏克蘭事件，西方國家對於中國偏袒俄國的態度極為不滿，尤其是許多東歐國家打破過去與台灣交往的禁忌，積極加強與我國的關係。尤其是新冠肺疫情與俄烏戰爭，突顯了我國半導體產業在世界供應鏈的重要性，

尤其是「護國神山」台積電的先進晶片製造能力，爲世界各國所重視，許多先進西方國家政要紛紛組團訪問台灣，希望加強與我國的科技合作。

第六節　「台海中線」與台海的安全

　　台灣海峽上空有一條無形中線，維持台灣與中國間的冷峻和平，這條線被稱爲「台灣海峽中線」（簡稱「台海中線」，Taiwan Strait Median Line）。此線雖然無形，卻是防衛台灣安全的重要空防警戒線。雖然國內媒體對此中線的報導甚多，但相關的學術研究卻不多。且由於考試從未考過此議題，故國人雖知道有此線存在，但是卻不甚瞭解其細節。近年來兩岸關係緊張，中國軍機經常越過此中線，威脅我國國家安全，因而引起國人對此中線的關注。筆者曾撰擬〈對「臺海中線」與臺海安全之研究〉乙文，對此議題進行全面探討，並刊登於2021年第92期的《憲兵半年刊》。在此僅摘整該文重點，提供讀者參考。

一、「台海中線」的由來

　　1949年大陸失守後，國民政府撤退來台，且美國總統杜魯門不願介入中國內戰，台灣岌岌可危。但是北韓軍隊突然於1953年6月25日越過三十八度線而爆發韓戰，中國派軍隊助戰，美國也出兵幫助韓國，使美國與中國在韓戰中正面對抗，美國也開始積極協防台灣。1953年韓戰結束後，中國集中力量欲對付台灣，美國爲遏止共產勢力擴張，於1954年與我國簽訂《中美共同防禦條約》（*Sino-American Mutual Defense Treaty*），確保台灣的安全，但條約中並無「台海中線」的字眼。此線如何劃定，根據文獻記載有兩種說法。第一，美國空軍於1955年成立第十三航空特遣隊並進駐台灣，協同我空軍負責防空任務，美國派戴維斯准將擔任第一任司令，他爲便於駐台美軍防衛台灣而劃定此中線，故當時稱此線爲「戴維斯線」（David's Line）。

第二，海軍葛敦華將軍的訪談紀錄中稱：「1954年12月2日，我國與美國簽訂《中美共同防禦條約》後，美國開始與中國展開華沙會談。1958年爆發金門八二三砲戰後二個月，駐台美軍向我參謀本部傳達，我方機艦只要保持在『台海中線』以東，即可獲得安全保障。故據研判，維持海峽中線的對峙默契，係美國與中國於1958年華沙會談的協議，而做出此協議的美方代表據傳是美軍太平洋總部一位名爲戴維斯的幕僚軍官。」[86]但有人認爲此紀錄未說明此軍官的階級及單位，葛將軍的說法也是據他人轉述，故可信度較低。[87]

「戴維斯線」在規範台美軍何時進入戰鬥的條件，與兩岸的軍隊無直接關係。此線等同兩岸「楚河漢界」的軍事分界線，中國戰機不得越過進行挑釁，否則美國依照《中美共同防禦條約》，有防禦的義務。台灣飛往金門與馬祖的民航機或是軍用運補機，則在雙方「默契」下得以例外。[88]此線對美國而言，具有防止中國侵台及台灣反攻大陸的雙重意義。由此可知，此中線是美國介入國共戰爭的結果，就像越南的北緯十七度線及朝鮮半島的三十八度線一樣。[89]但不同者爲海峽中線是一條無形界線，一般國界都是由相關國家經過談判、簽署條約並經國內立法機構同意後始成案。但「台海中線」不同於國際法中的國界線，因爲沒有任何國際條約及法律約束這條看不見的界線，故此線無任何國內法及國際法的基礎。

其實，「台海中線」又分爲空軍與海軍使用兩種，前者是一條呈東北至西南走向的直線（圖9-3、圖9-4）；後者由於地球曲率影響，跟空軍略有不同，呈東北至西南走向的圓弧形，中段還有轉折。我空軍使用的坐標源於當初台美共同防衛計畫「樂成聯盟作戰計畫」（Rochester Plan），該

[86] 黃忠成，〈台灣海峽中線意涵試論〉，《海軍學術月刊》，第38卷第10期，2004年10月，頁5。
[87] 朱江明，〈台海中線多少事〉，《新世紀周刊》，第30期，2008年，頁131。
[88] 繆宇綸，〈海峽中線：因兩國論從模糊概念變成實體分隔線〉，《新浪網》，2009年7月6日，http://dailynews.sina.com/bg/tw/twchn/bcc/20090706/1734437857.html。
[89] 一業，〈台灣海峽是虛線，是實線，還是火線〉，《領導文萃》，第20期，2010年10月，頁54。

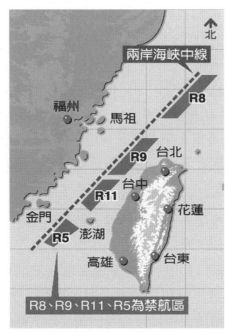

圖9-3 海峽中線示意圖（一）

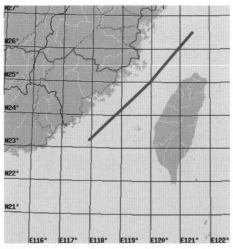

圖9-4 海峽中線示意圖（二）

資料來源："Taiwan Strait Middle Line," *GlobalSecurity.org*, April 27, 2005, http://www. globalsecurity.org/military/world/taiwan/midline.htm.

計畫根據《中美共同防禦條約》制定，並定期更新，直到1979年才廢棄。故今日的「台海中線」已非當初的「戴維斯線」。亦即「台海中線」其實有三條（原有的「戴維斯線」及現在我海空軍分別使用的中線），而一般人較熟悉者為台海上空的中線。這三條線座標顯示，以「戴維斯線」較接近台灣，我國公布的空中中線則較接近中國。（參見表9-2）

表9-2　三條台灣海峽中線座標

美軍的「戴維斯線」	
北緯	東經
21度（21° N）	119度（119° E）
23度30分（23° 30′ N）	119度（119° E）
26度（26° N）	121度（121° E）
26度向東延伸（26° N向東延伸）	
我空軍使用的「台海中線」	
27度（27° N）	122度（122° E）
23度（23° N）	118度（118° E）
我海軍使用的「台海中線」	
26度30分（26° 30′ N）	122度23分（121° E 23′ N）
24度50分（24° 50′ N）	119度59分（119°E 59′ N）
23度17分（23° 17′ N）	117度51分（117° E 51′ N）

資料來源：張裕明，〈台灣海峽中線議題探討〉，東海大學政治系碩士論文，2011年，頁26。

二、我國對「台海中線」的立場

我國對此線的立場隨著時間及兩岸情勢變化，可分三個階段：從一開始不承認，到後來默認，現在則承認並加以維護。兩岸分立後，當時我政府還懷有反攻大陸的企圖，故不願接受此線，我國海空軍仍穿越此線，並

在大陸沿海及上空進行巡邏，美軍亦未限制我戰機與軍艦活動範圍。[90]由於當時東南沿海尚有大量島嶼控制在我國手中，海空軍幾乎每天跨過此線進行活動，戰機甚至深入大陸進行偵察。[91]

兩岸勢力在台海之消長現象首先是出現在海軍方面。1965年5月1日爆發的小戰役「東引海戰」，終止我艦艇在東引附近海域巡弋的任務。[92]同年8月6日爆發的「八六海戰」，[93]我國章江、劍門兩艘戰艦遭擊沉，造成22位軍官與175位士兵壯烈成仁。這兩次海戰均發生在中線以西，靠近大陸沿海。海戰受重創後，不但讓蔣介石反攻大陸的夢破碎，[94]也使我海軍接受海上中線的事實，成為海軍巡邏的界線，但從台灣本島到金門、馬祖等外島的航線則例外。[95]

雖然我海軍受到挫敗，但我空軍仍優於中國空軍，因此仍然持續飛越中線。1967年1月13日兩岸空軍在金門附近上空爆發空戰，史稱「一一三空戰」。由石貝波與胡世霖上尉駕駛的F-104星式（Star Fighter）戰機，擊落兩架米格-19戰鬥機，[96]中國則聲稱擊落我方一架戰機。[97]這是兩岸最後一場空戰，此後共機未敢再挑戰我空軍。但我空軍仍然持續飛越中線對大陸進行偵巡任務，甚至進入大陸領空進行偵照。

直到1999年7月9日，李前總統提出「兩國論」後，中國為對我國進行

---

[90] 萬鈞，〈台媒解讀台海中線：八六海戰後台被迫接受〉，《台海網》，2008年10月15日，http://www.taihainet.com/news/twnews/thdx/2008-10-15/323113.html。

[91] 朱江明，〈台海中線多少事〉，頁130。

[92] 東引鄉公所，〈東引「五一海戰」〉，《東引鄉誌》，2002年3月26日，http://www.matsu.idv.tw/board/board_view.php?board=3&pid=1716&link=1716&start=70。

[93] 中共方面稱為「東山海戰」。燦笑，〈台海中線是怎樣劃定的〉，《黨政論壇》，第11期，2008年，頁59。

[94] 這場海戰事實上是極其機密的「國光計畫」的一部分，而該計畫的目的即在反攻大陸。傅建中，〈「八六海戰」的劫後之花〉，《中國時報》，2011年1月7日，A26。

[95] 〈直航對台北市市飛航情報區的影響〉，《世界民航雜誌》，第141號，2009年4月，頁54。

[96] 張幸眞，〈不獨人間向晚晴──成大的飛機群〉，《成大校刊》，236期，2012年，頁29。

[97] 我方F-104G飛官楊敬宗少校在返航途中，於澎湖島西南方「進雲」後離奇失蹤。有一說為機件故障墜海，另一說為被大陸飛行員胡壽根擊落。

武嚇，派遣蘇愷戰機挑戰此中線，[98]使我軍機再也無法深入中國地區。[99]從此以後，「台海中線」成為兩岸空軍勢力的分隔線。[100]由上述可知，過去由於我國的「反攻大陸」政策，故不願意接受美軍所劃定的中線。但自從我國改為「防衛固守」戰略後，反而希望此中線能成為兩岸的分界線。[101]但是，當時我政府仍未公開承認此中線。直到2004年5月26日，國防部部長李傑在立法院答覆質詢時，才首次公布此線的具體位置，等於公開承認此中線的存在。[102]

三、中國對「台海中線」的立場

中國對此中線的立場，從其過去各界的言論觀察，亦可分為三個階段：中國與台灣一樣，起先不承認，到後來「默認」，現在則公開否認。首先，中國在毛澤東主政時期，宣稱要「解放台灣」，甚至要以武力「血洗台灣」。他後來發現無法達成此目標，但仍堅持「一中」原則，反對任何可能製造「兩個中國」的事情，[103]故不承認美國在台海所劃定的中線。

到鄧小平時期，雖然不再喊「血洗台灣」，但還是將「統一台灣」視為首要任務。鄧小平於1978年第十一屆三中全會時呼籲要「實現祖國統一大業」，並於隔（1979）年元旦發表《告台灣同胞書》，雖然提出「和平統一祖國」的對台工作方針，但是未承諾放棄對台用武。[104]後來的繼任者江澤民、胡錦濤及習近平，雖主張「和平統一、一國兩制」，但卻從未表示放棄以武力作為最後的統一手段。

---

[98] 繆宇綸，〈海峽中線：因兩國論從模糊概念變成實體分隔線〉。

[99] 王立楨，《飛行員的故事》（台北：旗林文化出版社，2009年），頁125。

[100] 陳朝懷，〈台灣海峽中線之法律定位探討〉，《軍法專刊》，第51卷第5期，2005年5月，頁36。

[101] 李傑部長於立法院所公布之「台海中線」座標並非是法律公告之行為，因此不具法律效果，僅有政治及軍事上之意義。魏靜芬，〈就國際法評海峽中線之適法性，避免軍事衝突之研究〉，《中華民國國防部》，2006年，頁16。

[102] 〈直航對台北市市飛航情報區的影響〉，《世界民航雜誌》，頁54。

[103] 有志、陳宇主編，《毛澤東大戰略》（北京：解放軍出版社，2008年），頁307-316。

[104] 姚有志、黃迎旭主編，《鄧小平大戰略》（北京：解放軍出版社，2008年），頁219-234。

　　因此，中國官方對於「台海中線」的看法未曾變動，歷任領導人也未公開提及此線。中國之所以不願公開承認此中線，因爲此線等於是分裂領土的界線。在中國官方刻意掩蓋下，許多國外及中國學者並不清楚此中線的存在。[105]但在李前總統拋出「兩國論」後，尤其是陳前總統上台後，這條線逐漸被台獨人士重視，成爲「一邊一國」分界線的法理依據。中國認爲若將此線「實線化」，等於分裂國家。[106]

　　雖然中國領導人未公開提及此中線，但是其媒體、官員及學者卻偶而提及。例如前「國台辦」主任王毅於2009年7月2日接見台灣立法委員考察團時，要求台灣開放中線，以提高兩岸對飛航班；[107]《中華網論壇》於同年11月4日刊載，中國央視曾播放過「台海中線」態勢圖（圖9-5）。[108]上海「台灣研究所」副所長倪永杰於2015年表示，爲適應市場需要及兩岸和平發展，呼籲台灣應該開放中線。[109]2016年7月1日，我國海軍一三一艦隊金江號巡邏艦誤射雄風三型反艦飛彈，上海政法學院教授倪樂雄接受《中央社》採訪時表示：「如果飛彈誤射過海峽中線，陸方會根據情況表達抗議，重則也可能引發戰爭，嚴重程度取決於台海的政治局勢。」[110]

　　另外，2016年12月2日，蔡總統與美國總統當選人川普通話後，中國鷹派媒體《環球時報》社論抨擊川普未來可能將「一個中國」政策當作敲詐的籌碼，並建議中國重新制定台海政策，將軍事鬥爭作爲主要選項之

---

[105]陳偉寬，〈論海峽中線之適法性與避免兩岸軍事衝突之研究〉，《空軍軍官》，第127期，2006年，頁34。

[106]一業，〈台灣海峽是虛線，是實線，還是火線〉，頁55。

[107]海洋，〈海峽中線 應該廢除〉，《中國評論新聞網》，2009年7月11日，http://hk.crntt.com/doc/1010/1/9/2/101019206.html?coluid=33&kindid=2411&docid=101019206。

[108]〈央視曝光：中國空軍台灣海峽中線部署態勢圖〉，《中華網論壇》，2009年11月4日，http://big5.china.com/gate/big5/military.china.com/zh_cn/06/11078236/20091104/15689894.html。

[109]賴錦宏，〈陸學者：台太過敏感 市場需求〉，《世界新聞網》，2015年1月14日，http://bit.ly/2LTzCHR。

[110]〈雄三誤射若過中線 陸專家：現勢決定後果〉，《聯合報》，2016年7月1日，http://udn.com/news/story/7331/1800257。

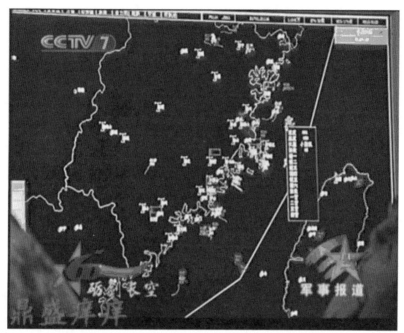

圖9-5　台海中線態勢圖
資料來源：〈央視曝光：中國空軍台灣海峽中線部署態勢圖〉，《中華網論壇》。

一，甚至必須打破「台海中線」，在必要時共機可飛越台灣。[111]上述中國官員、學者及媒體對於「台海中線」的論述，似乎未受到中國官方禁止。此顯示，中國對於「台海中線」採取一種默認態度。

但是自從2020年以來，由於兩岸關係趨於緊張，共機多次飛越「台海中線」。美國國務次卿克拉奇於同年9月訪台時，多架共機於9月18日飛越中線。這是自1999年李前總統提出「兩國論」後，最多共機故意飛越中線的事件。中國外交部發言人汪文斌於9月21日例行記者會上針對媒體詢問「共軍戰機逾越海峽中線」一事，回覆稱「不存在所謂的『海峽中

---

[111] 〈環時：中國須打破「台海中線」　必要時讓空軍飛越台灣〉，《ETtoday新聞雲》，2015年12月15日，http://bit.ly/2LRdL3x。

線』」，等於中國官方公開否認此中線的存在。

　　而且，此中線的默契在美國眾議院議長裴洛西於2022年8月2日至8月3日率團訪問台灣後，再度遭到中國軍機的挑戰。裴洛西離台後，解放軍於4月5日至7日之間對台灣發動「環台軍演」，大批軍機、軍艦越過台海中線。此外，蔡總統於2023年3月29日出訪中南美洲的瓜地馬拉與貝里斯兩個邦交國，並於4月5日回程過境美國時，與時任眾議院議長麥卡錫在加州進行會晤。此會晤又引起中國不滿，解放軍於4月8日至10日對台灣舉行名為「聯合利劍」的大規模軍演，大量中國軍機飛越台海中線，其機艦擾台架次破紀錄，從此共機越過中線已成為一種新常態了。

四、美國對「台海中線」的立場

　　在討論兩岸關係時，絕對不可忽視美國的角色，關於「台海中線」的議題亦是如此。美國對於「台海中線」的立場，亦可分為三個階段。美國是最早在台海劃定中線的主事者，故在第一階段時，美國承認此中線的存在。但是美國於1979年與台灣斷交後，因為遵守中國的「一中原則」，就未再提及此中線。故在第二階段時美國否認此中線的存在。

　　但川普總統上台後，美「中」關係趨於緊張，美國強力支持台灣，美國官員才又再度提及「台海中線」。例如，兩架共機罕見地於2019年3月31日飛越中線，時間長達十分鐘。美國曾表示這是明顯破壞台海現狀的行動，時任美國國家安全顧問的波頓（John Bolton）於同年4月2日公開指責共機挑釁行為。我外交部立即發布新聞稿，感謝波頓的支持。[112]

　　中國不滿美國國務次卿克拉奇於2020年9月17訪台，共機於9月18日、19日連續越過中線。後來，我國防部於10月8日證實，美軍一架MC-130J

---

[112]"MOFA thanks Bolton, Pentagon for strong response to Chinese fighter jets' incursion into Taiwan Strait median line," *Ministry of Foreign Affairs, Republic of China (Taiwan)*, April 2, 2019, https://www.mofa.gov.tw/en/News_Content.aspx?n=1EADDCFD4C6EC567&s=68B4D63AF64664AB.

運輸機，當天沿著中線由北往南飛行。不少分析指出，此軍機是在給北京畫線，要求中國尊重兩岸數十年來的「中線默契」，否則美軍可能有其他反制行動。[113]另外，2022年8月初與2023年3月底中國對台發動的環台軍演時，都有大批共軍飛越中線，美國政府均表達嚴重關切。由美國官員的言論及美軍的行為觀之，在第三階段時，美國雖未公開承認「台海中線」，但卻間接承認此中線的存在。（美「中」台對中線的立場請參閱表9-3）

表9-3　美「中」台對「台海中線」的立場

	台灣	中國	美國
第一階段 兩岸軍事對抗時期	不承認 蔣介石時期	不承認 毛澤東時期	承認 美軍劃定
第二階段 兩岸冷和時期	默認 蔣經國主政後	默認 鄧小平主政後	不承認 台美斷交後
第三階段 兩岸關係緊張時期	承認 2004年5月26日，國防部部長李傑在立法院答詢時，公布此線的具體位置。	否認 2020年9月21日，中國外交部發言人汪文斌在例行記者會首次公開稱此線不存在。	間接承認 1. 2019年4月2日，美國安顧問波頓指責共機飛越中線。 2. 2020年10月8日，美軍運輸機沿中線飛行。 3. 2022年8月初與2023年3月底中國對台發動的環台軍演，大批共軍飛越中線，美國均表達嚴重關切。

資料來源：作者整理。

第七節　兩岸統合的問題

中國的古典名著《三國演義》第一回開頭有云：「話說天下大勢，分

---

[113] 〈台海無中線？美軍戰機給北京的明暗示〉，《聯合報》，2020年10月10日，https://udn.com/news/story/6809/4924865。

久必合，合久必分。」過去中國的歷史也確實是如此發展，例如秦國滅了六國而統一天下，秦國覆亡後形成楚漢相爭，後來劉邦一統天下；東漢末年天下三分，後來由晉朝統一天下；晉朝滅亡後，進入南北朝時期；南北朝後來被隋朝統一。中國的歷史就這樣周而復始地上演著分合的歷史劇。但是兩岸於1949年分離迄今，仍然處於分治的狀態，此為中國歷史上少見的現象。因為現在的情勢與古代完全不一樣了，而且兩岸的情勢還涉及到國際的因素，非常複雜。

對於兩岸的分合問題，許多人常引用國際關係理論「新自由主義」中，主張區域整合的「整合理論」（Integration Theory），[114]以及歐盟（European Union）的例子加以探討。對於如何整合，以「功能主義」（Functionalism）與「新功能主義」（Neo-functionalism）最為人們所使用。羅馬尼亞學者梅傳尼（David Mitrany）於1943年在英國出版《有效的和平體制》（*A Working Peace System*）乙書，所提出的「功能主義」成為解釋歐洲共同市場成立的最主要理論依據。

此主義認為可經由三個步驟完成區域整合：一、先由技術領域進行合作。此種合作成功之後，會產生「外溢」（spill-over）的效果，逐步「擴展」（ramification）到其他領域，逐漸擴大合作範圍；二、人民對國家的忠誠度會改變。因為整合通常是由經濟事務領域合作開始，最終進入政治事務領域。國家雖然重要，但隨著國際社會中各種合作事務的啟動，及功能性組織的產生，人民會發現國家不再能滿足其需求，而開始對國家的忠誠轉至超國界的功能性組織。功能性合作將以國際組織或多邊主義等機制來實行，它們將削弱國家的重要性；三、最後建立一個全球性的世界體系。當國家透過多管道的交流後，不合時宜的政治結構為因應全球趨勢而進行調整，衝突也在溝通與整合過程中逐步解決。而且這些功能性的合作將會逐漸滲透到政治部門，使得國家的獨立行動能力降低，進而增加世界

---

[114] 又稱為「統合理論」。

合作，使各方最終可共同生活於穩定的國際體制之下，如此和平規範才得以創立，從而減少並最終消除戰爭。

「功能主義」對整合的論述雖然精湛，但與實際情況不完全相符合，因此有「新功能主義」提出修正意見。德裔美國學者哈斯（Haas）認為「功能主義」主張「僅依賴技術而忽略政治因素」及「整合源於大眾的支持」的見解有誤，因為對歐洲整合的支持度，大眾與菁英之間存在著明顯的差異。「外溢」的現象並非自動發生，而是透過菁英分子的居間協調才成功，所以菁英乃是整合成功與否的重要因素。這正符合前歐盟主席德洛爾（Delors）所說：「歐洲整合的啟動，只能是一項菁英的事業」。

另外，美國國際關係學者奈伊（Nye）對於「功能主義」所提出的「外溢」效果持保留的態度，他認為「外溢」並不一定會朝有利整合的方向發展，有可能朝不利的方向發展，產生「溢回」（spill-back）的倒退現象，例如歐洲整合過程就充滿著「溢回」的困境。他認為若沒有四個條件，雖然各國間的經濟交流活動增加，不必然會促成政治的整合：一、各國的國力與領土相當；二、各國經貿與人員往來數量相當；三、各國均為多元化的社會；四、各國政治菁英的價值觀相似。這四個條件對於整合成功與否，缺一不可。

兩岸雖然都屬於同文、同種、同語言的民族，具有良好的整合基礎，而且自中國於1978年推動「改革開放」政策，及我國於1987年11月2日開放人民前往中國探親之後，台商開始大量前往中國投資，兩岸關係加速發展，並陸續產生功能主義的「外溢」現象。兩岸產生類似「功能主義」的發展模式，從經貿、社會等非政治性議題整合談判開始，並產生了「外溢」的現象。從「功能主義」與歐盟整合模式來說，兩岸已開啟良好的整合基礎，若操作得宜，可為兩岸關係尋求解決之道。[115]

---

[115] 葉怡君，〈兩岸的整合與困境〉，趙建民主編，中國研究與兩岸關係，第4版，頁420-424。

　　然而，兩岸關係並未完全緩和，甚至出現許多「溢回」的倒退現象。例如在台灣的兩岸政策上，前總統李登輝於1996年提出的「戒急用忍」政策、1999年的「兩國論」；前總統陳水扁於2002年所倡導的「一邊一國」、2006年將「積極開放、有效管理」的政策改為「積極管理、有效開放」；總統蔡英文於2016年上任後不承認「九二共識」等；在中國方面，江澤民時期於1996年對台灣發射飛彈所引起的台海危機、李前總統於1999年發表「兩國論」後，共軍戰機首度飛越台灣海峽進行挑釁；胡錦濤時期於2005年通過的《反分裂國家法》；以及習近平時期對台灣的各種打壓及軍事威嚇等，都讓兩岸關係呈現倒退的現象。兩岸關係並未如「功能主義」的主張，在整合的道路上順利前進。

　　對於此現象，可引用奈伊所提出的整合四個條件加以解釋。第一個條件為各國的國力與領土相當。兩岸不論在國力、領土、資源、人口等各方面都呈現巨大的落差；第二個條件為各國經貿與人員往來數量相當。雖然兩岸經貿與人員往來頻繁，但是由於台灣甚為依賴中國的廣大市場及低廉的人力市場，基本上，兩岸在經貿與人員往來方面並不相當；第三個條件為各國均為多元化的社會。中國在政治方面目前仍然維持中共「一黨專政」的制度，但是台灣的政治早已是多元化的多黨制，而且已經發生三次政黨輪替，不再是國民黨一黨獨大，故兩岸的政治歧異甚大；第四個條件為各國政治菁英的價值觀相似。兩岸領導人在政治價值觀方面一直都存在著巨大落差，雖然前總統馬英九是最為親中的台灣領導人，但是對於「一中」原則的核心問題仍然與中國不同，其他台灣領導人與中國的政治價值觀差異更大。[116]

　　雖然有人提倡以「邦聯制」來解決兩岸問題，但是在台灣內部對此議題並沒有共識，因為台獨基本教義派將它視為統一前奏而大加撻伐，而統

派則以邦聯乃「主權國家」的結合，違反《國統綱領》而予以反對。[117]中國方面更是公開反對此制度，例如中國媒體雖然認為前副總統連戰於2003年1月發表的著作《新藍圖、新動力：連戰的主張》中認同中華民族、肯定統一目標的前提下，倡議兩岸實行「邦聯制」的理念，雖然有新意，但仍不符合「一中」原則，不適合兩岸統一。[118]由上述的論述觀之，目前兩岸尚無法完全符合整合理論的四個條件，所以兩岸的整合仍是一條遙遠及艱辛的道路。

第八節　美、中、台三邊關係

一、「戰略三角」理論

　　在討論了兩岸關係之後，接著要探討美、中、台三邊關係的發展情形。兩岸關係雖然屬於台灣與中國之間的事務，但是此關係卻一直受到外界的影響。而影響兩岸關係的最主要外界因素就是美國，例如於1996年台灣舉辦首次總統直選，中國卻對台灣附近海域發射飛彈，讓兩岸關係趨於緊張，結果導致美國派航空母艦介入，幸而解除該危機。[119]故兩岸關係已經不再是單純的台灣與中國的關係而已。邱坤玄榮譽教授表示，中國雖然堅稱台灣是其內政問題，不容他國干涉。但事實上，美國在台灣問題上扮演著關鍵的角色。因此，中國致力加強與美國的關係，希望美國能對台灣問題予以讓步。[120]

---

[117]李怡，〈以邦聯制解決國家認同問題〉，《天下雜誌》，第244期，2012年6月20日，http://www.cw.com.tw/article/article.action?id=5033957（檢索日期：2017年4月4日）。

[118]彭維學，〈邦聯制「違背一個中國」原則〉，《華夏經緯網》，2003年10月15日，http://big5.huaxia.com/2003617/00004160.html（檢索日期：2017年4月4日）。

[119]羅至美，〈歐盟統合的多樣性路徑與對兩岸關係的政策意涵〉，《問題與研究》，第49卷第3期，2010年9月，頁2。

[120]邱坤玄，〈中共外交政策〉，頁166。

　　由於美國不但是當今世界上的超級強權，也是唯一足以與中國抗衡並保護台灣的國家，對美關係一向是我國對外關係的重中之重。因此，探討兩岸關係時，一定不能忽略美國因素。因為兩岸不論在政治、軍事及經濟領域，都深深受到美國影響。「美國的態度直接影響台海穩定與否之外，也因為美國的主動介入將可以改變現況，並製造新的均衡。因此，美、中、台三角關係成為研究兩岸關係相當重要的分支，也是研究國際關係中穩定、衝突等議題的實證個案。」[121]長期以來兩岸關係都是有美國的影子，故許多學者在探討兩岸關係時，都會將美國的因素納入，使該三角關係的研究成為國內的一門顯學。

　　許多學者採取不同的研究途徑探討此關係，並提出精闢的見解及理論。在各種理論當中，以美國加州大學柏克萊分校政治系教授狄特摩（Dittmer）1981年所提出的「戰略三角」（Strategy Triangle）理論，經常被國內學者所運用。此理論以正、負定義三個雙邊關係的好壞，將三邊關係分為四大類型：三邊為正的「三邊家族型」、二正一負「羅曼蒂克型」、兩負一正的「結婚型」、三邊為負的「單極否決型」。行為者則可區分為幾種角色：三邊家族型中的「朋友」、羅曼蒂克型中的「樞紐」與「側翼」，結婚型中「孤雛」及「夥伴」，及單極否決型中的「敵人」。吳玉山教授將這六個角色的優劣排列為：樞紐→朋友→夥伴→側翼→敵人→孤雛。[122]

　　另外，根據我國學者袁鶴齡教授及沈燦宏博士的分析稱，戰略三角中各雙邊關係，受到「正面或負面相關」的價值利益，與「對稱或不對稱」的平衡狀態影響。前者指雙邊利益的「增加或減少」（如貿易增加利益，而制裁減少利益），後者指雙邊利益的「互惠或不互惠」（如利益對利益，或利益對制裁）。其中，第一類為「正相關且對稱」，如在貿易中彼

---

[121]沈有忠，〈美中台三角關係：改良的戰略三角分析法〉，《展望與探索》，第4卷第3期，2006年3月，頁20。
[122]鍾寶慧，〈近期美中台三邊關係之評估與展望〉。

平衡狀態

	對稱	不對稱
正相關	第一類：正相關且對稱 如對等的貿易關係	第三類：正相關但不對稱 如經濟、技術依賴或貿易不對等
負相關	第二類：負相關但對稱 如彼此威脅或軍事對峙的狀態	第四類：負相關且不對稱 如脅迫或征服的關係

價值利益（左側縱軸標示）

圖9-6　戰略三角中各雙邊關係

資料來源：袁鶴齡、沈燦宏，〈從美中台戰略三角的演變看兩岸信心建構措施的建立〉。

此交換等值的利益；第二類為「負相關但對稱」，如彼此威脅或軍事對峙造成可能損失狀態；第三類為「正相關但不對稱」，如經濟、技術依賴或貿易不對等的狀態；第四類為「負相關且不對稱」，如脅迫或征服的關係。[123]（圖9-6）

根據此理論，三方的關係可區分為四種類型：第一類三邊家族型（M'enage a trois）；第二類羅曼蒂克型（Romantic）；[124]第三類穩定結婚型（Marriage）；第四類單位否決型（Unit-veto）。（圖9-7）[125]

---

[123]袁鶴齡、沈燦宏，〈從美中台戰略三角的演變看兩岸信心建構措施的建立〉，《東吳政治學報》，第30卷第3期，2012年，頁56。

[124]陳金龍，〈後冷戰時期兩岸關係中的日本角色——以狄特摩戰略三角模型為架構〉，國立中興大學國際政治研究所學位論文，2007年，頁7。

[125]其實「羅曼蒂克型」的關係，猶如俗稱的「走踏兩條船」或「享齊人之福」關係。

第一類：三邊家族型

（三方相互維持友好關係）

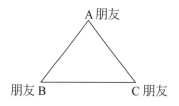

第二類：羅曼蒂克型關係

（三方中的一方同時與另外兩方維持友好
關係，但另外兩方則為敵對關係）

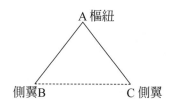

第三類：穩定結婚型

（三方中有兩方相互維持友好關係，並
同時與其中一方為敵對關係）

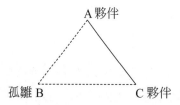

第四類：單位否決型

（三方均相互為敵對關係）

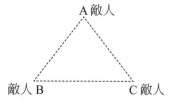

圖9-7　戰略三角關係中的三邊關係
說明：實線表示雙邊關係為「友好」，虛線表示雙邊關係為「敵對」。
資料來源：作者自繪。

二、美、中、台三邊關係

　　美國政治屬於兩黨民主政治，共和黨與民主黨經常交替執政。由於兩黨有各自的執政理念、意識形態及利益等因素考量，對於兩岸所採取的政策，也有所不同。一般而言，國內人士咸認為共和黨比民主黨較為友台。然而，國際局瞬息萬變，此三角關係也並非一成不變，而是隨著國際局勢及其國內政治環境的變化，隨時在擺盪起伏著。如何處理好此三邊關係，一直是三方政府的主要施政重點之一。

　　根據「國家政策研究基金會」助理研究員鍾寶慧分析稱，由於美、

中、台三邊關係是我國最重要的對外關係之一，一邊是長期支持我國的世界超強，一邊是與我國有主權爭議的崛起中國家，台灣在此三角架構中處於先天不平等的地位，故必須謹慎處理。台灣最好是讓自己成為三邊家族中的朋友，若只偏重對美或對中關係，將落入側翼角色，為次佳選項，而最壞的情形是落入孤雛地位。[126]對於此三邊關係的發展情形，袁鶴齡及沈燦宏兩位學者檢視1987年11月至2011年6月的兩岸關係後，將美中台戰略三角類型區為七個時期（表9-4）。表9-5為美、中、台三邊關係的七個重要文件。

表9-4　美、中、台戰略的七個時期

時期	時間	互動情形	三角關係
第一期	1987年11月至1995年2月	台灣於1987年11月2日開放民眾赴中國探親，為兩岸從衝突走向和緩的最大轉捩點。1991年我國訂定《兩岸關係人民條例》、制定《國統綱領》、成立國統會、陸委會、海基會等，中國也成立海協會。1992年兩岸在香港舉行會談，翌年於新加坡舉行首次「辜汪會談」。	三邊家族型
第二期	1995年3月至1996年4月	1995年5月22日，柯林頓（Clinton）總統允許李登輝總統於6月赴美訪問，引起中國不滿，開始對台進行文攻武嚇、試射飛彈，並推遲海基會、海協會第二次會談，兩岸關係跌入谷底。美國為維護台海安全，派出航空母艦戰鬥群與共軍對峙，美、中關係也因而惡化，三邊關係形成以中國為孤雛的結婚型關係。	結婚型
第三期	1996年5月至1998年6月	1996年5月台海危機解除後，美國為修補與中國關係，於1997年10月邀請江澤民訪美，1998年6月，柯林頓總統回訪中國。此時期，美國除與台灣維持良好關係外，也改善與中國的關係。	羅曼蒂克型（以美國為樞紐）
第四期	1998年7月至2002年7月	1998年6月「柯江會談」後，兩岸關係也趨緩和，同年10月兩岸再度舉行「辜汪會談」。台灣於2000年發生首次政黨輪替，然兩岸採謹慎態度因應，並嘗試延續「辜汪會談」後的交流。	三邊家族型

---

[126]鍾寶慧，〈近期美中台三邊關係之評估與展望〉。

表9-4　美、中、台戰略的七個時期（續）

時期	時間	互動情形	三角關係
第五期	2002年8月至2008年5月	2002年8月3日陳水扁提出「一邊一國」主張，並推動「防衛性公投」，而激怒中國。台灣單方面改變現狀，使小布希總統（George W. Bush）對陳水扁總統不滿，造成美、台關係受嚴重考驗，三邊關係形成以台灣為孤雛的結婚型關係。	結婚型（台灣為孤雛）
第六期	2008年6月至2016年5月	台灣於2008年發生第二次政黨輪替，國民黨重新執政，馬英九總統主動改善與中國的關係，在外交上實施「外交休兵」策略，在兩岸堅持「九二共識」；中國則大幅對台讓利，兩岸簽署多項經貿協議，鼓勵陸客來台旅遊。當時在兩岸領導人的合作下，呈現和諧狀態。	三邊家族型
第七期	2016年5月迄今	**台、中關係：** 蔡英文總統時期：台灣於2016年發生第三次政黨替，蔡英文當選總統。由於民進黨主張台獨路線，故蔡總統不願承認「九二共識」，讓兩岸關係呈現「冷和」狀態迄今。兩岸關係甚至於2022年8月在美國眾議院議長裴洛西訪問台灣，因為中國發動「環台軍演」，雙方瀕臨軍事對抗，被稱為「第四次台海危機」。 賴清德總統時期：賴清德於2024年5月20日就任我國第十六任總統，在就職演說中表示，將延續前總統蔡英文的「四個堅持」政策。他還明確表示「中華民國台灣是一個主權獨立的國家」。中國稱此演說發出了「危險信號」，試圖破壞台海和平與穩定，並以此作為藉口，解放軍東部戰區於5月23日至24日在台灣周邊海域舉行「聯合利劍-2024A」大規模軍事演習。 **台、美關係：**美國川普政府對台灣友善，通過多項友台法案，包括2018年3月的《台灣旅行法》、5月24日的《國防授權法案》。並於2017及2018年兩度軍售台灣，總計約新台幣534億元。拜登繼任後，繼續加強與台灣的關係，例如派遣高層官員及密友訪台，並稱美國對台灣的支持堅如磐石。拜登並於2022年12月23日簽署《2023年度國防授權法案》，授權未來五年提供台灣100億美元軍援；並組建包含台灣在內的「晶片四方聯盟」（Chip 4），以共同對	結婚型（中國為孤雛）

表9-4　美、中、台戰略的七個時期（續）

時期	時間	互動情形	三角關係
第七期	2016年5月迄今	抗中國。另外，拜登總統於2024年4月24日簽署總值約950億美元的《2024年國安緊急補充撥款法案》，援助烏克蘭、以色列與台灣，其中80億美元用於抗衡中國在印太地區對台灣及其他盟友的威脅行動。 **美、中關係**：習近平與川普雖然於2017年先後互訪，但是美國國防部於2018年1月19日公布的《國防戰略報告》指明，中國與俄國這兩個修正主義國家構成的戰略競爭，是美國繁榮與安全的核心挑戰。現在美國國家安全的首要關注點，不是恐怖主義，而是這兩國的競爭。而且，川普於2019年6月15日宣布對價值500億美元的中國產品課徵25%關稅，兩國的貿易戰開打，讓兩國關係更加緊張。故美、中、台三邊關係形成以中國為孤雛的結婚型關係。 拜登總統於2021年1月20日上任後，仍延續前川普政府的對中國的強硬經貿、外交及軍事政策，如未取消對中國商品課徵高額關稅；保留「印太戰略」，美軍更頻繁地在南海實施自由航行活動；而且美國就香港、新疆等人權問題譴責中國。此外，美中亦因為中國在「俄烏戰爭」中偏袒俄國，以及2023年2月4日美國射下中國飄到美國本土上空的「間諜氣球」事件，造成兩國關係緊張。許多國際安全的專家擔憂，美中兩國可能會走向「新冷戰」。 由上述分析可知，在短期內，美中相互對抗、美台越趨親近、台中冷和僵局的格局不會改變。亦即美、中、台的三邊關係仍然維持以中國為孤雛的結婚型關係。而且此關係在近幾年，應該不會有大幅度的改變。	結婚型（中國為孤雛）

資料來源：袁鶴齡、沈燦宏，〈從美中台戰略三角的演變看兩岸信心建構措施的建立〉，頁58-61，以及作者加以補充。

表9-5　美、中、台三邊關係的七個重要文件

法案名稱	簽署日期	簽署人	重要內容	重要意義
上海公報[127]	1972年 2月28日	中方： 周恩來總理 美方： 尼克森總統	1. 關係正常化符合兩國利益。 2. 中國反對任何旨在製造「一中一台」、「一個中國、兩個政府」、「兩個中國」、「台灣獨立」與鼓吹「台灣地位未定論」的活動。 3. 美方認知（acknowledges）兩岸都堅持一個中國，並對這此立場不提異議，但重申由中國人自己和平解決台灣問題，並將逐步減少在台的美軍。 4. 擴大兩國民間往來與經貿交流。	為1972年尼克森總統訪中國的主要成果，代表兩國關係緩和。對美國而言，在於拉攏中國以孤立蘇聯，利用中蘇分裂加強美國國家安全。而中國與美國改善關係，以對抗蘇聯。該公報最大的意義在於美國對「一個中國」首次不表異議。
建交公報[128]	1978年 12月16日	中方： 華國鋒總理 美方： 卡特總統	1. 宣布兩國於1979年1月1日建交。 2. 美國承認中華人民共和國政府是中國的唯一合法政府，台灣是中國的一部分。 3. 美國與台灣斷交、撤軍、廢除《中美共同防禦條約》，但保留與台灣非官方往來。 4. 兩國重申反對任何國家在亞洲建立霸權（暗示兩國對蘇聯的共同立場）。	該公報加強中國在國際的合法性，被視為中國的外交勝利。而對在台灣的國民政府，則是繼被迫退出聯合國後在外交上的另一次重大打擊。
八一七公報[129]	1982年 8月17日	中方： 趙紫陽總理 美方： 雷根總統	1. 美國向台灣出售的武器在性能與數量上不超過中美建交後的水準。 2. 美國逐步減少對台灣的軍售。 3. 經過一段時間終止軍售。	因《上海公報》與《建交公報》都未解決美國對台軍售問題，中國為徹底解決此問題，要求美國簽訂該公報，

[127]全稱為《中華人民共和國和美利堅合眾國聯合公報》。
[128]全稱為《中華人民共和國和美利堅合眾國關於建立外交關係的聯合公報》。
[129]全稱為《中美就解決美國向台出售武器問題的公告》。

表9-5　美、中、台三邊關係的七個重要文件（續）

法案名稱	簽署日期	簽署人	重要內容	重要意義
				美國首次強調將逐步減少及終止對台軍售。
台灣關係法	1979年4月10日	美方：卡特總統	1. 繼續維持美國人民及台灣人民的商務、文化及其他各種關係。 2. 任何企圖以非和平方式決定台灣前途之舉，包括使用經濟抵制及禁運手段在內，將被視為對西太平洋地區和平及安定的威脅，而為美國所嚴重關切。 3. 提供台灣防禦性武器。 4. 反對任何訴諸武力、或使用其他高壓手段，而危及台灣人民安全及社會經濟制度的行動。 5. 美國在台灣設立「美國在台協會」（AIT）。	美國與我國斷交後，美國國會制定此法律，並由卡特總統簽署生效，以規範往後的美國與台灣關係，使台灣安全獲得保障。 由於該法屬於美國的法律，其位階高於前三個公報。
台灣旅行法（Taiwan Travel Act）	2018年3月16日	美方：川普總統	法案指出，美國國會認為《台灣關係法》施行以來，由於美國對台灣高層訪美的自我設限，美台之間缺乏有效溝通，美國政府應鼓勵美國與台灣之間所有層級官員互訪。[130]	此法案是續《台灣關係法》後，另一部現行與台灣相關的美國國內法。此法案解除了美國政府長久以來對現任高層官員訪台的限制，大幅提升台美的關係。因此，引起中共極大的反彈。

---

[130]張加，〈美國眾院外委會 通過「台灣旅行法」〉，《聯合報》，2017年10月13日，https://udn.com/news/story/6809/2754321（檢索日期：2018年3月13日）。

表9-5　美、中、台三邊關係的七個重要文件（續）

法案名稱	簽署日期	簽署人	重要內容	重要意義
台北法 （TAIPEI Act）	2020年 3月27日	美方： 川普總統	全名為《台灣友邦國際保護及加強倡議法》（Taiwan Allies International Protection and Enhancement Initiative Act, TAIPEI Act），其主要重點是鼓勵美國行政部門建立所謂外交「賞罰制度」，鼓勵美國行政部門反制中國奪取台灣邦交國，並協助台灣強化與印太區域、世界其他地區國家的夥伴關係。	在蔡總統任內有七個國家與台灣斷交，美國通過該法，希望能阻止台灣的邦交國轉向中國。中國國台辦表示，該法公然阻撓其他國家同中國建交，助台拓展國際空間，反對美國以任何形式干涉中國內政。然而，尼加拉瓜於2021年12月10日突然宣布與我國斷交，為《台北法》通過後，第一個與台灣斷交的邦交國。
台灣保證法 （Taiwan Assurance Act）	2020年 12月27日	美方： 川普總統	該法案內容非常廣泛，包括支持對台軍售常態化、支持台灣有意義參與國際組織，也敦促美國國務卿檢視對台交往準則，並就檢討結果以及《台灣旅行法》執行情形向國會提交報告。	該法案使美國對台軍售邁向「正常化」，讓程序更靈活，等於賦予國務院、國防安全合作署（DSCA）及各軍種在審議對台軍售案時，有更大的空間，並可避免政治干擾。

資料來源：〈中美三個聯合公報〉，《維基百科》，2021年7月18日，https://zh.wikipedia.org/wiki/%E4%B8%AD%E7%BE%8E%E4%B8%89%E4%B8%AA%E8%81%94%E5%90%88%E5%85%AC%E6%8A%A5（檢索日期：2021年7月30日），及作者補充。

第⑩章 香港問題

　　香港雖然擁有繁榮的經濟，對中國的經濟非常重要，但是由於其土地狹小，故在中國的政治地位一向不高。一般有關研究中國的書籍，也甚少單獨討論香港問題。然而，由於近年來香港問題不斷，且發生重大的「反送中」暴力示威活動，讓中國改變對香港的治理態度，逐漸強化對香港的管控，已違反當初鄧小平所做五十年不變的承諾，並引起國際的關注及抗議，嚴重影響中國與世界各國的關係。因此，本章針對香港問題進行討論。

第一節　問題的緣起

　　清朝末年，中國積弱，與列強實力差距甚大。清朝因貿易問題與英國發生衝突，並於1840年爆發第一次鴉片戰爭，清朝戰敗，被迫於1842年與英國簽訂《南京條約》，割讓香港島予英國。1860年，爆發第二次鴉片戰爭，清朝又戰敗，被迫與英國簽訂《北京條約》，割讓九龍半島。1897年德國派艦隊強占膠州灣，逼迫清朝將膠州灣租借予德國，租期九十九年。此例一開，法國與英國相繼要求租借地，英國於1898年強逼清朝簽訂《新界租約》，[1]強行租借新界地區，租期為九十九年。因此，香港是由香港島、九龍半島與新界三個部分所組成，其中以新界的面積最大。（圖10-1）

---

[1] 條約全名為《展拓香港界址專條》，包括九龍界限街以北，深圳河以南的土地。

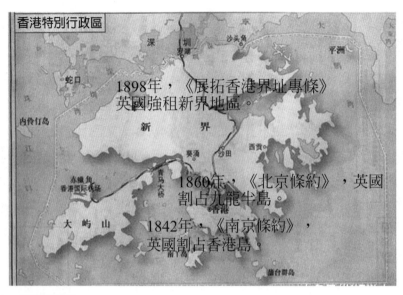

香港特別行政區

1898年，《展拓香港界址專條》英國強租新界地區。

1860年，《北京條約》，英國割占九龍半島。

1842年，《南京條約》，英國割占香港島。

圖10-1　香港地圖

資料來源：醉秀科學，〈英國只想歸還新界，中方說出一個原則，整個香港回歸〉，《頭條新聞》，2018年12月6日，https://kknews.cc/history/8q4lv3q.html（檢索日期：2020年5月1日）。

　　根據《新界租約》規定，中國於租約期滿後（1997年6月30日），可收回新界。但是香港島與九龍半島是永久割讓給英國，英國可以不需歸還。在中英雙方談判香港回歸問題時，英國原本只願歸還新界，但由於鄧小平堅持必須香港全部回歸，時任英國首相的柴契爾夫人考量香港離英國太遠，若與中國發生軍事衝突，鞭長莫及。而且，香港非常依賴中國的資源供給，只要中國切斷淡水的供給，香港就無法生存。故柴契爾最後不得不同意，將整個香港地區[2]全部交還給中國。

　　經過長期的談判後，中國國務院總理趙紫陽與柴契爾於1984年12月19日在北京簽訂《中英聯合聲明》（*Sino-British Joint Declaration*），[3]確定

2　包括香港島、九龍與新界。

3　全名為：《中華人民共和國政府和大不列顛及北愛爾蘭聯合王國政府關於香港問題的聯合聲明》（*Joint Declaration of the Government of the United Kingdom of Great Britain and Northern Ireland and the Government of the People's Republic of China on the Question of Hong Kong*）。

香港地區將於1997年7月1日回歸中國，使當時大部分港人內心懷著恐共的情緒。爲消弭港人的恐懼，1987年4月16日，鄧小平在北京接見香港《基本法》起草委員會委員時，強調中國會實施「一國兩制」，香港於1997年回歸後的五十年政策不會變。他還稱要讓香港馬照跑、舞照跳，保留原有的資本主義生活方式。[4]

鄧小平提出「一國兩制」的目的，不但是要消弭港人對中共的恐懼，而且要保有香港的繁榮經濟，以利中國的經濟發展。另外，鄧小平也希望香港的「一國兩制」，未來能作爲統一台灣的樣板。然而，香港雖然是中國的重要資產，但也是一個沉重的負擔。因爲在英國長達百年的統治之下，港人雖然沒有享受完全的政治權利，但是西方的法治思維及資本主義生活方式，已深深根植在港人的腦中及生活方式裡，與中國的極權統治及社會主義完全不同。故自從回歸後，港人對中共的統治方式常有不滿。

在中共的統治下，香港曾發生多次大型示威運動。香港的示威運動與中國境內的陳抗有所不同，中國人民的陳抗大都與自身的利益有關。但是香港的示威運動主要是以抗議中共的統治方式，並爭取特首普選的政治活動。如於2003年的「七一大遊行」，香港民衆爲反對中國政府要求港府依據《基本法》第23條訂定香港的國家安全法。[5]約有50萬人上街抗議，這是香港回歸後，首次大規模的示威抗議活動；2012年的「全民行動反對洗腦」大遊行，約有9萬港人參與，反對港府對中學生施行讚揚中國的「德育及國民教育科」，認爲這是「洗腦」課程；2014年的「占領運動」，[6]港人爲爭取特首及立法會雙「眞普選」，約有120萬港人參與遊行。

4　〈「馬照跑舞照跳」寓50年不變〉，《蘋果日報》，2019年9月19日，https://hk.appledaily.com/local/20190918/XQMR4KKPEX7Z3ZSAUJJL53O7TE/（檢索日期：2020年5月1日）。
5　這是規定香港境內有關違反國家安全的行爲的法條，包括叛國罪、分裂國家行爲、煽動顛覆國家政權罪、顛覆國家罪及竊取國家機密等。
6　由於示威者使用黃色雨傘抵擋警方的胡椒噴霧，故被稱爲「雨傘運動」（Umbrella Movement），而許多西方媒體則稱此運動爲「雨傘革命」（Umbrella Revolution）。

第二節 「反送中」運動

　　這種以政治為目的的集會示威活動，在中國是絕對被禁止，但是香港因為地位特殊，所以享有此權利。香港過去的幾次抗議活動都較為平和，最後也都被港府平息下來，未造成太大的社會動盪。然而，發生於2019年的「反送中」運動，讓香港政府與民眾發生嚴重的對立及暴力事件，而成為全世界關注的焦點。由於此事件是香港歷年來最大的規模抗議活動，且影響深遠，也完全改變香港的命運，故有必要對其進行探討。

　　此事件起因為香港網紅潘曉穎與男友陳同佳，於2018年2月農曆年期間來台旅遊，不料卻遭男友殺害，陳某畏罪逃回香港，躲避台灣的法律制裁。由於港台之間無司法互助協議，我國無法引渡陳某來台受審，他僅被香港司法機關控洗錢罪，並被判二十九個月徒刑。香港立法會議員與受害者的母親於2019年2月12日一起召開記者會，希望香港政府可以修改法例，以堵塞漏洞。

　　香港政府為解決此問題，宣布修改《逃犯條例》與《刑事互助條例》，刪除原有條文規定，香港的引渡法例不適用於中國大陸、澳門及台灣。若修法成功，港府可將嫌犯移交至包括中國在內，沒有引渡協議的國家或地區。此事引發香港各界憂慮，因為根據新法，在香港過境、工作或從事投資者，都可能被引渡到中國受審，因此誘發了「反送中」的因子。

　　香港政府宣布修法後，香港各界開始出現反對的聲音。泛民主派於3月31日發起首次反修法遊行，當時約有1萬2,000多人參加，從此燃起抗議的火苗。由於港府態度強硬，激起眾多人權人士、律師、公務員及學生等紛紛加入，最後人數曾達到200多萬之眾。抗議人潮擠滿了香港的大街小巷，盛況空前。抗議者甚至占領機場，影響機場運作及航班起降。許多學生並採取激烈的暴力行為破壞公共設施，與警方發生嚴重的流血衝突事件，導致香港經濟陷於癱瘓。

　　最後，特首林鄭月娥不得不於6月15日宣布暫緩修法，並公開道歉，但仍無法平息示威抗議及暴力活動。香港公務員於8月2日首度集會，聲援「反送中」。示威者除要求林鄭下台外，甚至闖入立法會，並發起「罷市、罷工、罷課」的「全港三大罷」活動。8月11日，發生港警向示威者進行無差別暴力鎮壓事件，導致多人受傷。翌日，中國「港澳辦」召開記者會，宣稱「香港出現恐怖主義苗頭」，打擊抗議人士必須「毫不手軟，毫不留情」。此事件引起聯合國的關注，人權辦公室發布新聞稿，敦促港府調查警方的暴力行為。

　　林鄭在眾多的壓力之下，於9月4日終於宣布撤回修法。但示威者堅持原先提出的「五大訴求」[7]缺一不可，並持續抗議活動，緊張情勢未能解除，甚至出現中國黑道人士毆打示威者。為壓制抗議人士，港府通過《禁止蒙面規例》，規定從10月5日開始，全面禁止香港人在集會遊行蒙面及戴口罩。此法律再度引發港民上街抗議，並發表「香港臨時政府宣言」，宣告成立「香港臨時政府」，堅決反抗背離民意的香港政府。

　　11月24日，香港舉行四年一度的區議會選舉。由於受到「反送中」影響，投票人數大增，投票率高達71.2%，創下香港歷史最高紀錄。投票結果在452席位中，泛民派大勝親中的建制派，從125席躍升至388席。建制派則從299席，掉到59席。支持港府的多位指標性人物全都落選，而多名「反送中」的活躍人士都當選，各界解讀此結果顯示港人對港府投下不信任票。[8]「反送中」運動仍然持續不斷，直至新冠肺炎於2020年1月中，由中國蔓延至香港後，示威抗議才稍歇，總計抗議活動持續約二百八十五天之久。

7　五大訴求包括：撤回《逃犯條例》修訂草案；撤回「暴動」定性；撤銷所有反送中示威者控罪；成立獨立調查委員會，徹底追究警隊濫權情形；立即實行「真雙普選」。

8　〈香港反送中大事記：一張圖看香港人怒吼的285天〉，《報導者》，2019年11月26日，https://www.twreporter.org/a/hong-kong-extradition-law-events（檢索日期：2020年5月1日）。

第三節　中國的反應

因反送中運動中示威衝突不斷升級，當時許多人研判，中共可能效法1989年的「天安門事件」，動用軍隊進行鎮壓。但是由於香港地位特殊，中共可能記取教訓，故一直未派軍隊進行鎮壓。但是在抗議活動持續近二個月後，中國國務院港澳辦公室首度於2019年7月30日招開記者會，提出三點聲明，並畫出三條底線。三點聲明分別為：一、香港少數激進分子的暴力活動，已嚴重觸碰「一國兩制」的原則底線，絕對不能容忍；二、堅決支持林鄭月娥政府與香港警方嚴正執法；三、希望香港社會盡快走出政治紛爭。

而不可碰觸的三條底線為：絕對不允許任何危害國家主權安全、挑戰中央權力與《香港特別行政區基本法》權威、利用香港對大陸進行滲透破壞。若示威者碰觸這三條底線時，將危及北京在港實施的「一國兩制」及統治權威，故「動用軍隊」可能會是北京的選項。雖然中國示威者發出強烈的警訊，但未能嚇阻示威者。港澳辦於8月7日發布新聞稿，引述其主任張曉明指稱，在示威活動中，有人鼓吹「港獨」，喊「光復香港、時代革命」口號，嚴重挑戰「一國兩制」原則底線，帶有明顯的「顏色革命」特徵。這是「反送中」運動自6月爆發以來，張曉明首次以「顏色革命」形容此事件。

8月11日爆發多起嚴重流血事件，港澳辦痛批極端示威者攻擊警察，已構成嚴重暴力犯罪，並稱此運動「開始出現恐怖主義苗頭」，形容香港已經走到了一個重要關頭，各界應向一切暴力分子說不。最後，中國國家主席習近平於11月14日針對香港問題公開表態抨擊稱，香港的激進暴力犯罪行為嚴重挑戰「一國兩制」原則底線，中國「堅定支持香港警方嚴正執法」，維護國家主權的決心堅定不移。在此「反送中」運動中，雖傳言有中國武警秘密地協助港警進行鎮壓，但中共一直未出動解放軍。

第四節 「反送中」運動的影響

一、對香港的影響

　　「反送中」運動對香港的命運產生巨大及深遠的的影響，在香港動亂因為新冠肺炎疫情而逐漸趨緩之後，中國政府開始展開反擊。其中最大的作為，莫過於2020年6月30日由全國人民代表大會常務委員會通過《中華人民共和國香港特別行政區維護國家安全法》，簡稱《香港國安法》、《港區國安法》或《港版國安法》，該法律並於當日列入香港《基本法》的附件三，並正式生效。

　　法條中新增四項罪行：「分裂國家罪」、「顛覆政權罪」、「恐怖活動罪」及「勾結外國或境外勢力危害國家安全罪」等，最高可判終身監禁。該法大幅度擴大中央及港府的權力，讓中共中央得以行政指揮司法，由北京指派負責人的中共國安公署成最終權力源，並允許秘密審判及將人送到中國審判。該法被視為「一國兩制」的終結，以及中國針對「反送中」的反制。[9]此法的通過，引起國際社會的譴責。有39個國家的智庫聯合簽署一份支持香港人民的公開信，譴責中國的行為。

　　該法生效後，港警國安部門以國安罪名，大肆逮捕泛民主派人士，包括《壹傳媒》創辦黎智英、民主黨創黨主席李柱銘及前「香港眾志」秘書長黃之鋒等人。美國喬治城大學亞洲法中心（Georgetown Center for Asia Law）於2021年2月23日發布報告指出，《港版國安法》嚴重威脅「一國兩制」與「港人治港」原則，若此趨勢持續，香港可能失去獨立性與法律有效性。這些逮捕已達到對政治活動進行打壓的效果，對香港的自由造成

9　李雪莉、楊智強，〈香港反送中大事記：一張圖看香港人怒吼的285天〉，《報導者》，2020年7月2日，https://www.twreporter.org/a/hong-kong-national-security-law-goes-into-effect?gclid=Cj0KCQjwytOEBhD5ARIsANnRjVhOIM3LmMr7SYdK4ZTaTd9dmsvai3UnfDC4_i70d_LVBXJz5yVAL_8aAhsPEALw_wcB（檢索日期：2021年5月8日）。

寒蟬效應，威脅香港自治與人權，嚴重打壓香港言論自由。[10]

　　繼香港《國安法》後，中國全國人大於2021年3月11日通過《關於完善香港特別行政區選舉制度的決定》。該《決定》稱將「完善」香港的選舉制度，並確保「以愛國者為主體的『港人治港』」。但批評者認為，該《決定》破壞「一國兩制」的承諾，嚴重損害香港的民主制度。因為《決定》規定將設立「候選人資格審查委員會」，審查選舉委員會委員、行政長官與立法會議員等候選人的資格，並由香港「維護國家安全委員會」審查參選人是否符合「擁護」與「效忠」要求。該《決定》使中國可對候選人進行「篩選」，讓香港立法會成為北京與港府的橡皮圖章，並阻斷港人普選特首的期待。

　　香港於2021年12月19日舉行《國安法》實施後的首屆立法會選舉，由於大量民主派人士不是被關押，就是流亡海外，導致選民投票意願低迷，投票率僅三成，創下香港1991年立法會引入直選以來最低紀錄。最終投票結果，90席議席中，89席全部由親北京的建制派人士奪得，而非建制派的候選人僅狄志遠當選，此顯示中國已經完全掌控香港的立法權機構了。香港浸會大學政治及國際關係學系副教授陳家洛表示，這次選舉是一個「中國化選舉」，從制度設計、哪些候選人可以參選，都在中央可控範圍內進行，在控制及鎮壓民主運動的綱領下，香港的民主已經無法發展，並代表香港作為一個特區的失敗。[11]

　　此外，於2020年6月30日通過的港版《國安法》，僅以《基本法》的附件形式加入，內容主要為「分裂國家」與「顛覆國家政權」罪行，仍未能涵蓋所有第23條涉及的七宗罪，被遺漏的有：叛國、煽動叛亂、竊取國

10　〈美研究報告：港版國安法來真的 讓人懷疑香港未來還會有反對政府言論嗎〉，《中央廣播電台》，2021年2月24日，https://www.rti.org.tw/news/view/id/2092589（檢索日期：2021年5月8日）。

11　梁可瑩、唐聿光，〈《國安法》後首屆香港立法會選舉，投票率3成創新低，北京成功打造「中國式選舉」〉，《報導者》，2021年12月20日，https://www.twreporter.org/a/2021-hong-kong-legislative-council-election。

家機密、外國的政治性組織或團體在香港進行政治活動、香港政治性組織或團體與外國的政治性組織或團體建立聯繫。爲了完成第23條的立法，港府於2024年1月12日向立法會提交年度立法議程，就包括第23條的《維護國家安全條例草案》。在中國當局與港府的強勢運作下，在3月19日立法會三讀通過該草案，正式成爲《基本法》的第23條的《維護國家安全條例》，並由香港行政長官李家超簽署後於3月23日刊憲生效。[12]

在中國高壓管控與大規模抓捕異議者的社會環境下，此法律將更加緊限縮了香港的人權與自由。自由亞洲電台於2024年3月29日發表聲明表示，由於《基本法》第23條的實施引發記者和員工對自身安全的擔憂，故關閉在香港的辦公室，在香港二十八年的歷史也畫下句點。另外，自從該條例實施後，已有多名自由人士遭到逮捕。例如於「六四天安門事件」三十五週年前一週，香港警務處國家安全處於5月28日依據該條訂立的煽動意圖罪，逮捕前「香港市民支援愛國民主運動聯合會」（支聯會）副主席、六四紀念活動領袖鄒幸彤等六人。這是第23條生效以來，首次有人因此被捕。

二、對中美關係的影響

原本就因從2018年7月開打的貿易戰而不睦的中美關係，由於中國一直懷疑美國介入「反送中」運動，讓兩國關係更形惡化。中國外交部發言人華春瑩於2019年7月30日抨擊美國國務卿蓬佩奧聲援香港抗議，同時稱「反送中是美方作品」。但蓬佩奧反駁稱，此控訴「荒唐可笑」。接著，前香港特首董建華於翌日出席他成立的智庫「團結香港基金」午餐會時表示，這場風暴升高快速，組織良好，可能有外在勢力介入，種種跡象都指向台灣和美國。

---

12 〈葬送自由的七宗罪：香港《基本法》23條立法通過，「維護國安」沒有反對者〉，《轉角國際》，2024年3月20日，https://global.udn.com/global_vision/story/8662/7843330。

　　接著，《東方日報》旗下《東網》於當年8月7日，刊登美國駐港澳總領事館政治組組長伊迪（Julie Eadeh）於8月6日與民主派政黨「香港眾志」常委羅冠聰及秘書長黃之鋒會面的照片。伊迪立刻遭親中媒體人肉搜索，以致身家背景外流，美國國務院發言人歐塔加斯重批，中方公開伊迪背景、照片、小孩名字等資訊，「是一個流氓政權會做的事，這不是一個負責任國家的行為。」而港府則發表聲明，回批稱此暴露美方顛倒黑白的強盜邏輯與霸權思維。雙方你來我往互批，針鋒相對。

　　為支持香港民主示威活動，美國參眾兩院外交委員會提出《香港人權與民主法案》（*Hong Kong Human Rights and Democracy Act*）、《保護香港法案》、《與香港同行決議案》。三項法案中，以《香港人權與民主法案》最受矚目，因為規定美國國務卿將每年審視香港自治情況，決定是否繼續給予香港特殊地位，包括是否繼續成為獨立關稅區，及授權美國政府可對侵害香港人權的人士實施制裁。中國政府雖然對此法案提出強烈抗議，但是美國總統川普於2019年11月27日簽署該法案。

　　中國外交部立即宣布兩項反制措施，暫停讓美軍艦赴香港休整，及要對「美國國家民主基金會」、「美國國際事務民主協會」、「美國國際共和研究所」、「人權觀察」、「自由之家」等五個非政府組織進行制裁。美國為進一步對中國施壓，川普總統於2020年7月14日發布命令，結束美國給予香港的特殊地位待遇，並簽署法案制裁在香港鎮壓政治異議人士的中國官員，兩國關係更趨緊張。

　　拜登於2021年1月20日就任美國總統後，延續川普的對中強硬政策。拜登與習近平於2月11日進行首此通話，拜登對中國的經濟作為、鎮壓香港及對台灣的獨斷行為表達關切，而習近平則強勢回應這是「中國內政」問題，要美慎重行事。在中國於3月11日通過修改香港特別行政區的選舉制度後，拜登為展現其對香港問題的重視，國務院於3月17日宣布，對於涉及破壞香港選舉制度的24名中國及香港官員祭出嚴重制裁。

　　另外，拜登於2021年8月5日簽署備忘錄，將「延遲強制離境計畫」（Deferred Enforced Departure, DED）待遇擴展到在美國的香港居民，允許他們在簽證過期後仍可居留十八個月，並可申請工作證。總部設在華盛頓的「香港民主委員會」稱，DED計畫為在美國的香港人提供一條重要生命線，可使在美國約1,500至2,000名香港學生受益，並讓數以萬計持旅遊簽證或其他臨時簽證進入美國的香港人受益。當2021年的備忘錄即將屆滿之際，拜登又於2023年1月23日再度簽署備忘錄，延長香港人的DED計畫二十四個月，至2025年2月屆滿。而中國駐美國使館則抨擊，美國的作為嚴重干涉中國的內部事務。

三、對兩岸關係的影響

　　這場反對香港政府及中國政權的「反送中」抗議運動，雖然發生在香港，卻深深地影響台灣及兩岸關係的發展。香港的局勢加劇台灣社會對「紅色勢力」滲透的擔憂，許多國人聲稱，一旦香港的民主遭到破壞，接下來就會輪到台灣，越來越多台灣人對於中國呼籲統一、渴望在台灣實施「一國兩制」的企圖感到警惕。為聲援「反送中」，台灣許多校園紛紛出現「連儂牆」（Lennon Wall），[13]與在香港遍地開花的「連儂牆」遙相呼應。[14]

　　當時台灣正值總統大選，藍綠兩黨候選人對於香港的「反送中」意見截然不同。代表國民黨的候選人韓國瑜，於2019年3月訪問香港時造訪中聯辦，並與該辦公室主任王志民見面，成為首位進入中聯辦大樓的台灣地方首長，展現親中的態度。而民進黨候選人蔡總統則於6月15日出席金門大學畢業典禮時表示，「反送中」再次突顯「一國兩制」在香港的挫敗。

---

[13] 源於1980年代捷克民主運動，指人們在牆上張貼聲援民主與自由文宣的行動。
[14] Amy Chang Chien，〈香港「反送中」催化台灣社會紅色恐懼〉，《紐約時報中文網》，2019年8月21日，https://cn.nytimes.com/asia-pacific/20190821/hongkong-taiwan-fury-fallout-presidential-race/zh-hant/（檢索日期：2020年5月1日）。

「反送中」對台灣最大的影響，莫過於讓執政的民進黨一舉翻轉2018年「九合一」選舉慘敗的低迷氣勢，最後於2020年1月11日贏得總統舉行，獲得連任。

蔡總統在當選後亦表達支持香港人民爭取自由的運動，如她於2020年8月12日在民進黨中常會召開前表示，港府逮捕《蘋果日報》創辦人黎智英，顯示中方透過港版國安法直接侵害香港的自由、人權和法治基礎，香港的情勢若繼續惡化下去，會摧毀香港社會的民主法治、國際金融中心地位，以及引以為傲的自由市場機制，也將受到嚴重的破壞。對此，中國國台辦強烈回應，要求民進黨停止操弄亂港謀獨。[15]

「反送中」不只是香港的事，更影響兩岸關係的發展，使兩岸間的不信任感從政府擴散到民間，因為國人擔憂「今日的香港，可能會是明日的台灣」。使台灣人民更加排斥中共政權，也改變台灣人的統獨立場。根據「台灣民意基金會」於2019年6月24日公布的民調顯示，有49.7%民眾支持台灣獨立，達到二十八年來次高。由於在「反送中」運動中兩岸的負面互動，兩岸關係很難在短期內恢復。[16]

---

[15] 汪君邯，〈蔡英文呼籲全球即刻支持香港　國台辦暴怒：停止操弄　亂港謀獨〉，《新頭殼》，2019年8月12日，https://newtalk.tw/news/view/2020-08-12/449836（檢索日期：2020年5月8日）。

[16] 鄭舲，〈反送中效應／憂「今日香港明日台灣」　反送中加深兩岸不信任〉，《中央廣播電台》，2019年9月1日，https://www.rti.org.tw/news/view/id/2025808（檢索日期：2020年5月8日）。

第十一章　中共政權穩定的爭辯

第十一章要探討中共政權穩定與否的問題，本文標題不稱中國政權，而稱中共政權，乃是因爲中國政體爲中共「以黨領政」及「以黨領軍」的「一黨專治」體制。因此，中共政權的穩定與否將影響著中國的前途。

第一節　中共崩潰論

一、中共崩潰的爭辯

同樣地，本節標題採用「中共崩潰」（The Collapse of Chinese Communist）乙詞，而非一般人所稱的「中國崩潰」（The Collapse of China），乃是因爲中共雖然是中國境內的最大政黨，而且是中國的唯一執政黨；但是中共畢竟只是一個政黨組織，並不能代表整個中國及中國人民。故中共未來若是眞的崩潰，中國不必然也會跟著解體或滅亡。這是本文在探討此議題時必須先釐清的觀點，以免讓人混淆。

中共政權於1949年在中國成立以來，中外各界就一直有人發表有關中共必將崩潰的主張。有些論述帶有政治的主觀立場，例如我國政府過去所提的「反共必勝、暴政必亡」，前總統李登輝於1999年所著《台灣的主張》乙書中提到中國瓦解的「七塊論」，李登輝主張將中國分割爲七大部分（台灣、西藏、新疆、蒙古、華南、華北、東北）。另外，李登輝與日本的中國研究者中嶋嶺雄於2000年合著的《亞洲的智略》乙書中也提出「中國分裂論」。美籍華人章家敦於2001年出版的《中國即將崩潰》

（*The Coming Collapse of China*），預言中國因種種問題，將在五至十年內崩潰，「中國崩潰論」一時甚囂塵上。之後，許多知名專家學者相繼提出相同的論述或著作。

號稱「末日博士」（Dr. Doom）的紐約大學經濟學院教授魯比尼（Roubini）兩度前往中國考察後，於2011年4月20日在Project Syndicate網站發表名為〈中國泡沫成長的賭注〉（China's Bad Growth Bet）文章中稱，中國投入在有形資產、基礎設施與房地產的資本泛濫成災，最終將面臨巨大產能過剩與大量不良資產的問題。過度信貸之後，通常伴隨著泡沫破滅，中國未來很可能重蹈日本與美國的泡沫覆轍，並可能於2013年面臨一場硬著陸，經濟將明顯的停頓。[1]

另外，有「影子中情局」（The Shadow CIA）之稱的美國安全情報智庫「戰略預測公司」（Strafor）創辦人佛里德曼（Friedman）於2012年所出版的《未來十年：世界霸權大震盪》（*The Next Decade: Empire and Republic in a Changing World*）乙書中斷言「中國不是崛起，而是崩潰」，其原因有二：第一為貧困，因為大部分的中國人仍處於貧困的境地；第二為無內部經濟，他表示只要歐洲及美國不買中國商品，中國就無法生存。雖然中國希望轉向高附加價值的產業，但是將會面臨美國、德國、日本與韓國的競爭。[2]

香港時事評論家東方亮於2015年出版的《2016年中共崩潰》乙書中稱，中國存在著八大危機：權力鬥爭、軍隊不穩、經濟衰退、環境污染、人口不足、意識形態、恐怖主義、涉外戰爭，並稱2016年對中共而言是個「高危年」；[3]美國的中國問題專家沈大偉（David Shambaugh）教授於2015年3月6日在《華爾街日報》（*The Wall Street Journal*）發表名為〈中

---

[1]　吉密歐，〈末日博士看空中國經濟〉，《金融時報》，2011年4月25日，http://www.ftchinese.com/story/001038234（檢索日期：2017年4月28日）。
[2]　高齡平，〈西方再唱「中國崩潰論」〉，《社會觀察》，第7期，2011年，頁25。
[3]　東方亮，《2016年中共崩潰》（香港：新視界傳媒，2015年），頁10。

國即將崩潰〉（The Coming Chinese Crackup）的評論文章中稱，1960年代以來，全世界共有101個新興經濟體進入中等收入階段，但只有13個成功成為發達經濟體。中國由於政治制度不健全，故將成為第88個掉進「中等收入陷阱」的國家。[4]中國政治體制嚴重崩壞，社會面臨隨時可能爆發的高壓，中共的末日已經開始。

美國加州克萊蒙特麥肯納學院（Claremont McKenna College）教授、凱克國際戰略研究中心（Keck Center for International and Strategic Studies）主任裴敏欣於2016年4月在「美國民主基金會」（National Endowment for Democracy）主辦的研討會中表示，中國將出現改革式革命，中共「一黨專政」統治將被終結。他進一步分析稱，前蘇聯共產黨執政七十四年，一夕崩潰。因此可合理推測，只需再過十至十五年，中共將壽終正寢。[5]

雖然有些知名人士及學者對於中共政權穩定與否的論述，帶有政治的主觀立場或意識形態，但是他們對於中共的評論及分析都有其根據，並非無的放矢。因為中國內部確實存在許多的問題與挑戰，例如第七章討論有關中國社會所存在及面臨的諸多問題，包括人口過多問題及所衍生的問題（人口素質不均衡、「三難」問題、性別失衡、社會負擔），及其他重大的社會問題（城鄉二元化、三農、社會不均、重大事故頻傳、環境惡化、陳抗頻傳及重大疫情不斷爆發等）。

而且回顧中共的歷史發展可知，中共確實也曾面臨幾次亡黨的危機。包括1956年展開的「大躍進」，後來造成1959至1961年全國性的大饑荒，導致3,000萬至4,000萬人死亡；接著於1966至1976年間所發動的「文革」，更是造成全國大動亂。當時擔任國民政府國防部部長的蔣經國認為

4　楊韜略，〈中國社會為什麼會超級穩定？〉，《搜狐網》，2017年3月15日，http://mt.sohu.com/20170315/n483440119.shtml（檢索日期：2017年5月1日）。
5　網絡文摘，〈中共必亡！中國已進入專制最易崩潰期〉，《開放網》，2016年5月5日，http://www.open.com.hk/content.php?id=2802（檢索日期：2017年4月28日）。

「這是我們十八年以來，最重要的關頭」，也是反攻的最佳時機。他並擬定代號爲「王師」的反攻計畫，準備派遣特種兵、空降兵爲主襲擊中國。[6]

1989年的「六四天安門事件」，民主運動聲勢浩大，波及全國各地，持續了五十多天，讓中共政權面臨嚴峻的挑戰。[7]因此，有多名資深中國問題專家都預言中共即將垮台。當時雖然有來自國際的巨大壓力，但是此事件後來卻被中共以武力血腥鎮壓下來，而穩住了政權。1990年前後，東歐及中歐的國家民眾相繼推翻共產黨「一黨專治」，以及蘇聯的解體，也都嚴重威脅中共政權的存在，當時各界又預測中共會是下一塊骨牌。

自2010年12月從突尼西亞發生被稱爲「茉莉花革命」的民主運動後，埃及、利比亞等中東國家也接連發生人民革命，西方媒體將此波的民主革命浪潮稱爲「阿拉伯之春」（Arab Spring）。2011年2月20日，中國多個大城市的鬧區或廣場、澳門、香港也於發生群眾透過網路，以反腐敗、民生、民主等爲訴求的聚集事件，當時媒體將此稱之爲「中國茉莉花行動」。由於中國當局爲避免「六四天安門事件」再度重演，而以暴力驅趕民眾及記者。[8]由此觀之，中共政權一直都存在著內外的威脅及挑戰，故「中共崩潰論」是有其根據。

但是中國不但沒有如多位專家學者的預測崩潰，其經濟反而越來越發達，並快速逼近美國，導致「中國崩潰論」沉寂了一段時間。然而，近年來中國內憂外患不斷，在內憂方面，如2019年底爆發的新冠肺炎、房地產

6　大陸新聞中心，〈歷史探祕／蔣經國曾想反攻大陸 欲趁「文革」動亂偷襲〉，《今日新聞》，2013年1月18日，http://www.nownews.com/n/2013/01/18/337947（檢索日期：2017年4月28日）。

7　吳仁華，〈驚人之語：共軍如再次如六四屠殺百姓 可能快速垮台〉，《阿波羅新聞網》，2011年3月27日，http://tw.aboluowang.com/2011/0327/198883.html（檢索日期：2017年4月28日）。

8　申華，〈評中國茉莉花行動〉，《美國之音》，2011年2月22日，http://www.voacantonese.com/a/article-2011022commentsonchinajasmineprotests-116652384/927842.html（檢索日期：2017年4月28日）。

泡沫化、人口萎縮、資本外逃。尤其是在新冠肺炎疫情期間，由於中國執行嚴格的「清零政策」，導致經濟受到嚴重的影響。而強硬的執行手段亦引起廣大民眾的憤怒，例如上海從2022年3月底至5月底的嚴格封城管控，封城的慘狀引發巨大的民怨。

而且2022年11月底新疆烏魯木齊住宅大火，因嚴格的風控政策，導致10人以上死傷，在中國各地激起一場範圍極廣的「白紙革命」，被認爲是1989年六四事件以來最大規模的中國集會示威運動。另外，在外患方面，如從2018年開始的中美博奕，包括川普總統發起的中美貿易戰與拜登總統的科技戰，以及在2022年2月間爆發的俄烏戰爭期間，中國偏袒俄國的立場受到各國的指責等。由於中國近年來受到這些內外重大事件的影響，因此「中國崩潰論」再度被人們提起。

我國調查局資深官員劉文斌表示，中共內部面臨經濟嚴重下行，外部遭到西方國家強力圍堵。當前中共的處境遠比外界想像得還要艱難，若未來十年內沒有進行重大調整，中共撐不過十年就會滅亡。他分析中共現在面臨的三大難題：沒有明確及有力的接班人、國內經濟陷入惡性循環、遭遇美國爲首的西方國家圍堵。他認爲，如果中共垮台時沒有強人出現，中國很可能會陷入割據的局面，如已故前總統李登輝主張的「七塊論」一般，中國各地依照文化及發展程度分割爲「西藏、新疆、內蒙、滿洲、華北、華南、台灣」等七個部分。9

另外，美國《時代》週刊雜誌2024年6月4日刊登對拜登總統的專訪，在談及中國的全球的影響力問題時，拜登表示，作爲中國經濟發展主要支柱之一的房地產市場，在新冠疫情過後一直疲軟。由於人口出現負增長，並且政府打擊房地產商的過度開發，使新房數量供過於求，房價大跌，中國的經濟處於崩潰邊緣。一向看壞中國的時事評論員章家敦認同拜登的

9　鄭樺，〈資深調查官：3難題不解 中共10年內完蛋〉，《大紀元》，2024年6月2日，https://www.epochtimes.com/b5/24/6/2/n14262497.htm。

「中國經濟正處於崩潰的邊緣」說法，他表示，中國歷史上最大的債務危機馬上要來臨，中國經濟模式已經枯竭，就要經歷自己的「2008年金融危機」。中國領導人不願國家陷入衰退，所以過去採用歷史上最大規模的債務刺激計畫，現在是還債的時候，目前中國的政府債務占GDP比率在350%左右。[10]

二、中共崩潰的可能後果

中共若瀕臨崩潰時，可能產生許多的後果，本文嘗試提出幾種可能情形加以討論。

（一）影響台灣安全

中共一旦面臨崩潰的可能性時，為了生存及轉移國內的不滿壓力，可能利用民族主義對外發動戰爭。政治大學國家發展研究所李酉潭教授表示，根據研究指出，一個威權或極權的國家在民主化過程中若不平順，反而更容易對外發動戰爭來轉移焦點，以解決其國內問題。[11]由於中共面對內外的政治改革壓力，不可能再走回毛澤東時代的極權道路，未來或許可能啟動民主化，但是民主化過程將會帶來國內的不穩定與權力鬥爭，尤其是野心家可能援引民族主義的意識形態動員群眾，更加深其對外發動戰爭的可能性。[12]

由1989年的「六四天安門事件」可知，當中共在面臨危及其生存事件時，將不擇手段地動用武力加以解決。中共政權的穩定與否，我國是無法避免受其影響。而中共發動戰爭最好的藉口就是統一台灣，因為這一直是

---

10 易林、魏之，〈拜登接受《時代》雜誌專訪：中國經濟在崩潰邊緣，美國不排除武力保臺灣〉，《美國之音》，2024年6月5日，https://www.voachinese.com/a/biden-china-economy-on-the-brink/7642782.html。
11 李酉潭，〈民主化與台灣的國家安全〉，《新世紀智庫論壇》，第42期，2008年6月30日，頁49。
12 同前註，頁51。

中共的首要目標，也最能快速凝聚民氣。因此，若中共出現崩潰的徵兆時時，我國必須提高警覺，以防中共武力犯台。我國及國際社會必須持續關注中國的政局變遷，並且協助中共能夠順利轉型為民主政權。因為根據國際關係學中的「民主和平論」表示，歷史顯示，自由民主國家彼此之間較不容易發生戰爭。[13]

（二）引發難民潮

中共崩潰不一定會導致中國的崩潰，中國也可能走向民主之路。但是由於中共採取「一黨專政」的統治，全面控制中國各個層面及領域，因此一旦中共崩潰，若無其他強大的在野黨予以取代，中國陷入動亂的可能性將升高。如清末民初時期到抗戰之間，中國境內軍閥割據混戰的情況，導致大量的難民。觀諸敘利亞難民的問題，就已經讓歐洲國家焦頭爛額，甚至造成歐盟國家沉重的負擔，導致英國脫歐，威脅該組織的統一。由於中國有多達14億的龐大人口，一旦人民向海外逃難，勢將產生巨大難民潮的問題，屆時不但將影響亞洲，甚至全世界的安全，其嚴重性更甚於敘利亞難民問題。

許多人士也在討論此議題，例如《雪梨時報》財經主編與首席評論員程超澤博士於1998年出版的《世紀之爭：中國，一個經濟大國的崛起》乙書中表示，西方國家認為：「未來中國經濟不能持續增長，社會不能保持穩定，中國肯定是世界之禍。一個四分五裂、混亂無序、人口龐大的中國將是世界背不起的包袱。越南難民、幾百萬波士尼亞難民曾經影響世界的和平與安寧，更何況有10多億人口的中國。歷史上，中國曾發生過的內亂，其規模之大、程度之慘烈、次數之頻仍，是任何國家都無可比擬。中國一旦發生災難，必然波及到世界，漫流全球的難民無法可收拾。」[14]

---

[13] 同前註，頁49。
[14] 程超澤，《世紀之爭：中國，一個經濟大國的崛起》（北京：新華出版社，1998年）。

（三）影響全球經濟

近幾年來，中國經濟減速放緩，有人擔憂中國會是全球經濟的最大黑天鵝。根據「國際貨幣基金會」（International Monetary Fund, IMF）於2016年發布的世界經濟展望報告，強調中國經濟一旦衰敗，對全球經濟情衝擊絕不容外界等閒小覷。依據該機構分析，若中國經濟崩潰，亞洲經濟體受影響的程度將最大，因為該等國家的經濟以外銷為導向；其次是資源型經濟體，即以大宗商品出口導向的國家，如澳洲、紐西蘭、加拿大、俄羅斯與巴西等國；另外，美、日、德的經濟體制雖然較為健全，也將受到不小的衝擊。[15]

現今中國已是世界第二大經濟體，不但是世界的工廠，而且還是世界的市場。全世界大部分的國家幾乎都有進口中國貨品，或在中國進行投資。美國耶魯大學高級研究員、摩根史坦利亞洲區前主席羅奇（Roach）於2016年10月24日發表題為〈沒有中國的世界經濟〉（The World Economy Without China）的文章稱，中國經濟如果出現問題，世界多國都將受創。但他認為，中國經濟就要崩潰的說法言過其實，中國有戰略、金融手段與決心實現深度結構調整，從而步入以服務業為基礎的消費型社會，同時成功避免週期性的障礙因素。[16]

第二節　中共穩定論

上述的「中共崩潰論」雖然言之有理，但是中共仍然是中國唯一的執政黨，迄今中國境內也無一個足以與其對抗的反對黨，而且近期內也看不

---

[15] 林建山，〈中國會是2017全球經濟黑天鵝？〉，《中國時報》，2016年12月27日，http://opinion.chinatimes.com/20161227004644-262105（檢索日期：2017年5月1日）。

[16] Stephen S. Roach, "The World Economy Without China," *Project Syndicate*, October 24, 2016, https://www.project-syndicate.org/commentary/world-economy-without-china-by-stephen-s--roach-2016-10?barrier=accessreg (accessed May 25, 2017).

到它有任何崩潰的徵兆。若對照現今中國的發展情形，雖然政治不民主，貪腐問題也嚴重，但是經濟仍然快速成長，已經成為世界第二大經濟體。軍事力量也快速地發展，連美國及日本等強國都感受到其軍事的威脅，因而提出「中國威脅論」。這些事實顯然與「中共崩潰論」背道而馳，顯示專家學者所題的理論、預測，與事實有顯著的落差。

許多提出「中共崩潰論」的專家學者也遭到批評，認為他們的研究失準。因此，有專家學者開始反省，為何對此議題的研究會產生如此大的誤差，日本管理大師、經濟評論家大前研一就承認，過去對中國也只有負面看法，不認為會繁榮起來。因為用便宜勞力加工生產的模式，總會走進死胡同。1999年廣東國際信託投資公司、2000年大連國際信託投資公司破產之際，華僑紛紛抽回銀根逃往海外。當時，他也認為中國會崩潰。但是現在他表示，「中共崩潰論」的想法已經過時了。他於2002年所著的《中國，出租中》（*The China Impact*）乙書大膽論定中國將持續繁榮，蛻變為類似美國的強國，並以超強的吸金磁力，鯨吞亞洲經濟，讓所有周邊國家都瞠乎其後。[17]

原本看壞中國的沈大偉教授於2017年2月改口稱，中國並非處於崩潰的邊緣，但是卻可能陷入漫長的衰退階段。[18]歷史學家黃仁宇認為，根據中國的歷史經驗觀之，只有當人民窮的無以為生，才有可能發生大動亂。這說明中國「改革開放」以來的經濟高成長，應是中共沒有走向崩潰的重要原因之一。另外，我國學者張昌吉教授及初國華博士針對「中國崩潰論」失準的問題進行研究後認為，現今雖自由化高漲及意識形態退色，但是中共擁有近9,000多萬黨員，就「團體論」（Group Theory）的觀點而言，中共是一個龐大的「權力共同體」（Community of Power），是龐大的政治性利益團體，其黨員是利害與共的「命運共同體」，這可能是中共

---

17 編輯部，〈大前研一：中國，出租中〉，《天下雜誌260期》，第260期，2012年7月6日，http://www.cw.com.tw/article/article.action?id=5040797（檢索日期：2017年4月28日）。
18 楊韜略，〈中國社會為什麼會超級穩定？〉。

屢歷政治危機，而能夠安然渡過的主因。[19]

　　他們進一步表示，若認爲中共統治已動搖或將像蘇聯一樣解體，恐怕過於樂觀。中共雖然存在不少缺點，或人民對中共官員腐敗、道德淪喪、官僚氣息、作風顢頇等心存怨懟。中共雖有組織惰性（inertia）或趨於衰弱（entropy）的現象，但卻能從外界預測崩潰的陰影中走出來並崛起，它應有自身的「正面力量」或「支持因素」，這可能是外界預測不準的原因。過去當中共發生內鬥時，外界往往認爲中共將動盪或覆亡，但這也許是中共適應環境變遷或挑戰，並強化國家能力而必要的霹靂做法。[20]

　　另外，《聯合報》副董事長黃年表示，現在幾乎聽不到「中國崩潰論」了。西方警覺到中共的專政非但不是「暴政必亡」，反而成爲其體制的優勢，世界正在面對一個由中共示範的「專政不亡論」，且正在趕超西方。中共現今的體制與表現已與過去的「暴政」迥異，包括：一、不一樣的「暴政」：過去的暴政是以政治壓迫的方式統治；但今日的中國以經濟發展爲主，已成世界工廠、世界市場及世界金主；二、推不倒的「暴政」：中共不開一槍化解香港反送中的危機，台灣的民主撕裂成爲中國民主的反面教材。這些皆使民主的熱情從中國的土壤中不斷流失。再從中央紀委監委、公檢法至街道組織，構成天羅地網的國安控制，欲由下而上推翻這樣的體制已幾無可能。再者，因薄熙來案建構的「用反貪來肅反」已經制度化，頂層政爭可直接在法庭上藉反貪審判公然進行。因此，這樣的政權很難顛覆。但是黃年表示，中共這種專政或許可使中國強大，但不能使中國偉大。[21]

　　中共政權迄今之所以依然能夠維持穩定，可引用中國學者金觀濤與劉

---

[19] 初國華、張昌吉，〈中國國家能力研究與崩潰論失準探討〉，《全球政治評論》，第43期，2013年7月，頁69-70。

[20] 同前註，頁70。

[21] 黃年，〈大屋頂下／文明弔詭 暴政不亡論〉，《聯合報》，2022年11月20日，https://udn.com/news/story/7339/6778383。

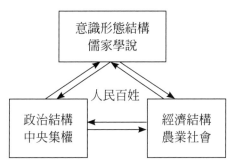

圖11-1　中國古代社會結構分析圖

資料來源：金觀濤、劉青峰，《興盛與危機──論中國封建社會的超穩定結構》（香港：中文大學出版社，1992年），頁9。

青峰於1992年合著的《興盛與危機──論中國封建社會的超穩定結構》乙書的觀點加以說明，他們稱由於中國的意識形態結構（儒家學說）、政治結構（中央集權）與經濟結構（農業社會）三位一體，並以皇帝為首的中央政府、以地區官員為代表的中層官僚及以鄉紳宗族為代表的基層組織三大管理體系，形成中國社會的超穩定結構。因此，中國歷史雖然經歷多次的改朝換代，但是二千多年來，仍然能保持大一統的局面（圖11-1、圖11-2）。[22]

　　基本上，中共也是利用此等方法維持其政權的穩定。例如在意識形態方面，中共利用考試，讓「馬克思列寧主義」及「毛澤東思想」滲透入年輕人的思想；[23]在政治結構方面，採取「一黨專政」的中央集權體制；在經濟結構方面，採取社會主義的經濟體制（圖11-3）。中共基於「以黨領軍」及「以黨領政」的原則，並運用「黨委制」、「黨組制」及「黨管幹部」等方法，從中央到省、自治區，再到鄉縣等基層組織，以一條鞭的方

[22] 金觀濤、劉青峰，《興盛與危機──論中國封建社會的超穩定結構》（香港：中文大學出版社，1992年），頁9-10。

[23] Bill Dodson, *China Fast Forward-The Technologies, Green Industries and Innovations Driving the Mainland's Future*, pp. 174-175.

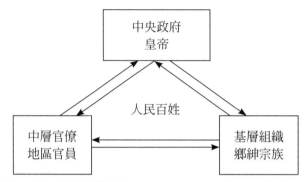

圖11-2　中國古代社會管理體系圖
資料來源：作者自繪。

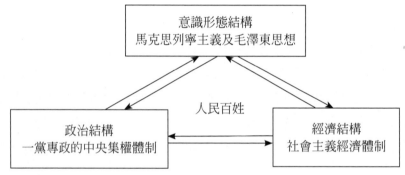

圖11-3　中共社會管理體系圖
資料來源：作者自繪。

式牢牢的控制住整個中國，宛如古代的王朝一樣。此外，中共還運用其重要的三大統治工具，牢牢地掌控人民，包括：軍隊系統的槍桿子、法政系統的刀把子、媒體系統的筆桿子（圖11-4）。

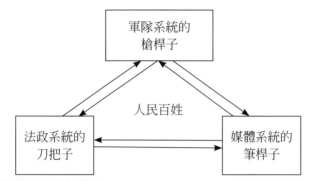

圖11-4　中共統治工具體系圖
資料來源：作者自繪。

第十二章　對習近平地位的研析

　　第十一章探討「中共政權穩定與否」的議題，本文則探討「中國領導人地位穩定與否」的議題，因爲此議題亦關乎中共政權穩定與否。對於中國而言，近年來可說是「屋漏偏逢連夜雨」、「福無雙至，禍不單行」。因爲於2018年開打的「美中貿易戰」與後來的「美中科技戰」迄今仍未結束，導致中國經濟下滑；自2019年3月15日發生的「香港反送中」抗議活動，讓香港陷入大動亂，雖然此抗議活動已因爲疫情而停止，但迄今仍餘波盪漾；加以2019年底爆發的「新冠肺炎」讓整個中國陷入恐慌，嚴重影響其經濟。因此，許多研究中國的中外專家、學者及媒體曾經預測及評論稱，這些事件將動搖習近平的地位。

　　回顧中共過去歷史，每當中國出現任何重大事件或危機時，有關中共領導人地位不穩的傳聞，均會甚囂塵上。例如毛澤東於1958年發起的「大躍進」以失敗收場，造成屍橫遍野，他被迫交出國家主席職務，而接任的劉少奇因爲在經濟改革頗具成效，使其威望提升，並對毛的地位構成挑戰；[1]於1989年爆發的「六四天安門事件」前夕，在天安門廣場上參加示威者高喊鄧小平與李鵬下台，甚至出現「打倒鄧小平」的口號；[2]而現今中國接連受到「中美貿易戰」與「中美科技戰」衝擊、「香港反送中」動亂與「新冠肺炎」肆虐三大事件，因此之前又有傳言習近平的地位遭到嚴重挑戰。

1　鍾延麟，〈彭眞與劉少奇政治關係之研究（1928-1966）〉，《國立政治大學歷史學報》，第48期，2017年11月，頁169。
2　曾翰卿，〈六四事件前一周，天安門廣場的學生還沒意會軍隊眞是衝著他們來的〉，《新新聞》，2020年6月4日，https://new7.storm.mg/article/2721235。

　　然而，由近期中共政局發展觀之，習近平的地位不但沒有受到影響，反而越來越穩固。例如中共於2016年10月27日舉行的第十八屆中央委員會第六次全體會議，發表的公報中首次以「核心」稱呼習近平的領導。成為繼毛澤東、鄧小平與江澤民之後，中共第四個具有「核心」地位的領導者；[3]接著於2017年10月24日，中共「十九大」通過黨章修正案，「習近平新時代中國特色社會主義思想」（簡稱「習思想」）被寫入黨章；[4]2018年3月11日，全國人大取消國家主席任期限制，為習近平連任鋪路；2021年11月11日，中共十九屆六中全會更是通過建黨以來的第三份決議《中共中央關於黨的百年奮鬥重大成就和歷史經驗的決議》，讚頌習近平的政績。[5]2022年10月間舉行的「二十大」，習近平打破自江澤民與胡錦濤立下的慣例，續任第三任總書記。他接著於2023年3月間舉行的人大會議，續任第三任國家主席。

　　這些發展均顯示習近平的領導地位逐步得到進一步鞏固和加強，而上述有關其地位不穩的預測及評論顯然失準。雖然該等專家學者所提習近平地位不穩的論述，並非無的放矢，然而事情發展卻與渠等的分析有所出入，因此遭受到許多批評。究其原因，或許是因為渠等在分析過程中，帶有太多個人主觀喜好或成見、政治傾向或立場、意識形態或是慣性思考等因素，故在分析問題時容易產生偏差。為了讓各界能夠更精確分析習近平以及未來中共領導人地位穩定與否的問題，筆者曾撰擬〈對習近平地位之研析〉乙文，提出幾個因素作為評估習近平地位的依據，並刊登於2022年12月第56卷第4期的《中共研究》期刊，在此提供讀者參考。

3　〈中共首次形容習近平領導為「核心」〉，《BBC中文網》，2016年10月27日，https://www.bbc.com/zhongwen/trad/china/2016/10/161027_china_xi_core。

4　〈中國共產黨第十九次全國代表大會關於《中國共產黨章程（修正案）》的決議〉，《人民網》，2017年10月25日，http://cpc.people.com.cn/19th/BIG5/n1/2017/1025/c414305-29606870.html。

5　〈中共第三份歷史決議 逾半篇幅讚頌習近平政績〉，《中央社》，2021年11月16日，https://www.cna.com.tw/news/firstnews/202111160332.aspx。

第一節　對習近平地位穩固與否的爭辯

有關習近平地位穩固與否的爭辯，大體可分爲「不穩固論者」、「穩固論者」與「未定論者」三大類，分別陳述如下。

一、不穩固論者

有關習近平地位遭到挑戰的論調其實早就存在，最早的傳聞爲一些媒體報導周永康曾兩度企圖殺害習近平。[6]許多報導稱，由於中共黨內有不少人私下抱怨習近平專橫風格及專制集權，故重大事件及危機發生時，其政敵將趁機挑戰其地位。例如《大紀元》報導，發生於2015年8月12日的天津港大爆炸事故，是江澤民集團針對習近平的破壞行動。[7]由於美中貿易戰與科技戰未歇，導致中國經濟下滑；以及香港動亂導致香港處於混亂的狀態。因此，當時許多中國問題專家學者紛紛表示，習近平將於2019年10月下旬召開的中共第十九屆四中全會上被黨內同志追究相關責任。然而事實發展卻非如此，當時並無人對渠究責。

習近平打貪作爲雖然頗具成效，但是亦引起很大的反彈，根據媒體《壹電視》報導，中共於2021年6月29日舉辦的「七一」表彰會上，中共黨內重要人物應該參加該慶典，但許多政治老人如江澤民、胡錦濤、朱鎔基、溫家寶等均沒有出席。有學者分析，或許是他們在向習近平集體抗議，或是習近平不給他們露臉機會。因爲這些中共政治老人早就不滿習近平，其中一個原因就是習近平上台以來一直在打貪，從中共「十八大」以來，一共查處了近409萬人，讓他們視習近平爲眼中釘。[8]此外，「新冠肺炎」於2019年底爆發後，又有人評論稱，在新冠病毒重創下，原本槍口一

6　張倩燁，〈周永康墜落內情習近平打老虎驚心動魄〉，《亞洲週刊》，2013年12月16日，https://reurl.cc/02xam6。

7　林鋒，〈天津爆炸習近平震怒 對江父子採取行動〉，《大紀元》，2015年8月16日，https://www.epochtimes.com/b5/15/8/15/n4504977.htm。

8　〈習近平演講「忠誠」有深意？ 學者：中共恐有新分裂〉，《Yahoo新聞》，2021年7月1日，https://www.rfa.org/cantonese/news/wake-https://reurl.cc/bkndqM。

致對外的人民，很可能將檢討矛頭指向目前的領導班子，習近平的領導威信勢必被動搖。[9]

　　中共雖然通過第三份歷史決議《中共中央關於黨的百年奮鬥重大成就和歷史經驗的決議》（2021年11月11日中共第十九屆中央委員會第六次全體會議通過），大量篇幅闡述習近平領導的中共在「十八大」以來的成就。但是《新頭殼》報導稱，據《新華社》於2021年11月17日發表〈《中共中央關於黨的百年奮鬥重大成就和歷史經驗的決議》誕生記〉萬字長文暴露，十九屆六中全會的決議發表過程中，中國內鬥激烈，習近平權力並非所表現出來的那麼穩固。決議字裡行間暴露中共內部激烈鬥爭，導致決議內容與之前外界預測的有很大差異。顯示習近平定於一尊的地位，並非外界想像得那麼絕對。[10]另外，《人民日報》於2021年12月9日刊登中共中央黨史和文獻研究院院長曲青山所撰的〈改革開放是中國共產黨的一次偉大覺醒〉評論文章，九次提到鄧小平，提到江澤民、胡錦濤各一次，卻隻字不提習近平。[11]

　　由於此情形在中共的政治文化中非常少見，因而引發各界揣測。因為中共官媒發表的重要性文章，一定會提及當時領導者之名。故有分析者認為，這反映黨內對習近平執政存有不滿，曲青山的文章是對習近平計畫復辟毛澤東路線的徹底否定。[12]根據《華爾街日報》報導，中共黨內人士抱怨習近平大小事鉅細靡遺都要管的「微觀管理」作風。另外《自由亞洲電台》報導，旅美中國時事評論家陳破空分析稱，種種跡象顯示，習近平的

9　李平華，〈新冠病毒改寫習近平歷史定位〉，《台灣英文新聞》，2020年2月12日，https://www.taiwannews.com.tw/ch/news/3874081。

10　蕭羽秀，〈新華社突然曝六中全會內鬥 專家：習近平地位其實不是那麼穩固〉，《新頭殼》，2021年11月18日，https://reurl.cc/MbkLQm。

11　曲青山，〈改革開放是黨的一次偉大覺醒（深入學習貫徹黨的十九屆六中全會精神）〉，《人民網》，2021年12月9日，http://theory.people.com.cn/BIG5/n1/2021/1209/c40531-32303173.html。

12　方德豪、何景文、劉定堅，〈黑箱政治】《人民日報》署名文章「九提」鄧小平 作者曲青山「不睬」習主席〉，《人民網》，2021年12月13日，https://www.rfa.org/cantonese/news/wake-12122021060039.html。

地位並不穩固，其地位岌岌可危，連任根本不穩，並不是一個定數，而是充滿鬥爭，依照目前狀況觀之應是「五五波」。[13]

二、穩固論者

雖然有許多有關習近平地位不穩的論述，但是有些專家學者並不同意。例如中興大學當代中國研究中心副研究員秦偉騰表示，依照現行中國的政治體制，習近平要被政變機率微乎其微，雖然內部存在不同派系勢力的反撲，但還不至於傷筋動骨，亦無損習近平定於一尊的地位，主要原因是他牢牢控制黨政大權，以及緊緊掌握軍權。[14]中共十八屆六中全會於2016年10月27日閉幕，會議公報中，習近平首度被稱爲「核心」。此爲中國官方首度以「核心」稱呼習近平，此意味渠已經掌握絕對權力，並顯示其領導地位已經穩固。[15]

美國智庫「戰略暨國際研究中心」（CSIS）中國研究資深顧問張克斯於2019年11月6日接受美國《哥倫比亞廣播公司新聞》（*CBS News*）採訪時表示，雖然中國內部有人對習近平一些做法不滿，如取消國家主席任期限制、還未指定接班人等，然從其執政效果觀察，他依然很強大，在體系裡處於掌控地位。[16]中共於2021年11月8日至11日舉行的第十九屆六中全會召開前，泰國媒體預測，中共或將從歷史定位與思想統一方面，對習近平的領導地位進行強化。[17]

13　〈中共政治鬥爭才剛開始？ 學者：習近平地位岌岌可危〉，《自由時報》，2021年12月23日，https://news.ltn.com.tw/news/world/breakingnews/3777501。

14　秦偉騰，〈中美貿易戰咎責聲起，習近平真有可能被政變嗎？〉，《關鍵評論》，2018年8月10日，https://www.thenewslens.com/article/101505。

15　〈中共稱習近平爲「核心」 顯示習地位穩固〉，《Yahoo新聞》，2016年10月28日，https://is.gd/7K2GSE。

16　"Transcript: Chris Johnson Talks With Michael Morell on 'Intelligence Matters'," *CBS News*, November 6, 2019, https://www.cbsnews.com/news/transcript-chris-johnson-talks-with-michael-morell-on-intelligence-matters/.

17　江楓，〈泰學者：中共歷史地位亟待鞏固〉，《法國國際廣播電台》，2021年7月11日，https://reurl.cc/nE5aOv。

根據《多維新聞》網站報導，如今中國是全球第二大經濟體，而且正在向建成社會主義現代化強國的「第二個百年」目標努力，習近平大權在握，沒有人能威脅到他牢固的地位與連任計畫。[18]對於中共於2021年11月11日通過的第三份歷史決議，中國時事分析網站《內參》編輯倪凌超表示，此決議鞏固了習近平個人權力。透過推動歷史性決議將自己置於黨和現代中國宏大敘事的中心，習近平正在展示其權力。[19]另外，德國特里爾大學政治學教授韓博天（Sebastian Heilmann）表示，習近平提出的「共同富裕」理念頗受歡迎，按照目前情勢來看，其權力基礎穩如泰山。[20]

三、未定論者

除上述兩極化意見外，有些專家學者對於習近平地位穩固與否，持比較保守的態度。例如美國智庫外交關係協會高級研究員易明（Elizabeth Economy）認為，有關新冠肺炎對習近平地位的影響，現在還未能定論，因為此問題取決於兩個因素：第一，中國的經濟表現。在疫情爆發期間，中共採嚴厲隔離措施導致整個社會停擺。中國雖開始復工，但尚未恢復正常。第二，中共有關這次疫情的敘事能否經得起考驗。有關中共領導人未告訴民眾疫情真相的內部文件曝光，顯然與北京的說法不同。若此敘事在中國越來越受到認可，對習近平的合法性與聲譽將是一個大問題。而且中共一系列的作為引起廣泛質疑，如要求其他國家對北京表示感謝，捐助或是出售不合格口罩、防護衣，對病毒來源展開虛假資訊戰等。相反地，台灣對疫情的表現贏得國際廣泛讚譽，給習近平帶來壓力。[21]

---

18 居安，〈習近平地位穩固無需二次文革 中國底層邏輯已改變〉，《多維新聞》，2021年9月19日，https://www.timednews.com/tc/2021/09/19/9479.html。

19 〈中共六中全會通過第三個歷史性決議，鞏固習近平地位〉，《BBC中文網》，2021年11月12日，https://www.bbc.com/zhongwen/trad/chinese-news-59257745。

20 德國之聲，〈秋季二十大將再次黃袍加身，2022年是習近平的「絕對權力」元年〉，《關鍵評論》，2022年1月4日，https://www.thenewslens.com/article/160995。

21 〈大疫下習近平的地位穩固還是削弱？〉，《看中國》，2020年4月19日，https://www.secretchina.com/news/gb/2020/04/19/930257.html。

第二節　分析習近平地位的途徑

　　由於專制國家的決策過程較爲不透明，對於領導人地位的穩定也是極爲敏感的問題，若無來自其內部的訊息，外界難以窺知該等國家高層權力鬥爭情形。不過對極權體制下最高領導人權力的眞實狀況，並非完全無法預測，專家學者可依據公開資料或相關現象進行研判。中國旅美政治評論員鄧聿文表示，從過去情況觀之，習近平透過修復與啓動黨內一系列制度，用黨的「家法」捆綁黨內高層，特別是政治局，迫使政治局成員向自己臣服，故可以從三個途徑：即設置政治議程與議題、控制官員尤其是高級官員，以及官方宣傳與個人崇拜程度，來分析習近平的地位是否穩固。[22]

　　除了鄧聿文所提出的三個途徑分析習近平領導地位穩固與否外，本文提出五個途徑加以探討：第一，「權力結構論」，主要是探討中共內部的權力結構問題，如誰「有權力」對領導者進行挑戰；第二，「政治文化論」，主要是探討中共的政治文化問題，如誰「有膽量」挑戰領導者；第三，「團體論」，主要是探討中共內部的團結問題，中共內部是否出現「分離分子」；第四，「領袖魅力論」，主要是探討中共內部誰的「領袖魅力」勝過習近平；第五，「實力結構論」，主要是探討中共內部誰「有實力」可以取代習近平。

一、權力結構論

　　「權力結構論」就是指目前誰「有權力」挑戰習近平，此屬於一種政治量，又可稱爲「派系論」，因爲中共的權力結構脫離不了派系，其權力運作亦脫離不了派系間的鬥爭。從目前中共內部的權力結構觀之，習近

---

[22] 小山，〈紐時：修憲一年後習近平的權力穩固嗎？〉，《法國國際廣播電台》，2019年4月1日，https://reurl.cc/Mbkpjv。

平以反貪、反腐爲名，在經過多年的清算及鬥爭後，黨內三大派系中，以江澤民爲首的「上海幫」，及以胡錦濤爲首的「團派」均已沒落，無人在政治領域有足夠的權力挑戰習近平的地位。現在是以習近平爲首的「太子黨」、「之江新軍」、「閩江新軍」、「新西北軍」、「軍工系」、「清華系」、「浦江新軍」等當道，其親信多已占據黨、政、軍、經等各領域的重要職位。[23]

　　「二十大」後的其他六名中央政治局成員，李強、趙樂際、王滬寧、蔡奇、丁薛祥、李希，均爲習近平的人馬，團派已經完全被殲滅了。而且，中央政治局24位政治局委員中，多數爲習近平的親信與過去舊部，顯示該機構已擺脫過去派系分權情況。再加習近平於2023年的人大繼任第三任國家主席，讓他再度集黨政軍大權於一身，其權力已經無以復加，遠遠超越中共體制內的任何其他政治菁英，在中國無人能夠挑戰其地位，反對派已經沒有發聲的途徑了。

二、政治文化論

　　其次，從「政治文化論」來探討，如誰「有膽量」出頭挑戰領導者，此要從中國傳統的官場文化談起。中國官場一向有「槍打出頭鳥」的特殊政治文化，誰敢站出來挑戰領導者，誰就會先遭殃。尤其是在強人政治之下，常懷有「臥榻之側，豈容他人鼾睡乎？」的強烈不安全感。而且，中國官員的服從性一向很高，共產黨員的服從性更高，在中共嚴密的組織控制及強烈的意識形態教育下，多數黨員已怯於挑戰權威。而敢說眞話者，多已被摒除在權力核心的外。而且，習近平還握有下屆領導人選的決定權，誰敢先發難，誰就先出局。[24]

---

[23] 司馬靖，〈揭祕 習家軍的六大派系〉，《新紀元》，第578期，2018年4月18日，https://www.epochweekly.com/b5/578/18151.htm。

[24] 過子庸，〈習近平是否會在四中全會中被黨內同志究責？〉，《蘋果日報》，2019年10月25日，https://tw.appledaily.com/forum/20191025/67RD4YCWYPFELQ32SWMXDQXD5M/。

　　中共於2017年10月18日召開「十九大」時，習近平發表開幕致詞長達兩百分鐘。台下約有2,000多位黨代表，其中不乏年長者，相信很多人一定感到內急，卻無人敢上廁所，由此可見其黨員服從性之高，以及對於權威的畏懼。故有誰敢在此風頭浪尖、緊急時刻出面向習近平爭權，必定會遭到其親信的圍剿。而且，中共所有領導人對於過去劉少奇及鄧小平在「九大」上，因為「大躍進」失敗，勇於挑戰毛澤東後的下場，應該仍然記憶猶新。現在中共內部已經沒有像劉少奇此等人物，而且原本有實力及膽量挑戰習近平者，如周永康、薄熙來、徐才厚、令計劃的「新四人幫」等人，不是被下獄，就是已經死亡。

　　另外，於2022年10月間舉行的「二十大」，上演前總理胡錦濤被強行架走的一幕，令全世界都感到驚訝。該會議原本進行順利，但於最後一天10月22日的閉幕會上，卻出現一場意外插曲。坐在習近平旁邊，年高齡79歲的胡錦濤在會議期間，在習近平的指示下，遭工作人員強行攙扶離開會場。過程中胡錦濤多次露出不悅、抗拒的神情，但是在場的所有人均冷眼旁觀，噤若寒蟬。此事件再度突顯中共內部高服從的政治文化，而且現在完全服從在習近平的大纛之下。

三、團體論

　　此理論是由國內學者初國華及張昌吉所提出，他們認為中共是一個擁有9,000萬黨員的龐大政治性利益團體。雖然此理論主要是在解釋中共政權是否穩定，但亦可運用於解釋其領導人地位穩固與否。中國人民雖對中共官員貪污腐敗、道德淪喪、作風顢頇等心存怨懟，但因為中共已形成一個緊密及團結的「命運共同體」及「權力共同體」，可謂「鐵板一塊」，向心力極強，讓「反對派」無法形成，故中共以及領導人雖然屢屢經歷政

治危機，卻能安然渡過。[25]根據旅居美國的前《人民日報》評論部主任編輯、現為加拿大維多利亞大學教授吳國光表示，中共透過包括「正式制度」（如中共黨代會）與「非正式制度」（如政治手腕）的「制度操控」手段，讓全體黨員服從黨中央與領導人的意志。[26]在此種「制度操控」的下，中共內部很難出現「反動分子」。

現居住在台灣的中國「六四」民運人士王丹表示，中共並非現代意義的真正政黨，而是類似於具有封建性質的幫會組織，是一個掌握國家政權的幫會組織。中共各級領導是各級黨委推薦，經過各級中央組織部層層考察，經由上一級黨委直接任命而產生，黨員對於自己上級只有服從的義務。中共極為強調對黨、對最高領袖的絕對忠誠及服從。中共最高領導人具有封建帝王的獨裁性質，不受任何監督，過去領導者至現今的習近平均是如此，黨員必須對最高領導人絕對服從。[27]而且，中共絕大部分黨員為了維護自己既得利益，絕對不敢公然反對領導者的意志，否則必遭報復，周永康、薄熙來等人就是前車之鑑。

四、領袖魅力論

在西方民主國家中，由於國家領導人大多經由普選產生，為了吸引選票，總統或總理候選人的領袖魅力非常重要。但是在專制國家中，國家領導人多由前任指定產生，故潛在接班人的領袖魅力並非很重要，對領導人「忠心」才是關鍵。若接班人太具有領袖魅力，有時候還會因此遭到猜忌與排斥。中國官場一向有「槍打出頭鳥」的特殊政治文化，在強人政治

---

[25] 初國華、張昌吉，〈中國國家能力研究與崩潰論失準探討〉，《全球政治評論》，第43期，2013年，頁69。

[26] Readmoo編輯團隊，〈中共精妙「制度操控」：讓你察覺不到正在服從我的意志〉，《閱讀最前線》，2019年8月15日，https://news.readmoo.com/2019/08/15/xi-jin-ping/。

[27] 王丹，〈如何認識共產黨（二）〉，《自由亞洲電台》，2021年6月28日，https://www.rfa.org/mandarin/pinglun/wangdan/wd-06282021094942.html。

之下，誰敢站出來指責領導者，誰就會先遭殃。[28]如毛澤東鬥倒人民愛戴的劉少奇、鄧小平，罷黜受人民愛戴的趙紫陽。另外，薄熙來由於太過高調，突顯個人風采，與中國官場講究的「集體領導模式」相牴觸，最後因為王立軍叛逃案而鋃鐺入獄。[29]習近平深諳此官場道理，他在未成為國家主席之前，行事就非常低調。[30]

　　然而，當上國家領導者後的習近平，卻從低調變為強勢。[31]這是當年江澤民在選擇習近平作為接班人時未能預料到的事。[32]在專制國家，由於國家領導並非經由普選產生，沒有群眾基礎，為了鞏固其政權，經常會進行造神運動，以營造其領袖魅力，中共亦是如此，例如常被中國人民傳頌的「習包子」事件。習近平於2013年12月到北京慶豐包子鋪，自己付錢後端著餐盤到一張餐桌用餐。此事情被中國媒體大肆報導，迄今仍讓中國民眾津津樂道。另外，習近平因為發動大規模反腐肅貪，被中國人民視為是「打虎英雄」。關注中國媒體發展與審查的加州大學伯克利分校教授蕭強表示，整台中國宣傳機器都被用來宣傳習近平的魅力。[33]

　　此外，中國許多高等學校與政府機構，紛紛設立各種不同的「習近平研究中心」。例如隸屬於中國外交部的中國國際問題研究院設立「習近平外交思想研究中心」，北京大學的「習近平新時代中國特色社會主義思想研究院」設立「習近平經濟思想研究中心」、「習近平法治思想研究中心」、「習近平外交思想研究中心」、「習近平生態文明思想研究中心」

28 過子庸，〈習近平是否會在四中全會中被黨內同志究責？〉。
29 謝佐人，〈薄熙來從政治明星跌落成醜聞主角〉，《中國時報》，2013年8月27日，https://www.chinatimes.com/realtimenews/20130827001867-260509?chdtv。
30 DiDi Kirsten Tatlow，〈穩重低調的習近平仍然像是一個謎〉，《紐約時報中文網》，2012年11月15日，https://cn.nytimes.com/china/20121115/c15tatlow/zh-hant/。
31 邱莉燕，〈從低調到強勢，習近平的轉變〉，《遠見雜誌》，2016年1月12日，https://www.gvm.com.tw/article/31155。
32 一流人，〈從中國「太子黨」家族說起，習近平為什麼能上位？〉，《遠見雜誌》，2018年10月25日，https://www.gvm.com.tw/article/54552。
33 傑安迪、儲百亮，〈「習大大」再次燃起中國人的領袖崇拜之情〉，《紐約時報中文網》，2015年3月8日，https://cn.nytimes.com/china/20150308/c08xi/zh-hant/。

等四個中心，以吹捧習近平。這些宣傳做法甚至超越毛澤東，因為毛澤東在世時，並沒有成立「毛澤東思想研究中心」。而且，中共中央於2023年4月10日發布通知，要全國學習官方新出版的《習近平著作選讀》，要求各高等學校將該著作作為師生理論學習教材，推動習近平思想「進教材、進課堂、進頭腦」。

五、實力結構論

　　主要是探討中共內部誰有「實力」可以威脅，甚至取代習近平的地位，尤其是軍事實力。上述所提及的四個因素：權力、政治文化、向心力、領袖魅力等，均屬於無形的事物，而軍事實力則是具體的事物，此因素對於專制政權的領導者至為重要。中共一向非常關注軍事實力，毛澤東早就說過「槍桿子裡面出政權」，他也因為擁有軍權，能夠鬥倒許多黨內政敵，如劉少奇、林彪等人。接著華國鋒在軍頭葉劍英的支持下，逮捕「四人幫」。鄧小平靠著在軍中的威望，扳倒無軍事背景的華國鋒，並命令軍隊鎮壓「六四天安門事件」的示威學生，以保住政權。江澤民靠著張震等老軍頭，扳倒「楊家軍」。這些事件證明軍隊在中共權力鬥爭中的重要角色。

　　習近平亦深知軍事實力的重要性，為了掌握軍權，他自2012年11月接任中央軍委會主席後，即頻頻與軍隊接觸，推動軍隊改革計畫，並擔任新成立的「深化國防和軍隊改革領導小組」組長，親自參與多項改革會議。此次軍改在「體制編制」的調整幅度最大，是共軍自1985年裁軍百萬以來最具結構性、整體性與革命性的一次。[34]他藉由全面體制編制改革，進行人事調整，全面建立「習家軍」，以實際掌握軍權，也更進一步確保其政權穩固，更能達其「反腐肅貪」的目的。[35]為了排除軍改可能遇到的障

---

[34] 謝游麟，〈中共軍隊體制編制改革之研究〉，《展望與探索》，第14卷第12期，2016年12月，頁51。

[35] 同前註，頁54。

礙，他提出「強軍夢」，並將此夢想與「強國夢」相互連結，讓其軍改更具有正當性。而且在「二十大」後，現在的軍委會成員都是「習家班」。所以現在習近平已經牢牢地掌握軍權，黨內已無人有此實力能夠挑戰其地位。

第三節　結語

雖然外界經常傳言，中共黨內對習近平的獨裁領導頗有怨言。而且，習近平因為打貪而樹立不少政敵，長期駐北京的英國外交官加爾塞德投稿加拿大《環球郵報》就稱：「習近平危機四伏，很多菁英階級想要推翻他」。[36]然而根據上述五個途徑分析後，可研判中國政治圈內並無人「有權力」挑戰習近平的地位；若有，在中共絕對服從及「一言堂」的政治文化下，也不一定「有膽量」站出來挑戰；中共內部尚稱團結，難以出現「反動分子」敢明目張膽地挑戰整個組織；亦尚未出現比習近平還具有「領袖魅力」的政治人物；也無人握有足夠的「軍事實力」對抗習近平。種種跡象顯示，習近平的地位非常穩固，除非其健康狀況出現問題，讓他人有可乘之機。

由上可知，中國雖然遇到很多國內外的問題，但是習近平的地位依然非常穩固。根據東吳大學政治學系教授劉必榮分析土耳其總統艾爾多安（Recep Tayyip Erdogan）於2023年5月28日總統大選勝選的結果，認為獨裁者具有很強的韌性，而要推翻有韌性且幾乎完全掌握媒體的獨裁者，顯然需要更多的努力。[37]由於專制國家的高層資訊較為封閉，而且權力變化及領導人地位的問題較為敏感，若無正確訊息，外界很難一探究竟，僅能

---

36 洪博學，〈習近平的敵人〉，《民報》，2021年5月7日，https://www.peoplenews.tw/news/f424a5c3-6b67-4b40-ac11-1cac219b43e6。

37 劉必榮，〈獨裁者的韌性〉，《中國時報》，2023年5月28日，https://www.chinatimes.com/opinion/20230528002659-262104?chdtv。

憑藉過去經驗及當時情勢分析。然而，專家學者在對專制國家的權力變化及領導人地位進行分析時，難免受到過去慣性思維以及主觀意識所影響。為了避免產生此問題，必須提出較為客觀的分析途徑或因素。本文所提出分析習近平地位的途徑，不僅可以用於分析中共的領導人地位問題，亦可適用在其他專制政權的領導人身上，例如北韓領導人金正恩的地位。但本文的分析途徑並非絕對，仍須根據時間及不同國家有所調整。

國家圖書館出版品預行編目資料

中國大陸研究概論／過子庸著. ——五
版.——臺北市：五南圖書出版股份有限公
司, 2024.08
面；　公分
ISBN 978-626-393-506-8（平裝）

1.CST: 中國大陸研究

574.1　　　　　　　　　113009293

1PS8

中國大陸研究概論

作　　　者 — 過子庸（513）

助理編輯 — 金士懿、陳銘聰

企劃主編 — 劉靜芬

責任編輯 — 黃郁婷

文字校對 — 徐鈺涵

封面設計 — 封怡彤

出 版 者 — 五南圖書出版股份有限公司

發 行 人 — 楊榮川

總 經 理 — 楊士清

總 編 輯 — 楊秀麗

地　　　址：106臺北市大安區和平東路二段339號4樓

電　　　話：(02)2705-5066　　傳　　真：(02)2706-6100

網　　　址：https://www.wunan.com.tw

電子郵件：wunan@wunan.com.tw

劃撥帳號：01068953

戶　　　名：五南圖書出版股份有限公

法律顧問　林勝安律師

出版日期　2018年 5 月初版一刷（共四刷）
　　　　　2021年 9 月二版一刷
　　　　　2022年 2 月三版一刷（共三刷）
　　　　　2023年 7 月四版一刷（共二刷）
　　　　　2024年 8 月五版一刷

定　　　價　新臺幣520元

經典永恆・名著常在

五十週年的獻禮——經典名著文庫

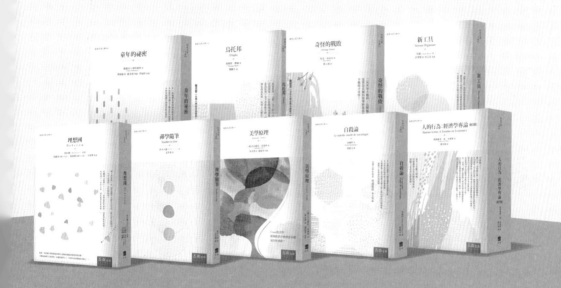

五南，五十年了，半個世紀，人生旅程的一大半，走過來了。

思索著，邁向百年的未來歷程，能為知識界、文化學術界作些什麼？

在速食文化的生態下，有什麼值得讓人雋永品味的？

歷代經典・當今名著，經過時間的洗禮，千錘百鍊，流傳至今，光芒耀人；

不僅使我們能領悟前人的智慧，同時也增深加廣我們思考的深度與視野。

我們決心投入巨資，有計畫的系統梳選，成立「經典名著文庫」，

希望收入古今中外思想性的、充滿睿智與獨見的經典、名著。

這是一項理想性的、永續性的巨大出版工程。

不在意讀者的眾寡，只考慮它的學術價值，力求完整展現先哲思想的軌跡；

為知識界開啟一片智慧之窗，營造一座百花綻放的世界文明公園，

任君遨遊、取菁吸蜜、嘉惠學子！